·海外新闻出版实录丛书·

Haiwai Xinwen Chuban Shilu

海外新闻出版实录 2013

国家新闻出版广电总局进口管理司　编

中国传媒大学出版社

目　录
CONTENTS

图　书

报 刊

音 像

电　影

电　视

电　子

网　络

打　印

发　行

版　权

阅 读

管 理

图　书

企鹅兰登合并成世界最大出版集团

2013年4月5日，欧盟委员会批准了企鹅出版社与兰登书屋的合并，认为此举不会对欧洲出版业的良性竞争造成损害。

欧盟委员会在一份公告中称，两者合并后仍将继续面对业内的“多个有力竞争对手”。

合并后的新出版集团名为“企鹅兰登书屋”，总部将设在美国纽约。兰登书屋所属的德国媒体巨头贝塔斯曼拥有53%的控股权，企鹅出版社所属的英国培生集团拥有其余47%的股权。

兰登书屋和企鹅出版社均在全球六大英文出版商之列，另外四家出版社分别是阿歇特出版公司、哈珀·柯林斯出版公司、帕尔格里夫·麦克米伦出版公司和西蒙—舒斯特联合出版社。兰登书屋和企鹅出版社合并后将成为全球最大的出版集团。

欧盟委员会在批准合并前，对英国和爱尔兰的英文图书批发市场和书店零售市场进行了全面的调查分析。

欧盟委员会认为，合并后的企鹅兰登书屋无论在哪个市场“都将继续面对数个大型竞争对手和诸多中小型出版公司的挑战”。此外，欧盟委员会还研究了此番合并对图书出版发行业可能造成的影响，无论是贝塔斯曼还是培生都对这些行业有极大的推动作用。欧盟委员会认为仍将存在“很多可替代的供应商”，因此合并不会成为一种威胁。

此番合并囊括了兰登书屋在美国、加拿大、英国、澳大利亚、新西兰、印度和南非的英文出版业务，以及其在西班牙和拉美的西班牙语出版业务。企鹅出版社则将其在美国、欧洲、澳大利亚和亚洲的所有出版业务并入了新公司。此次强强合并意在掌握大量资源以提高图书质量、投资电子书市场，从而增加在新兴市场的份额。

2012 年，欧盟委员会批准了环球音乐集团收购百代公司音乐录制业务的计划，促成了音乐市场最大的一笔收购。企鹅出版社和兰登书屋的合并，则是继 2006 年拉加代尔集团收购时代华纳成立阿歇特出版公司以来出版界最大的合并案，这或将导致出版业“一家独大”的局面。

成立于 1925 年的兰登书屋是世界上最大的英语商业图书出版集团之一，出版过大量精品名著，2012 年更是因出版畅销书《五十度灰》(*Fifty Shades of Grey*)而受到各界关注。2012 年兰登书屋的销售额为 17 亿欧元，利润达到 1.85 亿欧元。

企鹅出版社创建于 1935 年，是世界最著名的英语图书出版商之一，其出版的图书质优价廉，是火车站和零售商店的热销产品。2012 年企鹅出版社的销售额为 12.4 亿欧元，利润达 1.37 亿欧元。

（孟斯咏　编译）

各国图书出版业概览

2008年的全球金融危机使世界各国新闻出版产业受到不同程度的影响。近两年来，新闻出版业发达的国家出版形势普遍都有好转，具体表现在以下几个方面：传统纸质出版喜忧参半，电子出版风头正劲，出版物进出口和版权贸易齐头并进。

传统纸质出版喜忧参半

在线阅读和网络出版的迅猛发展对纸质出版造成了冲击。全球性金融危机爆发以后，人们从方便、快捷、省钱的角度出发，再次对环节多、耗时长、成本高的纸质出版表现出否定的倾向。然而，新闻出版业发达国家的情况显示，纸质出版的生存状况并非一团糟。

美国2011年图书出版品种为174066种，同比减少2.7%，图书销售总额为279亿美元，同比增加2.5%；图书销售总册数为25.7亿册，同比增加4.1%。英国2011年图书出版品种为151969种，同比减少3.2%；图书销售总册数为7.39亿册，同比减少3.2%。图书销售总额为31.15亿英镑，同比增加8%。德国2011年图书出版品种为95838种，同比增加2.9%；图书销售总额为97.3亿欧元，同比增加0.4%。对于出版产业来说，销售总额比品种数、总册数更重要，因为销售总额是利润的来源。

韩国每年的出版统计来自韩国出版文化协会，而该协会是根据出版社上缴给图书馆的样本进行统计的，所以没有“销售总额”一项。2011年韩国图书出版品种为 44036 种，同比增加 9.3%；图书销售总册数为 1.0955 亿册，同比增加 3.0%。从品种数和总册数判断，销售总额应当是增加的。

也有一些国家出版销售额减少。据法国全国出版社同业组织（SNE）统计，法国 2011 年图书出版品种为 64347 种，同比减少 0.1%；图书销售总额约为 28 亿欧元，同比减少 1.2%。近十年来，法国的图书销售额首次减少。据日本《出版年鉴 2012》统计，日本 2011 年图书出版品种为 78902 种；出版销售总额为 1.9018 万亿日元，同比减少 3.7%。其中，图书销售额为 8801.119 亿日元，同比减少 0.3%；杂志销售额为 1.0217 万亿日元，同比减少 6.4%。1997～2011 年，除了 2004 年稍有增长外，其他年份日本的出版销售额均为负增长。

俄罗斯的出版统计出自俄罗斯图书院，该院是根据出版社上缴的图书样本进行统计的，所以也没有“销售总额”一项。俄罗斯 2011 年图书出版品种为 121738 种，同比减少 4.6%；图书销售总册数为 6.538437 亿册，同比减少 9.6%。从品种数和总册数判断，销售总额也应当是减少的。

电子出版风头正劲

有专家指出，高科技的发展催生了电子出版，金融危机则加速了电子出版的发展。全球创业观察（Globe Entrepreneurship Monitor，GEM）的调查统计也印证了这一说法。

金融危机促使美国新闻出版业发奋图强，寻找新的经济增长点。2008 年，电子书的销售总额为 18.8 亿美元，2011 年上升至 33 亿美元。电子书的市场规模从 2010 年的 13%增长到 2011 年的 19%，被美国出版界称为从“快速增长阶段”进入“崭新增长阶段”。美国总人口数为 3.13 亿，电子书购买者占 16%，实际购买电子书的人口为 5000 万，是当今世界第一大电子书市场。

同样因为金融危机，英国的电子书出版也加速发展，市场规模从 2010 年的 5%左右发展到 2011 年的 13%左右。英国总人口数为 6200 万，电子图书购买者占 16%，实际购买电子图书的人口为 992 万，其电子图书市场的发展速度仅次于美国。

金融危机后，德国的电子书市场规模也不断扩大，在 2011 年 97.3 亿欧元的图书销售总额当中，电子书的销售额至少占 10 亿欧元。德国总人口数为 8200 万，电子书购买者占 10%，实际购买电子书的人口为 820 万。

深受欧债危机困扰的西班牙，其新闻出版业也从电子出版中寻找出路。西班牙 2011 年的总人口数为 4700 万，电子书购买者占 8%，实际购买电子书的人口为

370 万。

金融危机之前，法国人对电子书的态度可以用“视而不见”来形容。金融危机之后，法国的电子书市场逐渐发展起来。2011 年，法国总人口数为 6500 万，电子书购买者占 3%，实际购买电子书的人口为 190 万。

金融危机之后，澳大利亚的电子出版也开始加速发展。2011 年澳大利亚的总人口数为 2200 万，电子书购买者占 19%，实际购买电子图书的人口为 418 万。

据日本印象 R&D 社统计，日本的电子书市场规模快速扩大，特别是经过 2011 年的“3·11”大地震以后，越来越多喜欢纸质书的日本读者开始认可电子书。2011 年，日本出版的电子书累计超过 10 万种，销售额达 626 亿日元。据全球创业观察统计，日本 2011 年总人口数为 1.27 亿，电子书购买者占 6%，实际购买电子图书的人口为 760 万。

金融危机之后，韩国刮起了电子书旋风。韩国政府号召国民凭借电子书出版形式，“一人出版一本书”。韩国 2011 年总人口数为 4900 万，电子书购买者占 12%，实际购买电子书的人口为 580 万。

此外，据全球创业观察调查统计，印度 2011 年总人口数接近 12 亿，电子书购买者虽然仅占 2%，但实际购买电子书的人口却接近 2400 万。同样，巴西 2011 年的总人口数为 2.3 亿，电子书购买者虽然只占 7%，但实际购买电子书的人口达到 1400 万。可见，电子书在人口大国发展潜力巨大。

出版物进出口和版权贸易齐头并进

出版物进出口和版权贸易既与各国经济发达程度有关，又与各国语言和文化传统有关。比如美国和英国官方语言是英语，其英文出版物面向全世界的覆盖率相对较高，而其他语种出版物的覆盖率则比较低。

据美国商务部（United States Department of Commerce）国际贸易管理局（International Trade Administration，ITA）统计，2011 年美国图书出口总额为 20.1 亿美元，尽管与 2008 年相比减少了 8.6%，但同比增长 1.1%。图书出口总额在全部出版物出口总额中所占比率为 6.9%。美国图书出口对象国排前 5 名的分别是加拿大、英国、澳大利亚、墨西哥和日本；印度和中国则分别排第 9 位和第 10 位。2011 年美国图书进口总额为 18.4 亿美元，同比增长 5.8%。据英国出版商协会（The Publishers Association，PA）的统计，英国出版社每年出版的图书中有 40%用于出口，2011 年出口的图书占国内全部出版图书的 40.1%。据英国海关统计，2011 年图书出口总额为 16.8 亿英镑，同比增长 1.2%。

日本出版业长期不景气，近些年也在出版物的“增加出口、减少进口”上做文章。据日本财务省的贸易统计，2011 年日本出版物出口总额为 127.2978 亿日元，同比增长 4.9%。其中，图书出口额为 77.7316 亿日元，同比增长 2.9%；杂志出口额为 49.5662 亿日元，同比增长 8.3%。2011 年日本出版物进口总额为 31.7825 亿日元，同比减少 6.2%。其中，图书进口额为 22.6456 亿日元，同比减少 1.2%；杂志进口额为 9.1369 亿日元，同比减少 16.6%。

美国、英国、日本的出版物进出口“顺差”大于“逆差”，而俄罗斯与韩国则是“翻译图书出版大国”。

据俄罗斯图书院统计，2011 年俄罗斯版权贸易比较活跃，出版翻译图书 14268 种，其中英语翻译图书为 8412 种，法语翻译图书为 1277 种，三分之二是文学作品；日语翻译图书为 251 种，涉及医学、料理等领域。据韩国出版文化协会的《出版统计》，韩国 2011 年出版翻译图书 11648 种，占全部图书出版品种的 26.4%。其中，从日本翻译的图书 4552 种，从美国翻译的图书 3396 种，从英国翻译的图书 1098 种，从德国翻译的图书 560 种，从法国翻译的图书 523 种，从中国翻译的图书 434 种。

（雪　莲　编译）

2011年全球最富作家排行榜

美国《福布斯》杂志公布了2011年全球15位最富作家排行榜。

排在第一位的是美国人詹姆斯·帕特森(James Patterson),2011年,他的总收入达9400万美元,其中大部分来自多本畅销书的版税。詹姆斯·帕特森的收入远远高于排行第二位的史蒂芬·金。帕特森近来在法国发行的两本新书是《老虎的行踪》和《第9次审判》。他的书不仅在美国畅销,在世界各地都深受读者的喜爱。据估算,詹姆斯·帕特森的书已销售近2亿册。

排行第二位的是史蒂芬·金(Stephen King),收入达3900万美元。他的新小说《多姆》在法国非常受欢迎。据估计,这本厚达1200页的小说可卖出100万册,他也将成为一位世界著名作家。

收入达3300万美元的珍妮特·伊万诺维奇(Jenet Evanovich)位列第三。她长期从事情感小说创作,一直没有得到读者的青睐,但她的侦探小说却取得了成功,《史特凡妮·普拉姆历险记》系列丛书使她成为世界著名作家之一。

排行第四位的是约翰·格里森姆(John Grisham),其2011年的收入为2600万美元。他的神话小说《商号》和《佩里康事件》已经改编成电影。

第五位是杰夫·凯尼(Jeff Kinney),他是一位年轻的少儿读物作家,他的《胆小鬼的日记》深受广大少儿读者的喜爱,2011年的收入为2500万美元。

第六位是比尔·奥雷利(Bill O'Reilly),他是一位电视明星记者,2011年的收入为2400万美元。

第七位是诺拉·罗伯茨(Nora Roberts),这是一位多产作家,每年要写十余部小说,2011 年的收入为 2300 万美元。

第八位是丹妮拉·斯蒂尔(Danielle Steel),现年 68 岁,已出版 80 多部畅销书,是世界上最受大众喜爱的当代作家,2011 年的收入为 2300 万美元。

第九位是苏珊·科林斯(Suzanne Collins),2011 年的收入为 2000 万美元。

第十位是迪思·孔茨(Dean Koontz),2011 年的收入为 1900 万美元。

因小说"哈利·波特"系列成为亿万富翁的英国人 J. K. 罗琳(J. K. Rowling)位居第十一位,2011 年的收入为 1700 万美元。

至于史特凡妮·梅耶尔(Stephenie Meyer),2011 年的收入为 1400 万美元,位居第十三位。她出生于 1973 年,是本排行榜中最年轻的作家,而能进入本排行榜的作家绝大部分是 60 岁左右的作家。

值得关注的是,进入本排行榜前 15 名的作家都是用英文写作。这种垄断是否意味着美国保护主义抬头,或者是因为广大读者对外来小说的好奇,目前还无法下结论。

表 2011 年全球 10 位最富作家排行榜 (单位:万美元)

排 序	姓 名	2011 年收入
1	詹姆斯·帕特森	9400
2	史蒂芬·金	3900
3	珍妮特·伊万诺维奇	3300
4	约翰·格里森姆	2600
5	杰夫·凯尼	2500
6	比尔·奥雷利	2400
7	诺拉·罗伯茨	2300
8	丹妮拉·斯蒂尔	2300
9	苏珊·科林斯	2000
10	迪思·孔茨	1900

(张林初 编译)

2011年全球图书出版业54强

2012年6月，五家出版行业的权威杂志——法国《图书周刊》(*Livres Hebdo*)、德国《图书报告》(*Buchreport*)、美国《出版商周刊》(*Publishers Weekly*)、英国《书商》(*The Bookseller*)和巴西《出版新闻》等联合发布了《2011年全球图书出版业排行榜》。

受国际经济危机、金融危机以及数字化的多重影响，全球图书出版业出现了前所未有的变化。2011年全球共有79家出版集团的销售额超过1.5亿欧元，其中8家为法国的出版集团。2011年全球16个国家54个大型出版集团的销售总额为538亿欧元，同比减少22亿欧元。在2010年榜上有名的出版集团，如德国的韦尔特比尔集团(Weltbild)、迈尔迪蒙集团(Mairdu Mont)和韩国的山水董出版社(Doosan Dong)等，2011年的销售额均低于1.5亿欧元，因此没有进入本排行榜。2011年排名世界54强的出版集团中，只有21个集团2011年的销售额同比增加，18家出版集团的销售额同比基本持平，15家出版集团的销售额同比下降。虽然大部分出版集团的销售额依然呈上升趋势，但与2010年相比，形势令人担忧。2011年全球图书出版业具有如下特点：

金砖国家起着火车头作用

在目前的国际形势下，金砖国家(巴西、俄罗斯、印度、中国和南非)以及广泛意义上的新兴国家已经成为世界图书出版业发展的最大蓄水池，并有利于诸如培生集团(Pearson)和威利集团(Wiley)等一些出版集团在教育出版方面的发展。一些大型国际出版集团已经在这些新兴国家投资或是与当地合作创办了分公司或合资公司。世界第一大出版集团培生集团 11%的销售额来自新兴国家,而牛津大学出版社(Oxford University Press)来自新兴国家的销售额则高达 37%。汤姆森·路透集团(Thomson Reuters)专门创立了全球增长与操作公司(Global Growth & Operation),以便在拉丁美洲、中国、印度、中东、非洲、俄罗斯和土耳其等国家和地区开展业务。沃尔特斯·克鲁维尔集团(Wolters Kluwer)、麦克劳—希尔教育出版集团(Mcgraw—Hill)和讲谈社(Kodansha)都在印度建立了一家公司,在中国创办了一家合资企业。法国阿歇特出版集团(Hachette Livre)则收购了俄罗斯 Atticus 出版社 25%的股份。威利出版集团也已经打进中东、中国和巴西。西蒙—舒斯特集团(Simon & Schuster)在印度开了一家分公司。

值得关注的是,新兴国家自己的出版商也在迅速发展。中国的许多出版集团因缺少相关数据而没有进入本排行榜,但从目前的发展势头看,进入世界主要出版集团行列指日可待,例如在本排行榜中名列第 38 名的中国教育出版传媒集团(China Education & Media)旗下有 5 个出版社。巴西阿布里尔教育出版集团(Abril Educacao)、萨莱瓦集团(Sareiva)和 FTD 出版集团(Editora FTD)的销售额都有大幅增长,分别名列本排行榜的第 40 位、第 50 位和第 52 位。在遭受危机重创的俄罗斯图书出版市场(下降 25%),排行第 54 位的艾克斯莫出版社 (Eksmo)并购了排行第 45 位的瓦格里斯出版社(AST),从而在俄罗斯建立了一个巨型出版集团。

数字化的双重影响特别突出

近几年来,数字化已经成为专业出版集团业务的基石,例如,汤姆森·路透集团的数字化比例已达 90%,英富曼集团(Imforma)达 74%,沃尔特斯·克鲁维尔集团达 71%。同时,由于内容销售能够与各种电子新媒体有机地结合起来,数字化也是图书出版中最富有活力的领域。现在,数字化在教育出版领域飞速发展,同时,教育出版的数字化也带动了其他图书出版的发展。2011 年,电子书的销售额已占圣智集团(Cengage)总销售额的 32%,哈珀·柯林斯集团(Harper Collins)占 12%,阿歇特出版集团占 6%。美国电子书的销售额甚至已占到图书总销售额的 20%。2010～2011 年,西蒙—舒斯特集团和禾林出版公司(Harlequin)电子书的销售额增加了一倍,西蒙—舒斯特集团从 8%增加到 17%,禾林出版公司从 7.7%增加到 15.5%。同时,电子书销售额的成倍增长使纸质图书的销售额迅速下降。

2011年,沃尔特斯·克鲁维尔集团的电子书销售额增加了8%,纸质图书的销售额则下降了5%。使纸质图书出版商不安的是,虽然电子书有价格优势,但其扩张仍不能补偿纸质图书销售额的下滑,同时纸质图书出版商仍有压缩印刷费用和运输费用的空间。

12强排名不断变化

全球出版业的重组无疑会对世界图书出版业12强产生影响。诚然,培生集团依然是世界领军出版集团,而且其销售额仍远远高于励德·爱思唯尔集团(Reed Elsevier)、汤姆森·路透集团和沃尔特斯·克鲁维尔集团。在20世纪八九十年代稳坐世界第一把交椅的德国贝塔斯曼集团(Bertelsmann)已下滑至第8位。虽然2011年法国阿歇特出版集团的销售额略有下降,但却从2010年的第6位上升到了2011年的第5位。西班牙行星集团(Planeta)则从2010年的第8位上升到2011年的第6位。霍茨布林克集团(Holtzbrinck)、学士公司(Scholastic)和威利集团等三个出版集团充满活力,分别跃居本排行榜第9位、第10位和第12位,从而使美国圣智集团从第9位下滑到第11位,并将意大利阿格斯蒂尼集团(De Agostini)挤出世界图书出版业12强。励德·爱思唯尔集团、汤姆森·路透集团和沃尔特斯·克鲁维尔集团三大出版集团的业务集中于专业图书出版,而培生集团、麦克劳—希尔教育出版集团、圣智集团和威利集团的业务集中于教育和培训图书的出版。其他出版集团除出版一般图书外,也出版教科书或教辅书。在经济危机和金融危机的双重压力下,在出版市场十分不确定的形势下,出版教科书显然是最保险的。

54强简介

1. 培生集团(Pearson)。它是世界第一大出版集团,总部在伦敦,下辖培生教育出版集团(Pearson Education)和企鹅集团(Penguin Group),2011年位列世界图书出版业排行榜第一位。2011年培生集团投资6亿欧元,用于发现新作者、开发新市场、应用新技术等。培生教育出版集团是全球第一大教育出版集团,2011年图书出版量较2010年增长6%,其中三分之二来自境外。2011年的销售额增加16%,达64.70亿欧元,其中三分之二来自电子书。企鹅出版集团是世界第四大一般图书出版集团,仅次于兰登书屋集团(Random House)、法国的阿歇特出版集团(Hachette Livre)和西班牙的行星集团(Grupo Planeta)。尽管美国鲍德斯连锁书店(Borders)和澳大利亚与新西兰的里德集团(RED Group)的破产使企鹅出版集团失去了两大重要客户，但其业务仍稳定增长，每年出版 4000 余种新书。培生集团成立于 1844 年，目前在全球 70 个国家和地区共有员工 4.1 万人。其销售额的 60%来自美国，23%来自欧洲，11%来自亚洲（如中国、印度等）、非洲和拉丁美洲。培生集团还拥有英国著名的《金融时报》，但其销售额未计入本排行榜中。

2. 励德·爱思唯尔集团（Reed Elsevier）。它成立于 1993 年，由英国的励德国际公司（Reed International PLC）和荷兰的爱思唯尔公司（Elsevier NV）合并组成，并投资成立了励德·爱思唯尔出版集团（Reed Elsevier Group PLC）和爱思唯尔·励德金融集团（Elsevier Reed Finance BV）。励德·爱思唯尔出版集团在英国注册，负责集团内所有图书出版和在线资料库等业务；爱思唯尔·励德金融集团在荷兰注册，专为励德·爱思唯尔出版集团提供财政、金融和保险服务。励德·爱思唯尔出版集团是科技、医学、法律和管理类图书的专业出版集团。因创办一家不计入图书出版业的保险公司和收购一家亏本的出版社，励德·爱思唯尔出版集团的销售额从 2010 年的 53.87 亿欧元下降至 2011 年的 43.95 亿欧元。励德·爱思唯尔出版集团在全球各地共有 200 家出版社，员工 3 万人，其中 1.6 万人在美国，集团 63%的销售额来自数字出版。

3. 汤姆森·路透集团（Thomson Reuters）。它是加拿大汤姆森·路透集团的子公司，是法律、财会和医学类图书的专业出版集团。汤姆森·路透集团目前主要通过新创办的全球增长与操作公司（Global Growth & Operation）向其他国家和地区投资办出版社。2011 年，汤姆森·路透集团收购了巴西的 Editora Revista dos Tribunais 法律出版社，并通过该出版社在巴西首次实施在线搜索服务。汤姆森·路透集团的销售额主要来自电子产品和电子服务，只有 10%来自印刷品和光盘。集团收入的 86%来自集团分布在全球 93 个国家的子公司，其中美洲占 58%，欧洲、非洲和中东占 30%，亚洲占 12%。2011 年的销售额为 41.80 亿欧元。

4. 沃尔特斯·克鲁维尔集团（Wolters Kluwer）。它是荷兰的科技与教育出版集团，主要出版法律、医学、科技、教育类图书。2011 年图书销售量增加 4%，其中电子书占集团业务的 71%，销售额增加了 8%，纸质图书则减少 5%。该集团现在欧洲、北美、亚太和拉丁美洲的 35 个国家均设有机构，共有员工 17979 人。2011 年，集团在新兴国家的业务占其业务总量的 7%。沃尔特斯·克鲁维尔集团与中国一家医学出版社创办了一个联合公司，并收购了印度一家出版 170 种杂志的出版社。

5. 阿歇特出版集团（Hachette Livre）。它是法国拉加代尔集团旗下的图书出版集团，主要从事大众图书和教育图书出版，教育图书出版约占集团总销售额的 20%，每年出版 1.5 万种图书，共有员工 7326 人。2011 年的销售额为 20.38 亿欧元，比2010年下降5.9%。因美国鲍德斯连锁书店和澳大利亚与新西兰的里德集团的破产，阿歇特出版集团在英语国家的业务也受到严重影响。2011年，集团的业务的33%在法国，23%在北美，18%在英国和澳大利亚，7%在西班牙，17%在世界其他国家。阿歇特出版集团是法国第一大出版集团，在拉丁美洲和印度都有分支机构，与中国凤凰出版集团合作成立了阿歇特—凤凰联合出版社。2011年收购了俄罗斯Atticus出版集团25%的股份。2011年阿歇特出版集团电子书的销售额占总销售额的6%，在美国的分支机构销售额则高达20%。

6. 行星集团（Grupo Planeta）。它成立于1949年，是西班牙第一大出版集团，旗下有许多出版社，并拥有西班牙Ciculo读者俱乐部和西班牙Casa del libro连锁书店50%的股份。行星集团在拉丁美洲的阿根廷、智利、乌拉圭、哥伦比亚、委内瑞拉、厄瓜多尔、墨西哥以及美国的西班牙语图书市场都有大量业务，控制着葡萄牙的Bertrand连锁书店，2008年收购了法国的埃迪蒂出版集团（Editis）。行星集团还是西班牙Libranda数字发行平台的创始者之一，该平台创建于2010年5月。

7. 麦格劳—希尔教育公司（McGraw—Hill Education）。它是美国麦格劳—希尔财经专业通讯公司的子公司，成立于1888年，总部在纽约，是致力于全美从小学、中学到大学，乃至终身专业学习的教育服务和教材提供商，其优势在于英语培训和高等教育，特别是在科技、商业和经济等方面。2011年，麦格劳—希尔教育公司的销售额有所下降，为17.63亿欧元。公司现有员工1.65万人，分散在全世界30个国家的400多个办事处。公司在加拿大、拉丁美洲、欧洲（尤其是英国）、澳大利亚和亚洲均有业务，从1970年进军印度后已成为该国出版市场的领军出版社。麦格劳—希尔教育公司在中国与新东方创办了一家合作公司，专门从事教育服务和出版英语学习教材。

8. 兰登书屋集团（Random House）。它是国际著名文学出版商，1998年被德国贝塔斯曼集团（Bertelsmann）收购，总部在纽约。兰登书屋集团是美国、英国、德国和西班牙最大的文学图书出版商，在美国拥有几十家著名出版社。2011年集团的销售额为17.49亿欧元，比2010年的18.28亿欧元下降了4.3%。

9. 霍茨布林克图书公司（Holtzbrinck）。它是德国霍茨布林克家族新闻出版集团旗下的图书公司，总部在斯图加特，是仅次于兰登书屋集团的德国第二大出版集团，在美国、英国和澳大利亚也有庞大的业务。公司业务分为教育与科学出版和一般图书出版两大部分。霍茨布林克公司2011年的销售额与2010年基本持平，为15.01亿欧元。

10. 学士公司（Scholastic）。它是全球最大的儿童图书出版商，成立于1920年，总部在纽约，旗下有众多儿童文学作家，出版的作品包括著名的“哈利·波特”

系列、《造梦的雨果》、《大红狗》等。共有员工 9.4 万人，2011 年的销售额为 14.66 亿欧元，儿童图书销售额约占其总销售额的 50%，其中四分之一来自包括加拿大、英国、澳大利亚、新西兰、印度、印度尼西亚、新加坡、墨西哥等在内的 140 多个国家和地区。2012 年初，公司宣布将加强英语教材的出版。目前 Storia 软件可以免费下载，内存有 5 种免费图书。在线书店里有 1000 多种电子书，涵盖不同阶段、不同系列。

11. 圣智集团(Cengage)。它是全球最大的为终身学习提供全方位支持的教育出版集团之一，成立于 2007 年，其前身是隶属于汤姆森集团的子公司——汤姆森学习出版集团。圣智集团为教育机构和图书馆提供纸质和数字内容与服务，出版的产品和提供的服务涵盖高等教育、职业教育、语言教学和图书馆参考书等。所提供的学习解决方案包含专业内容、应用和服务，以帮助客户强化学术领先、专业发展和可测量的竞争优势。集团在 40 个国家共有员工 5500 人。90%的业务在美国，其中数字化业务占 32%。2011 年的销售额为 14.43 亿欧元。

12. 威利集团(Wiley)。它是美国著名的科学、技术、医学类图书出版集团，成立于 1807 年，现有员工 5100 人。2011 年的销售额为 13.40 亿欧元，同比增加 4.5%。集团下辖三大部门：一是科技、医学图书部，销售额约占集团总销售额的 58%，是集团的主要学术图书出版单位。由于 37 家合作伙伴的参与以及电子书销售量的增加，2011 年的销售额明显增加。二是专业与一般图书部，其销售额约占集团总销售额的 28%，虽然因美国鲍德斯连锁书店的破产受到一定影响，但 2011 年销售额还是增加了 2%。三是教育图书部，销售额约占集团总销售额的 14%。因新书和数字图书品种迅速增加，2011 年的销售额增加了 7%。集团销售额的 51%来自美国，49%来自国外，其中欧洲 22%、亚洲 14%、澳大利亚 5%、加拿大 5%、其他国家 3%。目前，威利集团正在向中东、中国和巴西拓展业务。

13. 阿格斯蒂尼出版集团(De Agostini Editore)。它是全球出版分册图书的领军出版集团。同时还出版参考书、插图书、地图册以及教科书和专业书。该集团在 30 个国家出版 13 种文字的图书。在统计时，集团尚未公布 2011 年的销售额。从 2010 年的情况看，由于参考书和分册图书市场疲软，总销售额呈下降趋势。目前，阿格斯蒂尼出版集团正在拓展拉丁美洲市场。

14. 集英社(Shueisha)。它是日本最重要的出版社之一，总部在东京，现有职工 812 名，成立于 1926 年。它曾是小学馆的娱乐杂志部门，1947 年改组为股份有限公司，1949 年正式成立株式会社集英社，如今是日本漫画的主要出版社，占日本漫画 30%的市场份额。集英社出版多种面向青少年的漫画杂志，其中最著名的《少年跳跃》漫画周刊，不仅在日本国内拥有众多读者，在海外也很受欢迎，被翻译成多种文字，在许多国家和地区出版发行。在图书出版方面，集英社出版发行各类美术图书、文学全集、影集、辞典、儿童读物等。2002年，集英社与小学馆在纽约创办了一家漫画出版集团，2008年又在巴黎开设了一家漫画出版社。集英社2011年的总销售额为13.19亿欧元，共有员工789人。

15. 讲谈社(Kodansha)。它成立于1909年，总部在东京。它是日本最大的综合性出版社，也是日本重要的漫画出版社之一，与小学馆、集英社并称为日本出版界的漫画三雄。讲谈社旗下的权威杂志《周刊少年MAGAZINE》以热血、运动、恋爱、推理为四大主题，是日本三大少年漫画杂志之一。在图书出版方面，讲谈社的出版范围相当广泛，包括一般文学、儿童、美术、科学、工业、农业、医学类图书。2011年，讲谈社把在美国出版该社英文版图书的讲谈社国际公司改造成美国讲谈漫画出版社。2012年，讲谈社进军中国市场，积极开拓出版物及其衍生产品市场。2011年的销售额为11.94亿欧元，现有员工约1100人。

16. 小学馆(Shogakukan)。它成立于1922年，是日本最大的综合性出版社之一，员工总数为842人。小学馆建立之初以小学生为对象，编辑出版按学年分类的学习杂志，之后陆续创办了面向小学教师的教育类杂志，现在已发展成为涵盖幼儿杂志、一般杂志、小说、画册、词典、百科全书等的综合类出版社。2011年的销售额为11.12亿欧元。

17. 读者文摘集团(Reader's Digest)。总部在纽约，共有员工2090人，以经营《读者文摘》杂志为主，兼营图书、音像制品的制作、出版和发行。《读者文摘》创刊于1922年，是美国最有影响力的杂志，也是全球最畅销的月刊类杂志。目前，读者文摘杂志社在全球40个国家和地区设有办事处。2010年2月，读者文摘集团宣布结束债务重组，取消破产保护申请。2011年的销售额为11.06亿欧元，其中36.5%来自图书，42%来自《读者文摘》杂志，10.5%来自音像制品。读者文摘集团80%的销售额来自国外。

18. 霍顿·米夫林·哈考特集团(Houghton Mifflin Harcourt)。总部设在波士顿，是美国最大的教育出版集团之一，隶属于美国教育、传媒和出版有限公司(Education Media & Publishing Group Limited)，90%的业务是出版教科书，10%的业务是出版参考书和一般文学图书。为进行债务重组，2012年5月霍顿·米夫林·哈考特集团申请破产保护。集团2011年的销售额为9.96亿欧元，共有员工4000人左右。

19. 斯普林格科学商务传媒公司(Springer Science and Business Media)。它是世界第二大科学、技术和医学类图书出版集团，总部在柏林。公司有55种品牌，每年出版2000种杂志和7000种新书，同时还提供数据库、在线服务以及组织会议和研讨会。2011 年 11 月斯普林格收购了沃尔特斯·克鲁维尔集团旗下的医学管理与出版公司，2012 年初与中国的北京师范大学出版社、巴西的多家杂志社和大学出版社建立了合作关系。集团 2011 年的销售额为 8.75 亿欧元，共有员工 6200 人，分散在美国、日本、中国、印度、澳大利亚、瑞士、意大利、英国、南非等 25 个国家。2010 年，集团在法国分公司的销售额达 5900 万欧元。

20. 哈珀·柯林斯集团（Harper Collins）。它是美国新公司（News Corporation）旗下的出版集团，为美国第六大综合性出版集团，总部在纽约。2011 年的销售额为 8.46 亿欧元，其中 12%来自电子书。该集团的业务主要在美国、加拿大、英国、澳大利亚和新西兰。另外，该集团在印度建立了一个重要的分公司，在中国也有战略合作伙伴。

21. 英富曼集团（Informa）。它是总部设在英国的一家出版与会展公司，业务范围超过 40 个国家，拥有员工超过 7500 人。英富曼集团是一个专业类图书出版集团，每年出版 1000 种图书，图书出版销售额约占集团总销售额的三分之二。数字化业务已占到英富曼集团总业务的 74%。2011 年的销售额为 8.03 亿欧元（不包括会展收入）。

22. 学研社（Gakken）。它成立于 1946 年，总部在东京，主要出版教育与学术类图书，同时也出版日文版和英文版的插图图书、百科全书。2011 年的销售额为 8.03亿欧元，共有员工 1904 人。学研社现正从一个图书出版社发展成为一个内容创新集团。

23. 牛津大学出版社（Oxford University Press）。它是英国牛津大学的出版社，每年用 40 种文字在全球各地出版 6000 种图书，2011 年的销售额为 7.72 亿欧元，比 2010 年增加 6%。牛津大学出版社在全球 50 个国家设有办事处，出版发行英语学习方法图书。牛津大学出版社在美国有一个强大的出版分社，并在加拿大、印度、巴基斯坦、中国、马来西亚、新加坡、肯尼亚、南非、坦桑尼亚、西班牙和墨西哥都有业务。出版社销售额的 37%来自新兴国家。

24. 桑迪雅纳集团（Santillana）。它是西班牙第二大出版集团，2011 年的销售额达 7.2 亿欧元，比 2010 年的 6.4 亿欧元增加了 11.2%。桑迪雅纳集团主要从事教育和一般文学图书出版，教育图书出版占其总销售额的 26.4%。该集团共有员工 3940 人，在全球 22 个国家开展业务，其中葡萄牙占其总销售额的 35%，巴西占 23%，墨西哥占 15%，委内瑞拉占 4%，哥伦比亚占 3%，阿根廷占 3%。桑迪雅纳集团是Libranda数字发行平台的战略合作伙伴。

25. 鲍尼尔出版集团（Bonnier）。它是瑞典鲍尼尔集团旗下的图书出版集团，其销售额占集团总销售额的 20%。鲍尼尔出版集团在瑞典及其他北欧国家从事各种媒体业务，2011 年的销售额为 7.03 亿欧元，与 2010 年的 6.98 亿欧元基本持平，但收益有所下降。集团在瑞典、丹麦、芬兰、挪威、德国、英国、澳大利亚和美国等许多国家拥有出版社和图书俱乐部。2011 年集团将教育出版部分转让给了芬兰的萨诺马出版集团(Sanoma)，而萨诺马出版集团将一般图书和文学图书并入鲍尼尔出版集团，鲍尼尔出版集团由此便成为斯堪的纳维亚半岛最主要的小说出版商。

26. 角川书店(Kadokawa Publishing)。总部在东京，成立于 1945 年，起初以出版日本文学作品为其主要业务。19 世纪 70 年代，它将横沟正史系列作品推向普通大众，公司进入巅峰时期。19 世纪 70 年代后半期，角川书店涉足电影业。2003 年，成立角川控股，同时改组为新角川书店。2011 年 10 月，角川正式完成对 MF 的收购，MF 因此成为角川旗下的子公司。2011 年角川书店将动漫作品《文化》改编成小说，获得巨大成功，成为一本畅销书，其销售额占当年总销售额的 42.2%。角川书店现有 7 家出版社，出版一般文学、学术图书与词典、漫画和儿童图书等，2011 年的销售额为 6.95 亿欧元。

27. 西蒙—舒斯特集团(Simon & Schuster)。它是美国最大的图书出版集团之一，成立于 1924 年，现为哥伦比亚广播公司(CBS Corporation)的分公司。西蒙—舒斯特集团致力于大众图书出版，涉及成人、儿童和网络图书，每年出版新书 1800 种。2011 年的销售额为 6.05 亿欧元，其中 17%的销售额来自电子书(2010 年为 8%)。现有员工 1350 人，在英国、加拿大、澳大利亚、印度等国设有分公司，合作范围遍及全球 100 多个国家和地区。

28. 埃格蒙特集团(Egmont)。它是丹麦的一家新闻通讯集团，成立于 1878 年，现为北欧地区主流传媒集团之一，业务范围包括图书、期刊、电视、电影等，其期刊在全球 30 个国家和地区出版。集团 2011 年的销售额为 5.41 亿欧元，其中 50%的收入来自数字产品。儿童媒体部成立于 2008 年，在斯堪的纳维亚半岛、德语国家、英国、东欧国家和中国通过各种载体推销儿童产品。2011 年一般文学、儿童图书、连环画和教辅图书的销售额仅为 1.46 亿欧元，同比减幅较大。

29. 熊津盛比格集团(Woongjin ThinkBig)。它是韩国一家专门出版教育和参考书的出版集团，成立于 1980 年，总部在首尔，现有员工 5300 人，主要出版教材、教辅、持续培训、英语学习、百科全书和插图图书等。2010 年的销售额为 5.26 亿欧元。

30. RCS 利布里出版集团(RCS Libri)。它是意大利 RCS 传媒集团的图书出版集团，是意大利的第二大出版集团，主要从事一般图书、教材和法律图书的出版。2011 年的销售额为 5.13 亿欧元，同比减少 9300 万欧元，其主要原因是 2010 年和

2011 年集团先后转让了两家出版社。2012 年又把弗拉玛里翁集团出让给了法国。

31. 克勒特集团(Klett)。它是德国教育和学术图书的主要出版集团,同时也出版一般文学图书,2011 年的销售额为 4.57 亿欧元,同比略有减少。克勒特集团是一个家族集团,成立于 1844 年,现有员工 2760 人,分布在 15 个国家。集团拥有 59 个品牌,每年出版 2000 种图书。教科书的销售额占总销售额的 50.8%,培训书占 30.4%,专业信息书占 12.3%。

32. 康乃馨出版集团(Cornelsen)。它成立于 1946 年,是德国康乃馨基金会所属出版机构中最大的一家出版集团,也是一个家族集团。该集团下设教科书部、培训与教材部、成人培训部、科学部和一般文学部等五大部门。集团还拥有参考书和地图出版社。集团现有 2.3 万种图书,在奥地利、瑞士、捷克、斯洛伐克设有分支机构。集团 2011 年的销售额为 4.29 亿欧元,同比略有减少,现有员工 2645 人,其中一半员工在德国。

33. 蒙达多里出版集团(Mon—Dadori)。它是意大利菲宁威斯特集团(Fininvest)旗下的图书出版集团,为意大利第一大出版集团,占意大利图书市场 26.5%的份额,控制着意大利文学图书的出版,同时也从事艺术图书的出版。蒙达多里出版集团还与兰登书屋集团合作开拓西班牙语图书市场。2011 年集团的销售额为 3.89 亿欧元,同比略有下降。

34. 毛里·斯帕尼奥尔出版集团(Groupo Editoriale Mauri Spagnol)。它是意大利新闻、出版和发行集团旗下的图书出版集团,是意大利第三大出版集团,成立于 2005 年,源自意大利历史上的毛里和斯帕尼奥尔两大家族。毛里家族是意大利的第一大报刊运输商,斯帕尼奥尔家族拥有多家出版社。目前集团在意大利拥有 9 家出版社,在西班牙有一家出版社,出版的图书包括文学、科幻小说、人文科学、青少年读物、旅游指南、百科全书等,占意大利图书市场 25%的份额,集团还参与了 Feltrinelli 集团和 RCS 利布里出版集团创办的 Edigita 数字发行平台。2011 年集团的销售额为 3.8 亿欧元。

35. 勒菲弗—萨吕集团(Lefebvre—Sarrut)。它是法国的一家专业和学术出版集团。其母公司是法国 Frojia 集团,由勒菲费家族控股(66%)。2011 年的销售额为 3.59 亿欧元,比 2010 年的 3.24 亿欧元增加了 3500 万欧元。集团主要出版法律图书,在法国、西班牙、意大利、比利时和英国等国共有员工 1867 人。

36. 禾林出版公司(Harlequin)。它是加拿大多伦多星星新闻通讯集团旗下的图书出版公司,成立于 1949 年。禾林出版公司是世界情感小说的领军出版公司,其情感小说销售额占公司总销售额的 15.5%。该出版公司的销售连续多年增长,但在 2011 年有所下降,仅为 3.37 亿欧元,其中 7.7%来自电子书。公司在全球五大洲 115 个国家都有业务，每月用 31 种文字出版 110 种新书。公司 96%的销售额来自加拿大以外的国家。

37. 萨诺马出版集团(Sanoma)。它是芬兰萨诺马 WSOY 通讯集团旗下的图书出版集团，总部在赫尔辛基，是芬兰的主要出版集团，同时也从事印刷业务，印刷业务的销售额占集团总销售额的 12%。集团拥有诸多知名品牌。2011 年秋季，集团将一般图书和文学图书转让给瑞典的鲍尼尔出版集团，而鲍尼尔出版集团将教育出版部分并入萨诺马出版集团。萨诺马出版集团成为北欧和中欧重要的教育出版集团，在瑞典、比利时、荷兰、匈牙利、波兰设有分公司，2011 年的销售额为3.43 亿欧元。

38. 中国教育出版传媒集团 (China Education & Media)。它成立于 2010 年 12 月，是中国最大的教育出版集团，下属人民教育出版社、高等教育出版社、语文出版社、中国教学仪器设备有限公司和中国教育图书进出口有限公司等 5 家子公司。现有员工 4000 人，每年出版图书、音像、电子、数字等出版物约 2 万种，出版期刊数十种。

39. 媒体参与出版集团(Média－Participations)。它由英国蒙塔涅家族控股(60%)，在法国、比利时、瑞士和美国共有员工 1306 人，是欧洲连环画和动漫的领军出版集团，同时也从事数字和影像出版以及青少年图书、实用图书和期刊的出版。2011 年的销售额为 3.40 亿欧元，比 2010 年的 3.27 亿欧元略有增加，期刊的销售额占集团总销售额的 18%。

40. 阿布里尔教育出版集团(Abril Educacao)。阿布里尔教育出版集团是巴西阿布里尔新闻通讯和影像与在线商务集团所属图书出版集团，集团由一家族集团控股 56.4%，总部在圣保罗。它是巴西教育出版的领军集团，旗下拥有多家出版社，2011 年并购了 PH 集团和 ETB 集团，2012 年春季又收购了 Escola Satelite 集团 51%的股份。2011 年，集团取得了骄人的业绩，销售额达 3.19 亿欧元，比 2010 年的 2.31 亿欧元增加了 8800 万欧元。

41. 柏修斯图书集团(Perseus Books Group)。它是美国柏修斯 LLC 独立投资集团最具活力的子公司，成立于 1996 年，总部在纽约。2011 年，集团出版大量电子书，取得了很好的业绩，销售额达 2.69 亿欧元。集团拥有十多家出版社。柏修斯图书集团也是美国中小独立出版社的图书发行商。2011 年集团与英国Faber & Faber 公司建立了战略合作关系，以便在英国发展数字出版。

42. 韦斯特曼集团 (Westermann)。它成立于 1838 年，总部在德国不伦瑞克，主要出版教科书。韦斯特曼集团现隶属于德国 Medien Union 新闻通讯集团，该集团创立于 1947 年，由 5 个家族组成的集团控制。2011 年的销售额为 2.61 亿欧元。

43. 玛蒂尼埃集团(La Martinière)。它是法国的一家出版集团,主要由韦尔泰梅家族(46%)和埃尔韦·玛蒂尼埃(29%)控股。2011年的销售额为2.58亿欧元,比2010年的2.84亿欧元减少了2600亿欧元。主要出版一般性文学、艺术、实用、青少年图书和连环画等,现有员工866人。近年来,该集团在美国和德国的业务有较大发展。

44. 文艺春秋出版社(Bungei－shunju)。它成立于1923年,是日本著名的出版社之一,以其出版发行的月刊《文艺春秋》命名。该出版社因经常发现新的文学天才而闻名于世。2011年的销售额为2.55亿欧元,员工360人。

45. 瓦格里斯出版社(AST)。它成立于1990年,现为俄罗斯最大的出版社之一,拥有多种品牌,出版各类图书,占俄罗斯图书市场20%的份额。出版社还有一个图书连锁店。2011年的销售额为2.54亿欧元。2012年6月,瓦格里斯出版社宣布,出版社已被俄罗斯艾克斯莫出版社(Eksmo)并购。

46. 加利玛尔集团(Gallimard)。它是法国最大的一般图书出版集团,由马德里加尔家族控股。除出版一般性文学图书外,还出版人文科学、青少年、艺术、娱乐图书、连环画和旅游指南等,每年出版1500种新书。2011年的销售额为2.53亿欧元,共有员工约1000人。除旗下十多家出版社外,还拥有Sodis、CDE和Sfédis三家图书发行公司,是法国最大的图书发行商。集团还与马尔蒂尼埃集团和弗拉玛里翁集团合作创建了Eden电子图书发行平台,还在加拿大、比利时和瑞士设立了办事处。

47. 新潮社(Shinchosha)。它成立于1896年,系家族出版集团,总部在日本东京,主要出版一般文学、艺术、哲学图书以及漫画和词典。2011年的销售额为2.45亿欧元,员工393人。

48. 乔元出版社(Kyowon)。它成立于1985年,现有正式员工1321人,在韩国有200个销售网店,主要出版教科书、插图图书、童话图书,特别是胎教和婴幼儿图书,另外还提供在线服务。该出版社还出版50多种百科全书丛书,其中一半是从日本、英国和法国引进的版权。2011年的销售额为2.29亿欧元,比2010年的2.05亿欧元增加了2400万欧元。

49. 魏卡集团(Weka)。它成立于1973年,是德国信息与专业服务的主要出版社之一,现有员工1000人左右,集团下分管理图书部、信息图书部、期刊部、图片与设计创新部。2011年的销售额为2.17亿欧元。魏卡集团在法国、荷兰、奥地利和瑞士均设有分公司。

50. 萨莱瓦集团(Sareiva)。总部在圣保罗,是巴西重要的教育和学术出版集团,重点出版法律、经济、管理和财会图书,同时也出版一般文学图书。集团还直接销售教科书和数字内容。2011年的销售额为2.07亿欧元。

51.豪费—莱克斯瓦尔集团(Haufe—Lexware)。它的总部在德国弗里堡,50多年来一直是德国管理、法律类图书的重要出版社。现有员工1200人,2011年的销售额为2.07亿欧元,其中三分之二来自电子书。

52.FTD出版集团(Editora FTD)。它成立于1902年,总部在圣保罗,是巴西教科书和教辅书的专业出版社,现有1350种图书,共有员工1256人,2011年的销售额为1.75亿欧元。

53.阿尔班·米歇尔集团(Albin Michel)。它成立于1900年,出版各种文学图书,同时也出版教育和实用图书。集团占法国口袋书市场份额的40%,并拥有一家自己的图书发行公司。共有员工488人,2011年的销售额为1.66亿欧元。

54.艾克斯莫出版社(Eksmo)。它成立于1991年,一直以来是俄罗斯第二大出版社。自2012年6月宣布并购瓦格里斯出版社后,艾克斯莫出版社成为俄罗斯最大的出版社。该出版社出版各类图书,占俄罗斯图书市场20%的份额,2011年的销售额为1.51亿欧元。

表 2011年全球图书出版业54强排行榜 (单位:百万欧元)

排序	出版商	母公司	国家	2011年销售额	2010年销售额
1	培生集团(Pearson)	Pearson Corporation	英国	6470.24	6102.09
2	励德·爱思唯尔集团(Reed Elsevier)	Reed Elsevier Corporation	英国、荷兰	4395.24	5387.47
3	汤姆森·路透集团(Thomson Reuters)	The Woodbridge Company Ltd.	加拿大	4180.77	4247.93
4	沃尔特斯·克鲁维尔集团(Wolters Kluwer)	Wolters Kluwer	荷兰	3354.00	3556.00
5	阿歇特出版集团(Hachette Livre)	Lagardère	法国	2038.00	2165.00
6	行星集团(Grupo Planeta)	Grupo Planeta	西班牙	1772.00	1829.00
7	麦格劳—希尔教育公司(McGraw—Hill Education)	McGraw—Hill Companies	美国	1763.08	1835.46
8	兰登书屋集团(Random House)	Bertelsmann AG	德国	1749.00	1828.00
9	霍茨布林克图书公司(Holtzbrinck)	Georg von Holtzbrinck	德国	1501.20	1511.50
10	学士公司(Scholastic)	Scholastic	美国	1466.15	1442.84

续表

排序	出版商	母公司	国家	2011 年销售额	2010 年销售额
11	圣智集团(Cengage)	Apax Partners	美国、加拿大	1443.08	1514.43
12	威利集团(Wiley)	Wiley	美国	1340.77	1282.33
13	阿格斯蒂尼出版集团(De Agostini Editore)	Gruppo De Agostini	意大利	——	1326.00
14	集英社(Shueisha)	Hitotsubashi Group	日本	1319.97	1203.53
15	讲谈社(Kodansha)	Kodansha	日本	1194.52	1128.54
16	小学馆(Shogakukan)	Hitotsubashi Group	日本	1112.24	1085.93
17	读者文摘集团(Reader's Digest)	RDA Holding Corporation	美国	1106.15	438.58
18	霍顿・米夫林・哈考特集团(Houghton Mifflin Harcourt)	Education Media and Publishing Group Ltd.	美国、开曼群岛	996.15	1260.00
19	斯普林格科学商务传媒公司(Springer Science and Business Media)	EQT and DIC Investors	瑞典、新加坡	875.00	866.00
20	哈珀・柯林斯集团(Harper Collins)	New Corporation	美国	846.00	956.29
21	英富曼集团(Informa)	Informa PLC	英国	826.19	783.18
22	学研社(Gakken)	Gakken Co. Ltd.	日本	803.29	720.49
23	牛津大学出版社(Oxford University Press)	Oxford University	英国	772.62	709.86
24	桑迪雅纳集团(Grupo Santillana)	Prisa	西班牙	720.00	753.00
25	鲍尼尔出版集团(Bonnier)	The Bonnier Group	瑞典	703.00	698.44
26	角川书店(Kadokawa Publishing)	Kadokawa Holdings Inc.	日本	695.73	598.68
27	西蒙—舒斯特集团(Simon & Schuster)	CBS Corporation	美国	605.38	597.93
28	埃格蒙特集团(Egmont)	Egmont International Holdings	丹麦	541.00	597.00

续表

排序	出版商	母公司	国家	2011 年销售额	2010 年销售额
29	熊津盛比格集团(Woongjin ThinkBig)	Woongjin Holding	韩国	——	526.62
30	RCS 利布里集团(RCS Libri)	RCS Media Group	意大利	513.00	606.30
31	克勒特集团(Klett)	Klett Groupe	德国	457.00	465.30
32	康乃馨集团(Cornelsen)	Cornelsen	德国	429.00	440.00
33	蒙达多里集团(Mon-dadori)	The Mondadori Group	意大利	389.00	413.90
34	毛里·斯帕尼奥尔出版集团(Groupo Editoriale Mauri Spagnol)	Messgerie Italiane	意大利	380.00	395.90
35	勒菲弗—萨吕集团(Lefebvre—Sarrut)	Frojal	法国	359.00	324.40
36	禾林出版公司(Harlequin)	Torstar Corporation	加拿大	347.73	352.41
37	萨诺马出版集团(Sanoma)	Sanoma WSOY	芬兰	343.00	350.00
38	中国教育出版传媒集团(China Education & Media)	China Education & Media Group	中国	——	343.00
39	媒体参与出版集团(Média—Participations)	Média—Participations	英国	340.00	307.00
40	阿布里尔教育出版集团(Abril Educacao)	Abril Group	巴西	319.05	231.80
41	柏修斯图书集团(Perseus Books Group)	Perseus	美国	269.23	226.00
42	韦斯特曼集团 (Westermann)	Medien Union	德国	261.00	258.00
43	玛蒂尼埃集团(La Martinière)	La Martinière Groupe	法国	258.00	284.00
44	文艺春秋出版社(Bungei-shunju)	——	日本	254.98	253.60
45	瓦格里斯出版社(AST)	私企	俄罗斯	254.00	161.90
46	加利玛尔集团(Gallimard)	Madrigall	法国	253.00	241.40
47	新潮社(Shinchosha)	私企	日本	245.25	273.97
48	乔元出版社(Kyowon)	Kyowon	韩国	228.88	205.61
49	魏卡集团(Weka)	Weka Firmengruppe	德国	217.00	209.00
50	萨莱瓦集团(Sareiva)	Sareiva	巴西	207.44	188.00

续表

排序	出版商	母公司	国家	2011 年销售额	2010 年销售额
51	豪费—莱克斯瓦尔集团(Haufe—Lexware)	私企	德国	207.00	193.00
52	FTD 出版集团(Editora FTD)	Editora FTD	巴西	175.21	161.60
53	阿尔班·米歇尔集团(Albin Michel)	Groupe Albin Michel	法国	166.00	165.10
54	艾克斯莫出版社(Eksmo)	私企	俄罗斯	151.00	151.06

(张林初　编译)

从出版看英国培生集团的企业文化

萨缪尔·亨廷顿说过，文化是对一个社会的成功起决定作用的因素。对出版企业来说，经济效益是生存的基础，企业文化则是企业的灵魂所在。一个伟大的企业一定拥有其独特的企业文化，并且能用文化的力量去提升组织绩效。

多年来，学者们做了大量的工作来研究组织文化对组织绩效的影响。约翰·科特(John P. Kotter)和詹姆斯·赫斯克特(James L. Heskett)在《企业文化与经营业绩》(*Corporate Culture and Performance*)(1982年)一书中指出：所谓“企业文化”通常是指一个企业的各个部门，至少是企业高层管理者们所共同拥有的那些企业价值观和经营实践。该理论强调企业应该具有共同的价值观，同时将共同的价值观付诸管理实践中。瑞士洛桑国际管理学院著名教授丹尼尔·丹尼森(Daniel Denison)建立了“丹尼森企业文化模型”，该模型是在对1000多家企业、4万多名员工长达15年的研究基础上建立起来的。它用60个项目集中考察企业文化的四个维度：应变能力、愿景及目标、一致性、员工参与。该研究表明组织文化直接影响着组织的绩效，组织文化传播广泛深入并在决策中得到应用的组织，比那些没有普及组织文化的组织，在投资和销售方面的回报要好得多。因此，这些研究都说明文化因素引领着许多组织的价值成果的实现，而且可能是公司成功的一个非常关键的因素。

在现代社会中，企业文化这一概念已经深入到管理者的理念中，从顶层的制度设计，到基层各项任务的执行，无一不体现着企业文化。企业坚持什么样的理念，企业文化就体现在管理的每个环节中。出版企业在这方面尤为突出。由于出版企业的特殊性，出版企业的企业文化是基于出版物的价值之上，出版什么样的产品，出版企业的文化就展现出什么特征。

培生集团是世界著名的传媒机构，培生教育出版集团是其成员之一，是目前全球最大的教育出版集团。培生教育集团的业务主要分为三大板块：培生教育，包括数字学习、教育出版业；金融时报集团，包括《商业资讯》和《金融时报》；企鹅出版社，包括消费类出版物。培生集团以“帮助所有人发挥其最大的潜质”为宗旨，迄今出版图书达 40 多万种，覆盖婴幼儿到博士研究生等不同年龄段。培生教育集团不仅为学习者提供丰富的纸质教材，还为老师和学生提供丰富的个性化学习与辅导环境，使教育真正实现以人为本、易教易学。作为提供终身教育产品与服务的出版集团，培生教育集团在高等教育、中小学教育、英语教育、专业出版、考试测评、网络教育等众多领域居全球之首，帮助全世界 1 亿多人接受各种教育与培训。

培生集团的宗旨是“帮助所有人发挥其最大的潜质”，这一宗旨不仅仅是针对产品和客户，同时也针对自己的员工，帮助员工发挥最大的潜质成为培生集团企业文化的核心。在注重员工的激励和需求方面，培生集团以“终身学习”为座右铭，把自己的企业文化描述为“人性化的利益保障”，鼓励员工努力学习新的技能，并且在某方面有所建树，使员工能够切实体会到企业的成长与成功为自己带来的切实利益。培生集团的另一个特色在于，它能够满足员工的个性需求，善于发掘与使用人才，鼓励创新，努力为员工开辟一个自由的工作环境与和谐的学习环境。

重视企业成长与员工成长，是培生集团成为全球传媒行业翘楚的关键。培生集团是一个有远见的企业，不仅重视其目前占有的市场和客户，而且将市场的关注点和客户的需求作为企业发展的动力，而这些必须依靠每一个员工去实现。教育出版是服务教育的，而对于出版企业来讲，教育服务的对象不仅仅是客户，同时也包括员工本身。

企业文化的核心是企业的关注点在哪里。培生集团关注每一个人的教育，包括自己员工的终身教育，认为教育是一个人成长过程中永不停止的活动，所以成就了教育出版的知名品牌。

（张　玥　撰写）

英国中小出版社各谋发展

由于数字化的飞速发展，英国出版界越来越关注数字化对出版行业未来的影响。各家出版社在坚守传统出版模式的同时，也在探索新的增长方式。

英国培生集团旗下的企鹅出版社与德国贝塔斯曼旗下的兰登书屋合并，成立了企鹅兰登书屋出版集团，以扩大业务规模，增加市场占有率，大力削减成本，在传统出版领域和现代出版领域保持长久的竞争优势。这一事件从开始酝酿到成为现实，给英国出版行业带来持续的震动，特别是那些独立的中小出版社，充满了危机意识。有的是同行携手共同出版发行电子书；有的是通过自家网站加大图书宣传推介的力度；有的成立新型出版社专门出版电子书；有的则是致力于引进海外文学作品，先出电子版，后出纸质版。

纸质书电子书都能出好书

菲斯与菲斯(Face and Face)出版社是一家中等出版社，在出版行业几乎名不见经传，但却是中小出版社“独立联盟”社团组织的领头羊。2010 年，菲斯与菲斯出版社成立了名为“菲斯代理店”的关联公司，向其他中小出版社提供与电子书相关的服务。菲斯代理店针对小规模出版社提供业务，包括教科书的数字化、电子图书的流通、广告的管理、出版物直销等。

在菲斯与菲斯出版社成立菲斯代理店以前，与菲斯代理店性质相同或相近的公司企业已有不少，但并没有吸引中小出版社的目光。菲斯代理店成立后，中小出版社趋之若鹜。2010 年，有业务关系的中小出版社仅有 18 家，2013 年增加至 100

家。与其他公司或企业相比，菲斯代理店是一家“新店”，且收费不低，可为什么如此受欢迎？那些中小出版社认为，菲斯代理店服务的对象侧重于独立的中小出版社，其“母公司”菲斯与菲斯出版社本身又在中小出版社之列，感同身受，最了解中小出版社的需求。中小出版社找菲斯代理店，要的是放心、舒心和安全感。

关于成立菲斯代理店的动机，菲斯与菲斯出版社的负责人威尔·阿特金森列举了两点：一是对中小出版社的一份责任感，出版不景气，大家需要相互帮扶渡过难关；二是出版电子书要取得经济效益，必须进行严密的系统化管理。阿特金森强调，像企鹅兰登书屋那样的大型出版集团，出书是为了盈利，出书只是盈利的手段；我们这些独立的出版社则不同，盈利是为了出书，盈利只是出书的手段，任何时候出书都是第一位的。中小出版社也能够出好的纸质书，比如“哈利·波特”系列也出版电子书，照样可以做出好作品。

同样是中等的出版社，加侬·凯塔(Canongate)出版社坚持独立性，以各种方式投身数字时代。2010 年，该出版社社长杰米·平格在一次出版人士的聚会上说，“加侬·凯塔不单单是图书出版社，而且还要成为音像的、网络的出版社”。这一说法曾引起与会者共鸣。2011 年，该社的网站 Canongate. tv 借鉴杂志网站的做法，以纸质书、电子书的内容为主，还有视频、音频、读者的读后感、记者对作者的访谈、专家对图书的评论等多种多样的内容。围绕读者的兴趣，还提供其他图书的信息，即便不是本社的出版物。加侬·凯塔这样做，为的是增加读者，扩大市场占有率。

探索新型出版方式

电子书时代也催生了新型出版社的诞生，布拉斯特·皮斯(Plastic Heath)出版社就是这类新型出版社之一。既是文学代理人又是作家的厄兰·格斯里与社交媒体方面的专家凯罗·麦克伦携手，组建了专门出版电子书的出版社。在出版形势严峻的背景下，对于许多新人作家和名气不大的作家的作品，出版社不愿意出版纸质书，布拉斯特·皮斯出版社就为他们出电子书。该出版社与作者签订合同，多数合同的内容都是：出版社一方不支付稿酬，但为作者设定了高出一般标准的版税率，并且版税率是浮动的，即电子书销售得越多，作者得到的版税就越多。

凯罗·麦克伦说：“至少要让读者在任何时候都可以认识作者，接触作者的作品。”布拉斯特·皮斯出版社出版的所有电子书，在亚马逊网上书店都可以检索到。该社的电子书定价很低，为 0.99～2.99 英镑。在促销过程中，经常还会有免费赠送电子书的活动。总之，布拉斯特·皮斯出版社实施的出版战略，就是要提高读者对作者、作品的关注度。

翻译家斯特富·多普勒成立了推荐文学作品出版社，主旨是把优秀的海外文学作品介绍给英语圈特别是英国的读者。该出版社在选择和发掘作品方面的做法很新颖，被英国某些出版行家称赞为“划时代的”。其具体操作过程是，国内外读者登录该出版社的网站，把自己认为优秀的最新出版的海外文学作品推荐给该出版社；围绕被推荐作品，该出版社的编辑通过互联网与专业的翻译反复沟通；该出版社在充分听取读者、编辑和译者三方的意见后，再最终决定是否翻译出版；一旦出版，就先出版电子书，根据市场需求，再出版纸质书。2011 年，该出版社出版的德波拉的《游泳终点》，进入布克文学奖的最终候选行列，足见该出版社的操作方式行之有效。

（吴娣伊　编译）

英国电子书自费出版大有作为

在英国方兴未艾的电子书出版中，自费出版越来越显示出巨大的发展潜力。

借助亚马逊平台自费出版

2011 年第 4 季度，在亚马逊网上书店发行的电子书中，销售排第一位的是凯莱·威尔金森的小说《锁定的客栈》。2012 年前三季度，这部小说一直榜上有名。这本书的内容自然非常引人入胜，但对英国出版行业来说，更值得深思的是其出版方式——自费出版。也就是说，威尔金森利用亚马逊给作者们搭建的 Kindle Direct Publishing 平台，自费出版了自己的处女作。这种系统从 2010 年开始在英国和美国出现，通过这种系统作家们可以把自己的作品转换成电子书，通过 Kindle 商店进行销售。

《锁定的客栈》是一部打击犯罪的小说，描述了女警察部长杰斯卡·丹尼尔与犯罪分子作斗争的故事。《锁定的客栈》的 Kindle 版从发行之日起，6 个月销售 25 万册。威尔金森在自己的博客中向读者表示感谢："在这之前，我连做梦也想不到自己会当作家。我的处女作竟有这么多的读者喜欢，真是不可思议！我要感谢仁慈的上帝，感谢热情的读者。"威尔金森还写道，听人说出版纸质书的周期很长，过程很麻烦，而《锁定的客栈》从下笔创作到正式出版，可以用"神速"来形容，这得力于电子书这种高科技的出版形式。

《锁定的客栈》之所以获得成功，还得益于合理的定价。《锁定的客栈》是威尔金森出版的第一本电子书，定价仅仅 0.98 英镑，而威尔金森出版的第二本电子书，定价为 1.88 英镑，第三本的定价则上升至 2.79 英镑。威尔金森把自己的销售战略告诉采访者："第一本书，为了赢得读者，必须把价格定得很低。等有了人气，之后的书才可以把定价提上去。"虽然电子书的定价无法与纸质书的定价相比，但与作者从纸质书中获得 10%～15%的版税相比，作家从电子图书中获得的版税却是高得惊人。亚马逊规定，定价在 1.49 英镑以下的电子书，作者可以获得 35%～70%的版税。

传统出版社要重视自费出版的作者

威尔金森自费出版取得成功的例子只不过是冰山一角。据英国 BML 市场公司调查，在 2012 年上半年销售的电子书中，由自费出版、亚马逊 Original、电子书专业出版社出版的电子书，品种占一般虚构类图书的 26%，销售码洋占 11%。

亚马逊欧洲的 Kindle 部门的负责人戈登·威洛比对此评价说："这是英国自费出版界取得的巨大成果，可喜可贺。由于 Kindle 的成功，受益的作家将不断涌现。"必须承认，像威尔金森自费出版成功的例子，今后必定会继续出现。

然而，也有人对自费出版电子图书的成功提出疑问。人物传记图书出版公司的负责人安德利·富兰克林说："读者的确购买了大量的自费出版物，但其中有多少是可读呢？电子书很便宜，购买也很方便，但 6 个月以后、1 年以后、5 年以后，还有多少人在真正读这些书？"阅读图书出版的本质。显然，富兰克林对大量出版电子书是持否定态度的。他主张："在鱼龙混杂的电子图书中，要用差别化的尺度，以挑剔的眼光，出好、卖好那些真正有价值的作品。"

现在，已进入任何人都可能出版的时代。许多出版人士认为，作为专业的编辑，应当重新审视、调整出版社的职能。尤其是那些传统的大型出版社，也要重视自费出版的作者。事实上，对于不少自费出版的作者，读者是接受和认可的，甚至是喜爱的。英国《书商》杂志的总编辑尼尔·特尼曾在博客上向大型出版社发出警告：那些被专业编辑们拒之门外的作家作品，却因为出版电子书获得成功，这说明专业编辑对书稿的判断也有失误。特尼呼吁，出版社特别是大型出版社，应当给予自费出版的作者更多的关注。在当今的英国，由于电子书出版的蓬勃发展，自费出版的作者的地位得到提升，这是一种不可逆转的新趋势。所以，出版社不仅要为作者们出书，而且还要争取当作者们的代理人。

出版社不能像过去那样，轻视自费出版的作者。有的书稿最初被大型出版社"枪毙"，之后作者通过自费出版在图书市场获得成功，接下来大型出版社又群起争夺其版权。这种事情已发生过多次。

事实上,就连凯莱·威尔金森也是因为自己以电子书形式出版的作品获得成功,才引来不少大型出版社竞购版权。经过激烈的角逐,麦克米伦出版社同时买下威尔金森6部作品的版权。2011年12月,该出版社对威尔金森已出版的3部作品进行重新包装,同时推出电子书和纸质书。2012年,该出版社出版了威尔金森的另外3部作品。而威尔金森依然拥有之前自费出版的3种电子图书的版权,并保留自己可能通过任何渠道销售的权利。

麦克米伦出版社编辑部负责人特里西尔·杰克逊表示:"以纸质书和电子书的形式同时出版威尔金森的作品,受到越来越多读者的欢迎。不仅出版社大喜过望,而且也刺激了作者的创作激情,这样就出现了作者、读者、出版社'三赢'的局面。"

(尹天笑　编译)

“哈利·波特”后《临时空缺》畅销

2012年深秋时节，英国魔幻系列小说“哈利·波特”的作者J.K.罗琳推出她的新小说《临时空缺》，甫一上架就成为全英最热卖的新书，预售销量已经达到100万册。但对于这本“成人小说”，各方评价不一。有看法认为，这是继查尔斯·狄更斯的作品之后，又一部深刻检讨社会深层次矛盾的本土小说作品。但也有评论表示，罗琳有令人惊奇的幻想能力，但写现实题材的作品还欠功力。

《临时空缺》在全球发行硬皮精装版纸质图书、电子书以及从网络下载和刻成光盘的录音版。在英格兰北部的克彻斯特，当地书店门外等候罗琳现场签名售书的书迷一早就排起了长龙。而在伦敦市区的大小书店，《临时空缺》刚被店员放上书架，就被读者买走。有年轻读者对采访者说，自己根本等不及回家再看，干脆一边排队付钱，一边翻阅。据英国天空卫视新闻台报道，有阅读速度快的英国阅读专家，刚拿到书不久就一口气看完了，并对外界表示“后半部分比前半部分好”。

《临时空缺》讲述发生在一个名叫派格福德的小镇上的故事。当地教区理事会一位40岁出头的成员突然去世，出现一个职位空缺。之后，人们为了填补空缺而展开了争斗。英国广播公司说，故事中的这一意外事件撕破了这个一派典型英格兰乡村美景的小镇宁静祥和的表象，显露出来的矛盾、争夺之激烈不亚于战争。

直到出版前，这本书的情节一直被严格保密。人们普遍预计这会成为英国2012年度乃至2013年度最畅销的小说。

家住伦敦的莱安·琼斯，在伦敦市中心著名的图书一条街——查令十字街的福尔斯书店第一个买到了这本书。她对英国广播公司表示，“哈利·波特”伴随着她和同龄人长大，他们对“哈利·波特”之母的新作有一种天然的好奇心和亲切感，虽然罗琳“称不上语言大师，但她讲故事的本领出众”。这本小说面向成年读者，而这些当时的“哈利·波特”迷现已成年。琼斯认为，“这本书正是为我们写的。”

罗琳在小说正式出版发行前这样形容它：19 世纪大厚本小说的现代版。《泰晤士报》说，罗琳从魔幻小说转向现实题材写作，是在效仿著有《大卫·科波菲尔》等书的英国作家查尔斯·狄更斯的文风，用小说题材来反映社会发展史。《泰晤士报》称，长久以来小说变成了英国人茶余饭后的消遣，忘记了历史上的著名本土作家用小说题材记录英国动荡年代的卓越贡献，而罗琳这么做正是给当代英国作家带了一个好头。甚至已经有英国的图书评论员感到这部小说里恍惚飘荡着“狄更斯的影子”。

还有媒体报道说，罗琳新小说里的派格福德镇，其实是以罗琳的故乡——塔兹希尔为原型。但当地居民表示，他们对这种说法感到不快，因为这并不符合实情。不过居民们也承认，自己肯定会读这本小说，说不定能在书中找到一些熟人的影子。

罗琳在泰晤士河畔的南岸艺术中心参加了新书的庆祝活动。罗琳说，探索新领域的自由是“哈利·波特”的成功带给她的礼物，并表示自己的下一部作品将是儿童读物，读者群年龄比“哈利·波特”读者更小。

也有舆论认为，罗琳在现实题材上的功力还欠火候。英国《每日邮报》说，这本定价 20 英镑的新书一上架就打 5 折销售，似乎表明罗琳本人也对这本新书缺乏信心。

（龙舟路　编译）

2013 年霍金出版《我的简史》

霍金的退行性疾病的持续发作，让许多人担忧他再也无法与人交流。但 2013 年秋天，71 岁的斯蒂芬·霍金教授出版了一本回忆录——《我的简史》，详细讲述其非凡的一生。霍金的出版商说，新技术帮助这位剑桥大学前卢卡斯数学教授在没有助手的情况下完成了原稿。这是第一本他完全凭借一己之力写成的书。

《我的简史》一书受到欢迎，并非作为尝试解密宇宙的又一部作品，而是作为迄今为止霍金最私人的书。

当《我的简史》还处在最后的编辑阶段时，出版方就透露，霍金教授将在其中详述他的另类童年、在 21 岁读博士时患上的运动神经元疾病、他关于量子宇宙学理论的创举、他的两段婚姻以及这两段婚姻充满争议的破裂过程。

1991 年，这位物理学家与其第一任妻子离婚。两人育有三名子女。1995 年，他与其私人看护伊莱娜·梅森结婚，尽管这段长达 11 年的婚姻关系最终也破裂了。在此之前剑桥郡警方调查了关于霍金对其妻子实施殴打的指控，但他称这些殴打指控完全不属实。

出版商矮脚鸡出版公司说，该书收录了霍金童年和读书期间的照片，而且“这位极其神秘却改变了世界的男人以自己的语言诙谐而坦率地讲述了自己的一生”。

出版主管萨莉·加米纳拉说：“此书的出版是对其非凡勇气与毅力的见证。”霍金教授撰写的《时间简史》一书已售出 1000 万册以上，被翻译成 40 种语言。

尽管霍金坚持工作，可是他的身体状况逐渐变差，起初需要使用声音合成器，后来则需要全天候的看护照料。

霍金教授通过自主抽动颈部的一块肌肉来控制该技术，当光标一一掠过其面前屏幕上的文本时，他通过控制光标，每次确定一个字母，然后组成一个单词。

不过，霍金的身体状况意味着这一过程极为缓慢费力，在最初时，他一分钟只能完成一个单词。

霍金会见了计算机巨头英特尔公司的创始人戈登·穆尔，曾帮助他设计原始声音合成器的穆尔提出帮助他加快交流速度。英特尔公司开发了升级版，改善了文本系统的文字预测能力。

这样一来，霍金就能够一分钟完成 5 至 10 个单词，英特尔公司还在研究计算机识别其他面部特征（包括嘴部和眉毛的动作）的方法，以进一步加快这一过程。

霍金教授目前使用连接网络摄像机的平板电脑，利用摄像机可以打网络电话。

霍金的轮椅上装有计算机、音频放大器和声音合成器，这些都由其眼镜上的红外线传感器控制。

他这样形容这套交流系统："关于我的软件界面，他们（英特尔公司）还有一些新想法，我很期待看到这一成果。前景相当不错。我还试验了脑控接口，与我的电脑交流。不过到目前为止，它们还不能像我的面颊操作开关那样协调一致地工作。"

（岳　月　编译）

法国图书业应对危机有方

席卷全球的金融危机尽管对法国图书业有所影响，但是业界一直努力抗争。根据法国《图书周刊》的统计分析，法国图书市场近十多年里总体发展平稳。2000年，法国出版和再版了39375种图书。2011年，法国出版和再版了64347种图书。法国图书出版业积极应对金融危机，并取得了较好的成绩。其主要策略如下：

提高文化部门预算

法国作为世界出版大国之一，政府把鼓励创作、促进出版、开展阅读作为国家文化政策的重要组成部分，图书出版成为国家每年度制定文化预算的主要部分。目前，尽管金融危机依然存在，但为了提高法国的文化软实力，法国减少了其他部门的预算，而增加了文化部门的预算。2012年，法国文化与通讯部的预算总额达74亿欧元，同比增加0.9%。其中，文化预算为20.9亿欧元（不包括人员费用），同比增加2.9%。文化研究项目预算为1.24亿欧元，同比增加0.7%。图书、文化产业和媒体的预算为46亿欧元，同比基本持平。

举办图书沙龙

法国高度重视国际出版业之间的交流，积极举办和参加各类国际书展。每年3月举办的巴黎图书沙龙吸引着各国的出版商参展。2012年3月16日至19日，法国在凡尔赛门举办了第32届巴黎图书沙龙。据统计，参观人数达19万，同比增加 5%。其中,学生的阅读兴趣最为浓厚,占总参观人数的 30%。法国《图书周刊》在总结此次图书沙龙时,作了如下描述:"尽管全球金融危机持续,法国总统大选在即,但是本次图书沙龙成绩斐然,没有危机,参观者都毫不犹豫地购买图书。动漫、口袋书和日本文学书被一抢而空。"

设立图书评奖活动

作为世界文化大国,法国十分重视开展群众读书活动,设有不同种类的图书评奖活动。据法国《文学奖和文学奖评选指南》统计,法国共有大小文学奖 2100 种,其中还不包括颁发给外国作品的奖项。在法国众多的文学奖中,最重要的有六个奖项,即"龚古尔文学奖""法兰西学院小说大奖""勒诺多文学奖""费米娜文学奖""美第西文学奖"和"联盟文学奖"。每年获奖的图书都会引起广泛关注,作品来自院校、新闻界、出版界和宗教界等。图书评奖活动不仅为众多的诗人、小说家、剧作家、传记作家提供了展示才华的机会,也为各出版社扩展了销路。一旦某出版社出版的作品获奖,图书印数就会猛增,销售额迅速上升。

关注青少年阅读

青少年是国家的未来,他们的成长需要优质的图书。据统计,近十多年,法国出版和再版的青少年图书种类逐年增多。法国出版社重视培养青少年的阅读兴趣和良好的阅读习惯。青少年喜欢开博客或微博,法国出版社便与各网站建立联系,为青少年提供交流平台。2008 年 7 月,阿歇特出版社青少年部率先为青少年建立了一个高科技互动的阅读网站 Lecture academy. com,该网站主要为青少年提供一系列的丛书,设有不同的栏目,方便查阅书目、通告、作者访谈等。年轻人在查阅图书时,可以同步在博客或微博上与作者或图书馆员进行交流。目前,每个月点击阿歇特出版社阅读网站的人数达 10 万次。2012 年,加利玛尔出版社青少年部力争完善本社的网站,加强与青少年读者的联系。在巴黎图书沙龙期间,法国国家图书中心还为不满 18 岁的青少年和不满 26 岁的学生发放了 1.6 万张可以购买图书的"媒体支票",该支票价值 50 欧元。据统计,法国每年有 75 万年轻人获得"媒体支票"。

出版电子书

法国认识到数字技术对国民经济发展的重要意义，认为出版电子书会为大众阅读提供更多便利，因此法国在2012年实施了一项名为“2012年法国数字计划”。这是法国政府干预数字技术发展的一个重要举措。该计划共提出了154项措施，其中4项与图书业直接相关。随着互联网的广泛使用，为加速发展电子书，法国图书业正在逐步适应数字环境对纸质图书的挑战。法国出版社正在争取把原有的纸质图书制作成电子版，方便读者查阅。一些出版社还在网站上设立不同栏目，为读者答疑解难并提出合理化建议。

（于平安　编译）

2012 年法国出版总览

2012 年法国出版市场最终统计还未出炉，但综合分析上半年和下半年的情况，增长的几率是较大的。

前 5 个月图书销售不理想

2012 年上半年，图书销售状况不甚理想。据法国《书商》杂志披露的统计数据显示：一是大型书店的图书销售额很不理想，2012 年 5 月的图书销售额同比减少 12%，而 2012 年 1 月至 5 月的图书销售额同比每月都有所减少。二是中小型书店的图书销售额也不理想，2012 年 5 月的图书销售额同比减少 12%，而 2012 年 1 月至 5 月的图书销售额同比每月平均减少 4%。三是像福纳克这类坐落在大型文化超市内的大书店，2012 年 5 月的图书销售额同比减少 8%，而 2012 年 1 月至 5 月的图书销售额同比每月平均减少 1%，其中只有 2012 年 4 月增长 3%。其他坐落在超级市场的书店，2012 年 5 月的图书销售额同比减少 9%，而 2012 年 1 月至 5 月的图书销售额同比每月平均减少 5%。书店行业的不景气可见一斑。只有不走书店渠道、而是经过“通贩”（相当于直销）的销售额令人惊喜：2012 年 1 月至 5 月的图书销售额同比只有 3 月份减少，其余 4 个月都有所增长。1 月和 2 月增长可观，4 月同比增长 16%，5 个月平均每月增长 5.5%。

从跨年度的图书销售额来看，2011 年 6 月至 8 月的图书销售额同比每月平均增长 1%左右，2011 年 9 月至 2012 年 5 月的图书销售额同比每月平均减少 1.5%。而图书以外的其他商品，2012 年 5 月的销售额同比减少 1%。不难看出，法国的消费市场整体陷入停滞状态。

追根溯源，法国书店行业2012年前5个月的严峻状况，应当是肇始于2011年。据法国出版社协会发表的统计数据显示，2011年图书销售额同比减少1.2%。2011年版权贸易额同比有所增长，但只占图书销售总额的4.8%。2011年电子出版物销售额为5600万欧元，在图书销售总额中所占份额更少，仅为2%。

2012年5月，装订成册的图书销售减少最为明显。按不同领域划分，理工类、医学类的图书销售额同比减少3%以上，辞典类、百科全书类的图书销售额同比减少11%以上，地图类的图书销售额同比减少11%以上。由于近几年出版市场不景气，法国的出版社不得不采取“收缩战略”，2011年出版新书约9000种，定价平均下降6%以上，再版书售价平均打折2%。

面对2011年下半年至2012年上半年图书销售的持续下滑，法国出版发行行业苦于寻找应对之策。纸质书几乎要变成杂志、报纸，以反映最新的内容，从而抓住读者的眼球。新兴的电子书与时俱进，大有抢电子杂志、电子报纸风头的气势。然而，读者对此反应冷淡。在法国出版界看来，是人们“远离书本、远离阅读”的趋势在进一步加强。

然而，深层次的原因并非如此。受金融危机的影响，许多法国人特别是年轻人求职艰难，生活困顿。从整体上看，法国的失业率接近10%，而法国年轻人的失业率实际上已超过23%。法国的失业率居高不下，使得法国企业在录用新人时普遍支付低工资；加上来自非洲、东欧、南欧诸国的移民或持工作签证者在法国“抢”工作，甚至让“低薪者”成为了法国年轻人的代名词。糊口尚且困难，更何谈精神需求？

体育书和政治书畅销

2012年6月以来，自称是“欧洲体育强国”的法国，逐渐进入“奥运状态”。围绕伦敦奥运会，法国出版界推出了上千种体育类图书，选题几乎涉及所有进入奥运会的比赛项目。

与此同时，法国出版界为了吸引“沙龙派”法国人的眼球，继续在政治、经济、社会领域做文章。据法国《书商》杂志介绍，2012年下半年，仅非虚构类图书就出版了约300种，都是法国一般读者关心的内容。这也是法国出版社一方“图书面向大众，扩大读者群体”的出版战略的具体实施。

在约300种的书单中，首先是有关国际形势的图书比较多，为25种，内容涉及“阿拉伯之春”以后的中东局势、北非局势。其次是有关美国总统大选的图书，为

12 种，这些书中的一半看好奥巴马连任，一半赌罗姆尼胜出。第三是关于中国的图书，为 14 种，内容涉及中国的近现代历史、中国的国民性、中国的国家战略等。第四是有关法国国内政治的图书，达到 27 种。这些书不少是“论总统书”，对法国现任总统评头论足。在有关法国政治的图书中，有两种书畅销出版物市场：一本是《关于世界形势的对话录》，书中收录了奥朗德等 4 个政治人物的谈话；另一本是《法国左派诸政党的历史、政治和理想》，该书着重阐述了法国左翼阵线（Front de gauche，FDG）各党派对今后发展战略的展望。

大约不是“悲惨世界”

那么，2012 年下半年法国出版市场将呈现什么景象？会不会扭转出版物销售低迷的局面？

虽然 2012 年 1 月至 5 月出版市场低迷，但据最新统计，6 月至 10 月，出版市场似有回暖迹象，比如 8 月至 10 月的数据呈增长趋势。有关专家认为，借助下半年“世界末日”的出版卖点，加上 11 月和 12 月的“圣诞购物季”，与 2011 年相比，2012 年大约不会是“悲惨世界”。

（郝三景　编译）

2012 年法国出版业不景气

在欧洲乃至世界范围内，法国出版向来出类拔萃，这也使法国出版人引以为傲。然而，近些年来，法国出版人也面临着困境。

2012 年，欧盟各国仍面临着严峻的经济社会形势，金融危机的影响还没有消失，欧债危机又几乎覆盖欧洲大陆，失业率居高不下。作为欧洲大国之一的法国，也是景气不足，愁云笼罩。在这样的背景下，法国出版业受到了严重冲击。据法国出版行业刊物初步统计，2012 年法国出版物的销售总额，同比呈下降趋势。

减少多于增长

从出版行业掌握的情况看，“减少”似乎成了“主旋律”。在文学图书领域，虚构类图书的销售额同比减少 1%以上，非虚构类图书的销售额同比减少 4%。在专业图书领域，科学、医学类图书的销售额同比减少 4%以上，经济、经营类图书的销售额同比减少 2%，法律类图书的销售额同比减少 4%以上。辞典、百科全书的销售额同比减少 2%，美术类图书和实用类图书的销售额同比减少两位数的比分比，学习参考类图书和文库版图书的销售额同比减少 1%。更严峻的是，图书领域在 2011 年保持增长，但在 2012 年却出现零增长。

2012 年，法国纸质出版物的销售额同比大幅下滑，原因显而易见：法国国内消费低迷，纸质出版物的市场份额被互联网的在线阅读和电子出版物“瓜分”。

从法国书店行业的销售数据看，也是减多增少。大型书店的销售额同比减少 3%，中小型书店的销售额同比减少 5%，福纳克之类的大型文化超市的销售额同比减少 2%，位于一般超市内的书店卖场的销售额同比减少 5%。

在出版物销售上，只有直销行业实现增长，同比增长 6%，这对法国直销行业的各家公司来说是创纪录的。有专家指出，当今的纸质出版物，不是站在书店里卖出去的，而是跑在大街上卖出去的。

光顾书店的法国读者特别是法国的年轻读者越来越少，除了经济不景气、人们“远离书本”的趋势日益明显以外，其他媒体的替代效应也给出版业造成负面影响。对于当今的法国年轻人来说，获取最新信息与知识的渠道主要是电台、电视台和互联网。

尽管分析总体数据令人悲观，但个别数据也给人以信心——2012 年 1 月至 6 月，读者每次来书店的购书额同比减少 2%；而 2012 年 7 月至 12 月，读者每次来书店的购书额同比增加 17%。读者每次购书额 16～18 欧元。

从退货率分析，2012 年的出版物退货率在总体上并没有激增。书店行业的退货率合计为 27%，其中，位于一般超市内的书店卖场的退货率为 33%，福纳克之类的大型文化超市的退货率为 27%，大型书店的退货率为 27%，中小型书店的退货率为 24%，而一般百货商店内的书店卖场的退货率仅为 9%。

购买好书缓解紧张情绪

纵观 2012 年全年的非虚构类图书，其中的畅销书大多涉及欧盟各国的经济危机、国家元首的从政经历及个人生活、著名宗教人物的生平以及生活常识等。

在 2012 年 12 月上旬的非虚构类畅销书排行榜上，排在第 19 位的分别是弗朗索娃·朗格雷的《危机之际，谁来埋单?》、罗兰·代夫兹斯的《应该来到的危机：新的地域分布》和弗朗索娃·哈利瓦的《危机日志》。琼卢斯·圣弗兰的《围绕生存的实践》虽然没有上榜，出版发行后也受到青睐。

进入 2012 年 12 月下旬，非虚构类畅销书排行榜稍有变化，论述法国及欧盟各国经济不景气的图书减少，描写法国历史、法国政治史、法国政治家个人经历的图书增加，针对一般大众生活方式的新书也受到青睐。比如，排在第 29 位的加缪·帕斯卡的《爱丽舍宫总统官邸的日常生活场景》；排在第 43 位的 R. 法里柯与他人合著的《法国秘密情报机构的政治史》。此外，还有 R. 拉合尔出版社出版的有关蓬皮杜总统的评传《书简及备忘录与人物像 1928～1974》。

在实用书方面，有由谢鲁希·米德出版社出版的《4000 种药品的功效与副作用之指南》，法国读者可以通过这本书了解法国目前滥用药品的现状，这本书排在非虚构类畅销书排行榜的第 16 位。差不多在同时，至少有 10 种以上的实用书引人注目。这些新书从心理上、生理上给生活在严峻状态下的人们提出了忠告与建议。

其他值得一提的新书，还有神父布诺瓦十六世撰写的《耶稣基督的幼年时期》。这本书共分三卷，5 年前出版了第一卷和第二卷，2012 年出版的第三卷相当于“完结篇”。这本书由弗拉玛里翁出版社出版，定价为 15 欧元。2012 年 11 月下旬，在法国和意大利同时发行，面世后人气火爆，到了 12 月份，升至下旬非虚构类畅销书排行榜的第 6 位。

（吴娣伊　编译）

加利玛尔出版集团进入法国出版行业前三

经过半年多的艰苦谈判，2012 年 9 月，法国加利玛尔出版集团(Gallimard)从意大利 RCS 传媒集团(RCS Media Group)购回弗拉玛里翁出版集团(Flammrion)及其子公司，并已得到欧盟竞争委员会的批准。超过法国勒菲弗—萨吕出版集团(Lefebvre—Sarrut)和媒体参与出版集团(Média－Participations)，加利玛尔出版集团成为法国第三大出版集团，仅次于拉加代尔集团的阿歇特出版集团(Hachette Livre)和行星集团的埃迪蒂出版集团(Editis)。

加利玛尔出版集团总裁安东尼·加利玛尔说，收购弗拉玛里翁出版集团是“历史性机遇”，将两家法国大型出版集团整合起来，可以更好地应对出版行业的激烈竞争。

加利玛尔出版集团并购弗拉玛里翁出版集团是全球出版界的一件大事，因为并购金额高达 2.5 亿欧元，相当于加利玛尔出版集团一年的销售额。同时，并购将改变全球图书出版业 50 强的排行榜。据法国《图书周刊》提供的数据，加利玛尔和弗拉玛里翁两大出版集团 2011 年的总销售额为 5.73 亿欧元，位列 2011 年全球图书出版业排行榜的第 31 位，意大利的 RCS 传媒集团便从原来的 30 位后退至第 48 位。

加利玛尔出版集团成立于 1911 年，是法国著名的独立出版集团，现有员工约 1000 人，每年出版 1600 种新书，2011 年的销售额为 2.53 亿欧元。弗拉玛里翁出版集团成立于 1875 年，同为法国著名的独立出版集团，2000 年被意大利 RCS 传媒集团收购，现有员工 615 人，每年出版新书 1900 种，2011 年的销售额为 2.2 亿欧元。

两大出版集团合并后，不仅员工超过 1600 人，而且每年可出版新书 3500 种，还有四家图书发行公司和十几家书店，同时还与战略合作伙伴玛蒂尼埃集团（La Martinière）共同拥有 Eden 电子图书发行平台。这将有力地推动加利玛尔出版集团的发展。

新集团拥有几十个著名品牌，出版各类、各种版本的图书，其中包括文学图书、青少年图书、艺术图书、礼品图书以及连环画等等。在口袋书方面，新集团是法国的领军出版集团，拥有法国 50%以上的市场份额。新集团还拥有青少年读物 13%的市场份额，连环画 8.2%的市场份额。

（张林初　编译）

法国创意生活类图书的多样化发展

法国人动手能力强，特别是女性，除烹饪外，还喜欢装饰居室、缝纫和编织等。几乎每个法国家庭都收藏有生活类图书。在实用类图书中，创意生活类图书虽然市场份额较小，但却是一个亮点，受到读者的青睐。根据法国《图书周刊》2012 年的统计，2003 年法国只出版了 186 种生活类图书，2006 年增加到 510 种，2011 年下滑到 374 种（见表）。为保持传统，便利居民生活，法国出版社仍继续出版该类图书，主要做法如下：

保留传统继续出版

目前法国约有 15 家出版社编辑出版生活类图书，这些出版社认为生活类图书关系到民生，必须保留传统继续出版。法国驰名杂志《玛丽・克莱尔》也为此保留了一个生活类栏目。目前，由于个性化服装需求颇多，关于缝纫裁剪图书的出版态势良好，充满活力。阿歇特出版社（Hachette）于 2012 年创新推出了一套丛书名为《自己动手》（*Do it yourself*），每一种书再细分为 15 册小开本书，主要教人们做家务，非常实用。

多样化发展方法多

为满足读者的需求，法国出版社在普及生活类图书的同时，特别注重内容的多样化。新颖出版社（Inédite）把社里 20 余种艺术类图书编辑成生活类图书，推出一套丛书名为《艺术手册》(*Carnets d'artiste*),向读者介绍艺术性较强的各种手工操作方法。该出版社还出版了一套丛书《创意》(*Espcréatif*),颇受读者的欢迎。LTA 出版社为读者推出了一套丛书《白皮图书》,教读者如何做纸板制品和聚合物。萨斯出版社(Saxe)出版的图书主要向读者介绍如何制作圣诞节的装饰品和纸板制品。迪迪耶·卡尔庞杰出版社(Didier Carpentier)推出了 3 种图书教人们如何织毛衣和钩织活,分别为《织毛衣花边》(*Broderei en fleurs de ruban*)、《钩织活》(*Un crocet*)和《随意钩织》(*Tout en Liberty*)。

质优价廉,趣味浓厚

为了满足读者对生活类图书的需求,法国出版社力争不断推出质优价廉、趣味浓厚的图书。2012 年 1 月,萨斯出版社出版了一套丛书,其中《缝纫,很容易》(*Coudre, c'est facile*)售价 9.80 欧元,《我的巴西手链和小宝贝》(*Mes bracelets brésiliens et Mes jolis chouchous*)售价 9.80 欧元。同年 8 月,萨斯出版社推出了另外一套关于如何制作聚合物和镶嵌画丛书,该套丛书每本定价 12.50 欧元。阿歇特出版社出版的丛书《自己动手》,每种书的售价 8.50 欧元。2012 年,马拉布出版社(Marabout)就如何刺绣出版了一套名为《小创意》(*Les petites créations*)的小丛书,每种书仅售价 3.50 欧元。

教会人们美化生活,提高生活质量,法国出版社对这些理念已经达成共识。但是,如何美化、如何提高,编辑们认为关键是教会人们各种方法和技巧。做好选题,敢于创新,更新内容,增加趣味,艺术与技巧完美结合,就一定能推出质优价廉的生活类图书。

表　2003～2011 年法国新版和再版生活类图书种数

年　份	图书种数
2003	186
2004	324
2005	371
2006	510
2007	447
2008	363
2009	279
2010	322
2011	374

(于平安　编译)

法国坚持出版体育图书

法国人虽然喜欢观看欧洲杯和奥运会，但体育图书的销售量却为数不多。尽管如此，法国出版社仍想方设法保留传统继续出好体育图书。据法国《图书周刊》的统计，从 2002 年至 2011 年，法国出版和再版的体育图书种类虽有起伏，但呈增长势头。2002 年出版了 602 种，2006 年达 998 种，2010 年为 736 种(见表)。

保留传统继续出版

尽管法国每年出版的体育图书种数不定，但各出版社认为体育关系到强身健体，利国利民，必须保留传统继续出版。多年来，关于法国体育强项的图书受到运动员和体育爱好者的欢迎，比如帆船、自行车、跳水、足球和橄榄球等。雨果与西出版社(Hugo &Cie)2012 年出版了 36 种体育图书，该社社长满怀信心地说："社里的计划到年底一定能实现，销售量预计比 2011 年增加 10%。"索拉尔出版社(Solar)是法国出版体育图书的大社，力争出好本社 6 种有名的体育图书：足球、橄榄球、自行车、F1 汽车拉力赛、摩托车和篮球等。

突出特色出好丛书

环法自行车赛名扬天下，法国人为此感到骄傲。法国出版社认识到在出版领域也必须突出特色，才能取得良好的业绩。法国队报出版集团(L'Equipe)2012 年出版了两套有关自行车的精品丛书。4 月份率先出版了《黄衣衫大百科全书》(*La grande encyclopédie du maillot jaune*)。索拉尔出版社曾在2010年为庆祝F1汽车拉力赛50周年出版过一本图书《F1传奇》(*La légende F1*),2012年又围绕着F1汽车拉力赛推出了新的丛书。

创新出版出好电子书

随着互联网的广泛使用,法国出版社争取把原有的纸质书制作为电子版,把书中部分文字改为图片,以使读者查阅时能有直观印象。一些出版社还在网站建立不同栏目,为体育业余爱好者答疑解难并提出合理的建议。安佛拉出版社(Amphora)专门招聘了一名多媒体编辑在社里的网站上设立博客,详细介绍体育常识,比如如何强健肌肉、进行体型锻炼等,受到读者的好评。雨果与西出版社策划在2012年伦敦奥运会后出版一套光盘,重点介绍100个运动项目和100位最佳运动员。

尽管法国体育图书的销售量不尽如人意,但法国人喜欢体育的热情依旧,这使出版业内人士看到了希望。他们根据国内外的体育赛事继续挖掘新的选题,积极开展与国外出版社的合作,力争体育图书有更大的发展。

表　2002～2011年法国新版和再版体育图书种数

年　份	图书种数
2002	602
2003	569
2004	651
2005	652
2006	998
2007	899
2008	769
2009	677
2010	738
2011	736

(于平安　编译)

2012 年德国畅销书概览

由于长期受周边不景气国家的拖累，德国也放慢了经济增长的脚步。身在其中的德国出版业，依然未能达到 100 亿欧元销售额的目标。不过，2012 年德国出版业还是有很多可圈可点之处。

畅销书出版的全球化趋势明显

媒体管理出版社在 2012 年共推出 25 种畅销书，平均每个月推出 2 种以上的畅销书。按图书的不同种类划分，有文学类图书、非虚构类图书、实用图书和口袋图书；按图书的不同销售渠道划分，有实体书店、网上书店和百货商店三种渠道销售的图书。

从媒体管理出版社出版畅销书的情况可以得知，尽管数字化发展迅速，但纸质畅销书依然活跃，大众读者的阅读欲望强烈。德国的大型出版社不仅网罗国内的著名作家，而且网罗国际著名作家。所以，随着出版业的全球化，畅销书出版的全球化趋势也越来越明显。

在文学图书、非虚构类图书和实用图书方面，共有 442 种图书在 2012 年的 52 周内进入过一次德国畅销书排行榜前 25 位，2010 年为 434 种，2011 年为 400 种。也就是说，2012 年是过去 3 年当中最多的一年。其中，贝塔斯曼旗下的兰登书屋有 97 种，同比增加 17 种。旗下有 S. 菲舍尔出版社、吉本博亚与威蒂出版社等文学书出版强社的玻耳兹布林出版集团有 78 种，同比增加 14 种。旗下有柏林出版社、卡尔森出版社、比瓦出版社和乌尔施泰因出版社的博尼埃尔·德丘兰道出版集团有 29 种,同比增加 2 种。旗下有鲍姆书屋、艾希玻恩出版社和克巴特里卡出版社的巴斯蒂·吕拜出版集团有 19 种,与 2011 年基本持平。旗下有克雷布埃·乌托·乌瑟出版社、霍夫曼·乌托·康帕贝出版社的堪斯凯出版集团出版的畅销书有所减少,从 2011 年的 32 种下降至 2012 年的 27 种。

文学图书上榜率最高

在文学图书方面,共有 51 家出版社的 183 种图书,在 2012 年的 52 周内进入过一次德国畅销书排行榜前 25 位,而 2011 年是 47 家出版社、144 种书。在 183 种畅销的文学书中,位列首位的是瑞典作家约内斯·约纳森的《从窗户逃跑消失的百岁男人》。这本书由卡尔兹图书出版社/兰登书屋出版,被文学评论界称为"恶汉小说",在出版 68 周内销售 170 万册,仅在 2012 年就销售了 130 万册。在畅销文学书中排第 2 位的,是美国连环漫画作家杰佛·奎尼的人气系列作品《克雷格的日记 7》,由鲍姆书屋/巴斯蒂·吕拜出版集团出版。在刚刚出版后的 5 周内,就卖出 75 万册。《克雷格的日记 6》排在第 10 位。截至 2012 年 12 月底,《克雷格的日记》系列书已累计销售 720 万册。在畅销文学书中排第 3 位的,是丹麦作家尤西·亚特兰·奥尔森的惊险小说《第一诱惑屋》,由德国袖珍书出版社出版,从 2012 年 2 月面世以来共销售 50 万册。尤西·亚特兰·奥尔森的前一部作品《轻蔑》也是由德国袖珍书出版社出版,在畅销文学书中排第 4 位。

美国人气作家苏珊娜·科林斯的系列书《巴纳姆的贡物》3 卷,分别排第 5、第 7、第 8 位,由爱丁坎出版社出版。肯·福莱特的《世界的冬天》排第 6 位,由巴斯塔伊·雷拜出版社出版。排第 9 位的是杰勒古·巴纳列克的推理小说《富尔敦人的事情》,由吉贝博亚与韦蒂出版社出版。进入畅销文学书行列的德国本土作品只有两部——一部是尼丽·诺伊豪斯的犯罪小说《凶恶的豺狼》,由乌施丹出版社出版,2012 年销售 30 万册以上。另一部是查理洛采·林克的《狐狸的山谷》,由弗兰华伦出版社出版,2012 年销售 27 万册以上。当然,这从一个侧面也说明德国出版的全球化程度在加强。

在非虚构类图书方面,共有 63 家出版社的 130 种图书,在 2012 年的 52 周内进入过一次德国畅销书排行榜前 25 位,而 2011 年则是 55 家出版社、129 种图书。其中,特莱玛·克纳亚出版社和乌施丹出版社各有 7 种,汉萨出版社和霍夫曼·乌托·康帕贝出版社各有 6 种,海涅出版社有 5 种。在销售册数上,汉萨出版社的 6 种书排在第 1 和第 2 位,占有压倒性的优势。

在非虚构类图书中排第 1 位的是罗芙·多贝里的《明确思考的技术》,2012 年销售 40 万册以上；排第 2 位的是菲力珀·布扎·廷·林古的《所有最好的朋友》，2012 年销售 30 万册以上；排第 3 位的是 B. I. 出版社最新出版的《德语正书法》。

实用图书主要包括饮食、身体、精神、园艺等选题。在实用图书方面，共有 58 家出版社的 134 种图书，在 2012 年的 52 周内进入过一次德国畅销书排行榜前 25 位，而 2011 年是 54 家出版社、127 种图书。克雷布埃·乌托·乌瑟出版社有 21 种，蔡司伯尔托·圣多玛出版社有 16 种，特林古·金塔斯莱出版社和医学养身出版社各有 6 种。

在畅销的实用书中排第 1 位的是杰米·哈维安斯的《韦伯的小餐厅》，由克雷布埃·乌托·乌瑟出版社在 2011 年出版，面世后销售势头一直很强劲，仅 2012 年就销售 126900 册。排第 2 位的是纪念版《医学养身的料理教本》。其他还有卡特林·托斯托的《标准体重 4 周的能量》，2004 年由克雷布埃·乌托·乌瑟出版社出版，截至 2012 年已累计销售 140 万册。

在畅销的口袋图书中排第 1 位至第 3 位的，是 E. L. 乔姆兹的三部曲《谢斯·奥勃·克勒》，由戈德曼/兰登书屋出版，2012 年 3 本书归纳累计销售 590 万册。

（岳　月　古隆中　编译）

德国贝塔斯曼发展势头强劲

自从2008年全球金融危机爆发以来，欧洲的经济长期不景气，德国经济也受到影响。在这样的大背景下，发展势头良好的德国出版行业也受到影响，2011年和2012年连续两年走低，图书销售总额达到100亿欧元的梦想再度破灭。然而，德国超大型的媒体出版集团贝塔斯曼却逆势而上，无论在销售还是利润方面，都取得了不俗业绩，而且持续发展的势头强劲。

企鹅兰登书屋出版英语图书最多

据贝塔斯曼统计，2012年集团的销售总额为114亿欧元，同比增长5.7%；集团的税前利润为11亿欧元，同比增长5.8%；集团的纯利润为5.28亿欧元，而2011年的纯利润为3.77亿欧元，增加1.51亿欧元。取得如此良好的业绩，主要得益于贝塔斯曼旗下的兰登书屋的图书出版业务和RTL集团的电视广播业务。而贝塔斯曼的其他业务则问题颇多，在南欧的诸多业务整体下滑，印刷业务的收益减少，直销业务比如布罗克豪斯大百科全书和贝塔斯曼版百科全书的销售低迷。

据贝塔斯曼的董事长托马斯·拉贝介绍，近些年集团推行勤俭节约的方针，不断扩大业务领域，培养新的增长点。列入议事日程的有进入教育出版领域，扩大数字出版范围，制作并销售数字音乐等。最具轰动效应的，是贝塔斯曼旗下的兰登书屋与英国培生集团旗下的企鹅出版社的合并。

贝塔斯曼旗下的兰登书屋，成立于1925年，如今在15个国家有200多家出版社，每年出版1万多种新书，每年销售的纸质书、电子书和音频图书共有4亿多册。

兰登书屋是世界上最大的英语商业图书出版集团之一，出版过大量精品名著，2012年更是因出版畅销书《五十度灰》(*Fifty Shades of Grey*)而大获丰收。2012年兰登书屋的销售额为17亿欧元，利润达到1.85亿欧元。

培生集团旗下的企鹅出版社创建于1935年，也是世界最著名的英语图书出版商之一，其出版的图书质优价廉，成为火车站和零售商店的热销产品。除了在美国、欧洲、澳大利亚等英语圈国家有出版业务以外，还在印度、中国、南非等44个国家开展出版业务。2012年企鹅出版社的销售额为12.4亿欧元，利润达到1.37亿欧元。特别是电子书的销售额，同比增长35%。

2013年4月，欧盟委员会批准兰登书屋与企鹅出版社的合并。合并后的新出版集团名为“企鹅兰登书屋”，总部设在美国纽约。兰登书屋所属的贝塔斯曼拥有53%的股份，企鹅出版社所属的培生集团拥有其余47%的股份。5月，企鹅兰登书屋正式启动。这个新集团的年经营额为30亿欧元，所以，从出版英语图书的角度看，企鹅兰登书屋成为当今世界最大的出版集团。

贝塔斯曼与培生之所以推出以上举措，是为了应对数字时代的剧烈变化和扩大在发展中国家的投资。为了增加数字图书的出版，扩大数字读者的数量，构建创新制作与流通模式，就是摆在企鹅兰登书屋面前的紧急课题。此外，只有掌握广泛而多样的内容，才可以和其他大型出版集团相抗衡。

企鹅兰登书屋的首任首席执行官马库斯·多雷指出，出版纸质书、发展实体书店，仍然是今后集团出版战略的核心之一。特别是对于(实体)书店业在北美的逐渐衰退，应当给予积极支援，比如加快图书配送的速度、减少图书库存的负担、供给充足的流动资金以及加强对读者的广告宣传等。

不过，总部设在明斯特的德国兰登书屋集团，没有进入新出版集团企鹅兰登书屋。这是因为德语书只在德语圈里好卖，在国际市场销售情况不理想。另外，德国的图书市场与美国、英国的图书市场不同，图书销售一直受到定价销售制的限制。

占领拉丁美洲西班牙语市场

贝塔斯曼在1992年进入中国，2008年凭借“贝塔斯曼·亚洲·投资基金”(BAI)开拓了数字业务。现在，贝塔斯曼在中国的媒体服务部门(包括印刷中心、光盘制造中心、数据中心在内)有员工4600多人。贝塔斯曼认为，中国都市中产阶级的购买力越来越强，而且对软件、互联网、实时服务等数字体系很熟悉。用托马斯·拉贝的话说，“中国是充满魅力的市场”。2012年，贝塔斯曼在印度和巴西也启动了类似于在中国那样的媒体中心。贝塔斯曼在中国和印度本来就有很强的图书出版部门，现在再加上企鹅出版社在这两个国家的图书出版部门，强强联合的效果可想而知。

2011 年，贝塔斯曼与意大利最大的图书杂志出版社蒙达多里各出资 50%，在巴塞罗那成立了“兰登·蒙达多里出版社”，从事西班牙语图书的出版。当正式运作开始以后，贝塔斯曼拿出 5.45 亿欧元购买了蒙达多里所拥有的 50%股份，使兰登·蒙达多里出版社成为自己旗下 100%的子公司。贝塔斯曼的这一举措，不仅仅是瞄准西班牙市场，因为兰登·蒙达多里出版社正在拉丁美洲几乎所有使用西班牙语的国家建立分社，开拓并占领拉丁美洲西班牙语市场的目的非常明显。

有出版专家预测，当兰登·蒙达多里出版社运转正常以后，接下来被企鹅兰登书屋“收编”的可能性非常大。

（雪　莲　编译）

比利时振兴漫画出版产业

"丁丁"和"蓝精灵"的诞生地——比利时重整旗鼓，积极筹划振兴漫画出版产业。

尽管现在全球漫画出版产业由美国超级英雄和日本作品主导，但比利时也曾是该行业的翘楚。在20世纪大多数的时间里，这个西欧小国在漫画创作领域具有巨大的影响力，其标志性人物是"丁丁"和"蓝精灵"。但近几十年来，比利时的漫画出版产业陷入了困境。如今，该国正在设法将自己定位为该行业的创新中心和杰出榜样，以重振其漫画出版产业，加强在全世界的影响力。

漫画批评家、历史学家蒂埃里·贝勒弗鲁瓦说："我们没有理由不拥有更多伟大的漫画家，因为我们有非常优秀的漫画艺术学校，这些学校发现了许多有创造力的人才。在创造力方面，始于比利时的创新并未结束，它们正在改变漫画市场。"

在漫画领域，比利时被誉为"漫画的故乡"。这一称号源于20世纪20年代，当时比利时的艺术家们开始在漫画艺术上进行创新。例如，他们发明了漫画中像气泡一样的说话框以及"清晰线条"的绘画技巧，这种技巧将漫画从卡通式的模糊色彩转变为更鲜明的现实主义风格。他们首次推出了连环漫画周刊，刊载《斯皮鲁历险记》和《丁丁历险记》等漫画作品，周销量一度达到25万册。

至今全球销量仍高达100多万册的《丁丁历险记》是20世纪20年代至70年代的漫画出版领袖。它使比利时成为漫画出版产业的龙头老大。到20世纪70年代，比利时约占据欧洲漫画出版总量的80%，但到了80年代，比利时在漫画出版领域的地位受到了挑战。

这不仅仅是由于《领航员》之类的法国连环漫画杂志开始赶超比利时，而且像

DC 漫画(DC Comics)和漫威漫画(Marvel Comics)这样的美国漫画出版巨头也开始瓜分比利时在欧洲市场的份额。再后来,新的漫画艺术创作中心,例如日本和阿根廷,也开始崛起。

与此同时,随着经济全球化的发展,大多数比利时的出版社被跨国企业收购。如今,比利时漫画出版产业的经营主要控制在法国巴黎或英国伦敦的公司手中。

2007 年,比利时政府成立了漫画委员会,归属文化部。该委员会每年资助 30～40 个新项目,旨在推动比利时漫画出版产业在技术和美学方面的进步。该机构的目标不仅仅限于纸笔创作。

一家比利时漫画出版社(Grand Papier. org)得到了漫画委员会的补贴,正在将漫画转向漫画出版的下一个领域——互联网。这家出版社 5 年前创办了一家以漫画为主的网站,作为漫画艺术家发表作品以及漫画读者阅读新作品的平台。

当今,“丁丁”和“蓝精灵”依然还是比利时漫画的代名词。1932 年版《丁丁在美洲》的一页封面,2008 年在法国的拍卖成交价为 76.5 万欧元,2012 年在法国的拍卖成交价则攀升至 130 万欧元(相当于 161 万美元),创下了拍卖纪录。

(郝新仁　编译)

韩国文学借助草根翻译家进入日本

韩国文学翻译院的主要职责是以向世界广泛传播韩国文学为宗旨，开展各项事业。组织海外新人翻译家翻译竞赛是其中之一。2011 年这项活动的具体内容，是把韩国作家的作品《谁也不回家的夜晚》，分别翻译成译者的母语，然后根据翻译作品质量，分别选出各个语种最优秀的翻译者。

令人吃惊的是，报名参加日语翻译的人数达到 85 人。《谁也不回家的夜晚》是一篇短篇小说，翻译工作有相当的难度。2011 年这么多的日本人报名参加韩国文学作品的翻译，实在是前所未有。有关专家指出，近几年来，日本致力于韩语翻译的人数在逐渐增加。

日本各地不断成立韩语学习协会。名目繁多的市民讲座也以韩语内容的讲座人气最为旺盛。从“韩流”席卷日本以来，各地的韩语学习团体更是犹如雨后春笋般诞生。在这些韩语学习团体中，以赴韩留学学习韩语的人居多。

为顺应日本人的韩语学习热，日本一些出版社除了大量出版适合日本人需要的韩语学习教科书，还出版介绍学习韩语卓有成效的团体和个人的相关著作。这些人来自各行各业，无论工作多忙，都要从事韩语翻译，被泛称为“市民翻译家”。

在日本东北部的仙台市，有一个名为“朝鲜文库”的市民团体，这是一个日本市民与韩国市民开展交流的协会。朝鲜文库日常的工作内容，就是组织会员了解韩国时事与历史、学习韩语等。安倍常子本身是一名小儿科医生，70 岁以后才开始学习韩语。从参加朝鲜文库以来，安倍常子痴迷于韩语，从学习朝鲜字母起步，如今已达到了可以翻译韩国文学作品的水平。2012 年，安倍常子翻译出版了由韩国李学永创作、新干社出版的诗集《天天没有梦见你的悲伤》。这本诗集的责任编辑是韩国文学研究家、朝鲜文库的代表青柳优子。

朝鲜文库的韩语讲座一直很有吸引力,在2011年日本"3·11"大地震以后,20岁左右的会员陡然增加,这些会员的口号是"继续安倍(常子)的事业",学习韩语的热情经久不衰。

在日本埼玉县入间市的公民馆里,活跃着一个名叫"YY翻译会"的韩语翻译学习会。YY翻译会的学习成果已见诸日本的出版物市场。比如,由韩国人具孝书创作、韩国CUON(出版社)出版的诗集《长崎爸爸》,进入了《新韩国文学》系列的第3卷,在韩国很有人气。YY翻译会把这部作品翻译成日语出版,翻译成员有渡边八太郎、富田嘉信、禹贞玄、关谷敦子等,诗集的翻译指导者、责任编辑是韩国现代诗翻译家尹英淑。该诗集的翻译水平得到了日本专家们的肯定。

日本兵库县宝冢市有一个协会"北十字星文学会"。该协会的宗旨是:"要在继承与朝鲜半岛睦邻友好历史的基础上,把朝鲜半岛丰富的地域文化介绍给日本,共同拥有'韩国·朝鲜'的文化财富,为此通过文学翻译,努力培养有创造性的人才。"该协会每月有例会,每季度有论坛或研讨会。该协会的机关刊物为《北十字星文学》,已出版28期。这个机关刊物主要刊登会员翻译的韩语作品。该协会还不定期地出版名为《韩国文学》的小册子,这在日本国内是独一无二的。

北十字星文学会的会员鸟生贤二,先后翻译出版了韩国作品《黄顺元短篇集:突降暴雨》和《玄镇健短篇集:运气好的日子》,这两种书都是由日本槿兰文化社出版的。现在,鸟生贤二又翻译了第三部韩国作品《崔曙海作品集:出逃》,日本海风社正在编辑出版中。以上3种作品,均属于韩国元老级作家的作品,而且都是首次介绍给日本读者。为此,不能不感谢鸟生贤二这些优秀的"市民翻译家"。

在日本关西,作为市民与韩国交流的大本营,有大名鼎鼎的"木槿会"。1971年1月,一批"韩国文学迷"相约来到神户市滩区山田町,与那里的"神户学生·青年中心"成立了木槿会。木槿会是"学习朝鲜语言、历史、文化"的民间团体,机关刊物是《木槿通信》,已出版253期。截至目前,会员们原创的有关韩朝题材的作品和翻译的韩朝作品,都收入《木槿丛书》。木槿会一方面自主出版,一方面也通过其他出版社出版。参与出版《木槿丛书》的出版社有明石书店、三一书房、龙溪书舍等,《木槿丛书》因此进入正规的图书流通渠道。

据最新出版的《木槿通信》报道,木槿会举办了名为"4本书同时出版纪念会"的讲座,该讲座着重介绍了木槿会4位会员新近出版的学术专著,其内容都与韩朝有关。4本书依次是寺冈洋的《评价古代朝鲜文化:从猪名川流域到明石川流域》(木槿会),徐根植的《在铁道旁唱响阿里郎的铁路工人山阴线菊与朝鲜劳动者》(明石书店),高祐二的《韩流繁荣的源流与神户》(社会评论社),徐正敏的《韩国基督教

史概论——相逢葛藤》(かんよう出版社)。

此外,学习韩语的市民团体,在东京有现代语学塾、K－文学阅读会,在札幌、横滨、川崎、福冈、名古屋等市也有。

日本有关专家指出,草根韩语学习团体和草根韩语翻译家之所以生生不息,其中重要的原因就是日本的“草根们”远离偏见与纷争,无论文化“韩流”热气扑面,还是政治“寒流”阴风阵阵,始终坚持不懈,几十年如一日,走出了一条“纯文学”、“纯学术”的路子,搭建了韩国文学走进日本的一座“跨海大桥”。

(古隆中　编译)

2012年日本出版有关中国的图书超过千种

日本每年出版图书七八万种，其中有关中国的图书达千种左右。2012年，日本出版有关中国的图书超过千种。

反映传统文化和经济社会的图书居多

2012年的日本出版市场关于中国的图书可谓琳琅满目，各专门机构按年度发行的“中国经济预测”“中国经济年鉴”“中国教育年鉴”“中国科技年鉴”“中国日企总览”“中国日企地图”“中国信息手册”“中国投资法律”“中国当地法人财会知识”“中国合同管理”“中国创业经营”“中国创设合办企业”等，都很热卖，一些书的封面上大书“不能理解中国人思想的日企必定失败”，只看这些封面就足以吸引企业家。

2012年8月以来，由于中日间围绕钓鱼岛问题引发争端，中日关系危机也反映在出版市场上。日本三大经济杂志社的动向很能反映这一点。一向倡导对华投资的日经BP社首先刊载《中国以外的亚洲》的文章，介绍中国之外亚洲国家的投资环境。一个月以后，日经BP社又刊登《彻底预测中国商贸（2013）》的文章，对过早预言日资撤出中国有了某种反思，通过解读新旧交替时期的中国商业机会，提出日企在中国新对日政策下的方略。周刊宝石社推出特辑《中国：撤退还是坚持?》，为竞争力降低又逢钓鱼岛事件打击的日企提供撤退方略。另一大经济周刊《东洋经济》连续推出两个特辑。

从总体上看，日本出版的有关中国的图书中，介绍、研究中华文明、文化、古籍、茶艺、武术、旅游景点的图书占绝大多数。另一方面，中国经济和政治也是很多作者关注的问题。

结合历史与现实的学术研究占上风

2007 年以后，日本政府系统的研究机构、民间研究机构、大学研究机构与以中国社会科学院为首的各政府研究机构、大学之间的学术交流再次掀起热潮，双方签订合作研究协定、设立共同研究课题、召开共同学术研讨会的动向一直在持续。

大学研究机构中，影响最大的联合研究项目是 2007 年启动的、由日本民间文化研究机构支持的“当代中国区域研究基地联合项目”，这一项目由早稻田大学牵头，联合东京大学、京都大学、庆应大学、爱知大学和法政大学以及东洋文库、综合地球环境学研究所等进行，从 2009 年开始每年出版《日本当代中国研究》年刊。大学研究者以大量历史资料为基础从事中国近代史、中日关系史及当代中国的各种问题研究，凭借雄厚的资料积累和比较公允的研究态度，其成果逐渐受到关注。

民间和企业研究机构所关注的是中国经济发展、未来中国走向对世界的影响、中日关系发展等问题。浦田秀次郎与金坚敏等的《印度对中国：两大新兴国家实力比较》，通过比较中印经济发展条件，建议日本采取相关对策。金坚敏等的《变化的中国经济和日企作用》，分析中国劳动力市场、贸易及技术、消费市场、企业构造的转变，对中国以环境为中心的产业结构调整中日企的作用提出政策建议。柯隆的《中国成为一般大国之日》，从作者设想的变化趋势出发，对日企提出投资战略建议。

（刘北上　编译）

“陆生”在中国台湾掀起出书潮

中国大陆在中国台湾求学的莘莘学子，被统称为“陆生”。近些年来，他们不仅在台湾岛读书，而且在台湾岛出书，为台湾出版界带来了新鲜元素。

《我在台湾，我正青春》影响人生

一篇网络文章被疯狂转帖后，来台求学的大陆学生蔡博艺快速蹿红。第一手入微观察台湾、深入分析对照两岸异同的《我在台湾，我正青春》，在网络上的浏览人次高达10万，出版社主编如获至宝，立刻登门要求出书。

陆生出书，蔡博艺并非首例，在她之前已经有几位陆生写下对台湾的感触。他们在台湾停留的时间长短不一，本科生或研究生要数年之久，交流生只有四个半月。他们敢于表现自己，出色的文笔、犀利的论点，以异乡人角度抒发情怀，在台湾众多出版物中呈现另类的观点，掀起一股陆生出书潮。

20岁的蔡博艺善以客观的眼光看台湾，在两岸社群网站累积了相当多的粉丝，博客点阅率超过10万人次，作家平路也在专栏里引述过她的文章。《我在台湾，我正青春》2012年11月出版后，短短一个月再版，很多书店卖到缺货。蔡博艺目前就读淡江大学日文系二年级，俨然成了明星陆生，面对媒体，显得相当沉稳，看不出她有一点生涩。

“我觉得我跟别人（其他陆生写台湾的书）不一样，我没有带着目的性，他们出一本书可能是为了建立人生的履历，但对我而言，写作只是我的爱好。”她希望呈现的是“一个观察者对世界的观察，而不是作为我个人的事迹来记录它”。长发披肩的她，有时流露出南方人的温婉，有时也藏不住那份北方人的率真。她用心融入台湾这块土地，跟素朴的乡民打交道，逃课去听原住民的文化演讲。除了口音以外，她跟台湾其他大学生几乎没有两样。

很多网友视蔡博艺为偶像，虽然也有人指责她，但更多网友对她十分赞许，甚至被她笔下的台湾感动，而来台湾做她的学弟学妹。她直言，"每次别人这样跟我讲时，我都会觉得深深地抱歉。""我觉得影响别人的人生，其实是一件很沉重的事情，说不定他另外一个选择会让人生更好。"其实，她希望别人从其文章里看到的是正面、给人力量的东西。有了这样的体认，以后她写作时会更加慎重。

《请问么零么在哪里?》流露喜爱之情

来自北京的张昊，不像蔡博艺对台湾还有些许的批判。她的作品《请问么零么在哪里?》("么零么"即一零一——编译者注)，副标题就是"一个北京女学生的爱台湾游学记"。她只在台湾待了一个学期，就已经十分喜爱这里。

"在台湾学习，是我长到这么大最快乐的一段时间，每天都很快乐。"回忆这100多天，仍无限甜蜜。2011年2月，张昊以交流生身份到台湾，就读于世新大学传播管理研究所。

台湾浓浓的人情味，她讲也讲不完。"到商场进转门(弹簧门)，有一次没注意，一松手打到后面的人，我转头刚要说对不起，话还没出口，对方竟先给我讲'没关系'。"张昊个性相当开朗，讲到在台湾的"奇遇"，就笑得合不拢嘴。

跟绝大多数的中国人一样，张昊认为台湾是中国的一部分，就像地球是圆的一样，她从不怀疑。张昊很有表演才能，音乐、舞蹈样样都会，自小受过语言训练，一口京片子。更厉害的是她还会写作，可从来没有想过能在台湾出书。

张昊并没有预期这本书会带来什么或改变什么，如果看过书的人能对台湾有一些新的认识，她就心满意足了。

《台湾，你可以更赞》"恨铁不成钢"

就读台湾大学心理研究所的胡俊锋来到台湾后，巨大的文化冲突造成生活上极度的不适应。他之前住在广州，想象台湾应该是个繁华热闹的大都会，来了之后发现"有相当的落差"，不论是生活方式、交流方式以及对于陆生种种限制的政策等，都让他萌生悔意。

2012年3月马英九政府说要对陆生政策进行检讨，胡俊锋觉得自己在台的生活体验与观察可以抛砖引玉，激发更多的讨论或者书写的题材。然而，当他带着这本书，试着找出版社时却屡次碰壁。幸运的是，台湾大学心理系教授黄光国认为书的内容不错，帮他找到一家教育基金会赞助，才顺利出版。胡俊锋的书取名《台湾，你可以更赞》，多少带有“恨铁不成钢”之感。

胡俊锋解释，取这个书名主要是台湾本来就很好了，肯定台湾环保、小区营造、志工文化等社会运动的软实力，认为值得大陆借鉴。但他觉得两岸是相互比对的过程，台湾更好，大陆才能迎头赶上。另一方面，他发现台湾有很多矛盾之处。

（周官妹　编译）

青春小说出版在国外长盛不衰

随着中国国内《致青春》《小时代》等多部由小说改编的青春片大卖，青春文学再次成为舆论界探讨的热门话题。英国戏剧家莎士比亚说过，“青春是块原料，迟早要制作成形”，把这句话记得最牢的，就是致力于青春小说创作的各国作家了。在流行文化占主导地位的欧亚主要国家，青春文学越来越被青少年所喜爱，阅读的年龄段也在不断下降。与市场的持续升温相比，国外正统文学界对青春作家及其作品的接纳程度却各有不同。

青春是永恒的主题

青春文学作为重要的文学类型，历史渊源可追溯到古典时期。雨果曾赞叹，“青春即使在痛苦之中也闪耀着它的华彩”，歌德《少年维特之烦恼》更是创造了古典青春文学的巅峰。在当代法国，不仅商业畅销小说，就连严肃小说、诗歌、电影电视剧本都带着青春文学的元素，这和法国文学热度较高、年轻人写作、出版和获奖机会较多不无关系。

20 世纪 50 年代，作为青春小说领路人的女作家萨冈凭借《你好，忧愁》获得法国文学界重量级荣誉“批评家奖”。这部描写少女情感与孤独、只有 188 页的小说被认为是开创法国乃至欧洲青春文学新纪元的划时代作品，被翻译成 20 多种文字，一度形成轰动性的文学事件。而萨冈本人奢侈、独立的生活方式和品位也成为一种标杆，被誉为“文学界的香奈儿小姐”。时至今日，法国的许多青春写手都以成为“文坛香奈儿”为荣。

英国人一直对青春文学很感兴趣，坐车或是在公园小憩时，常常都会捧上一本青春小说看。与20世纪年轻人喜欢读爱丁堡派系作家的作品不同，如今的英国年轻人爱看的青春文学，常以魔幻和超现实情节做穿插。虽然小说之间的不同之处显而易见，但它们大多具有探讨善恶、救赎、人性的共同核心。

日本青春小说有着悠长历史，夏目漱石描写大学时代青春彷徨和淡淡爱恋的《三四郎》以及三岛由纪夫的青春代表作《潮骚》，都在文学史上留下了鲜明印记。昭和初期的著名感觉派作家堀辰雄的《风吹了》，更被誉为超于生、穿越死、完结于爱的经典，曾被改编为电影《逝风残梦》(山口百惠和三浦友和主演)，成为家喻户晓的爱情故事。

有“W村上”之称的村上春树和村上龙则开创了当代青春小说的新风气。《且听风吟》《1973年的弹子球》《寻羊冒险记》被称为村上春树“青春三部曲”，讲述主人公们经历了迷茫与躁动、疯狂与执着的追寻后，返归现实人生的故事。村上龙的青春小说充满时代气息，《无限近似于透明的蓝》堪称日本“透明族”的青春挽歌。《69》则是村上龙关于高中生活的自传体小说，于2006年改编成电影，被观众称为必看的最佳青春片。

创作会不会枯竭

许多批评家表示，青春文学的优点在于清浅、贴近时尚和年轻人，但致命缺点也在于此，作者生活阅历通常不够丰富，一旦被“过度包装和开发”，后面的路就很难走下去。

长期占据法国畅销小说榜的70后作家纪尧姆·米索在2001年凭借《后来》迅速走红，此后凭借高产的成绩被称为“写作水龙头”。但对于这位“青春文学奇迹缔造者”，法国文学界的批评声也从未断过。许多人指出，米索的成功是一个精心包装的商业模型(许多小说的梗概都有美国百老汇的影子，商业机构专门聘请团队帮他打磨故事，很多作品被翻拍成影视剧)，而他那些“小学一年级学生都能看懂”的“口水式标题”，也常常引起人们的议论。

事实上，今天的法国文学界并没有给青春文学留下太多空间，像加利玛尔这样的大出版社，还是着重于推荐严肃的主流文学。在拥有文学传统的法国，地铁上的年轻人依然捧着纸质的口袋书，而不是用大屏幕手机看小说。如今传记小说、古典小说以及纯虚构的畅销小说也拥有大量读者，而真正关于青春期的读物，却已经更多地让位给浅白的漫画了。这是相对保守的法国文坛所造成的局面，出版界并没有在网络时代迅速跟进，而网络文学在法国又不成气候，在线阅读和电子书下载一直受到版权限制，这些都不利于青春文学的广泛传播。

和法国不同，日本的青春小说为正统的文学界所接受，具有代表性的 80 后青春文学作家绵矢丽莎和金原瞳，凭借各自的代表作《好想踢你的背》和《裂舌》同时荣膺日本纯文学最高奖项——芥川文学奖，双双刷新“最年少”获奖纪录。日本中坚女作家恩田陆畅销百万册的校园小说《夜晚的远足》则荣获日本最具影响力与市场价值的平民文学奖——书店图书大奖，被誉为“令年轻人流泪、令中年人回味的青春挽歌”。日本文学界还为青春小说家量身打造了一些奖项，如“小子文学奖”“野性时代文学大奖”“公开募集新人大奖”等。这些大奖的评选结果不仅成为每年的好书指南，更延续了日本青春小说的血脉。

改编成影视剧往往市场效应好

和其他国家一样，英国的青春文学以回忆过去为基调，不过他们对读者年龄层次的划分更细致。一些传统书店的主人常用铜质铭牌标注不同的青春文学种类，有的书店甚至别具特色地标注成“很久以前”“不久以前”“近期”等等，好让读者各选所爱。英国报纸为搞促销也会赠送一些青春读物给订户。读者多了，一些青春小说很快在市场上积累口碑，使影视公司争先购买改编权。

随着智能手机在日本的普及，越来越多的年轻人习惯于用手机输入大段文字，这也使用手机创作和传播青春小说大行其道。首届日本“野性时代青春文学大奖”的获奖作品《玩弄比欺负恐怖 100 倍》，就是在东京念高中二年级的木堂椎花了 3 个月时间，在手机上打出来的 10 万字长篇小说。而手机青春小说《恋空》则登上日本年度十大畅销书的榜首，打动了 1200 万读者。

此外，日本也把优秀的文学作品改编成影视剧。2012 年 12 月在日本全国 132 家影院同时上映的《桐岛说不参加俱乐部活动了》就是根据同名青春小说改编的，首周票房高达 2.5 亿日元，还获得多项日本电影大奖。

目前，一部讲述远离都市、不用手机的日本青年在林业奋斗的青春小说《神去娜娜的日常生活》正被拍摄成电影。小说原著自 2009 年上市后已销售 33 万本。日本的青春小说虽然强调文学性，但也难逃商业化大潮的冲击，要想获得成功必然要追求市场效应，这也是日本文学功利化的严峻现实。

（龙舟路　李文清　编译）

报　刊

美国版《悦己》杂志娱乐美国人

美国女性健康生活类杂志《悦己》(*SELF*)创办于1979年，与*VOGUE*、*GQ*这些知名杂志一样，《悦己》也是康泰纳仕旗下的一员“猛将”，在全球出版发行了诸多语言版本，深受读者欢迎。其中，美国版《悦己》出版历史最长。2011年美国版《悦己》发行量为155万册，每期刊物的平均阅读人数为6.46万人。

尽管近两年来，全球的广告市场持续衰退，美国经济环境也在恶化，同类杂志市场竞争日趋激烈，但《悦己》却成为全美女性健康、生活类杂志中唯一发行量增长的刊物。进入21世纪后的十年间，《悦己》因其精彩的编辑内容获得了27次大奖，其主编露西备受业内推崇，2012年，她被推选为美国杂志编辑协会的主席。此外，在新的数字出版领域中，《悦己》也凭借其数字产品屡获殊荣。笔者在访问《悦己》杂志之后，深刻地感觉到，其成功的秘诀在于：无论时代如何变迁，技术怎样发展，杂志始终坚持以读者为核心，提供最好的内容与最具特色的读者服务。

编辑内容：让读者为编辑“疯狂”

当你打开《悦己》在脸谱(Facebook)上的杂志主页时，你会发现杂志的脸谱“粉丝”超过了21万人；当你在推特(Twitter)中输入“Self magazine”时，你会看到《悦己》的关注者超过了13万人……而这一切仅仅始于两三年前。在这些社交媒体网站上，读者不仅能够看到最新鲜的杂志内容(不过，如果想看详细的内容，还需要点击链接访问《悦己》官网)，还能畅所欲言，与他们心中的“偶像”——《悦己》的编辑进行直接的沟通和交流。《悦己》放在脸谱网页上的所有内容，几乎都能得到读者的反馈——可以直接点击“喜欢(like)”,也可以写下“用户评论(comment)”。市场部的工作人员向笔者展示杂志在脸谱上的页面时,笔者一度怀疑是不是有人在给网站“做托”:主页上刚放上一张“富含维生素 A 与维生素 C 的小甜点”的精美照片,照片下面很快就出现了多条用户评论。对于笔者的质疑,这位工作人员说,杂志当然没有这样做,这是杂志的读者信赖杂志内容,所以时刻关注杂志内容更新的结果。而且,读者不仅关注杂志内容,他们更是通过网络“疯狂”地关注、崇拜着制作这些内容的编辑……因为读者信任《悦己》的内容,所以他们极度认可制作这些内容的编辑。

康泰纳仕旗下的杂志,一直秉承杂志内容与广告分离的原则。《悦己》也不例外。所以《悦己》内容的客观、可信让编辑们在读者的心目中树立了很高的威信。读者们关注这些编辑,信任他们的产品与服务,而网络恰恰提供了读者了解与联络编辑的平台,编辑们也珍视读者对他们的信任。在杂志内容方面,编辑们掌握着绝对的“生杀大权”,甚至可以干涉广告页面的内容。如果杂志的广告促销页面制作过于雷同的杂志正文,或者在设计方面出现不符合读者阅读习惯的问题,即使这一制作已经获得了广告商的认可,编辑也有权要求广告部门重新设计制作。至于这种做法是否会引起广告商的不快,《悦己》的主编露西说:“我们服务的是读者群,不是杂志内容。”

《悦己》在内容制作中,很好地利用了社交网络这一平台,积极与读者沟通。杂志在脸谱上经常向读者就最新的健身、美容和健康趋势提出问题,打通读者与编辑、专家分享彼此想法和观点的渠道,然后《悦己》的编辑、专家们梳理读者们的需求、想法,放到新一期杂志的内容中去……这样,在下一期的杂志中,读者就可以看到自己想看的内容,听到自己的声音了。这也从另一个角度解释了读者钟情于这本杂志,对杂志编辑信赖有加的原因。

杂志广告:为广告商与读者建立紧密的联系

《悦己》的广告部门分为销售和创意两个部分,而创意部门又细分为营销部、市场部、推广部和艺术部几个部门。其中,营销部专门负责广告项目的创意,设计广告方案,市场部负责进行市场调查,推广部负责杂志品牌与广告活动的实施,艺术部负责广告的设计。虽然广告部门的一切活动都是围绕盈利展开的,但所有活动的目的都是要为广告商与读者建立紧密的联系。这些活动包括:

宣传推广活动:每年杂志宣传推广活动的重头戏包括“公园运动(Workout in the park)”的女性健身活动、鼓励女性投身慈善事业的“为善女性(Women doing good)”、为女性提供现场时尚与美容建议的“我型我塑(I curate my style)”等等。多年来,这些活动的成功举办为消费者提供了一个在真实生活中与杂志互动的机会,让《悦己》的形象牢牢地扎根在读者心中。同时,这些活动也成功地吸引了大量的广告商,他们为活动提供纪念品、赞助、特别产品服务,扩大了产品或服务的知名度,紧密地联系消费者……而读者又成为这些广告活动的直接受益者。

社交网站:《悦己》通过脸谱(21 万粉丝)、推特(13 万关注者)、Pinterest(图片分享网站,1 万关注者)、Instagram(图片分享网站,1.7 万关注者)、Tout(视频分享网站,97.6 万关注者)等社交网站与读者进行互动交流,同时这些网站也为杂志自己的网站 www.self.com 带来了访问量。在一项名为“数字产品功能指数研究(Digital IQ Index Study)”的调查中,《悦己》因其纸质产品与脸谱内容的“无缝”结合,在 87 个不同产品品牌中名列第三。

二维代码/编辑标签(2D codes/editorial tag):读者在每期杂志中都看到一些二维码标识,这是杂志通过二维码向读者提供的一些特别内容。读者在用手机拍摄下这些二维码之后,可以观看相关视频、获得奖品或广告商的特别产品或服务。

特有的原创网络团体活动:《悦己》通过类似于“减掉 10 磅之饮食(Drop 10 diet)计划”这样的网络团体活动,让有此愿望的读者参与其中,与杂志编辑和其他读者共同分享他们瘦身的诀窍和方法,互相帮助。

社交游戏:2012 年 4 月,《悦己》利用其最知名的品牌活动“公园运动(Workout in the park)”在社交媒体网站上开发了一款同名游戏 *Self Workout in the Park*。这款游戏为读者提供了个性化体验,在通过互动娱乐方式增强用户之间交流的同时,也为用户提供了最新的健身、营养、健康等方面的信息。游戏由杂志的出版人劳拉 (Laura McEwen)亲自捉刀开发,希望充分把握不断膨胀的社交游戏广告机遇。

数字产品:强调与读者的高度互动

在一些杂志还仅提供纸质版内容的简单数字复制产品的时候,《悦己》却不断强调并践行着数字版杂志与读者的互动式交流,以期让读者通过阅读数字版的杂志丰富阅读体验,获得独特的阅读方式与感受。

目前,读者可以通过苹果公司的 iPad、亚马逊的 Kindle Fire、巴诺的 Nook 与三星公司的 Galaxy 阅读数字版《悦己》。每期数字版杂志的定价是 4.99 美元,比纸质版杂志要高 1 美元。订阅全年的数字版则需要 19.99 美元,比订阅全年的纸质版杂志贵 2 美元。但如果你是纸质版杂志的订户,那么则可以免费阅读数字版。

据 2012 年 4 月的统计结果显示，每期杂志数字版读者的总数为 25168 人。

《悦己》杂志网站 Self. com 的宗旨是“无论你在何地，《悦己》就在那里”，给你灵感，让你了解，与你互动。在网站设计上，杂志也是这样做的，网站上提供了大量的有关女性健身、营养、饮食、美容与市场的内容。2011 年，网站的访问次数和独立访客数分别为 2100 万次与 270 万人。由于网站的出色表现，杂志网站成为连续两年获得备受业内关注的网站与互动媒体奖项“Best of Web Awards”的唯一女性杂志。

尽管《悦己》一直以来都保持了不错的业绩，并不断地调整业务发展方向以适应数字时代提出的新挑战。但是，无论是杂志的内容编辑还是市场部工作人员，都深刻地感受到了数字时代所带来的紧迫性与强压力。比如，在数字技术的迅猛发展下，传统杂志出版业的编辑与市场工作人员需要从几十年的传统出版业经验中跳出，迅速适应数字出版时代的特点。此外，还要让广告商尽快地接受这些变化，愿意适应新媒体的特点投放广告。但是，杂志也相信，只要《悦己》一直坚持为读者提供高质量的杂志内容，做最好的自己（Self），那么，这些问题都会迎刃而解。

（香江波　撰写）

杂志出版王国康泰纳仕

康泰纳仕出版集团(Condé Nast)从 1959 年开始为先进出版集团(Advance Publications, Inc.)所拥有,由美国媒体大亨纽豪斯(Newhouse)家族经营,公司业务涵盖电视、网络、报刊等行业,在全球 25 个市场出版 128 种杂志,拥有 100 多个网站,旗下的杂志品牌不仅数量众多,且多为杂志业的明星产品,如 *VOGUE*、《魅力》(*GLAMOUR*)、*GQ*、《名利场》(*VANITY FAIR*)、《纽约客》(*THE NEW YORKER*) 等,都在全球杂志市场享有盛誉,是名副其实的杂志出版巨头。

事实上,像纽豪斯家族经营的康泰纳仕出版集团这样的家族企业是美国现代企业社会的普遍形态。美国约有 200 多个家族,他们的企业和基金会控制着美国的经济、政治甚至军事。2011 年 3 月,美国家族企业协会(Family Enterprise USA)发布的调查报告数据显示,家族企业对于美国经济的发展至关重要,其对美国 GDP 的贡献达到了 57%;在家族企业就业的人数占全美就业人数的 63%,是美国社会稳定与经济发展的重要力量。

美国家族企业的经济影响力

2003 年,一项针对美国家族企业的调查显示:美国的绝大部分财富掌握在家族企业的手中,家族企业占北美全部企业的 80%～90%。2007 年,美国虽然出现经济衰退和次贷危机,但并没有影响到美国家族企业的发展。2007 年对家族企业的调查表明:美国 96%的家族企业认为未来两年企业的业务会出现上涨,或至少保持原有发展速度。2010 年,家族企业研究所的调查再次显示:美国家族企业发展态势良好，资产回报率要比非家族企业高 6.65%。2010 年，美国《商业周刊》(*Business Week*)网站 Businessweek.com 的文章称：事实证明，家族企业的企业寿命更长，美国家族企业的平均寿命是 24 年(数据来源：familybusinesscenter.com)。现在，近 40%的美国家族事业都已经交由家族第二代管理，13%的家族事业由家族第三代成功继承，3%由第四代及后继者传承。2010 年《福布斯》调查数据显示：美国最大的家族企业沃尔玛 2009 年的收入为 4080 亿美元，雇佣员工多达 210 万。美国《家族企业杂志》(*Family Business Magazine*)2011 年 11 月发布的全美 100 强家族企业榜单上，美国媒体大亨纽豪斯家族榜上有名。

表 美国前 10 强家族企业榜

序号	企业名称	家族名称	创立时间	收入(亿美元)	网 站
1	沃尔玛(Wal—Mart)	Walton Family	1962 年	4218.5	www.walmart.com
2	福特(Ford Motor Co.)	Ford Family	1903 年	1289.5	www.ford.com
3	嘉吉(Cargill)	Cargill/ MacMillan Families	1865 年	1078.8	www.cargill.com
4	科氏工业(Koch Industries)	Koch Family	1918 年	1000.0	www.kochind.com
5	卡尔森(Carlson Companies)	Carlson Family	1938 年	380.0	www.carlson.com
6	康卡斯特(Comcast)	Roberts Family	1929 年	379.4	www.comcast.com
7	新闻集团(News Corp.)	Murdoch Family	1923 年	334.0	www.newscorp.com
8	HCA	Frist Family	1968 年	315.0	www.hcahealthcare.com
9	柏克德集团(Bechtel Group)	Bechtel Family	1898 年	308.0	www.bechtel.com
10	马斯(Mars)	Mars Family	1923 年	300.0	www.mars.com

资料来源：美国《家族企业杂志》(*Family Business Magazine*)，2011 年 11 月。

美国家族企业的社会责任

企业社会责任(Corporate Social Responsibility，CSR)是指企业在创造利润、对股东承担法律责任的同时，还要承担对员工、消费者、社区和环境的责任。它要求企业必须超越把利润作为唯一目标的传统理念，强调生产过程中对人的价值的关注，强调对消费者、环境、社会的贡献。经历了从 20 世纪 50 年代信奉利益至上原则，到 80 年代开始关注环境问题，再到 90 年代发起社会责任运动，美国企业逐渐开始履行自己的社会责任。

2007 年的美国家族企业调查显示：美国家族企业关注社会，近 60％的家族企业认为家族企业的道德标准要比他们的竞争对手更为严格，37％的家族企业都写有企业道德准则，并常与员工、客户和合作伙伴谈论商业道德标准问题。2011 年，普华永道公司对包括美国在内的 35 个国家的 1600 多家家族企业进行的调查显示：绝大多数家族企业都非常重视并乐观对待企业的社会责任。四分之三的家族企业都认为社会责任对各自企业的发展具有非常重要及建设性的影响，在新兴市场中的作用尤其明显。48％的被调查家族企业因为履行社会责任而对业务发展做出了调整，还有 49％的家族企业计划据此调整商业计划。家族企业意识到建立一个有责任的企业信誉能够帮助他们在众多企业中脱颖而出。顾客更青睐于有社会责任的企业，社会责任也可以帮助企业减少能源与垃圾治理成本，更有效地应对新的法律、法规，开发新的产品和服务，从而增强企业的竞争力（见图）。

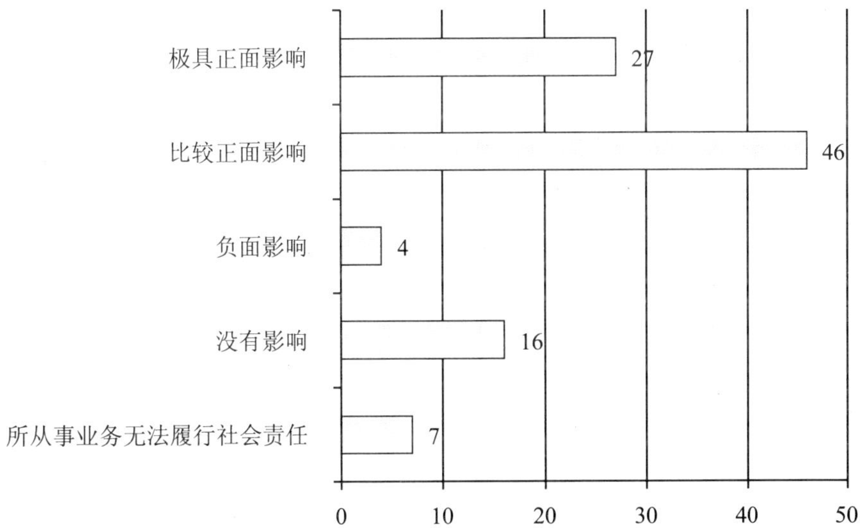

图　社会责任对家族企业影响力调查

数据来源：普华永道 2010—2011 年家族企业调查，涉及 35 个国家、1600 家家族企业。

康泰纳仕杂志出版王国

康泰纳仕出版集团包括两部分，一部分是康泰纳仕美国出版公司，另一部分是康泰纳仕国际出版公司。康泰纳仕美国出版公司出版 18 种消费类杂志、5 种 B2B 出版物，拥有 27 个网站，并发布了 50 多个手机与平板电脑设备的应用程序（APPS），总部设在纽约。康泰纳仕国际出版公司管理包括英国、法国、俄罗斯、日本、中国等多个国家在内的全球 25 个市场，拥有 4200 名员工、128 种杂志，每期刊物的平均发行量高达 1420 万本，这些刊物拥有 4900 万读者，每年的广告页面数达 12.6 万，编辑页面数为 19.4 万，国际出版公司旗下还有 100 多个网站与 70 多个平板电脑与智能手机的应用程序（APPS），总部设在伦敦。

康泰纳仕因出版精美且深具影响力的时尚类生活杂志而为世人瞩目，其对内容原创性及卓越杂志品质的一贯追求，使该集团在杂志界居领先地位长达百年之久，备受广告商与读者青睐。百年的发展历史也证明，家族式企业的发展环境正是康泰纳仕取得成功的核心所在。

（一）注重长远利益，提供最好的杂志内容

普华永道的调查显示：家族经营往往让企业以更长远的目光看待发展问题，维护家族和睦与财富的共同愿望使得家族企业的领导层即使出现严重分歧，也能迅速达成共识，家族合力成为家族企业不断向前推进的有力保障。纽豪斯家族也是如此。家族始终坚持：无论时代如何变迁，康泰纳仕都要不断追求原创的内容与卓越的品质，做最好的杂志出版商。在当今的数字时代，他们的目标更清晰地设定为，无论是出版纸质杂志还是数字杂志，康泰纳仕一定要努力成为最好的多媒体奢侈生活方式出版商。

康泰纳仕现在已经拥有众多成熟的杂志品牌及成功的商业模式——为读者提供最好的内容产品，最大化帮助广告客户到达特定消费者，用获得的收入投入内容产品，进而形成良性循环。但是，面对不断开拓的新市场与数字时代对传统出版提出的巨大挑战，又要如何实现这一点呢？康泰纳仕国际出版集团的战略与规划部的主任 Jason Miles 的回答是：康泰纳仕是家族企业，纽豪斯家族关注的不是一本杂志现在怎么样，而是这本杂志十年后怎么样。

康泰纳仕对“最好的杂志内容”的追求的确经受住了时间的考验。尽管时尚杂志“喜新厌旧”，但在康泰纳仕的杂志档案室里，无论是翻开 1909 年第一本美国版 *VOGUE* 还是 1919 年第一本英国版 *VOGUE*，你都会惊异地发现，这些一个世纪前

的作品即使现在看来依然非常精美、时尚，其高质量的手绘与摄影作品、经典的评论文章、原创的故事，使得康泰纳仕的时尚编辑、摄影师都会来这里翻看前辈的作品，寻找创作灵感。

坚持用长远的发展眼光看待、经营每一本杂志，坚持每一本杂志做到最好，正是康泰纳仕旗下的一些杂志能够拥有百年美誉，持续成为美国文化与生活方式温度计与探测仪的关键。

(二)广告内文分离，坚持刊登内容的真实性

2012 年 7 月，《世界新闻报》因为“窃听丑闻”引发众怒，在走完了长达 168 年的发行历史后，黯然宣布永久停刊。商业的短视、伦理的缺乏和法律的无知，导致《世界新闻报》失去了公众的同情和法律的豁免。这一事件也拉开了重构西方整个媒体产业运作模式和法律规制模式的序幕。那么，在经营上，如何避免媒体公司在扩张时的短视行为？在这一点上，康泰纳仕的做法是始终坚持广告、编辑分离的原则，保证编辑内容的真实性、客观性和独立性。

所有康泰纳仕旗下杂志的内容都被鲜明地划分为两个部分：主体编辑内容和广告促销内容。两部分内容由两个不同的部门负责。编辑部门只负责杂志的主体内文编辑，不以取悦广告客户为目的，内容中涉及的对产品的评价都是编辑个人感受，禁止“软广告”。广告部门则负责尽可能为广告客户提供完美的服务，为广告客户制作促销页面，策划促销活动，联系读者。所有的广告内容都会标明“广告页面”和“促销页面”，读者可以清楚地了解哪些是广告内容，哪些是编辑内文。

那么，杂志又是如何保证编辑内容的客观性呢？以康泰纳仕旗下的《旅行者》(*TRAVELER*)为例。按照业内惯例，旅游杂志通常无须自己付费让记者去体验评价酒店，往往都是由酒店邀请记者，并承担各种费用。康泰纳仕公司在 1987 年创办了旅游杂志《旅行者》之后，拒绝了宾馆提供的免费服务，坚持自己付费，让记者编辑不暴露媒体身份进行体验考察。他们认为，如果酒店方知道你是谁，会尽力讨好你，就无法获得准确的印象。他们坚守杂志的编辑哲学——“以坦率的态度描述旅游中美好的一面，同时也告诫读者可能出现的不好的情况”。这种力图得到和普通读者一样体验的办刊宗旨，使其在旅游杂志中独树一帜，在刊物出版后大受读者青睐。

此外，虽然广告收入对杂志至关重要，但为了保证杂志的品质，即使在选择与广告客户的合作时，康泰纳仕也采取了谨慎的态度。他们通常只会选择知名的、信誉度较高的广告客户作为合作对象。如果公司认为广告商提供的广告内容不真实，就会拒绝刊登这一广告，尽管可能会损失一大笔广告费，但公司认为这对保证

杂志的品质至关重要。康泰纳仕集团认为，如果因为坚持杂志的广告原则而放弃某些广告客户也是值得的。幸运的是，康泰纳仕的广告多来自于全球知名奢侈品牌，多年的合作使广告商充分理解并支持康泰纳仕的广告原则。

（三）非集中化管理，强调内部合作与沟通

康泰纳仕集团采取的是非集中化管理模式，因此拥有 25 个国际市场的康泰纳仕国际总部——康泰纳仕国际出版公司并不直接干预各国子公司的管理决策。公司认为，这种管理模式有利于各个地区的编辑团队针对当地市场特点开发杂志内容，做活市场。而国际总部的职能主要是搭建各地区、市场相互沟通的平台。他们研究、开发新市场，搜集旗下各杂志市场的优秀经验和做法供各市场分享，召开各杂志或部门的跨国年度讨论会，如以杂志名称划分的 *GQ* 年度讨论会集合了近 20 个国家和地区的 *GQ* 高级负责人，还有以部门类型划分的市场总监讨论会（Marketing Directors' conference）、出版商讨论会（Publishers' conference）、数字部总监讨论会（Digital Directors' conference）等等。

以美国《悦己》（*SELF*）杂志为例分析康泰纳仕各个分公司的组织结构可以发现，尽管内容和广告分离，但是《悦己》的编辑部门和广告部门之间以及他们与康泰纳仕美国总公司、总公司旗下的其他杂志之间都有着紧密的沟通与合作。《悦己》杂志的广告部门制作的广告促销页面要拿给编辑部门审核，听取内文编辑对促销页面的意见，如果内文编辑要求重新制作，即使广告商同意了这一广告促销页面，广告部门也得重新制作；《悦己》的推广、营销部门可能要求市场部门做一个市场调研，但这一市场调研的初期数据却是由康泰纳仕美国总公司的市场部提供，《悦己》的市场部再根据本杂志具体要求进行整理。《悦己》也可能会与集团旗下的《魅力》、《诱惑力》（*ALLURE*）这样的杂志捆绑订阅……

这样，各杂志的编辑和广告部门独立运营，但杂志的制作、发行、营销、宣传的出版环节却又都进行集中管理，既保障了各地分公司及旗下杂志能够拥有自己的编辑理念和经营理念，形成自己的特色，又保障了所有的出版经营活动被掌握在严格的预算控制之中，形成良性的企业运作。

（四）营造家庭式氛围，通过第三方审核人力资源

美国家族企业的一大优势就在于家族企业的经理人对公司的忠诚，这是非家族企业的经理阶层难以望其项背的。人才是企业发展的支撑力量，康泰纳仕始终认为他们取得成功的一个关键因素就在于他们拥有最优秀的员工，创作了最有创意的产品。因此，和许多家族企业一样，纽豪斯家族也非常尊重员工并注重培养员

工的忠诚度。

可以说，康泰纳仕的工作氛围是忙碌而愉悦的。无论是普通的编辑、广告工作人员，还是高层管理人员，都对目前的工作状态感到满意。他们以能在出版如此精美的杂志的地方工作而深感骄傲，纽豪斯家族也成为深受他们喜爱的雇主。在公司里，有在这里工作了几乎一辈子的老员工；也有在其他地方工作，来到这里后便深深被吸引不想再离开的员工；还有在这里工作了一段时间，离开了几年，现在又重新回来的员工……员工们谈到纽豪斯家族、谈到他们杂志的时候都用“有品质”这样的词来形容。

纽豪斯家族为员工创造了温暖、和谐的工作氛围：在寸金寸土的纽约曼哈顿“心脏地带”——时代广场的美国办公大楼与位于伦敦市中心的英国国际总部、各个办公大楼中每层温馨的咖啡间与小厨房，在员工加班时免费的晚餐与叫车服务、和谐的工作氛围、精美的杂志与力求做到最好的工作态度、杂志的社会影响力……这些都让员工们引以为傲。

员工被康泰纳仕认为是公司取得成功的关键所在，那么，公司是如何对员工进行考核与管理的呢？一般情况下，每一年，员工都只向直接上级汇报工作；但隔几年，纽豪斯家族也会不定期地进行一次人力资源评估（HR Audit），这一评估完全由公司以外独立的第三方机构来完成，评估的内容既涵盖员工的工作业绩，又涉及员工对工作中存在的问题的反馈信息。

评估的方式有两种，一种是填写由第三方独立机构设计的问卷，问卷涉及工作的方方面面，并被翻译成不同文字，下发到各国子公司，以匿名填写的方式进行。这种评估方式是所有人都要经历的。第二种方式就是采用面谈的方式进行。由第三方独立机构随意抽取一些员工，然后进行面对面的谈话。谈论的话题包括对公司满意与不满意的地方、员工认为当前所面临的挑战等。访谈时间约为 1 个小时左右。然后第三方机构按照各个市场分别整理评估的结果，同时将不同市场的公司调查结果进行比较，分析其中原因，然后将整体报告交给康泰纳仕国际集团的总裁乔纳森·纽豪斯（Jonathan Newhouse）先生。之后，纽豪斯先生再分别约谈各市场的负责人，商议解决问题的办法。各市场负责人之后也会分别与自己的直接下属约谈，直接下属再约谈他们的直接下属……从而找到症结所在，找到解决办法。

（五）利用品牌知名度，参与社会公益事业

在普华永道 2010—2011 年家族企业的调查中发现，很多家族企业不仅仅只是想留给子孙后代一个稳定、成功的事业，他们也同时关注企业的价值。美国的一个家族企业的拥有者表示，他希望世人记住他不是因为他是商人，而是因为他是一个

具有社会责任感的绅士。家族企业也同样愿意尽可能地为社会多做贡献，他们希望社会认同他们的企业是拥有高道德标准的品质企业。

在员工和读者眼中，康泰纳仕公司就是这样一个具有高品质的企业。纽豪斯家族带领康泰纳仕举办了很多公益活动与项目。1988 年，美国 *VOGUE* 设立了赞助年轻设计师的“美国时装设计师协会暨 *VOGUE* 时尚基金”（CFDA/*VOGUE* Fashion Fund），杂志还积极支持公益慈善活动，与美国艾滋病研究资金组织联合为艾滋病患者筹集资金；美国《旅行者》设立了世界社会贡献奖（World Savers Awards），评选世界各地最具社会责任感的旅行公司；《悦己》举办了提高预防乳腺癌意识的倡议活动，并举办了“为善女性”等活动；意大利《连线》（*WIRED*）发起了网络和平运动。康泰纳仕集团的拥有者纽豪斯家族还进行了个人捐助，为 2011 年日本地震灾区进行捐款等。

纽豪斯家族利用旗下的众多知名杂志品牌成功举办的这些社会活动，不仅加深了公司的社会影响力与公司形象，更体现了企业的社会责任感。

启示与借鉴

2011 年，中国共出版图书 37 万种、77.1 亿册，出版期刊 9849 种，出版报纸 1928 种。数字出版继续保持快速增长，实现营业收入 1377.9 亿元 。文化体制改革正在以前所未有的力度和步伐向前推进，国有经营性文化单位转企改制，按照建立现代企业制度要求完善法人治理结构，重塑文化市场主体的战略目标正在逐步变为现实。120 多家新闻出版企业集团成功组建，48 家企业集团成功上市，一批出版、印刷、物流和数字出版基地纷纷建立，各具特色的区域产业集群基本形成，文化产业主力军、国民经济新亮点的作用已经凸显。但同时，一些低俗文化现象，如充斥拜金主义的影视节目，披露明星绯闻、个人隐私的图书报刊，渲染暴力、恶搞成风的网站等屡屡出现，再一次把作为文化产品生产者的出版企业应该如何承担应有的社会责任，处理好“双重属性”和“两个效益”的关系问题摆在出版人面前。美国的家族企业，尤其是纽豪斯家族企业近百年来的成功杂志出版经验，对于出版企业改革后，如何将社会责任融入出版企业的实践中，继续成为国家文化建设的骨干力量具有一定的借鉴意义。

第一，企业的社会效益与经济效益并不矛盾。美国家族企业百年发展历史证明，出版文化企业在坚持社会效益的前提下着意创新，不仅能获得更好的发展空间、社会声誉，更能赢得更为长久的经济效益。

第二，坚持依法经营，诚实守信。作为文化市场主体的出版企业应严格遵守市场规则，模范遵守法律法规和社会公德、商业道德以及行业规则，恪守商业信用，反对不正当竞争。只有通过提供优质的文化产品和一流的服务，出版文化企业才能赢得广大读者的信任和支持。

第三，坚持创造精品力作。文化的影响力首先体现在精品力作上。精品力作在文化精神的传播方面所具有的特殊作用，是其他一般娱乐文化和通俗文化作品难以取代的。没有精品就不能打动读者，更谈不上影响力。康泰纳仕始终坚持做最好的杂志，从而牢牢地抓住了读者与广告商。严格把关图书质量，打造适应新形势、新时代的优秀文化产品与优质服务，才能最大限度地满足广大消费者的需求，成为优秀的出版企业。

第四，坚持以人为本，维护员工合法权益。关心员工生活，重视人才，形成良好的工作氛围。加强出版职业教育培训，创造平等发展机会，鼓励员工创造更有价值、更有水平的文化产品，为企业的创新发展贡献力量。

第五，积极参与社会公益事业。出版企业应热心参与慈善、捐助等社会公益事业，关心支持教育、文化等公共福利事业。积极参与社区建设，鼓励员工志愿服务社会。在发生重大自然灾害和突发事件时，积极提供财力、物力和人力等方面的支持和援助。

（香江波　撰写）

广告对康泰纳仕杂志的影响与集团对策

在杂志业中，消费类杂志的收入通常主要有两种来源：一种是依靠刊物的发行收入，这种模式需要杂志不断跟进宣传、进行电视广告等方面的投资，以吸引读者购买。另一种则是依靠广告收入获得利润，这种模式需要杂志能够持续获得广告商的青睐。康泰纳仕集团收入的70％都来源于广告收入，其中广告收入最多的三本杂志是*VOGUE*、《魅力》(*GLAMOUR*)和*GQ*，且广告客户多为服饰、美容产品公司。因此广告对于康泰纳仕集团的业务发展起着至关重要的作用。

广告市场是杂志进入新市场的重要标准

康泰纳仕集团对进入新市场的决策非常谨慎，因此在多数情况下往往是落后于其竞争对手的。在正式进入市场之前，集团会先进行两个阶段的调研工作，第一个阶段是考察进入市场的可行性，通常需要耗时3～6个月，第二个阶段则是制订业务发展计划，通常是5年的发展规划。而在这两个阶段的工作中，集团必须考虑的三个要素中，有两个与广告商密切相关：一是该市场必须有消费潜力，其中包括市场对广告商的产品——奢侈品、服饰、美容等产品的消费能力，消费能力越高，证明市场潜力越大。二是调查进入该市场的其他竞争对手的发展情况，分析其近两年来的发展趋势，从而了解广告市场情况。三是考察这一市场上人们对康泰纳仕杂志品牌的认知程度。认知程度越高，进入市场就越容易；当然集团旗下的*VOGUE*杂志在全球的影响力要远远大于其他杂志，因此在海外市场上发行一本新杂志的时候往往也会借助*VOGUE*的影响力。

广告是杂志选择进入新市场时机的关键因素

选择在什么时候发行一本杂志，常常取决于广告商的支持。在杂志发布正式的新刊计划之前，广告商会通过各种渠道得到相关消息。很多时候，康泰纳仕集团会主动联系他们的老客户，将出版计划详细告知。如果广告商也认为这一市场是他们产品的潜在发展市场或已经是他们产品的市场了，那么这种合作则一拍即合，杂志很快即可发行。至于新刊的盈利问题，不同的市场情况也不一样。总体来说，康泰纳仕集团认为，只要一直有广告商的认同，那么一定时间的不盈利是允许的。培育市场需要时间，当然也出现过像 *Portfolio* 这样的杂志刚刚登陆德国不久就停刊的情况。所以，康泰纳仕非常注重与广告商的关系。

吸引并维护与广告商的合作关系

（一）充分利用品牌价值

集团旗下的各个品牌基本上都已是所在杂志行业的翘楚，具有很高的杂志品牌价值。在杂志提供高质量品牌价值的背景下，集团成功地把杂志的积极品牌价值传递给了广告商，让广告商的产品和服务得到了读者的认可。简单来说，在康泰纳仕集团旗下知名的杂志品牌上刊登广告，就意味着广告中的产品和服务具有与这一杂志品牌同等的好品质。好比一个雪茄公司可能会赞助 F1 赛车比赛，因为公司想要人们认为这个雪茄与 F1 赛车一样有阳刚之气、有冒险精神。而康泰纳仕集团的优势在于，在品牌的价值方面，没有杂志能与 *VOGUE* 比肩——一个月发行 2 万册，拥有数百万的读者群。于是自然也就形成了康泰纳仕的商业模式——引领市场，让广告商进入这个市场，从而获得收益。

（二）制作优质的杂志正文内容

正文的内容是吸引读者的核心，好的正文内容既是在推动杂志的销售，又是在提高广告产品和服务的影响力。因此，康泰纳仕集团聘请了最好的编辑、摄影师、模特，使用最好的印刷技术，打造时尚读物精品。在康泰纳仕英国公司的图书馆里，翻开 1909 年出版的第一期美国版 *VOGUE* 与 1916 年出版的第一期英国版 *VOGUE*，以及其他任何一本杂志，人们都会惊叹。虽然都说时尚“与日俱进”、“喜新厌旧”，但这些杂志在几十年甚至上百年过去后呈现在读者面前时，让读者赞叹的依然是其精致时尚的内容。即使是集团现在的顶级编辑、摄影师，在没有灵感的时候，也要来这里翻阅这些旧杂志，寻找灵感。

（三）深入了解读者

广告商利用杂志做广告的目的是有效地吸引目标读者群，以最便捷的方式与特定的读者群沟通。因此，杂志必须与读者建立密切、信任的合作关系，对读者的了解越多，康泰纳仕集团向潜在的广告商成功推销杂志的可能性就越大。因此，集团要求杂志市场工作人员了解杂志、读者和市场，向广告商传达清晰的杂志市场竞争力。这也就解释了为什么康泰纳仕集团在进入新市场之前要进行大量的调查，进入之后还是继续追踪，从而使旗下品牌成功地“深入人心”，登上畅销杂志排行榜。

（四）为广告商提供优质的服务

在很多大型活动中，为了体现对广告商的重视，集团都会邀请广告商参与。此外，集团专门为广告商举办活动，如集团的“康泰纳仕数字日（Condé Nast Digital Day）”就是一个专门为广告商举办的讨论会，向广告客户介绍新媒体技术、趋势与新媒体广告的成功经验。同时，康泰纳仕应广告商要求，为他们独家设计了一些活动，如集团举办的“wiredconsultng”（电话咨询会议），就是按照客户要求，量身定做会议内容。这些活动的成功举办，一方面提升了康泰纳化在业界的影响力，将康泰纳仕品牌与众多的客户、读者紧密地联系在一起，另一方面加强了他们与众多广告商的联系，提升了杂志的品牌形象。

（五）与媒体建立良好的合作关系

良好的对外合作关系是业务发展的关键，尤其是与媒体的合作关系，他们的新闻报道将对广告商的决策产生重要影响。因此，康泰纳仕举办了大量的社会活动，邀请媒体进行报道。通过对这些现场活动的报道，不仅稳固了集团在行业中的地位，树立了富有影响力的品牌，也拓展了经营资源。这些活动包括面向社会大众的活动，如宣传、增强品牌影响力的“*GQ* 年度人物”，也有面向大众的活动，如“*VOGUE* 摩登不夜城”，最大限度地将时尚名人与普通消费者联系在一起，成为媒体关注焦点、大肆宣传报道的盛事。在与媒体建立良好的合作关系的同时，康泰纳仕集团也非常注重保护品牌形象。例如，他们即使在与英国广播公司（BBC）合作时，也仅仅会选择综合高清频道（BBC 1），而拒绝娱乐频道（BBC 5），原因是康泰纳仕认为娱乐频道的受众非高端人群，与之合作制作、播放与康泰纳仕相关的节目，会降低品牌在消费者心目中的价值。

（香江波　撰写）

从康泰纳仕中国业务看中外版权合作杂志

时尚杂志作为一种特殊的精神文化商品，在我国期刊市场中的影响力不容忽视。1988 年，法国桦榭集团和上海译文出版社开始版权合作，推出《世界时装之苑 ELLE》，拉开了中外杂志版权合作的序幕。这种以版权合作的形式出版的时尚类境外杂志一直引领着中国杂志市场，版权合作成为中外期刊出版合作的主要形式。截至 2012 年，原新闻出版总署共批准中外版权合作期刊 67 种，其中 11 种已停刊，56 种尚在出版发行。

时尚类版权合作杂志的市场与政策环境

近年来我国引进的时尚类版权合作杂志，可分为两大类：一类是引进日本版权的杂志，通常称为日系时尚杂志。日系时尚杂志以时尚、实用、好看为特点，杂志内容注重选题结构、排版方式和细节处理。另一类是从欧美引进版权的杂志，通常称为欧美系时尚杂志。欧美系时尚杂志以前瞻、大气、艺术化为特点，杂志内容突出风尚、风格和氛围。这些版权合作杂志的外方经营者通常隶属于有着几十年甚至上百年历史的大型海外传媒集团。例如时尚类杂志 *VOGUE* 隶属于业务跨越全球六大洲、在 25 个市场中经营 128 本杂志和 100 多个网站的康泰纳仕集团(Condé Nast)旗下，其美国版 *VOGUE* 诞生于 1892 年。

进入中国市场的引进类时尚杂志主要通过两种方式与读者见面：一是通过国家指定的出版物进出口公司进口原版期刊，国内销售采取订户定购的方式；二是在国内出版发行，这其中又分中文版和版权合作形式两种。我国（仅指大陆地区）正式批准的外刊中文版只有 1986 年创刊的《商业周刊》一家。版权合作的方式则是在中方不改变办刊宗旨和刊名的前提下，有选择地使用国外合作方刊物中的部分图文内容，选用内容的终审权由中方掌握，外方不得介入。中方期刊版权合作的审批工作由原新闻出版总署负责。

原新闻出版总署主要依据出版产品和服务进口管理的相关政策、文件，进行审批、管理工作，如《国务院关于非公有资本进入文化产业的若干决定》《关于文化领域引进外资的若干意见》《关于加强文化产品进口管理的办法》《外商投资图书、报纸、期刊分销企业管理办法》《中外合作音像制品分销企业管理办法》《设立外商投资印刷企业暂行规定》等。2003 年 5 月 1 日，原新闻出版总署和对外贸易经济合作部联合下发的《外商投资图书、报纸、期刊分销企业管理办法》正式实施，具体规定了在我国境内设立外商投资图书、报纸、期刊分销企业所要具备的条件、相应审批程序等。这是中国入世以来对传媒业开放尺度的第一次补充说明：在规范外商投资出版业的同时，进一步加大包括期刊在内的出版业开放力度。2009 年 8 月和 2010 年 12 月，原新闻出版总署与商务部发布了关于《外商投资图书、报纸、期刊分销企业管理办法》的补充规定，进一步对该法规进行完善。两次补充规定主要针对中国香港和澳门地区的出版商，旨在促进中国香港、澳门与内地建立更紧密的经贸关系。同时，这也在 2003 年 5 月管理办法的基础上，进一步规范了外商投资我国图书、报纸、期刊的市场，同时坚定了纸媒适度对外开放的原则。

康泰纳仕在中国的业务特点与经验

美国康泰纳仕集团因出版精美且深具影响力的时尚类生活杂志而为世人瞩目，其对内容原创性及卓越杂志品质的一贯追求，使该集团在杂志界居领先地位长达百年之久，旗下的杂志品牌不仅数量众多，且多为杂志业的明星产品，如 *VOGUE*、《魅力》(*GLAMOUR*)、*GQ* 等，都在全球杂志市场享有盛誉，备受广告商与读者青睐，是名副其实的杂志出版巨头。康泰纳仕进入中国市场相对较晚，但其在中国杂志市场的业绩却一直呈现上升趋势，笔者认为其原因主要表现在三个方面：

（一）秉承高标准

康泰纳仕始终坚持：无论时代如何变迁，康泰纳仕都要不断追求原创的内容与卓越的品质，做最好的杂志出版商。在康泰纳仕进入中国市场之前，许多国外知名杂志早已登陆中国，并且获得了巨大的成功。如法国桦榭集团和上海译文出版社于1988年开始版权合作，紧随其后，《时尚》与美国赫斯特集团建立合作关系，《瑞丽》也与日本《主妇之友》建立了合作关系，从而形成了当时时尚杂志业三足鼎立的局面。姗姗来迟的康泰纳仕进入中国市场之后，却打破了这一局面。2005年，康泰纳仕中国公司与人民画报社进行版权合作，合作出版了其在中国的第一本杂志——《服饰与美容VOGUE》，该杂志用极具视觉冲击力的高品质图片来呈现时尚潮流，获得了中国广大读者及整个时尚业界的广泛认可。同时，也被国际业内人士推举为全球最有影响力和时尚权威性的杂志之一。2007年，由康泰纳仕有限公司与中国妇女杂志社版权合作的《悦己SELF》亮相中国，提出“快乐由自己，美丽身心灵”的价值主张，与当代都市女性注重个性化、自我实现的诉求不谋而合，得到了读者的高度认同。2009年，康泰纳仕与中国新闻社版权合作出版杂志《智族GQ》。如今，《智族GQ》已成为一个视野开阔，趣味深厚，聚集消费精华，体现流行精髓，关注现代社会男性心理健康、科学生活方式和理念的高品质杂志品牌。2011年，中国妇女杂志社与康泰纳仕集团版权合作推出有关家与生活的高品位杂志《安邸AD》。《安邸AD》秉承强大的国际背景支持与本地化创新重生的优势，汇通中西方文化，以“世界各地最美丽的家”为编辑宗旨，带领中国读者领略高品位的生活态度。2013年，集团再度与中国妇女杂志社版权合作。《悦游TRAVELER》杂志面市，这本高端旅游杂志以“旅行之真谛”为办刊宗旨，内容涵盖旅游目的地、酒店、美食与美酒、航空和商务旅行，以及行装、购物、美容等各个方面。这些杂志的出版延续了康泰纳仕对“最好的杂志内容”的一贯追求，精心编辑的内容、精美的图片和精良的编辑排版，都经受住了时间和读者的考验，使得女性时尚杂志市场呈现出“四国争霸”的局面。

(二)扎根“本土化”

由于中西文化的差异，中国读者很难完全适应来自欧美日韩的国际女性时尚杂志母版的时尚思维，只有进行一番适应中国本土文化的改造，才能更好地在中国市场上生存。因此，版权合作的境外女性时尚杂志进入中国市场后，喊出的口号就是“本土化”。以*VOGUE*为例，其美国版是世界上发行量最大的时尚杂志，是国际时尚大牌广告的必投杂志。英、法和意大利版都拥有巨大的读者群。然而，*VOGUE*进入中国市场后，却没走高端路线，反而贴近现代时装杂志的主流市场；还有中国版《悦己SELF》，其美国版本身是一本健身杂志，但中国版《悦己》则集美国版《悦己》与《魅力》(美国版是一本美容美发杂志)内容于一体，并对女性读者生活中的问题进行深入的思考，体现了更深层次的文化和精神内涵。

本土化不仅使康泰纳仕的第一本版权合作期刊《服饰与美容VOGUE》获得了

成功，使得集团之后推出的另外四本杂志也大获成功，得到了业界与读者的广泛认同。在办刊理念和运作方式上向国际水平靠拢，坚持走国际化道路，但在核心内容上适应本土读者的需求，走本土化道路，正是康泰纳仕的中国业务不断发展的一个重要因素。媒体的本土化需要扎实的准备工作为前提。康泰纳仕在进入任何国际市场前，都要进行大量的调查，调查的目的是保证他们所要做的尽量符合所投放市场的大众的阅读需求。从而保证这些杂志在面向世界各地发行时，根据当地特色发行不同版本获得广告市场，确保杂志最终投放成功。

（三）期刊经营市场化

康泰纳仕这五本版权合作的期刊在办刊理念方面深受美国媒体经营思路的影响，在运作上也采用了公司化的运作方式，更注重市场化运作。在自身推广方面，他们举办了大量的社会活动，如赞助论坛、建立读者俱乐部、与国际化大品牌联合做活动等，在业界产生了很好的影响，引起了读者的关注。

集团举办的"*VOGUE* 摩登不夜城"凭借 *VOGUE* 在全球的影响力，聚集了全球 18 家 *VOGUE* 杂志，让万千消费者走上夜晚的街头，享受以"购物"为主题的庆典，也提振了商家的销售热情；"*GQ* 年度人物"用杂志记录推动时代演进的代表性人物……与此同时，康泰纳仕也热心中国公益事业，2008 年，在中国四川地区发生特大地震灾害之后，康泰纳仕集团向灾区捐款 100 万元人民币，成为首批向中国捐款的外国新闻出版企业之一；同时，集团中国分公司还组织在北京、上海、广州、香港地区的员工捐款和献血；中国版《悦己 SELF》杂志与李连杰主持的"壹基金"联手，开通专属短信捐款通道，专款专用，支持灾区重建工作；2010 年 4 月 19 日，青海玉树发生 7.1 级大地震之后，康泰纳仕出版集团又向灾区捐款 60 万元人民币。集团的这些活动不仅加强了与读者、客户的联系，也让各个杂志品牌深入人心，使康泰纳仕的品牌成为中国时尚业的品牌先锋。

时尚类版权合作杂志的发展走向

（一）政府进一步规范管理

目前，版权合作杂志在中国的发展已经步入平稳期，且总体上仍呈现增长趋势。应该说，相关文件法规对版权合作杂志的稳步增长起到了决定性的作用。从这些文件法规中，可以看到中国政府针对传媒业采取的坚定不移的适度开放政策。

2012 年底，为进一步加强对版权合作期刊的管理，原新闻出版总署对有备案记录的 67 家合作期刊进行了调研。结果发现，目前期刊版权合作中还存在未经批准擅自延期合作、使用外刊内容比例不合要求、封面标识不合规范、未进行版权输出、不能按时递交样刊等问题。针对以上问题，原新闻出版总署表示拟推动出台《中外期刊版权合作管理办法》，进一步完善监管体系、实行退出机制。并将进一步丰富中外版权合作期刊年检的内容，将办刊宗旨、合作形式和本土化内容输出、编辑和终审权约束、封面标识、品牌建设等方面纳入期刊年度检验，通过年检工作对版权合作期刊实行常态化管理。由此可见，未来我国政府将在法律和政策层面进一步规范对版权合作这种外国投资者投资期刊方式的管理。

（二）时尚类杂志市场进一步细分

近两年，国内的版权合作杂志不再一味地盲目扩张自己的杂志阵营。市场细分仍在继续，时尚类版权合作杂志在中国市场经历 20 多年的发展之后，其市场细分已经做到极致——时尚集团针对女性时尚、旅游、家居、地理、钟表、汽车、婚庆等众多市场共出版超过 10 本杂志，桦榭集团针对这些市场出版了 9 本杂志，除了女性杂志之外，康泰纳仕集团还推出了男性和生活时尚杂志……近几年，随着越来越多的中国男士开始关注时尚，男性时尚市场被各国际杂志集团看好，认为这一市场潜力无穷，能在未来带给他们巨大的广告收益。尽管没有在中国市场出版同类杂志的经验，但康泰纳仕集团还是在中国市场推出了他们的第一本男性时尚杂志《智族 GQ》，桦榭集团推出了两本男性时尚杂志，另一个版权合作杂志出版巨头时尚集团也于 2000 年和 2007 年相继推出两本同类杂志《时尚健康男士》和《男人装》。类似的对中国时尚杂志的细分正在中国杂志出版界不遗余力地展开。毕竟，没有一家杂志出版商会对竞争者抢占市场的行为无动于衷。

（三）本土化与人文内涵进一步加强

在与外刊的版权合作中，“国际”与“本土”的冲突往往充满了“斗争”。因为品牌授权方考虑的是保证品牌的一致性，而购买方考虑的是是否对本地读者有用。尽管各大传媒集团在中国投放杂志时，尽量做到“本土化”。但当前国内女性时尚杂志的本土化之路并不顺利，遭人诟病的仍然是杂志内容对欧美、日韩时尚杂志内容的大幅拷贝，赤裸裸地对消费文化所进行的宣扬以及缺乏深度内涵。这一情形是国内大多数版权合作女性时尚杂志的现状。因此，在西方大品牌女性时尚杂志的影响下，如何积极发掘本土传统文化，适当地融合外来的时尚信息，摒弃目前女性时尚杂志对消费文化的过度宣扬、内容同质化、缺乏思想性和独立见解的问题，提升人文内涵，将是版权合作杂志能够抢占市场、留住读者的关键。

版权合作杂志是我国改革开放过程中出现的产物，具有一定的时代烙印，未来这一形式的杂志也许可能会被清晰的版权形式取代，但现在其对中国杂志业的影响不容忽视，它在推动了相关政策的积极应对的同时，也带动了国内期刊业的发展。

（香江波　撰写）

美国《读者文摘》申请破产的警示

一、《读者文摘》二度申请破产

2013 年 2 月 17 日，拥有 91 年历史的美国老牌杂志《读者文摘》的母公司读者文摘杂志社控股公司申请破产重组，负债 4.65 亿美元。这是该集团自 2009 年申请破产保护以来的第二次破产申请。时隔三年半，曾几度荣膺美国最佳消费者杂志之列的老牌杂志集团再次申请破产，为传媒人再次敲响警钟：传统出版物在竞争激烈的数字化时代的生存问题已迫在眉睫。

1922 年，华莱士夫妇以邮购方式发行了 5000 册第一期 32 开本书本式月刊《读者文摘》，售价 25 美分。

起初，《读者文摘》登载从重要刊物上摘录下来并进行改写的文章，"二战"后渐渐增加原创内容。其内容囊括政治、经济、社会、教育、心理、医药等各个方面，此外还刊登小说、散文、游记等文章，后来每一期刊登一篇较长的书摘。

《读者文摘》所选题材多是人们关心的话题，如爱情、家庭、婚姻、友情等，贴近生活，积极向上，歌颂正义和光明，深受大众喜爱。发行 91 年来，《读者文摘》始终是全世界发行量最大的杂志之一。

《读者文摘》的发行量在美国本土月刊中最大，位列美国消费类杂志前茅，被认为"比《纽约时报》和《时代周刊》更能影响美国大人物"。同时，其在全球以 20 多种文字、50 多种版本发行，拥有众多读者，是全球发行量最大的杂志之一。

2013 年 2 月 18 日，发行量位居美国报刊业第二名的《今日美国》发表统计显示:《读者文摘》在美国最受欢迎杂志中排在第五位,全美的发行量大约550万份。[①]即使是在破产申请之后,《读者文摘》依旧发行。

《读者文摘》曾一度在全球达到3000万本的销量,凭借其贴切的市场定位、独特的内容开发和编辑特色,取得了辉煌成就。而其坚守固有特色,没有与时俱进地更新读者定位、内容、营销等,最终致使其在数字出版物的冲击下处于岌岌可危的境地,以至于二度申请破产。

二、《读者文摘》的突出特点

(一)开创文摘类杂志先河

戴维斯·华莱士创办《读者文摘》的目的,在于为繁忙的人们提供节省时间的信息服务。《读者文摘》主要转载、精简其他重要刊物的文章,所载内容通俗平易且具有启发性。

《读者文摘》创刊之时,美国已经完成第二次工业革命,进入了电气时代,工业化发展、快节奏的生活让人们没有足够的时间去读书看报,《读者文摘》的诞生恰好满足了繁忙的美国大众对隽永文章和实用资讯的需求。《读者文摘》以独特的组织内容的方式,开创了文摘类杂志的先河。

亨利·约翰逊·费希尔奖旨在表彰在美国杂志出版领域作出卓越贡献的杂志出版商。[②] 1964年,作为《读者文摘》杂志创始人、出版人兼主编的德怀特·华莱士成为该奖项首位得主。在华莱士的带领与推动下,《读者文摘》成为美国最大的文摘类杂志,对美国杂志出版领域的影响可见一斑。

(二)注重社会效益

在创始之初,《读者文摘》不刊登广告,完全靠发行销售来维持生计。直至1955年邮费上涨,才被迫开始刊登广告。但美国版《读者文摘》一直拒绝登载香烟广告,体现了其对社会效益的重视。

华莱士拒绝提高《读者文摘》的售价,拒绝打价格战。华莱士不屑使《读者文摘》"成为像时代公司一样,只是一味牟利的传播巨子"。他认为,"《读者文摘》最优先的目标在于为美国大众服务",即"以最低成本提供全球各种资讯及服务,并借此激励人心"。"《读者文摘》和《财星》杂志五百大名单中其他规模相当的公司相比,

① 王传军:《〈读者文摘〉正转型自救》,《光明日报》2013年2月25日。

② 叶新:《美国杂志的出版与经营》,中国传媒大学出版社2007年版,第134页。

愈来愈像非营利的公共服务企业。”[①]

《读者文摘》自诩有“超越利润的编辑使命”。这从“二战”时，《读者文摘》“向全世界推广美国式生活”的目标可以看出，《读者文摘》在契合政府需要、维护阶级统治方面，做得非常突出。

《读者文摘》“追求的社会效益自然离不开它的资产阶级性质和维护美国统治集团利益这一支点”[②]，但是其在牟取利润的同时，重视社会效益，自觉承担文化传播的责任，是值得学习和借鉴的。

（三）二次开发内容

华莱士坚持出版有长久价值文章的信念。在《读者文摘》创刊号封面下方中央，印刷有一排铭文："每个月从主要杂志选录31篇文章，每篇文章拥有长久的价值和趣味，以浓缩和精简的形式表现。"后铭文修改为："从主要杂志摘出'一日一文'，每篇文章拥有长久的价值和趣味，以浓缩、恒久的手册形式推出。"

《读者文摘》坚持"为繁忙的人们提供节省时间的信息服务"的创刊理念，以精简、大量的信息内容来满足读者需求，而这些内容大都摘选自其他刊物，在此基础上进行改写、精简。《读者文摘》最初的内容大都是在原创的基础上进行的二次开发。

有学者认为华莱士建立的编辑模式像是二次创作，依附原创而生存。但是，对内容资源的二次开发，却让《读者文摘》取得了成功。

二次开发似乎是《读者文摘》的招牌动作，从创刊之初不付费登载改写式文章，到后来投资预刊文章，再到浓缩书的出版，都是《读者文摘》在二次开发方面的发力。

1.独家转载权

在市场经济条件下，有成功就会有跟风。再者，《读者文摘》最初是不付费转载其他刊物的文章或者登载改写式文章，在其日渐发展壮大时，其他刊物出于竞争意识，会对转载予以追究，也会拒绝转载。在此情形下，华莱士想尽方法，拿到了"35家美国杂志的独家转载权合约"。

独家转载权合约有双重目的，它不仅让《读者文摘》有大量资料来源，也对其众多的模仿者予以致命的一击。那些杂志后来被迫从一些较不出名的刊物转载文

① 约翰·海登瑞：《〈读者文摘〉传奇》，林丽冠、余慕芗译，海南出版社1996年版，第23页。

② 蒋文杰：《办刊应有大手笔——美〈读者文摘〉成败启示录》，《编辑之友》1998年第2期。

章，或者只好用华莱士拒绝使用的文章。[①]

2. 预刊文章

预刊文章就是《读者文摘》通过与另一家刊物交流故事构想，由其支付作者稿费和支出，而只要求文章刊载后的独家转载权，即预约、订制转载文章。

《读者文摘》和《调查图片》杂志（*Survey Graphic*）进行合作。《调查图片》的总编辑韦布莱特提供构想给《读者文摘》，《读者文摘》再把它转化为文章，并为成品付费。套用弗格森的话，《调查图片》杂志“预先刊载”文章，以便让它被转载，“预刊”一词就成为大家爱用的委婉说法。[②]

随着《读者文摘》的大热，受众群体范围的扩大，其愈来愈触及普通杂志无法延伸到的专业化领域，是其进行预刊文章的重要原因。

《读者文摘》在预刊文章方面的投资不少，如为一篇《基督教世纪》上的文章付费 1500 美元，而该杂志一篇文章最高价不过 15 美元。这种大额投资使得大量原创文章投向《读者文摘》，为了不让读者产生《读者文摘》是由特约编辑和固定的特派员撰稿的想法，华莱士总是把他们先安插上其他杂志。

3. 浓缩书

被怀特“随着海明威的小说被浓缩成‘碰’以及《史克莱纳》杂志有关教养问题儿童的文章被浓缩成‘打他’，这股歪风的最后胜利将会来临”的观点警醒，华莱士开始将一种新的内容引入《读者文摘》。

1934 年 12 月，华莱士在当期的杂志上宣布：“本期已由 112 页增至 128 页，以容纳从适当书籍摘录的文章。其他部分维持不变。”《读者文摘》自此开始登载浓缩书。浓缩书即是在不改变原作精华的基础上进行缩写或者改写整本书，不同于以前的摘录书中的几章。因为担心浓缩书会影响书店销售，起初许多出版公司拒绝，但是华莱士以赔偿支票解决了这一问题。

1950 年，《读者文摘》将浓缩书独辟出来，单独成册，将其作为一项新业务推向了读者。浓缩书的版式和印刷风格与《读者文摘》一脉相承，并且连续出版。第一册浓缩书问世后被邮寄给了 18.3 万名预约订户。《读者文摘》浓缩书是华莱士浓缩杂志文章构想的合理延伸。[③]

---

① 约翰·海登瑞：《〈读者文摘〉传奇》，林丽冠、余慕芗译，海南出版社 1996 年版，第 41 页。

② 约翰·海登瑞：《〈读者文摘〉传奇》，林丽冠、余慕芗译，海南出版社 1996 年版，第 132 页

③ 陶丹：《华莱士的“独门暗器”——〈读者文摘〉出版集团的管理模式》，《出版广角》2003 年第 6 期。

(四)编辑特色

作为文摘类杂志的鼻祖,《读者文摘》的成功得益于华莱士开创的管理编辑的方法。挑选、转载、改写、精简是《读者文摘》文章来源的关键词。挑选作为编辑工作的起点,是能否刊出好文章的关键。华莱士被人们称赞为天才,被认为拥有不可思议的能力,他清楚知道一般读者的阅读需求,“搜寻适合转载、精简的文章……的能力比公司内的其他编辑都强”。睿智的华莱士创立了编辑三诫,成为《读者文摘》鲜活内容的保障。

> 它可以被引述吗?它是读者会记得、思索和讨论的东西吗?
> 它实用吗?是大多数人的兴趣和谈话的题目吗?
> 它有恒久的趣味吗?一两年后仍然有意思吗?①

在秉承“浓缩精简”的编辑原则下,不仅有“编辑三诫”作为《读者文摘》选稿质量的保证,而且华莱士重视引进编辑人才、设立终审编辑等,是《读者文摘》经久不衰的重要原因。

三、《读者文摘》二度申请破产的原因分析

(一)经营管理模式陈旧

1. 杂志内容、风格和发行营销模式陈旧

第三次科技革命以来,计算机技术、互联网技术的兴起与发展,不仅给人们的生活带来了翻天覆地的变化,也深刻影响着传媒行业的方方面面。出版产业作为传统媒体的核心,自然也发生了历史性的变化。

进入数字化时代后,新媒体出版应运而生。网络出版物的出现,使得出版物形式突破了传统纸质媒介,原来出版必须依赖的文字、纸张和印刷术变得不再那么重要。新媒体出版挤占市场份额,极大地影响着传统出版的生存;新生读者青睐网络出版物,无疑给传统出版物带来了巨大挑战。但在这种背景下,《读者文摘》固守原有风格,不作与时俱进的改变与创新,没有及时与时代接轨,是其在日渐激烈的竞争中江河日下的原因之一。

《读者文摘》素来坚守自己的风格,坚持以“编辑三诫”原则为读者挑选“易读、健康、有启发性、不受广告商影响、文字水平高”的内容,不“随波逐流”刊登热门但

---

① 约翰·海登瑞:《〈读者文摘〉传奇》,林丽冠、余慕芗译,海南出版社1996年版,第111页。

存在争议的事件、人物，坚持将内容重心放在大众的日常基本生活上，但这种坚持难以做到与时俱进，忽视了受众需求和时代变化，难免与时代和社会热点脱节。其编辑风格过于平板陈旧、多年未改，难免颜容苍老，不能面对新生代读者与媒体，以不变应万变的对策显然不是明智之举。①

新时代，出版产业发生了历史性的改变，新媒体出版物以强大的生命力蚕食着传统出版物的市场份额。虽然《读者文摘》为了促进发行，尝试有奖销售，刺激人们的购买欲望，为公司带来相当可观的收入；尝试走向发行立体多元化，如积极拓展其他发行渠道，通过电视、零售业以及互联网等多种渠道宣传自己，但也未能挽救《读者文摘》。

坚守杂志的内容与风格，是为了迎合原有读者对《读者文摘》的阅读习惯，但是却没有与新时代、新媒体接轨，《读者文摘》渐渐失去其在消费类杂志中的前列地位。

2. 固守原有读者，没有开拓新读者市场

《读者文摘》远东区总裁董伟利说，《读者文摘》不会跟时下年轻人刊物比较，因为他们主攻的对象是 35 岁以上在家中阅读的读者。他们六成有大学学历，多为男性，有投资股票、基金的习惯。这些读者习惯了阅读《读者文摘》，便不容易改变。②

《读者文摘》因其高品质、符合读者群阅读需求而在读者心中占据牢固地位，使得读者们的忠诚度较高。这是《读者文摘》在很长一段时间里，以邮购订阅为主要发行方式，却能保持前列的期发量的主要原因。

因此，《读者文摘》一直在努力维护其原有读者群，而没有开拓新读者市场。然而，随着岁月流逝，老一批的读者在老化，甚至去世，而《读者文摘》又没有培养年轻一代的读者群，这势必导致《读者文摘》的受众群范围缩小，进而影响发行量。

表 1　2003 年美国杂志期发行量前 6 名③

排名	杂志名称	2003 年期发行量(册)	2002 年期发行量(册)	增减幅(%)
1	AARP 公告	21 622 237	21 703 580	−0.4
2	现代老年	21 035 278	21 360 662	−1.5
3	读者文摘	11 067 522	12 078 469	−8.4

① 卢静:《〈读者文摘〉破产启示录》,《出版参考》2009 年第 27 期。

② 绮冬:《〈读者文摘〉全球销售 2400 万本》,《出版参考》2000 年第 13 期。

③ 叶新:《美国杂志的出版与经营》,中国传媒大学出版社 2007 年版,第 13 页。

续表

排名	杂志名称	2003 年期发行量(册)	2002 年期发行量(册)	增减幅(%)
4	电视指南	9 018 212	9 067 124	−0.5
5	美好家园	7 608 913	7 605 204	0.0
6	国家地理	6 644 167	6 774 138	−1.9

表 2　2004 年美国杂志期发行量前 6 名①

排名	杂志名称	2003 年期发行量(册)	2002 年期发行量(册)	增减幅(%)
1	现代老年	22 668 583	21 035 278	7.8
2	AARP 公告	22 103 758	21 622 237	2.2
3	读者文摘	10 155 054	11 067 522	−8.2
4	电视指南	9 015 866	9 018 212	0.0
5	美好家园	7 627 256	7 608 913	0.2
6	国家地理	5 471 803	6 644 167	−17.6

如表 1、表 2 所示，虽然《读者文摘》2003 期发行量在美国杂志中列第三，但是从增减幅可以看出，《读者文摘》的减幅是前六位中最大的，为 8.4%。2004 年《读者文摘》的减幅也是前六位中的第二，可见这一时期《读者文摘》已走上衰退之路。

(二)时代变化和新媒体冲击

1.金融危机背景下，资金周转不灵

2008 年美国爆发金融危机，在经济全球化的趋势下，金融危机波及世界各国。在世界经济萧条的大趋势、大背景下，《读者文摘》自然难以幸免。受国内金融体系崩溃的影响，集团内部资金周转不灵。

2.原有读者老化去世，新读者群尚未形成

最初追随《读者文摘》的读者们，已经在 90 多年里或老去或逝去了。《读者文摘》将高学历的中年男人作为读者对象，但是在失去老一代读者群的同时，没有培养新的读者群。新时代有许多阅读选择，现在年轻一代很容易就流失为其他媒体的受众，《读者文摘》自然就流失了读者。

① 叶新：《美国杂志的出版与经营》，中国传媒大学出版社 2007 年版，第 283 页。

读者会随着期刊的成长逐渐老去，而时代在发展，周围一切都在变化，《读者文摘》在这一方面暴露出隐藏的问题，既失去了老的读者群，新的读者群体也尚未形成。①

3.数字时代冲击

(1)大众阅读方式改变

新媒体出现后，突破了信息传播的单一传播介质——纸张，大众阅读方式割裂为传统的纸质阅读和数字化阅读。

纸质阅读即基于纸质载体的阅读形式，主要是书本阅读。数字化阅读是指在计算机互联网基础上突破单一纸质传播介质，以数字化方式呈现内容的阅读。数字化阅读有两层含义：一是传播介质的数字化，即突破单一纸质介质，以互联网、阅读终端、手机等数字化设备为传播渠道；二是传播对象的数字化，即提供给读者的内容，均是以数字化方式呈现。网络新闻、报刊、杂志、博客、空间以及手机阅读均为数字化阅读的表现形式。②

数字时代，基于互联网的出现而产生的各种网络出版物、电子书、手机报等数字出版物，凭借方便、便宜、快捷的优势而迅速挤占读者市场，继而深刻改变大众的阅读习惯。

进入数字化时代后，各种新媒体推出新的出版形式，改变了年轻一代读者的阅读习惯。工作和生活的繁忙以及现代社会的信息海量化，使得读者开始采取碎片化的阅读方式，这些都是数字化时代年轻读者的阅读习惯的改变。这些改变给《读者文摘》开拓新市场提出了挑战。

表 3　1999～2008 年图书阅读率和网络阅读率的变化③　（单位：%）

年　份	1999	2001	2003	2005	2007	2008
图书阅读率	60.4	54.2	51.7	48.7	48.8	49.3
网络阅读率	3.7	7.5	18.3	27.8	44.9	46.7

从表 3 可以看出，通过数字化的方式阅读数字出版物的读者越来越多，传统出版物的读者市场正在流失。

① 叶姗姗：《对〈读者文摘〉破产案例的思考》，《行政事业资产与财务》2011 年第 12 期。

② 刘贺：《数字化书评对大众阅读影响力探析》，《图书馆理论与实践》2011 年第 1 期。

③ 数据来源：新闻出版总署和中国出版科学研究所全国国民阅读调查公布数据，http://www.Chinanews.com.cn

(2)市场竞争激烈

传统出版物在数字时代面临的竞争激烈,不仅有传统媒体行业内同行的竞争,还要面临新媒体出版物的冲击。

数字时代,作为传媒产业的核心,出版产业遭到新媒体的猛烈冲击,面临艰难的生存境地。新媒体是在报刊、广播、电视等传统媒体之后发展起来的新的媒体形态,包括网络媒体、手机媒体、数字电视等,被人们称为"第五媒体"。[①]

新媒体出版物突破了传统出版物的载体局限,借助数字存储方式,为读者提供便捷的信息服务。随着信息技术的进一步发展和大众阅读习惯的变化,新媒体出版物将在出版市场占据越来越大的份额。尤其是手机阅读的蓬勃发展,不仅深刻影响大众的阅读习惯和模式,也剧烈冲击传统出版物的地位。

"纸媒将亡"的言论早已不再新鲜。新媒体给传统出版带来的竞争压力可见一斑。在美国,传统媒体的衰退日趋明显:《生活》杂志改为不定期出版,《基督教科学箴言报》改为电子版,《洛杉矶时报》与《芝加哥论坛报》的母公司进入破产保护,《华盛顿邮报》与《纽约时报》等名报遭受巨额亏损,甚至《花花公子》这样的娱乐名刊也传出经营不善的警讯。[②]

四、传统出版物的数字化生存

《读者文摘》在三年半内两度申请破产,反映出数字时代传统出版物举步维艰的困境。数字时代,传统出版物可谓是"内忧外患":外有数字出版物激烈竞争,挤占市场;内部又缺乏创新与变革,难以迎合新时代读者的需求。

关于"纸媒将亡"的讨论很多,本文将重点放在纸媒面临困境时如何应对的问题上。传统出版物面临生存困境,应该从两个方面入手,来改善自己的生存环境:一是维护传统出版物的品牌;二是进入数字出版领域,进行数字化转型。

(一)传统出版企业经营策略的优化

1.更新读者定位,创新管理制度

(1)更新市场定位,培养新读者

新时期市场环境发生变化,消费者的需求和阅读习惯也在变化,这要求传统媒体与时俱进,依据新标准对市场进行细分,重新划定目标受众。

---

① 肖东发:《出版经营与管理》,北京大学出版社2008年版,第359页。

② 卢静:《〈读者文摘〉破产启示录》,《出版参考》2009年第27期。

《读者文摘》关注普通大众的基本生活，以普通大众为目标受众，最初很受欢迎。但是随着社会发展和读者细分化，《读者文摘》这种“亲民”的行为导致没有鲜明的分类，难以吸收新受众。

新媒体挤占市场份额的同时，《读者文摘》也试图寻求新的细分市场，在全球建立了多品牌媒体营销公司。除杂志外，公司还发行音像产品和图书，并经营包括食品生活类杂志 *Every Day With Rachael Ray*、*The Family Handyman* 和烹饪网站 AllRecipes. com 等众多其他杂志和媒体资产。[①] 然而，最终申请二次破产的结果表明，《读者文摘》试图扩大读者群的策略失败了。

更新市场定位，培养新读者，首先要了解数字时代大众阅读习惯的改变，了解受众的阅读需求，找到读者真正感兴趣的内容。数字时代，读者的信息需求量大，阅读变得碎片化，如何使阅读变得轻松快捷，在最短时间里掌握最多信息，是传统媒体应思考的问题。

(2)创新人才聘用制度和编辑制度

《读者文摘》高薪聘用人才的方法及其编辑制度，在培养忠诚度和向心力的同时，也为缺乏创新埋下了隐患。其人员性流动不大，缺乏新鲜的思想，这是阻碍《读者文摘》与时俱进的根源。因此，要与时俱进，首先要改变员工的聘用方式及编辑制度，给新生代人才提供机遇，为编辑团队注入活力。

(3)创新内容、风格和发行营销方式

变革人才聘用制度，才能创新杂志内容，新生代人才拥有与时代相适应的思想，为创新内容提供素材。《读者文摘》作为文摘类杂志中的翘楚，以刊载非原创内容、二次开发内容为一贯风格。然而，随着一批跟风杂志的兴起，其在继承一贯风格的同时，还需要通过内容的丰富与创新，来使自己的品牌与风格独立于其他文摘类杂志。我国的文摘类期刊《读者》利用原有品牌推出原创杂志，并签约数百名优秀的作家为其供稿，从文摘走向原创，这是《读者》风格的一大转变。[②]

在数字时代，新媒体出版占据渠道优势，传统出版占据内容优势，传统出版要创新发行营销方式，就要与新媒体整合，实现资源优化配置。

2. 细分市场策略

随着同类杂志的大批涌现，重复的市场定位使杂志市场的竞争愈发激烈，内容同质化现象严重，没有明显的个性特征，重复的内容与形式不仅浪费出版资源，也

---

① 卢静：《〈读者文摘〉破产启示录》，《出版参考》2009 年第 27 期。

② 叶姗姗：《对〈读者文摘〉破产案例的思考》，《行政事业资产与财务》2011 年第 12 期。

削弱了杂志在读者心目中的权威性和影响力。[①] 在数字时代，网络的便捷赋予了读者更多的选择自由，读者阅读需求的差异性越来越大。因此，为了在竞争中取胜，迎合读者需求，牢牢抓住受众群体，杂志需要细化自己的市场定位，由“做大”转向为“做精”。

20 世纪 50 年代中期，美国市场学家温德尔·史密斯(Wendell R. Smith)提出了市场细分概念：通过购买个体和群体在地理位置、资源条件、消费心理、购买习惯等方面的差异性，区分具有不同需求的顾客群体，进而明确市场细分的数目和各个细分市场的特征，从而使企业可进行有针对性的营销。

杂志的市场细分策略是指把某一个或几个具有相似需求、购买行为和阅读习惯的读者群体作为自己的受众，走小众化道路，树立鲜明的品牌形象，也包含对广告市场的细分。

市场细分策略可使杂志走上精英化、专业化的道路，从而在同类杂志重复定位、内容高度同质化的激烈竞争中立于不败之地。总体来说，杂志进行市场细分，有以下几个优势：细分读者市场，可帮助杂志确立优势读者群体，从而根据其阅读需求对内容进行清晰定位，进而制作有针对性、有特色的内容，也有利于树立杂志独特的品牌形象。细分广告市场，对广告商提供的广告进行筛选，可维护杂志的风格特色与品牌品位。一方面可以维系在读者心目中的形象，因为“读者在衡量一本期刊的价值时，是把广告和期刊作为一个整体来认识的”。[②] 另一方面，也可吸引目标消费者与杂志的读者群重合度大的广告商投入广告，从而在激烈的广告竞争中取胜。

《读者文摘》“以非常广阔的媒介形式，致力于丰富各种年龄与文化层次的人们的生活，使他们受到教育，并得到娱乐”。[③] 由此可以看出，《读者文摘》的市场定位是比较宽泛、模糊的，这应是其日渐衰落的本质原因之一。

这给予传统出版媒体的警示是：把握读者需求，细分读者市场，是做好、做精杂志的必由之路。细分市场不但要细分读者市场，还需要细分广告市场。

3.改变单一的盈利模式

传统出版单位的盈利主要来源于出版物销售和广告收入。《读者文摘》起初不刊登广告，完全靠订阅盈利，这说明《读者文摘》能迎合受众需求，占据较大的市场

---

① 汤菲：《论财经杂志的市场细分策略》，《湖北经济学院学报》2008 年第 8 期。

② 汤菲：《论财经杂志的市场细分策略》，《湖北经济学院学报》2008 年第 8 期。

③ 陶丹：《国外名刊评析：美国〈读者文摘〉的创新理念》，《中国记者》2004 年第 9 期。

份额，后来迫于压力开始刊载广告。虽然《读者文摘》的期发行量一直是美国杂志中的翘楚，但仍避免不了被数字出版的潮流冲击，这反映出传统出版盈利模式单一的弊端。

出版物是传统出版活动的中心，出版物效益的好坏直接影响传统出版活动的各个环节。只有出版物畅销，才会有企业愿意在出版物上投入广告，可以说前者的好效益是后者的基础。当数字出版物瓜分传统出版物市场份额时，传统出版物的销售就会受到巨大影响。此时，改变单一的盈利模式，是传统出版物得以生存的策略之一。

拓展盈利渠道，首推品牌盈利。所谓品牌，包括作者、出版社、图书、装帧等。品牌盈利主要指通过树立这些品牌，满足受众需求，进而取得良好的市场效益。畅销书可以不断拉动出版产业的发展，向相关产业延伸，形成多点支撑的可持续发展产业链。同时，畅销书还能在被改编成其他形态作品的过程中创造出有效的利润，产生新的利益增长点。[①]“哈利·波特”系列在全世界畅销，位列市场销售类图书首位。罗琳以丰富的想象力创造了这一世界文学上的奇迹，在声名尽收的同时，也给出版单位带来了丰厚的利润。因为小说的畅销，带动了一系列相关产业的开发，比如电影、游戏、主题公园、相关景点等。

拓宽盈利渠道，还要重视延伸产业的发展。出版社拥有包括作者、图书、选题在内的丰富资源，实际上是个强大的数据库。利用传统出版单位的资源优势，发展相关延伸产业，可以为出版单位创造丰厚利润，从而为传统出版物提供资金保障。

(二)数字化转型

传统出版要在数字化时代占据一席之地，必须结合新媒体的优势，进行数字化转型，通过内部的变革与整合适应时代的发展需求，这样才能为传统出版物的生存提供组织保障。

尽管数字化转型这一词语早在新媒体开始冲击传媒格局之时就已经提出，众多学者各抒己见，对于数字化转型已提出众多途径，传统出版也据此进行了许多有益的探索，但是传统出版仍旧举步维艰。

有学者认为，数字化转型是一个从结构形态到运营模式再到出版观念的转变过程。不同于一般从观念开始转变的观点，这是一种从物理运作上升到思想观念的过程。[②]

---

① 杨建成:《传统出版与网络出版盈利模式比较与设计》，河北大学 2008 年硕士学位论文。

② 金更达:《浅议传统出版数字化转型目标定会与实施方法》,《中国出版》2012 年第 11 期。

关于传统出版数字化转型的探讨很多，本文从传播模式、数字出版产业链、跨媒介经营三个方面来探讨如《读者文摘》等传统出版物如何向数字化转型。

1.改变传播模式

(1)单向(线性)传播 VS 双向(互动)传播

数字出版优于传统出版的一个方面在于，数字出版可让读者及时反馈信息。变传统出版的单向传播为双向(互动)传播，更有利于信息的充分流通，让传者与受众更好地沟通，从而实现更好的传播效果。

拉斯韦尔在《传播在社会中的结构与功能》(1948)中提出了传播的“五W模式”，从“Who”到“say What”，“in Which channel”，“to Whom”，“What effect”，反映出传播的基本过程就是一个从传播者到接收者的线性模式，即传播者发出信息，接收者接收信息的单向传播。由于单向(线性)传播强调传播者的作用，而忽视了接收者的反馈，这种传播并不是理想的传播。缺乏交互性的传播，难以真正实现传播目的。

作为传统出版物的《读者文摘》，虽然也有读者反馈机制，但是远不如网络出版物的反馈机制灵敏和及时。网络的便捷性使受众的反馈更及时有效，这不仅有助于传者受众的良好沟通，也为传播者的传播策略提供了更多的参考，从而达到理想的传播效果。

(2)同质化传播 VS 异质化传播

数字出版之于传统出版的另一个优势是传播内容的多元化。

传统媒体传播同质化内容，忽视受众差异性：首先，传统媒体向大众传播的内容是相似的，比如电视媒体和报刊媒体传播的信息大同小异，因其大多信息源相似，且彼此共享信息；其次，传统媒体将相似的内容信息无区别地传递给每一个受众。

有学者将这种传统媒体大同小异的传播概括为“点对面”式的传播：将相同或类似的信息，从传统大众媒介机构这个“点”，向公众这个巨大的“面”进行传播。这个传播模式最大的好处，就是可以随着“面”的不断扩大，而不断降低成本，收益则随之不断增加。①

传统媒体的同质化、无区别的传播，可以为媒介机构获取最大的商业利润，可是其忽视了受众的个性，没有给予受众充分的反馈权利。

新媒体的出现，不仅提供了海量信息供受众自主选择，还能让受众自由及时地

① 周笑：《异质化传播：新媒体的本质优势》，《传媒》2006年第11期。

反馈，能实现传者、受众的良好沟通，这种良好沟通又使传者、受众的角色可以相互转换。在网络上，每一个受众都可以成为传播者，拥有自主表达的权利，如在贴吧发帖、发微博等，当然这种自主表达也有一定的约束。

《读者文摘》要进行数字化转型，就要变革传播模式。双向（互动）、异质的传播既是数字出物版的优越性，也是传统出版物传播模式变革的目标。

2.进入数字出版产业链

数字出版产业链，主要是由完全独立的数字出版关联企业组成，包括内容提供商、技术服务商、渠道运营商、市场终端以及用户所构成的一种长期的战略联盟关系。①

笔者认为，数字出版产业链是一个联盟的概念。也就是说，数字出版产业链是参与数字出版的内容提供商、技术服务商、渠道运营商、市场终端及用户等环节的独立数字出版企业的联盟。产业链的各个环节独立运营、各有利益模式，同时每一环节都是数字出版的必需环节，缺一不可。各环节的通力合作才可实现共赢。

如前文所述，传统出版物在数字时代面临激烈竞争：有与同行传统出版物的竞争，还面临新媒体的冲击。因而，联合传统出版物，整合内容优势，进入数字出版产业链，占据内容供应商一环，是传统出版物在竞争中取胜的重要法宝之一。

3.跨媒介经营，走全媒体出版之路

跨媒介经营是指媒介在分析自身经营条件和媒介市场需求的前提下，对拥有的各种媒介资源进行科学和定量的分析，整合优化配置，通过跨越媒介与媒介间的界限，使生产、流通等经营活动能够在各种媒介之间有效运营，以实现其最大限度增值目标的一种经营方式。②

跨媒介经营要求集合传统媒体与新媒体各自的优势，构建全媒体出版平台。关于“全媒体出版”的定义，大致分为两类：全媒体出版是指图书一方面以传统方式进行纸质图书出版，另一方面以数字图书的形式通过互联网平台、手机平台、手持阅读器等终端数字设备进行同步出版。③ 全媒体出版即数字复合出版。数字复合出版是更高形式的跨媒介经营，是指综合包括传统媒体和新媒体在内的各方优势，多层次加工内容，以实现“一次创作、多样展现”。“信息的结构化加工、数据库存

---

① 张晋升、杜蕾：《数字出版产业链融合的价值和路径》，《中国出版》2010 年第 16 期。

② 谢宁倡：《数字时代报业的跨媒介经营》，《青年记者》2007 年第 16 期。

③ 余人：《解读全媒体出版》，《出版商务周报》2010 年 10 月 11 日。

储，突破了单一作品和媒体的传播局限，可以把作品和媒体分解之后再聚类传播，实现个性化的按需服务，从而构造信息社会出版的新业态。”①

全媒体出版需要整合各媒介资源，融合传统媒介的内容优势和新媒介的渠道优势，可最大限度抢占读者市场，实现利润最大化。

2008年底，贺岁电影的同名长篇小说《非诚勿扰》在长江文艺出版社和中文在线的联袂推动下，以传统图书、互联网、手持阅读器、手机阅读等四种形式同步出版，这是我国首次全媒体出版的雏形，国内自此掀起了一股“全媒体”热潮。

传统媒体在做好自身品牌，占据内容优势的前提下，要融入数字出版产业链，保住“内容为王”，在跨媒介经营、全媒体出版时代积极应战，这才是传统出版物的生存之道。

五、结　语

本文以《读者文摘》为研究对象，分析了其由盛而衰的缘由、走出困境的方向，以期为处于生存困境的传统出版物提供借鉴。本文从优化传统出版企业的经营策略、巩固内容优势和进入数字出版产业链环节等方面，分析了传统出版物如何走出生存困境。囿于学识，笔者的研究可能存在许多不足。

关于“纸媒将亡”的“预言”，笔者认为，从大趋势上看，传统出版物将以其不能取代的优势而长期存在，比如数字出版物不能提供给读者的书卷气息，比如收藏价值等。从当下情况来说，传统出版物面临数字出版物的冲击，但机遇与挑战相伴相生，如果能把握机遇，传统出版物可以与数字出版物在竞争中相互促进。

当然，要抓住机遇，迎接挑战并不容易。传媒人首先应清醒地认识到传统出版物的生存困境，然后从做好自身品牌、巩固内容优势、建立数字出版产业链等方面入手，使传统出版物走出困境。

（覃　琴　撰写）

① 张雨晗：《全媒体出版：现状与未来》，《现代出版》2011年第2期。

全球报纸发行量近 5.23 亿份

2013 年 6 月上旬，第 65 届世界报业大会在泰国首都曼谷召开，主要探讨当前新闻媒体面临的管理和业务问题，有超过 1000 位来自全球各国的媒体行业代表参加。与世界报业大会同时召开的还有第 20 届世界编辑论坛和第 23 届世界广告论坛，三大会议主题分别为创新、激励、互动。

世界报业和新闻出版协会（WAN－IFRA）在会上发布的 2013 年世界新闻媒体整体发展趋势研究表明，纸质媒体在亚洲的发行量仍保持上涨，但是在发展相对成熟的欧洲市场则呈现下降趋势。整体而言，新闻媒体继续从纸质媒体向数字媒体转化，纸质报纸的广告收益过去 5 年内下降了 22%。但有研究认为，纸质媒体仍然是世界上最具影响力的媒介，位居新闻消费的主体地位，从业者应该继续加大投资力度。

世界报业和新闻出版协会首席执行官文森特·皮耶内在会上表示，全球媒体发展繁荣，金砖国家的传统媒体及欧洲市场的数字媒体仍在不断发展，据统计，目前全球超过半数的成年人阅读报纸，其中 25 亿人阅读纸质报纸，超过 6 亿人在线阅读报纸。

最新统计数据显示，目前全球报纸的发行量接近 5.23 亿份，年收益已经达到 2000 亿美元，2012 年的发行量与 2008 年相比下降 2.2%，同比下降0.9%，基本持平。其中，亚洲报纸发行量最大，也是全球唯一发行量保持上升的地区，但上涨幅度较小。

与会者认为，传统纸质媒体如今面临着数字媒体的威胁。皮耶内指出，手机、平板电脑等移动通讯设备的发展将会改变新闻消费，但科技的进步就目前而言虽然带动了数字媒体读者的增加，但读者的参与度仍然较小。

与会的各国专家都强调，无论传统纸质媒体还是新兴数字媒体，以读者为导向的内容和服务都是至关重要的。美国最大的报业集团甘尼特公司主席罗伯特·迪奇表示，要时刻以读者为先，为读者服务是面对竞争、应对挑战的关键。

相关链接

默多克可能收购《金融时报》

有媒体报道称，媒体巨头鲁珀特·默多克和阿布扎比的国家媒体集团正在进行谈判，打算共同出资约12亿美元收购金融时报集团。

此举将使默多克把《金融时报》以及《经济学家》杂志50%的股份纳入自己庞大的媒体帝国中。这个帝国的成员已经包括了《华尔街日报》和道琼斯新闻社。

总部位于马来西亚的地区性数字化政商杂志《尖锋评论》报道说，与金融时报集团所有者——伦敦培生教育出版公司——的谈判已经进行了一个多月。该杂志援引了解此次谈判的金融高管的话报道说，有关收购的决定很快会敲定。

除了《金融时报》和《经济学家》杂志外，此次交易还将包含多家高端金融信息服务机构。

《尖锋评论》援引一位了解谈判情况的高管的话说，预计阿布扎比国家媒体集团将控制合资企业70%的股份，其余由默多克控制。报道称，默多克正在争取增持25%的股份。

《尖锋评论》杂志称，中东石油资金的影响力此前一直主要集中于体育方面，向媒体的转移还是新现象，而由于默多克的参与，这种转移可能使全球报业格局彻底改变。

默多克的媒体集团在过去曾进行过一连串令人瞩目的收购，包括福克斯电视网、好莱坞电影公司以及《华尔街日报》等都被其收入囊中。

（古隆中　编译）

美国大报力争数字版订阅量

2013 年 5 月初，美国一个行业组织发布报告称，《华尔街日报》仍旧是美国销量第一的日报，由于向数字订阅的拓展，《纽约时报》超过《今日美国报》跻身第二的位置。

据美国审计媒体联盟（Alliance for Audited Media，AAM）发布的报告称，2012 年 10 月 1 日～2013 年 3 月 31 日，《华尔街日报》工作日版的订阅量平均为 238 万份，同比增加 12%。增幅基本来自于数字订阅量的增加，这一订阅量近 90 万份，占到这家新闻集团麾下报纸总订阅量的 40%。

《纽约时报》两年前开始对其“严重拥堵”的网站的“无限访问权限”用户收费。电子版订户的加入，推高了该报的付费订阅量。截至 2013 年 3 月 31 日，该报工作日版的订阅量平均为 187 万份，同比增加 18%。这其中包括 113 万份数字订阅量，同比增加 32%。

美国审计媒体联盟的数据同时也表明，《纽约时报》在报业不景气之际逆势而上。由于数字订阅量的增加，该报发行量排行美国日报的第二。此时，美国报业正因为纸质版发行量的下降苦苦挣扎。

2012 年 10 月 1 日～2013 年 3 月 31 日，美国 593 家报纸的总发行量同比下降 0.7%，接受调查的 519 家报纸的周日版发行量同比下降 1.4%。

美国审计媒体联盟修改了其 2012 年的报告，将纸质版与数字版读者都涵盖其中。美国审计媒体联盟说，过去一年中，报纸数字版的读者量（其中包括通过移动装置和网站浏览的读者）进一步增加，目前已占到了美国日报发行量的 19.3%，而 2012 年 3 月为 14.2%。

这个统计数字显示,《华尔街日报》依然雄踞日报发行量第一的位置,纸质版和数字版合起来的总订阅量为238万份。从中可以看到,其纸质版发行量下降了约8.6万份,而数字版的订阅量增加了30多万份。

《纽约时报》超过《今日美国报》跻身发行量第二的位置,纸质版和数字版的总订阅量超过了180万份。其中数字版读者增加了约32.5万,从而使数字版总发行量突破了100万大关。美国审计媒体联盟说,这弥补了纸质版发行量比一年前减少近5万份留下的损失。

总发行量达167万份的《今日美国报》数字版读者的数量翻了一番,达到近25万,但纸质版读者群损失量超过了27.5万。

该行业其他报纸在延续近年来纸质版读者群减少、数字版读者群增加的趋势。最近的调查显示,有300多家美国日报设置了不同类型的"付费墙",允许部分内容"免费"或"计量收费"。

《华盛顿邮报》准备2013年晚些时候开始设置"付费墙",该报是美国最后一批允许读者免费浏览其网络版内容的大报之一。

(李文清　编译)

2013 年美国《新闻周刊》纸质版停刊

2013 年初，美国《新闻周刊》（*News Week*）纸质版停刊，今后只发行数字版。《新闻周刊》与《时代》（*Times*）周刊曾经共同“瓜分”美国周刊新闻杂志的天下，在其创刊 80 周年纪念日到来前夕，却结束了纸质版，使相关印刷商欲哭无泪。

150 万纸质版读者大多数拒绝数字版

《新闻周刊》在世界各地都有定期购读者，在日本也是如此。1986 年，日语版《新闻周刊》在日本定期出版发行。当时的出版发行商是 TBS 不列颠百科全书出版商，经过充分调研和深入论证，建立了快速翻译和准时出版的机制。由于印刷精美，文章的新闻性、时代感强，翻译水平高，《新闻周刊》在日本一面世，既赢得读者的青睐，也受到广告商的追捧。

自 2013 年起，《新闻周刊》只出版英语数字版，使印刷商陷入困境。2013 年以前，尽管日本的杂志出版环境日益恶化，但日语版《新闻周刊》的出版发行正常，相关印刷厂商凭借《新闻周刊》，基本上是有活干，有饭吃，有钱赚。殊不知，美国的新闻行业正经历着“数九寒天”，为了生存，许多报纸纷纷进行数字化。报纸的数字化使杂志特别是周刊杂志的数字化迫在眉睫，所以，入不敷出的《新闻周刊》在美国杂志界率先数字化，虽在预料之外，却在情理之中。

2010 年前后，《新闻周刊》为《华盛顿邮报》所有，由于经营不善，成了《华盛顿邮报》巨大的经济包袱。2010 年，不堪重负的《华盛顿邮报》把负债 4700 万美元的《新闻周刊》卖给 92 岁的亿万富翁塞顿 · 哈曼。因为售价仅仅 1 美元，这在当时成为热门话题。

哈曼把旗下的 daily beast 网站与《新闻周刊》的网站合并，希望增加访问量。当初 daily beast 网站运转不理想的时候，哈曼高薪聘请了颇具传奇色彩的编辑第纳尔·布劳恩。布劳恩 2008 年进入杂志行业，她先后在《美食家》《纽约客》等著名杂志担任高级编辑，时间虽短，但业绩斐然。两个网站合并以后，哈曼一方面期待女强人布劳恩“网上转身华丽”，另一方面希望布劳恩能够挽救纸质版《新闻周刊》。

然而不幸的是，2011 年，高龄的哈曼逝世。据传闻，哈曼的家人忍受不了赤字，无意继续经营纸质版《新闻周刊》，于是决定停刊。

《新闻周刊》的发行数量，尽管从 2007 年起就减少了一半，但截至停刊以前每期的发行数量仍然还有 150 万册。所以在日本，感受不到亏损与经营不善。然而在美国，英语版《新闻周刊》的情形无异于度日如年。比如，对于定期购读者而言，美国杂志的价格非常便宜，仅靠定期购读的收入，出现赤字的杂志一定也很多。按照定期购读合同，日语版《新闻周刊》的年订阅费用为 18000 日元，与定价相比便宜 20%，平均每期为 360 日元。而英语版《新闻周刊》的年订阅费用为 39 美元，平均每期为 72 美分，还不到 60 日元。不言而喻，《新闻周刊》在美国的盈利全靠广告收入，也就是说，美国杂志是以广告为主体展开经营的。

纸质版《新闻周刊》变身数字版以后，名称改为《新闻周刊·全球》，实行收费制。除了小部分内容通过 daily beast 网站可以免费阅读以外，大部分内容都要收费。

截至 2013 年 5 月初，《新闻周刊·全球》收费 2.99 美元/月，定期购读者只有 2.7 万人。虽然经营管理者尽量使数字版《新闻周刊·全球》的收费标准接近纸质版《新闻周刊》，然而，即便是在现有数字版的定价上再加价，也无济于事。这是因为，在 150 万纸质版读者中，只有少数读者跟进数字版，而多数读者拒绝数字版。

纸质版《新闻周刊》停刊因决策失误

当布劳恩们“转身”数字版《新闻周刊·全球》的时候，美国的品牌终端持有者已达到 7000 万人，现在已有 39%的美国人通过互联网获取新闻。有关专家指出，“高效快捷的数字格式把新闻送达读者的时代已经到来”。

据布劳恩介绍，由于新闻编辑的努力，daily beast 网站的使用者从 2011 年开始每月增加 70%，目前累计达到 1500 万用户。daily beast 网站与数字版《新闻周刊·全球》齐头并进，想必效益会一天天好起来。

然而，分析 1500 万使用者的情况，布劳恩就不那么乐观了。在 1500 万使用者中，有 1000 万是国外使用者，只有 500 万是美国本土的使用者，与《时代》周刊网站美国本土 970 万使用者相比，几乎少一半。而美国的广告客户，最重视的就是本土使用者的数量。

杂志广告环境恶化最终使《新闻周刊》由纸质版转向数字版，但布劳恩本身在编辑策划方面的严重偏差却被忽视了。一位名叫莱亚尔・纳卡席曼的记者撰文写道："是第纳尔・布劳恩误导了《新闻周刊》，《新闻周刊》不是他杀而是自杀。"

同样是周刊新闻杂志，纸质版《时代》周刊的发行数量，在 2006 年虽然从 400 万册下降至 330 万册，减少 19%，但与纸质版《新闻周刊》相比，情况还是好得多。凭借其品牌效应，广告收入依然十分可观。纸质版《时代》周刊的读者减少，但这些读者大多转向数字版，读者资源没有流失。

《新闻周刊》却不然，在数字版还不成熟的时候，就停止出版纸质版，既丧失了固有品牌效应，又流失了大量读者资源和广告客户。

（吴娣伊　编译）

美国无人机用于新闻报道

2013年，美国密苏里大学和内布拉斯加大学宣布，它们正在研究将无人机用于新闻报道和新闻实验室。参与项目的学生将学习设计、制造和操作无人飞行器。这种飞行器可以深入记者无法进入的地方开展报道。

根据项目发起人、内布拉斯加大学林肯分校新闻与大众传媒学院的马特·韦特介绍，他们的实验室还召集学生研究在新闻报道中使用无人机涉及的法律和伦理道德问题。

韦特说："当前，新闻记者面临两大问题。首先是观众对网络上独家视频报道的需求越来越大，而制作这些视频所需成本较高。其次是从自然灾害到华尔街抗议活动，记者亲临新闻现场都受到限制。"这些因素使无人机成为新闻报道的理想选择。

但并非每个人都青睐无人机。密苏里州国会议员凯西·格恩齐就主张禁止在新闻报道中使用无人机。格恩齐表示，他并不反对学生在学校里试验这种机器，"但如果将它们用于搜集公民的个人信息，我不得不担心"。格恩齐在向国会农业委员会递交的立法草案这样写道："任何个人、团体或国家机构未经财产所有者许可，不得使用无人机或其他无人飞行器来监视他人、物产和行业活动。"

令人担忧的是，美国联邦航空局禁止在商业新闻报道中使用的无人机可能落入狗仔队、标题党媒体甚至侦探的手中，在未经当事人许可的情况下，非法窥探他人的私生活。

2013年迄今，美国军队使用无人机已造成40人死亡，美国中央情报局因而备受指责，无人机在中东被称为"死亡金属鸟"。

将机器人用于新闻报道并不是新鲜事。一年多以前,《福布斯》杂志等媒体的编辑室就开始使用叙事软件来报道经济和体育新闻。这种软件可以用来分析市场行为数据或棒球比赛计分等信息,从中找出趋势,写出的新闻与记者写作如出一辙。

叙事软件公司的创始人克里斯蒂安·哈蒙德表示:"当信息量呈指数增长,公司需要更高效地使用、理解信息并使之转化为财富。叙事软件通过人工智能平台创作出叙事连贯和使用方便的报道,帮助公司更好地理解他们的信息。"

记者应该将无人机视作威胁还是机遇?伊比利亚美洲的几十名记者对此表示担忧并持保留态度。

但伊比利亚美洲新闻基金会新闻伦理学专家哈维尔·达里奥·雷斯特雷波认为,无人机将为新闻报道带来很大便利。他认为,无人机可以将记者从最耗时的机械劳动中解放出来,让他们将更多精力投入到新闻的分析、求证和提炼工作中。雷斯特雷波说:"记者不应该将无人机制作的内容看作是新闻的核心内容。"就像普利策所说的那样,"新闻报道不仅仅是报道新闻"。

相关链接

英国青年开发新闻压缩软件

2013 年 3 月,雅虎公司宣布高价收购一款由一名英国青年制作的用以压缩新闻的软件。

17 岁的尼克·达洛伊西奥 2011 年开发了一款手机应用程序 Summly。

这款形成新闻摘要的手机应用程序现在将被关闭,将被应用在雅虎公司的移动产品上,尼克也将在继续学业的同时到雅虎公司工作。

通过出售这款应用程序,尼克得到了将近 3000 万美元。这款应用程序自 2012 年推出后,已经被下载了约一百万次。

雅虎公司在一份声明中说:"我们很兴奋地宣布,我们收购了 Summly。在 15 岁时,尼克·达洛伊西奥在他伦敦的家中开发了 Summly 应用程序。它始于一种认识,即我们生活在一个即时信息的时代,需要新的方式来简化那些重要的新闻报道,并让我们一眼看到它。"

Summly 能够将新闻压缩成 3 个自然段,以适应 iPhone 屏幕。用户可以订制新闻题材，如果对摘要感兴趣，还可以链接至原文。

时代公司与时代华纳公司分拆

2013年3月6日，美国传媒与娱乐业巨头时代华纳公司宣布，计划将旗下负责杂志业务的时代公司剥离为独立的上市公司。

据美国《华尔街日报》报道，时代华纳总裁兼首席执行官杰夫·比克斯在声明中解释称，分拆将使时代华纳和时代公司的市场定位和战略更加清晰。据悉，完成分拆后，尽管时代华纳公司已经脱离时代公司，但公司不会更名。分拆完成后，除了电影和电视娱乐制作公司华纳兄弟外，时代华纳公司还拥有特纳广播公司旗下的电视频道美国有线电视新闻网（Cable News Network，CNN）、特纳电视网（Turner Network Television，TNT）以及付费频道家庭电影台（Home Box Office，HBO）。

《时代》周刊1923年在纽约创刊。时代公司由最初的一本杂志发展到拥有上百本杂志的传媒帝国。公司后来创立了付费频道家庭电影台，收购了华纳兄弟公司和特纳广播公司而形成了今天的时代华纳集团。自从2009年升任时代华纳总裁以来，杰夫·比克斯就坚持认为，只有专注于电影、电视等业务才能使整个集团保持核心竞争力，为此，他已经将时代华纳有线、美国在线等出售或分拆。此前，时代华纳已经同梅雷迪思公司就出售大部分出版业务进行了谈判，但双方未能达成协议，于是杰夫·比克斯推出了分拆计划。

美国《赫芬顿邮报》在报道中称，这一分拆再度反映了在互联网冲击下媒体生态的急剧变化。被分拆后，时代公司将失去时代华纳这个大靠山，将独自面对当今平面媒体遭遇的挑战。据了解，《时代》《财富》和《体育画报》等2012年的广告页面均有所减少，发行量也出现不同程度的下滑。时代公司2013年裁减了6%的雇员，约500人，其中大多数是记者。对时代华纳来说，时代公司显然已经是个负担，其2012年营业收入仅占时代华纳集团的12%左右。

（韦锦官　编译）

美国女记者海伦去世

2013 年 7 月 20 日，美国白宫传奇女记者海伦·托马斯在位于华盛顿的家中去世，享年 92 岁。作为一名通讯社记者和报纸专栏作家，海伦曾参加过十位美国总统的新闻发布会，并以尖锐的提问著称。奥巴马总统在一份声明中称："海伦是一名真正的先锋。她参加过自肯尼迪总统以来历任总统的新闻发布会，她的提问一直让美国总统们疲于应付。"

海伦于 1943 年加入合众社。1956 年，海伦成为合众社报道联邦机构的记者，继而于 1974 年成为合众社驻白宫记者站站长。作为美国最知名的新闻记者之一，身材矮小、眼睛黑亮、嗓音沙哑的海伦多年来一直坚持参加总统新闻发布会，并坐在前排，总是第一个或第二个发问。她提出的问题经常让美国总统焦虑不安。她曾问尼克松，结束越南战争的神秘计划是什么？她也曾追问里根，美国有何权力于 1983 年入侵格林纳达？当老布什在苏联解体后宣布美国国防部预算不变后，她立即问道："谁是我们的敌人？"海伦在批评奥巴马政府时也没有丝毫犹豫，即便奥巴马在 2009 年 8 月 4 日与她共度生日。她也对媒体说，即便是尼克松，也没像奥巴马这样试图控制媒体。海伦曾说："我们是这个社会唯一可以定期考问总统并让其承担责任的机构。否则，他就与国王无异。"

海伦一生还致力于为女性记者争取与男性记者相同的权利而斗争。20 世纪五六十年代，她和另外两名女记者一同通过斗争，获得了参加国家记者俱乐部新闻午餐的权利。1971 年，女性终于获得国家记者俱乐部的会员资格，海伦成为该俱乐部首位女性会员，同时也是第一位主要通讯社驻白宫记者站站长、首位白宫记者团女团长。1959 年，海伦成为美国全国女记者俱乐部主席。1976 年，海伦被世界年鉴评为“全美25位最有影响力的女性之一”。

海伦对于新闻职业有着异乎寻常的毅力。她每天早上天亮之前便到办公室工作，即便是在七八十岁的高龄，她的工作劲头也超过年轻记者。她多次随总统出访，是尼克松访华时美国代表团中唯一的女记者。数十年来，报道美国总统的长期经历为她赢得了同行和政府官员的尊重和爱戴。2000年，她从合众社辞职，成为赫斯特报业集团的一名专栏作家。2010年，她被迫辞职。

（雪　莲　编译）

巴西纸质报刊抵制谷歌

据英国广播公司报道，2012 年，巴西九成纸质报刊宣布，因为谷歌拒绝为使用巴西报刊新闻标题付费，巴西报刊集体退出谷歌新闻搜索频道，并禁止谷歌发布巴西报业协会所属报刊的新闻。

目前，在谷歌巴西新闻频道上已经看不到巴西报纸网站刊载的新闻。2010 年 12 月，巴西报业协会与谷歌巴西公司达成协议，谷歌新闻频道仅发布巴西报纸新闻最前面的一句话导语，以吸引网民到相关报纸网站去阅读更详细的新闻内容，从而提高巴西报纸网站点击率和增加巴西报纸发行量。

但是，巴西报业协会代表卡洛斯·林登贝格称，“网民在阅读谷歌新闻后，去我们报纸网站阅读新闻全文的可能性降低，而谷歌却从发布巴西高质量的消息中获得商业利润”。

对此，谷歌巴西公司公共政策部主任莱奥纳蒂反驳说，这只能“说明报纸的新闻并没有吸引网民的兴趣”。他举例说，要求谷歌支付发布新闻费用，如同餐馆老板要求载客到餐馆吃饭的出租车司机支付费用一样无理。

眼下和谷歌“叫板”的还有欧洲媒体。法国《费加罗报》报道说，法国媒体要求政府出台法律，规定用户通过点击谷歌等搜索引擎网站阅读他们的文章时，谷歌等应向法国媒体支付费用。而比利时 2011 年也通过类似法案，使当地《拉索尔报》和《自由比利时报》等主流报纸的内容，不再出现在谷歌的新闻内容搜索中。

为此，谷歌方面甚至说，如果欧洲国家的新法导致谷歌受限，谷歌将封杀当地媒体。

另据法新社报道，美国联邦商务委员会已经在考虑是否对谷歌提起反垄断诉讼。

而欧盟反垄断机构正在与谷歌进行谈判，如果谈判破裂，谷歌将面临巨额罚款。

相关链接

谷歌也会消失？

由于谷歌市值出现灾难性的暴跌，分析家已经预测谷歌即将丧失作为全球头号互联网搜索引擎的地位。

美国智治基金的创始人、管理人员埃里克·杰克逊说："（谷歌）5到8年后，就可能消失，消失是从雅虎过去曾是搜索引擎大王的角度讲的。"他在接受消费者新闻与商业频道（CNBC）的采访时说："现在，雅虎实际已经消失了。"

2012年10月，谷歌公司第三季度糟糕的业绩报告意外地比原计划提前公布，造成谷歌股价暴跌了10%，使该公司市值蒸发掉超过240亿美元。该报告披露谷歌公司的利润比2011年降低了20%。据该业绩报告称，谷歌业绩下滑主要受到广告收入下滑的拖累。2012年第三季度，谷歌的单位点击量广告收入较2011年同期减少15%。

谷歌在2011年8月以125亿美元的价格收购了摩托罗拉移动部门，但此后摩托罗拉一直不景气，处于亏损状态。

互联网公司的广告收入在下降，并将持续下滑，因为消费者越来越转向移动应用技术，而广告客户不愿为移动广告支付同样多的费用。

波士顿咨询集团分析师科林·吉利斯在接受消费者新闻与商业频道网站采访时说："我一直说，脸谱网不是唯一有移动业务问题的公司，谷歌也有。"

分析家们说，广告客户不愿为移动广告支付同样的费用，因为这个平台的效果不如在电脑上登广告那么有效。

杰克逊预测，其他公司，如苹果公司，在吸引广告客户使用它们的移动应用程序方面，将会领先谷歌，谷歌的主宰地位将会被动摇。

杰克逊说："我认为，眼下是某些人脱颖而出，以帮助人们了解在移动世界进行搜索而确立自己地位的大好时机。我认为，最有机会在这一领域取代谷歌的或许是苹果公司推出的'Siri（语音控制）'系统。"

雅虎在韩国变成"哑"虎

2012年末，美国雅虎公司全面中止在韩国的业务。有评论认为，雅虎在韩国遭到本土企业的挤压导致业务低迷是撤资的主要原因，还有韩国媒体认为，世界主要IT企业撤出韩国是因为韩国本土企业"太强大"。

韩国《中央日报》报道称，雅虎韩国网站只运营到2012年末，之后用美国网站来链接。雅虎表示，此举是2012年7月新首席执行官玛丽莎·梅耶尔上任后进行全球调整战略的一环，是为了将资源集中到更有发展前景的全球业务上。雅虎韩国在进行资产清算后，用户上传的韩语资讯也在服务中止后全部消失，而与雅虎韩国共生的网络广告子公司Overture韩国也一起撤退。

雅虎自1997年进入韩国市场建立雅虎韩国网站，为用户提供电子邮件、检索、新闻等服务，21世纪初期占据业界头把交椅，在韩国网络搜索市场的占有率一度高达80%。但好景不长，韩国本土搜索门户网站随后崛起，导致雅虎韩国的市场份额急剧萎缩，最后不得不撤出韩国市场。

雅虎撤资在韩国业内引发讨论。韩国《亚洲经济》报道称，2012年以来全球性的IT企业纷纷撤离韩国或缩小在韩国的业务规模，这主要是因为它们在韩国国内市场竞争不过本土企业，导致市场占有率不断下滑。2012年8月，NAVER和DAUM(韩国本土门户网站)市场占有率分别为76%、14%，但雅虎的占有率只有0.2%；2012年7月，HTC决定关闭在韩国的公司，因为在韩国市场上，三星电子等韩国企业占据市场的绝对优势，以HTC为代表的海外智能手机市场占有率只有1%左右；世界著名的游戏供应商THQ等也接连撤出韩国市场。

外国大企业在韩国"被挤走"非常普遍，以法国家乐福为例，在进入韩国市场10年后，于2006年宣布将旗下店面出售给韩国本土企业，并宣布退出韩国市场。家乐福在韩国总投资超过1.5万亿韩元，但几乎没有盈利。中国大企业也有惨痛教训，2004年中国上汽集团收购资不抵债的韩国双龙汽车，但随后由于工会反对裁员等诸多原因，双龙汽车宣布破产，上汽投入的5亿美元大多打了水漂。

韩国业内人士分析认为，在搜索网站、手机制造等领域，韩国企业过于强势，加上韩国本土保护意识强烈，从农产品到手机，都喜欢用本土品牌，欧美和日本企业看到在韩国市场很难有起色，因此放弃了在韩国的业务。

（金点子　编译）

数字时代英国《金融时报》探索盈利新模式

2013 年 2 月 13 日，是英国《金融时报》创刊 125 周年的日子。当天，该报在伦敦泰晤士河南岸的总部亮起了淡粉色灯饰，而这正是该报创刊后不久即开始使用的新闻纸的颜色。

当下，纸质报纸的订户和广告越来越少，日益让位于尚处在成长期的数字媒体，所以报纸出版商并不愿意强调自家报纸的悠久历史。

不过，与大多数其他报纸相比，《金融时报》一方面“慎谈”自家是兴旺发达的“百年老店”，另一方面，其总裁约翰·里丁在数字媒体领域有着更多的成功经验。虽然纸质版报纸销量在减少，但是《金融时报》摸索出了盈利新模式。

他说：“里程碑式的事件很重要。我们的行业起伏动荡不断，但这些事件显现出了惊人的延续性。行业的面貌发生了巨大变化，但有些东西是恒久不变的。”

2012 年，《金融时报》的数字版订户数量超过纸质版的发行量，达到了 30 多万。2013 年，纸质版和数字版的订阅和销售收入将取代广告，成为该报更重要的收入来源。手机版如今占到《金融时报》数字流量的四分之一，约占新订户的 15%。

《金融时报》是最早向在线阅读的读者收费的报纸之一，2007 年，它调整了数字业务模式，转而采取分类收费的方式，也就是读者可以免费阅读部分文章，而另一部分文章需要付费才能阅读。

自 2007 年以来，《金融时报》的付费数字版读者增加了 3 倍，包括《纽约时报》在内的其他报纸也采取了类似的收费方式。

纸质版的发行形势正好相反，仅在 2012 年就减少了 15%，于是，《金融时报》迅速转移阵地。2013 年 1 月，该报主编莱昂内尔·巴伯向员工发送备忘录，详细介绍一项“确保我们首先服务于数字平台，然后才能服务于报纸”的计划。

按照计划，《金融时报》的纸质版业务将精简。美国、英国、欧洲大陆、亚洲、印度和中东的地区版将保留，但将减少夜间更新。

巴伯写到，报社的编辑等级制度将简化，结束记者对多名编辑负责的制度，更加严格地执行截稿时间的规定。该报将取消纸质版的 30 多个编辑岗位，数字版则将增加 10 个编辑岗位。

里丁说，这种手法“是发展，而不是革命”。

并非所有领域都在缩减。《金融时报》还在继续研发新产品，比如用于配合星期六/星期日纸质版的周末版手机应用程序。2012 年，该报开始发行电子书，把报纸的报道加以编辑，以记者的笔记作为补充。第一本电子书的主题是探讨希腊退出欧元区的可能性。

作为《金融时报》的头号对手，《华尔街日报》极力吸引金融行业以外的广大读者，《金融时报》则更加专注于企业顾客。

分析人士说，数字版订阅量的强劲增长掩盖了一个事实，那就是网上广告完全没有跟上。这也就解释了《金融时报》在网络和手机用户大幅度增加的情况下，为什么没有彻底放弃纸质版。周末版报纸仍然是奢侈品广告商的最爱之一。

恩德斯分析公司的分析师麦凯布说：“从某种意义上讲，该报受到的挑战和其他报纸一样。纸质版的发行量和广告在不断减少。如同其他报纸一样，数字版的广告对他们而言仍是个难点。”

麦凯布说，尽管企业读者对《金融时报》而言是个诱人的利基市场，但也可能会使该报越来越难以抵挡彭博新闻社和汤姆森·路透的竞争。这些机构同时提供网上新闻和金融信息服务。

这也是人们一直猜测，作为母公司的培生公司可能会出售《金融时报》的原因之一。

里丁说：“培生公司多次表示不会出售《金融时报》，这种谣言由来已久，我们已经习以为常。”

《金融时报》几经易手，自 1957 年以来一直属于培生公司。里丁说，该报能维持运营 125 年，原因之一就在于其创始价值。里丁说：“我们的职责就是充当可信的向导，充当信息的过滤器。这是《金融时报》不变的价值。在信息多元化的世界里，无论新闻采取何种形式，上述价值都是不变的。”

相关链接

英国广播公司裁员遭到抗议

互联网冲击一切传统媒体，英国广播公司（BBC）所属的广播电视媒体也难以幸免。

2013 年 2 月 18 日，英国广播公司的记者举行了 24 小时罢工，部分英国广播公司的广播和电视新闻节目中断。英国当地媒体评论认为，此举重创了英国电视媒体。

为了抗议英国广播公司强制裁员的决定，英国全国记者工会的成员举行了 24 小时罢工。这项号召得到了广泛响应：英国广播公司集团第四频道的王牌评论节目《今日》与英国广播公司第一频道的《早餐新闻》没有播放当地新闻，而是播放了预先录好的一些背景内容和天气预报。

在罢工期间，英国全国记者工会在英国广播公司位于伦敦、卡迪夫、格拉斯哥和伯明翰的办公楼外设置了罢工纠察线，以抗议英国广播公司作出的裁员决定。英国全国记者工会指出，裁员决定影响到来自英国广播公司苏格兰频道、第五频道、亚洲新闻网和英国广播公司世界广播部的职员。英国全国记者工会秘书长米歇尔·斯坦尼斯崔特说，英国广播公司管理层作出的决定损害了这家著名新闻机构的新闻质量和节目质量。

在采取罢工抗议之前，英国全国记者工会也与英国广播公司进行了沟通，缓解强制解散雇员的矛盾。英国《金融时报》披露说，英国全国记者工会曾试图说服英国广播公司为罢工设置 6 个月的暂停期，为其与英国广播公司新任总裁托尼·霍尔谈判留足时间。不过，这一建议未被采纳。

英国广播公司的新闻发言人对员工罢工的行为回应称，“我们明白裁员所带来的情绪影响和艰难处境，但全国记者工会采取的行动令人感到失望。我们正在努力确保能够让职员再上岗，并将继续与全国记者工会合作，确保其成员得到适当的再就业支持。”

英国当地媒体认为，英国广播公司的深层次矛盾还将继续发酵。英国《金融时报》称，工党前文化大臣詹姆斯·博内尔被任命为战略与数字总监，而传播总监保罗·米尔雷则表示会辞职。公司内部的高层人事将保持“震动状态”。

美联社报道说，英国工会方面表示会为裁减的员工安排其他岗位，但对员工举行罢工的行为感到失望，因为公司集团本身别无选择，否则难以达到缩减开支预算的目标。美联社评论说，英国所有拥有彩色电视机的家庭每年要向英国广播公司支付 228 英镑的费用来获得内容。但是，自 2010 年起英国政府冻结了这项收费，因此，英国广播公司就必须依靠自身经营来改善业务，于是公司选择了裁员。

另有报道称，虽然英国广播公司方面认为现在谈论广播和电视服务将受何影响还为时尚早，会“优先考虑为观众和听众提供预订的服务”。英国《卫报》和《每日电讯报》均以“英国广播公司罢工重创英国传统电视业”为标题进行了新闻报道，但这两家英国媒体并没有对事件发表评论。

（尹天笑　编译）

法国报刊出版商“降服”谷歌

2013年2月，谷歌执行董事长埃里克·施密特在法国巴黎爱丽舍宫签署了谷歌与法国报刊行业的协议。法国政治和综合新闻媒体联合会主席纳塔莉·科兰、法国政府谈判人马克·施瓦茨与谷歌公司南欧和东欧区域总裁阿萨罗·比翁多进行了紧张的谈判，之后达成共识。协议有两点主要内容：首先是一项为期5年的可选商业协议，允许报刊行业以有利条件使用谷歌的所有数字平台；其次是谷歌出资6000万欧元建立数字媒体创新基金，这个基金将协助政治和综合新闻媒体向数字化过渡。

这个基金将按照创新和经济可行性的标准选择资助媒体的计划。基金管理委员会将由谷歌公司和报刊出版商的代表以及独立人士组成。基金的使用将由第三方独立审计机构进行监督。这个资助基金将向所有政治和综合新闻媒体开放。

双方签署这份协议说明法国不必进行知识产权邻接权的立法。立法需要漫长且棘手的讨论过程，最终解决方案可能一出台就过时了，因为数字世界瞬息万变。此外，法国政府正在考虑如何让谷歌、苹果和亚马逊等互联网巨头在法国缴税。

纳塔莉·科兰说：“整个政治和综合新闻媒体业界因与谷歌达成协议而欢呼雀跃。这在全世界是头一次，这将有助于媒体利用投资和创新进行数字变革，对整个行业而言生死攸关。”

法国媒体出版业和互联网巨头谷歌之间的对抗就此收场。报刊出版商曾经提议进行知识产权邻接权立法，搜索引擎每次引用一篇文章，都要向出版商支付报酬。法国政府也全力向谷歌施压，声称如果双方在2013年1月底之前不能达成协议，将转而启动立法程序。双方的谈判争吵激烈，但谷歌公司领导人希望达成协议，从而熄灭这一由欧洲媒体点燃的火焰。

媒体的反抗波及甚广。德国报刊出版商在 2012 年夏天推动议会出台法案，要求对谷歌引用的文章进行收入分成。随后瑞士、意大利和比利时等国的新闻出版业也加入到这场运动中。

（龙舟路　编译）

英语“渗透”法国报刊

尽管法国的报纸、杂志等纸质媒体与广播、电视或者网络相比，文风一向更为保守，但现在人们正在这些纸质媒体上越来越多地看到英文词汇。

尽管法兰西学院作出了巨大努力，但越来越多的英语词汇还是被公开使用。自从 1986 年法兰西学院开始编纂新版字典以来，法国媒体越来越多地使用英文词汇。

造成这种局面的原因之一是通过互联网接触到美国式生活方式后，记者们要么找不到合适的翻译，要么就有意使用原来的词汇，因为这样更贴切，例如“西化”一词就直接使用 westernization，而不是 occidentalisation。

互联网的兴起使法兰西学院感受到压力，使之在这一语言大潮的冲击面前十分谨慎。

新的信息技术创造了 podcaste、chatte、tweate 等法语词汇。设计者抓住了这一趋势，那些心系法语用户的网站使用 Free. fr 等域名，年轻的基督教徒则被吸引到 Zebible. com 等法语网站。

财经新闻领域也不能幸免，英文词汇比比皆是。在时尚界，不少英语词汇也已经是大家普遍接受的行话。就连餐饮行业的法语堡垒也在坍塌。一些黄金时段的厨艺类电视节目也出现了 junk food(垃圾食品)等用法。

尽管英语越来越普及，一些纸质出版物仍然坚守着自己的阵地。法国《世界报》的首席校对吕西安・耶德瓦布就说，一些已被普遍接受的体育词汇，例如 jumping 等，就正常使用英语，而一些新出现的词汇，例如“垃圾债券”等英文词汇就要用斜体，直到这些词汇从新闻中消失，或者成为大家常见的词汇。如果英语和法语中都有表达同一个意思的词汇，例如英文中的 email，法语是 courrier，他们就选择后者，此举赢得了法兰西学院的赞许。每当报纸使用英语词汇，就会有读者来信。耶德瓦布曾经收到一个愤怒的读者写来的 250 封抗议信。不过，耶德瓦布也表示，年轻的同事们在执行这些政策上就“更加宽松”。

不过，在法国老牌刊物《文学杂志》上就没有一个英语词汇。该杂志主编说，因为是文学杂志，所以挑选词汇时就会字斟句酌，不会使用一些新闻用语和英语。

法兰西学院的字典编纂委员会的几十位专家编纂新字典的工作预计要到 2020 年左右才能完成。目前他们在字典中收录了 84 个英语词汇，西班牙语词汇位列第二，有 20 个条目。字典中收入的中文词汇数量排在第 10 位，如果中国的经济崛起转化为文化上的话语权，那法语中的中文词汇可能就远远不止“人参”、“荔枝”和“功夫”几个词汇了。

（雪　莲　编译）

2012年德国报业的"冬天"

据德国联邦劳工局估计，德国平面媒体主要是报纸，正在经历德意志联邦共和国成立以来最大的解雇潮。位于纽伦堡的联邦劳工局的一位发言人说："以前只是个别编辑部破产，但远远没有达到今天的程度，现在很多编辑部都在大量裁员。"

2012年12月，报纸出版商因为报纸广告市场收益下降而宣布停业、裁员或重组，总共涉及数百个工作岗位。《德国金融时报》出版了最后一期报纸。在此之前，《法兰克福评论报》宣布申请破产。而早在2012年9月下旬，有93年发行历史的《纽伦堡晚报》也已停刊。

仅《法兰克福评论报》的破产就威胁到近500个工作岗位，《德国金融时报》也将涉及300多名员工，柏林出版集团下辖的《柏林信使报》和《柏林日报》拟在2013年上半年有所动作，估计可能裁员80多人，而《纽伦堡晚报》已经让35人失业。

这位发言人说："对很多人来说，肯定很难再在报业找到职位。人们也可以考虑从事自由职业，但那需要很大的毅力。"联邦劳工局希望失业记者首先发挥自己的主动性。联邦劳工局主要提供咨询而非介绍工作。

《法兰克福评论报》前主编乌韦·福克特认为，媒体市场上的大规模裁员还只是一波破产浪潮的开端。

此外，福克特还警告说，该行业在没有制定应对数字媒体竞争方案的情况下不应该继续采取节支措施。他写道："原则上一切照旧，只是为了改善日益下降的盈利而在成本方面厉行节约，那样的话，强者很快也会变成弱者。"

相关链接

挖掘重要新闻离不开职业新闻记者

2012 年末，美国哥伦比亚大学陶氏数字新闻研究中心公布了一项重大研究报告《后工业时代的新闻业》。研究报告称，技术导致了可获取信息的大爆炸，经济变化也在从正反两方面影响新闻业。在特定的报道中，机器或“众包”(指企业通过网络将工作分配给志愿群体——编译者注)都不能取代职业记者。如果大量重要工作由业余人士或机器来做，那就不能成就精彩的新闻报道。“精彩的新闻就是报道可以改变重要和真实的事件。爱尔兰天主教堂长期包庇性侵儿童者、美国安然公司假账案就是这样的报道。”

报告称，记者“作为真相告知者、感知创造者和解释者的角色不能被归结为可以被取代的输入者……我们需要的是一群全职工作者，去报道某些地方的某些人不想被报道的事件”。

但研究报告称，由于媒体发生的变化，由广告支撑的报纸和广播新闻模式可能发生改变，这意味着新闻“必须降低制作成本”。

研究报告作者 C. W. 安德森、埃米莉・贝尔和克莱・舍基说：“没有办法保留或恢复新闻业在过去 50 年间一直采取的运作模式。”

他们说，变化导致了“美国新闻质量的下降”，并且指出：“我们相信，这个国家的新闻业会变得更糟，而不是更好。在一些地方(主要是没有日报的中小规模城市)，情况明显会变得更糟。”

德国《图片报》刊登手写头版

2012 年的一期德国《图片报》刊出手写头版，试图以此警醒大家，不要放弃手写字。

《图片报》在这期的手写头版上写道，一种拥有长达 5000 年历史的文化正在渐渐死亡。英国一项研究显示，每 3 个成年人中就有 1 个人半年没动手写过一个字，每位受访者平均 41 天没有落笔写字。

该报分析了人们为什么会抛弃“美丽”而“感性”的手写字。现在，人们几乎完全通过短信或邮件进行交流。在德国,85%的德国公司用电脑工作,79%的家庭有一台电脑,人们只需用键盘输入文字。仅2011年,德国就售出1200万部智能手机,这也是人们逐渐放弃手写字的原因。

报道称,现在手写的情况越来越少,一般也就是孩子们在做作业和考试时用到。成年人几乎只在签名时手写。大脑研究人员担心,由于手写退化,大脑会萎缩。研究还显示,经常手写的孩子学习成绩更好。此外,手写信更能传达情感,获得爱情。《图片报》为此呼吁,拯救手写!

默多克新闻集团一分为二

默多克新闻集团一分为二,旗下的新出版公司保留其"新闻集团"的名字,其传媒和娱乐公司则更名为福克斯集团。

新闻集团早在2012年夏天就宣布计划把公司拆分成两家上市公司,一家从事报纸和图书出版业务,另外一家从事电影和电视业务。鲁珀特·默多克出任新的新闻集团的董事长以及福克斯集团的董事长兼首席执行官。

新的新闻集团旗下包括《华尔街日报》《纽约邮报》等报纸以及道琼斯新闻社。福克斯集团旗下包括二十世纪福克斯电影和电视工作室以及福克斯电视频道等资产。

《华尔街日报》总编罗伯特·汤姆森出任新的新闻集团首席执行官。他已在2013年1月1日上任。蔡斯·凯里出任福克斯集团的总裁兼首席运营官。

(郑红梅　编译)

2013 年德国《图片报》网络版开始收费

2013 年 6 月，德国最大的日报《图片报》的出版商决定，开始对该报网络版的部分内容推出“付费墙”。

阿克塞尔·施普林格出版社的具体做法是，《图片报》网络版每月的订阅费 4.99～14.99 欧元，已经从 6 月中旬向计算机、智能手机和平板电脑用户推出。购买纸质版《图片报》的读者，可免费浏览在线内容。

主编曼弗雷德·哈特解释说，《图片报》网站的大部分内容还是免费的，但独家报道、采访和一些图片只有付费才能浏览。

足球迷每月支付 2.99 欧元的额外费用就能观看重要比赛的视频。

目前，全球各国的媒体都在尝试对网络内容收费。网络内容吸引了大批读者，让他们全部或部分放弃了纸质出版物，还压低了广告价格。

《图片报》执行董事会成员安德烈亚斯·维勒说：“只有像传统的纸质媒体那样通过广告和销售收入获得资金，独立报刊才有机会在数字世界中生存。”

（韦锦官　编译）

德国明镜集团拟裁员

由《明镜》周刊支撑的德国新闻界的旗舰——明镜集团，现在已陷入巨大的焦虑不安之中：该集团总经理奥费·扎费在位于汉堡的总部宣布了控制成本的计划，“我们必须节约并改善成本结构，以便让明镜集团在营业额下滑的情况下实现稳定的盈利。”他对《南德意志报》说。

他说，也不排除裁员的可能性，因为支出没有减少，但收入却在减少，所以必须削减人员费用。

冷静观察就会发现，这些措施还是预防性的。虽然该集团 2012 年的营业额和利润有所下降，但仍然保持在高水平上。根据扎费提供的数据，明镜集团 2012 年的营业额下降了 6%，下降到 3.07 亿欧元，相当于 2003 年的水平。扎费说：“对纸质媒体业务至关重要的广告和发行都在走下坡路。《明镜》周刊广告收入净减少约 10%，就连发行收入也出现了多年来的首次下降。”经过对 2013 年第一季度情况的分析，他预计 2013 年全年的广告和发行收入还会继续下降。据《地平线》周刊报道，明镜集团大约三分之二的收入来自纸质的《明镜》周刊。扎费对《地平线》周刊说：“所以我们必须采取应对措施，改善成本结构，以便在营业额下降的情况下能够继续保证我们实现未来目标的能力，并保证我们的经济独立性和新闻独立性。”他还特别指出，一年后明镜集团雇用的员工将少于目前的 1100 人。也就是说，裁员计划很可能在 2013 年与 2014 年之交实施。

（叶　坦　编译）

管窥今日俄罗斯媒体业

中国媒体业与俄罗斯媒体业的交流，应该追溯到前苏联时期，可以说是源远流长。

强强对话

2012 年晚些时候，中国媒体访问俄罗斯媒体。按照俄方的要求，此次访问的中国媒体包括人民日报社、新华社、中央电视台、中国国际广播电台、人民网和天山网，涵盖了报纸、广播、电视和新媒体等多家新闻机构，是一个代表性极强的“全媒体”阵容。在到访第二天举行的中俄媒体首次圆桌会议上，俄方以近乎同样的阵容与中方进行了面对面的讨论与交流。

会上，双方代表分别围绕“中俄媒体在深化两国战略伙伴关系中的地位和作用”、“中俄媒体在报道国际和地区问题时进行协调配合中存在的问题”以及“新媒体时代中俄媒体巩固交流合作中存在的问题”等主题进行了发言。虽然有分歧，甚至有争论，但双方都认为，中俄媒体应该为加强两国的战略伙伴关系发挥积极的作用，客观报道，加强沟通，及时化解矛盾。在西方仍然掌握国际话语权的今天，中俄媒体更有必要联手打破西方的垄断，利用各种平台，发出属于中俄自己的声音。

据中方代表团团长、国务院新闻办国际局副局长丁小鸣介绍，以往中俄媒体搞活动，常常是中方倡议中方组织，这一次是俄方积极倡议发起，这一方面说明俄罗斯接待方经济状况有了改善，另一方面也说明，俄罗斯政府很重视中俄媒体在报道两国关系和国际问题方面的合作。

在共同的战略利益面前，中俄进一步加强合作是大势所趋。作为国家利益的维护者，中俄媒体有义务也有责任携起手来共同发声，扩大两国的话语权。

“强国论坛”与“塔斯标准”

在俄期间，中方代表团走访了俄新社的总社和塔斯社的圣彼得堡分社。在俄新社，中方代表团看到了俄罗斯通讯社的实力，从机构设置到硬件配备，从发稿中心到演播大厅，从免费茶室到员工福利，都体现了俄罗斯政府对外宣工作的重视。

在俄方的特意安排下，中方代表团还参观了俄新社的中文网站俄新网。俄新网于 2006 年 3 月俄罗斯总统普京访华、“中国俄罗斯年”启动之际正式开放，是俄罗斯媒体界有史以来第一家中文俄罗斯电子媒体。网站工作人员室人民网“强国论坛”的标识，让中方代表团成员兴奋不已。

如果说俄新社给中方代表团的印象是现代和实力，那么塔斯社给中方代表团印象最深的就是品质。在圣彼得堡分社，接待的负责人在谈到媒体竞争时说：“塔斯社没有了过去的垄断优势，我们要生存，要占领新闻市场，靠的是塔斯标准。”他解释说，这个塔斯标准就是客观、准确的新闻标准，就是塔斯社的品牌。有了这个标准，塔斯社的新闻就有了质量，塔斯社就有了凝聚力和公信力。

据介绍，塔斯社圣彼得堡分社是俄罗斯西北地区媒体论坛的召集者和承办方，包括当地政府部门的许多新闻发布会都在这里举行。在参访当天，正巧有一场当地海关等多部门的新闻发布会举行。

率先出版电子版保持影响力

随着互联网和移动通信行业的快速发展，新媒体对俄罗斯传统媒体的冲击也十分明显。在莫斯科的地铁上，读书读报的乘客并不多，据说许多莫斯科人已经习惯了用手机或 iPad 浏览新闻。据介绍，在莫斯科和圣彼得堡这样的一线城市，纸质媒体的销量已经下降了一半。但是，俄罗斯的纸质媒体似乎并不在意，它们纷纷开设了自己的网站。与中国媒体相比，俄罗斯的纸质媒体推出电子版时间更早，也更彻底，虽然牺牲了纸质媒体的发行量，却保住了报刊的影响力。

目前，俄罗斯多数媒体都有了自己的手机版、iPad 版、脸谱网版和推特网版，许多媒体具备了全媒体的形态。但随之而来的网络信息管理问题也日益凸显出来。

在拜访俄罗斯大众传媒部时，该部媒体政策司司长拉里娜向中方代表团介绍了俄罗斯网络信息管理的情况。她介绍说，俄罗斯的网民数量已经超过 5000 万，居欧洲第一。在管理方面，俄罗斯一靠立法，二靠监督，三靠民众参与。

据拉里娜介绍，俄罗斯通过了相关的媒体法，保障公民自由获得信息的权利，但同时对境外媒体也进行了限制。随着互联网的迅速发展和网民数量的激增，俄罗斯又适时颁布了与互联网信息管理相关的一系列法律，比如，保护青少年免受不良信息侵害的法律。俄罗斯还出台了“黑名单”制，并设专门机构即时删除非法有害的信息，净化网络环境。为了达到更好的管理效果，俄罗斯还专门设立了热线电话和举报中心，鼓励民众积极参与整治行动。

“他山之石，可以攻玉”，俄罗斯在网络信息管理方面的一些做法值得中国借鉴。

相关链接

伊朗要“智能控制”国外网站

伊朗政府正在研发一种新软件，用于控制民众使用社交网站。伊朗警察总长伊斯梅尔·艾哈迈迪·穆加达姆对媒体发表谈话时称，这款名为“智能控制”的软件将用于控制人们访问脸谱、推特以及 YouTube 视频等西方社交网站。他认为对这些网站实施控制要比完全封锁它们效果更好。他说：“智能控制软件不仅能屏蔽社交网站中存在的有害信息，同时也允许人们使用有益的部分。”穆加达姆还表示，2012 年年底成立的“网络空间最高理事会”将肩负起这项工作的实施工作，但他并未透露该软件何时投入使用。

另有报道称，伊朗 7500 万人口中有 3600 万是互联网用户，其中相当一部分人经常登录社交网站。

（郝三景　编译）

2013年缅甸允许私人办日报

在2012年至2013年之交，缅甸新闻部网站宣布，从2013年4月1日起允许任何个人以任何缅甸使用的语言出版日报，而这在1964年以来还是第一次。有媒体认为，允许私人办日报是缅甸改革的重大飞跃。缅甸政府2012年8月废除了对出版物的直接审查。

半个世纪以前，缅甸报纸市场上缅文、英文、印地文、中文出版的民办日报极为普遍。1964年以后，缅甸军政府强行将所有私营传媒国有化，禁止民办日报，而只有官办日报。目前，缅甸的“三大日报”均为官办，充满宣传内容和政府公告；另有180多份杂志，一半为官办或准官办，另一半为民营，后者主要内容为体育、娱乐、健康和其他非政治主题类。

路透社称，2011年3月，缅甸政府开始改革，并逐步放松出版和新闻管制，要求每一首歌曲、每一本图书、每一幅漫画、每一则新闻报道和每一部艺术作品都需报请审查的出版检查员体制等相继被废除。2011年6月，缅甸新闻部允许民办周刊杂志、月刊杂志无须提前报审版面。2012年8月，缅甸政府取消所有新闻审查，并对国营报纸放松管制。路透社则援引一位的缅甸新闻部高级官员的话称，“这是缅甸实行新闻改革的第三个，也是最后一个阶段。新闻部将从2013年2月起接受申请，估计将有十多个申请者。”

缅甸当地媒体对此消息十分高兴。一份名为《7天新闻》的周报执行编辑恩恩奈表示：“对我们的国家和人民来说，这是个里程碑。”另一家周报《每周之声》动作更快，在政府放松新闻管制之后，已经让下属机构做好出日报的准备。缅甸私营媒体十一新闻网站则认为，进一步改革困难重重。

缅甸加快民主化进程得到西方国家的“特别青睐”,“投资缅甸”成为外国企业的关注点。据日本共同社报道,日本副首相兼财相麻生太郎在 2013 年初访问缅甸时,除了宣布免除缅甸约 5000 亿日元(约合 360 亿元人民币)的债务外,还重启了对缅甸 500 亿日元规模的贷款项目。

(商若男　编译)

2013 年缅甸私营日报出现

据美联社报道，作为民主化改革的一部分，缅甸政府宣布从 2013 年 4 月起允许私营日报出版。截至目前，已有 16 家私营日报通过审批，而正式出版发行的有 4 种。英国广播公司记者乔纳森·黑德在缅甸仰光报道说，这是缅甸新闻业远离专制统治的又一个重要里程碑。

对大多数缅甸国民而言，走上街头的私营日报是一个新鲜事物。20 世纪 60 年代，已故前领导人吴奈温宣布实施新闻媒体国家垄断政策时，许多人甚至都还没有出生。但对于《金色新土地》日报的总编辑、2013 年已经 81 岁的金毛礼而言，私营日报的再次出现就像是被赋予了第二次生命，《金色新土地》是私营日报开禁后首批正式出版发行的 4 种私营日报之一。

金毛礼回忆说，在 1948 年缅甸赢得民族独立之后的短暂时期内，缅甸国内的报刊市场十分繁荣，有缅甸语、英语、印地语和汉语四种语言的报刊存在。他当时在一家缅甸语日报担任高级编辑。但缅甸政府于 1964 年将所有报刊收归国有，他所在的报纸也被取缔。现在，作为《金色新土地》日报的总编辑，他招募了许多年轻记者。虽然知道将迎接诸多挑战，但金毛礼表示已经做好了准备。

报纸复兴是缅甸总统吴登盛改革措施的一部分。作为前军政府的总理，吴登盛于 2011 年 3 月就任民选政府总统，他将政治和经济自由化作为工作重心。2012 年 8 月，缅甸政府解除了新闻审查制度，允许记者们自由报道，这在军政府统治期间是不可想象的。

但改革之路并非一帆风顺。在新的媒体法律制定之前，1962 年《印刷和出版业者登记法案》依然有效。该法案规定，未经登记擅自出版印刷，责任人将被处以

7 年监禁，政府有权随时收回出版执照。2012 年 12 月，缅甸政府宣布，任何想要出版日报的缅甸公民都可以提出申请，如获批准，便可于 2013 年 4 月 1 日开始出版发行。

在缅甸，官方媒体所报道的新闻与政府新闻稿基本一样，通常是没有新意的话题，如参加新大桥落成典礼的官员名单等等。报纸的言论也都是采取保守立场，似乎落后于时代。因此，私人报刊的出现对官方媒体是一大挑战，而官方媒体对此也很清楚。官方英文报纸《缅甸新光报》准备寻找合资伙伴，以求改变报纸的整体面貌。执政党联邦巩固与发展党的报纸《联盟报》计划利用自身强大的资金优势，寻求进一步的发展。联邦巩固与发展党得到许多企业界大亨的支持。另外，官方媒体价格便宜、覆盖面广也是私营日报目前不可赶超的优势。

（吴娣伊　编译）

中国香港《亚洲周刊》评莫言

在所有诺贝尔文学奖得主中，从年龄看，57 岁的中国作家莫言算得上是非常年轻的。莫言被授予 2012 年度诺贝尔文学奖，全球华人及文坛大声欢呼“实至名归”。但也出现抗议声浪，抨击莫言成就有限，远非一流作家，批评诺贝尔委员会将文学奖颁给一个共产党员作家。

与肖洛霍夫相似

其实，早在 1965 年，苏联的共产党员作家肖洛霍夫就凭借《静静的顿河》获颁诺贝尔文学奖。此外，智利诗人聂鲁达等多位共产党员文学家也曾先后享有诺奖的荣耀。不久前去世的 95 岁史学大家霍布斯鲍姆一生坚持左派信念，但他的研究成果饮誉全球。莫言自然有资格摘取诺贝尔文学奖的桂冠。

莫言和肖洛霍夫一样胸怀文学理想，从社会底层的农村进军强手如林的全国文坛，都幸运地遇到慧眼识人的前辈的关怀。哥萨克老作家绥拉菲莫维奇提携同乡肖洛霍夫，称他是顿河草原上的小鹰，看似不起眼，却能张开惊人的巨大翅膀。莫言当年报考解放军艺术学院时不仅创作上籍籍无名，有些学科的考试成绩也不尽理想，而在校学员中已有山东军区李存葆、南京军区钱钢等大腕级名家。可是，资深军旅作家、文学系主任徐光仅审阅莫言几篇习作，就决定破格录取。栖身山东高粱地的小鹰莫言，也拥有一飞冲天的巨大翅膀。

与肖洛霍夫不同，1955 年出生的莫言没有出生入死的战争经历。他具有另一种历练，即从小到大受到饥饿的无情煎熬。因此，莫言才特别珍惜生命的感受与感觉，他的文学才情由此而升华，分外光彩照人。

推出成名作《红高粱家族》之前，莫言就以爆炸式、异类型的不凡身手亮相文坛。他充满激情，恣意妄为，信笔写去，笔下人物个个虎虎生风，却难以归类。他自信而沉着地弹奏特有的“主旋律”，即山东高密乡一个苦孩子的永远追问：人岂可无尊严，卑微地苟活偷生？人世间的残酷与残暴，何以至此？

“班长”与“劳工”

经历“文革”的作家大多擅长斥责极左政治，但罕见有像莫言那样将揭露罪恶、控诉苦难变奏为力透纸背的反讽，既淋漓尽致彰显时代的严峻，又不动声色但热烈赞扬中国人性的光辉。比如，短篇《斗牙》中的解放军王班长应是不折不扣的兵油子，未婚却夸口自己的女人已有千把，偷老百姓西瓜不成，干脆装神弄鬼行骗，成为带坏新兵的“教唆者”。可是，就是这样一个王班长，却敢痛打军中无人敢惹的权贵子弟。在例行公事的拥军爱民活动中，王班长一视同仁对待驻地附近的地主富农，上门向新郎新娘表示祝贺时，鼓励男主人不要因阶级成分而抬不起头，并大胆诙谐地建议，哪天把自家的漂亮妹妹领来嫁给你，而你的新娘归我。在风声鹤唳、以“阶级斗争为纲”的年代，即使是吃了熊心豹子胆的勇者也不敢有如此表示。无语的新娘只有不停地剥水果糖请解放军吃，剥了二十多颗。在新中国的文学人物画廊里，何曾有过这等文学形象？

而在《人与兽》中，抗日英雄爷爷被日军抓到北海道当劳工，因不堪折磨逃进深山老林，靠捡野果和偷农作物维持生命，“人是他最怕的，也是最思念的”。有一天，爷爷在玉米地里发现了一个日本农妇，扑上去剥她的衣服，“一串串肮脏的复仇的语言在耳朵里轰响：你们奸杀了我的女人，挑了我的闺女，抓了我的劳工，打散了我的队伍”；“我和你们有血海深仇，哈哈，今天你们的女人也落到我手中了”。但接下来，爷爷钢枪一样的身体突然软了，因为看到了日本农妇内裤上缝着“一个令人心酸的黑布补丁”。而他被侵华日军杀害的妻子的内裤上也缀有一个同样令人心酸的黑布补丁。

击垮爷爷的是心酸的力量，更是全人类的力量。爷爷不可能知道雨果这位法国大作家，但同样具备“个人之上是群体，群体之上是民族，民族之上是人类”的人道主义情怀。至于内裤上的黑布补丁，它是世上所有操劳的妻子们的共有之物，是至死方休的爱心象征；当然，它也是所有军国主义者、冷血富豪、贪腐权贵罪恶的证据。

敢于说真话

莫言是体制内的作家，但却比体制外作家更能深刻批判体制；他看似迁就了现实，但却显现了更深刻的现实；他想象一个荒谬的世界，但却不说假话。他是作家，就用作品来说话，说真话，反映现实生活。

（方象磐　编译）

航机杂志与蓝天白云媲美

在 2012 年与 2013 年之交，英国广播公司旗下的旅游网站 Cnngo. com 评选出了 12 本“2012 年最受欢迎的航机杂志”。这不仅引起出版界的关注，也引起了航空界的兴趣。

航机杂志是航空公司的招牌

在这次航机杂志的评选中，封面设计成为其中一项重要的评选标准。“荒诞中别有一番风味”；“极具抽象艺术设计感的图片成为封面略有造作，却能很快抓住人的眼球”；“封面中两个人相互依偎面朝大海，带领读者一起对这片美丽的海洋心生向往”……这些略显苛刻的评价让人印象深刻，其中甚至还有一段颇为犀利的，关于荷兰航空及汉莎航空航机杂志的封面评价：“这两个欧洲航空公司机上杂志的字体与版面的搭配保守稳妥，却毫无吸引力”。

航机杂志的封面真有那么重要吗？谢女士是个东南亚迷，说起为什么会对东南亚产生兴趣，她表示，“这还真跟航机杂志有关系。记得第一次旅行是去菲律宾，乘坐的是宿务太平洋航空的飞机，一摞报纸很快被翻完了，我被前排座椅后面袋子里的一本杂志吸引了，杂志封面是两个满脸笑容的菲律宾女孩斜倚在摩托车上，封面左上角是个大大的‘smile(笑容)’。粗略翻看一遍杂志，里面满是绚烂的色彩，海滩、水果、比基尼，还有各种欢快的笑脸……后来的旅行中，杂志中那般无拘无束的笑容无处不在，让人备感温暖亲切。东南亚人是热情好客的，‘smile’就是他们的招牌。”

的确，如果经常乘坐不同航空公司航班，特别是外航的乘客都会发现，不同国家和地区、甚至不同航空公司的航机杂志风格都是不同的。北欧航空的负责人对此表示，“每一家航空公司都想把机舱布局成独具特色的，比如座椅的颜色、空乘的服装、餐具的颜色样式等，航机杂志也是其中一部分。当乘客拿起杂志的同时，体现北欧特色的封面设计就是开启北欧旅行的一扇窗户。”

全球特色与本地特色

如果说版面设计只是装饰，那么内容才更显实力。航机杂志都写了什么？“航空公司自吹自擂，再加上各种吃喝玩乐”，这是许多人的想法。某国内航空公司航机杂志的编辑对此很无奈，“就算是‘吃喝玩乐’，也不是人们想象得那么简单，随意就能拼凑出来。”

被评选出的 12 本“2012 年最受欢迎航机杂志”囊括了全球各地的航空公司出版的机上读物，但无一例外的是，这些杂志的内容都被评价为“生动而详细的旅行、娱乐信息库”。其中澳洲航空的机上杂志 *Qantas*：*The Australian Way* 被评价为“探究最与众不同澳洲味道的秘籍”，而南非航空的班机杂志 Indwe 则是“了解南非航空的第一手资料，南非旅游的领路者”，其内容的深入专业甚至被有些评委质疑“过分当地化难以让人产生共鸣”。

使航机杂志成为旅游目的地的宣传和实用手册，的确是一个好主意。对此，韩国航空负责人表示，“几个小时的长途飞行，除了身体上的休整，也是为之后的旅行做充分思想准备的好机会，韩国航空专属航机杂志 *Morning Calm* 不仅是一本航机杂志，也代表了韩国的传统与文化，是韩国与世界文化交流的桥梁。除此之外，在飞往巴黎、伦敦、阿姆斯特丹、马德里、仁川的航线上，韩国航空有专门的乘务员为乘客提供上述各地的美术馆、博物馆的资料。”同样以机上服务闻名的新加坡航空负责人也表示，新加坡航空根据出发站点的不同，精选当地主流报纸杂志，而关于旅行目的地介绍的航机杂志当然不能少。

纸质版与电子版

新加坡航空负责人同时介绍，新加坡航空空中娱乐系统“银刃世界”中有一套《若夫旅游》。这是一部综合性的相邻地域指南，一共包括 25 个目的地，详细地介绍了当地的美食、购物等情况。

对于航机杂志的电子化，早在几年前新加坡航空、马来西亚航空就已经提出倡导，其中新加坡航空表示，通过飞机上的娱乐系统向乘客推出电子版机上杂志，逐步停止提供纸质版杂志。新加坡航空的三大机上杂志（SilverKris、机上购物商品目录 KrisShop 和机上娱乐指南 KrisWorld）将逐步实现电子化，并整合到现有的机上娱乐系统供乘客在线浏览。此举既可减少昂贵的印刷费用，也可降低飞机整体载重，提高燃油效率。法荷航负责人则向采访者透露最新计划：2013 年，法荷航的乘客在乘坐飞机之前可以用 iPhone 或者 iPad 下载电子版的报纸和杂志，这样就可以减少机上杂志的需求量。

也许随着电子化的迅猛发展，航机杂志终将退出历史舞台。但是正如电子书的流行永远无法取代人们窝在书店一角手捧纸质图书翻阅时的愉悦一样，当某一次的旅行途中，前方座椅后面的小袋子里再也翻不出那本略显“沧桑”的航机杂志时，作为乘客的你，是否会有一点怀念？有一丝惆怅？

（岳　月　古隆中　编译）

音 像

全球音乐产业或在数字营销中恢复元气

在经历了长达10年的危机、音乐产品销量减半、产业集中化以及人才流失之后，欧美各国以及全世界的音乐产业在逐渐恢复生机。2013年，法国戛纳举行的世界MIDEM音乐博览会发出了一些鼓舞人心的信号。

2012年，环球音乐集团的数字音乐营业额第一次与实体唱片的销售额持平。唱片收入与数字音乐收入能够平分秋色是音乐界长久以来的期待，现在终于实现了。

美国2012年的数字音乐和唱片销量创下历史新高；瑞典用Spotify提供在线音乐服务，2012年的音乐收入增加了14%，并达到了2005年以来的最高水平；挪威的音乐业绩同样喜人，而且市场交易额自2004年以来第一次增长。

但法国的状况并不乐观。2012年，音乐产业的营业额继续下降，与2011年的相差无几（下降3.9%），数字音乐营业额依然仅占音乐营业总额的四分之一，但业内人士同样已经重拾信心。华纳音乐法国分公司总裁蒂埃里·沙萨涅预计2013年的营业额将恢复增长。他说："数字营销开始弥补唱片销量的下降，这种销售模式是有用的，前景客观。"国际唱片业协会也作出了预测，认为全球音乐的销售额在2013年可能会实现自1999年以来的首次增长。

音乐销量的良好表现也有利于打击盗版行为。环球音乐集团的帕斯卡尔·内格尔强调说："在法国，现在再也不能像以前那样每天找出2.5万家盗版网站送交网络著作传播与权利保护高级公署了。"一家市场调查公司的调查显示，音乐盗版的情况明显比电影要少。从享受广告商提供的免费在线音乐到购买音乐，网民有很多合法的选择。

从长远来看，数字营销所占比重的逐渐增加可能会产生意想不到的影响。以前，音乐产业营业额的最大部分集中在美国、日本、英国、法国和德国这几个国家里。与智能手机密切相关的数字营销可以接触到之前传统销售模式接触不到的受众，还能在之前根本不能取得业绩的地区进行销售。

2012 年 12 月，苹果公司开放 iTunes 的地区新增了 52 个国家，全球覆盖率增加了一倍。现在，泰国、印度或南非等地都可以下载歌曲。俄罗斯接入 iTunes 第一周的音乐营业额就超过了法国。在巴西刚开放的法国迪泽音乐网的业绩就升至各分区销售额榜单的第二位。这家网站的总裁阿克塞尔·多谢说："新的市场表现十分强劲，因为这些国家的人口多，潜力大，而且他们热爱音乐。"

（雪　莲　编译）

古巴音乐有形成产业的潜力

迄今为止，音乐依然是古巴人物质匮乏的生活中最灿烂的一抹色彩。持续半个多世纪的制裁和对外部世界的某种抗拒使古巴成为“明信片上的国家”，哈瓦那人总是开着一部七八十岁的老爷车，住着有二三百年历史的殖民时期老房，吃勉强维持营养的配给食品。他们中的很多人表示可以接受这种贫乏和滞后，只要有音乐。如今的古巴音乐不再像以前那样享誉全球，但它依旧唱响在古巴的街头巷尾，回荡在社区深处的某个家庭聚会以及哈瓦那老城夜幕下的许多餐馆。

采访者第一次听古巴人的音乐，是在哈瓦那的第一晚。当时几个人在贝达多区一幢老房子改造的私营餐馆吃饭，对面的二层露台上是一群欢歌曼舞的古巴人。哈瓦那社区的夜晚没有多少车流和人声，欢快的音乐清晰入耳，我们禁不住跟着摇头晃脑，一桌只有咸味儿的古巴菜肴也很快被扫荡一光。刚走出餐厅，热情的主人便招呼我们一起参加她儿子的生日聚会。尽管食物不多，只有一些水果和一个 30 厘米见方的老式奶油蛋糕，但是亲朋好友 20 儿人，从掉光牙的老妪到笑容羞涩的男孩都能随着音乐扭动腰肢，哼上几声很不错的旋律。

不要以为古巴音乐只是随意地轻扭身躯和哼唱曲调。20 世纪上半叶，古巴音乐独领风骚，古巴艺人一度是全球音乐舞台的宠儿。1959 年以前，古巴音乐和蔗糖、雪茄一起出口到世界各地。黑白电影里扭腰摆臀的曼波舞，老式舞厅里最欢快的伦巴，都源自古巴。美国启动制裁导致欧美各大唱片公司与古巴中断合作，古巴音乐从此淡出新一代人的流行文化记忆。可在古巴国内，音乐像古董车和洋房一样是生活的必需品。18 岁的哈瓦那姑娘萨胡安特说：“如果想让古巴年轻人像阿拉伯人一样上街游行，最简单的方式是不让我们唱歌跳舞。”

2011 年,古巴实行经济改革,发放 7.5 万个私营执照。改革下的古巴,音乐不只带来精神欢乐,还有经济收入,街头艺人算得上古巴先富起来的一批人。他们大多是“流动摊贩”,不拿执照也不向政府缴税。他们的收入着实不错,大多“体制内”的古巴人每月只赚约 20 美元工资,而艺人唱几曲就能拿到 3 至 5 美元的小费。

随着开放步伐的加快,外国唱片公司也重回古巴,一张英国制片人的《记忆哈瓦那》专辑销量过百万。改革会让古巴人的餐桌改变,会让哈瓦那的街景改变,还会让弥漫在街巷中的旋律成为音乐产业的曙光。

相关链接

《福布斯》公布世界音乐人收入排行榜

据统计,2011 年 5 月 1 日至 2012 年 4 月 31 日,美国说唱歌手 Dr. Dre 的税前总收入达到 1.1 亿美元,他也因此成为这一年度收入最高的音乐人,这在很大程度上要归功于其自创的耳机品牌 Beats 的销售业绩。

年仅 18 岁的加拿大人气男歌手贾斯汀·比伯赚得 5500 万美元,但相对于世界音乐人收入排行榜上的其他人,比伯仍显得“囊中羞涩”,只勉强挤入前 10 名。

尽管大量流行明星、摇滚偶像、说唱大腕以及乡村歌手像 Dr. Dre 那样依靠副业吸金,但在这一年度收入排名前 25 位的音乐人中,大多数人仍然是依靠巡演赚钱。

这一年度的排行榜特别国际化,前 5 名当中只有 Dr. Dre 来自美国。英国著名音乐人罗杰·沃斯特以 8800 万美元排名第 2,其收入几乎全部来自于 *The Wall Live* 巡回演唱会。沃特斯的同胞埃尔顿·约翰则通过 100 多场演出赚取了 8000 万美元,排在第 3 位。

爱尔兰的 U2 乐队排名第 4,他们在其创纪录的 360 场巡演的尾声收获 7800 万美元。在三年时间里,这轮巡演总共为他们赚得了 7.36 亿美元。由于重组巡演大受欢迎,英国男子流行演唱组合 Take That 斩获 6900 万美元,排在第 5 位。

排行榜上的其他亮点还包括托比·基思，他以5500万美元与比伯并列排名第10。斯威夫特和保罗·麦卡特尼的收入相当，均为5700万美元。英国乐队酷玩乐队（Coldplay）以及著名女歌手阿黛尔，分别以3700万美元和3500万美元排在第21和第22位。排行榜前25名中有8人（或组合）来自英国或爱尔兰。

（方象磐　编译）

美国摇滚巨星布鲁斯·斯普林斯汀与柏林墙

摇滚乐与柏林墙有关系吗？1987 年 7 月 19 日，美国摇滚巨星布鲁斯·斯普林斯汀（Bruce Springsteen）越过柏林墙，在 30 万东德歌迷面前放声歌唱，这是当时东德规模最大的演唱会。在此次演唱会 25 周年纪念日来临之际，长驻德国的美国籍记者艾里克·凯尔西保恩出版新书《摇摆柏林墙：改变世界的音乐会》。书中认为，在划时代的柏林墙倒塌事件中，摇滚乐可能扮演了关键角色，催化了东德人期待改变的情绪。

摇滚音乐从西飘向东

1987 年，西德邀请英国摇滚巨星大卫·鲍伊、创世纪乐团、二人摇滚乐队韵律操组合，在西柏林举办演唱会。演唱会就在柏林墙边举办。几组喇叭甚至还对着东柏林方向播放，以便让围墙另一侧的东德人听到。果然，东柏林的民众冒着危险，纷纷驻足在柏林墙附近，聆听几百米外的摇滚乐。

1988 年后，又有几位国际超级摇滚巨星到西德开演唱会，包括美国摇滚天王迈克尔·杰克逊、英国摇滚乐团平克·弗洛伊德。同样，西德方面继续对着东德播放。当时，东德政府出动数千名警察驻守围墙边，阻挡乐迷接近，但这反而引起东德年轻人的反感。为了安抚东德青年，当时东德青年组织“自由德国青年”化被动为主动，开始筹办演唱会。他们先后邀请美国歌手鲍勃·迪伦、英国电子乐队赶时髦、加拿大摇滚歌手布莱恩·亚当斯、英国摇滚歌手乔·库克以及被誉为“工人皇帝”的美国摇滚巨星布鲁斯·斯普林斯汀到东德演出。

布鲁斯·斯普林斯汀“一言九鼎”

斯普林斯汀的演唱会被安排在东柏林魏森湖地区。1988 年 7 月 19 日中午，离演唱会还有 7 个小时，气温高达 30 多度，数万民众已在门口等待。时间离演唱会开幕越来越近，柏林周边的车流也越来越大，成千上万的东德人从莱比锡、德累斯顿、马格德堡、波茨坦、卡尔·马克思城等地拥来。当时有报纸称：“这是东德历史上规模最大的演唱会，同时也出现最严重的交通堵塞。”演唱会只有 16 万张票，其中 6 万张由“自由德国青年”支配。余下的公开出售，每张票 20 东德马克，立刻被抢购一空。没有票的人索性用复印机复制。

19 时，演唱会正式开始。“这多美好，能在东柏林。”斯普林斯汀背着电吉他用德语向在场的东德民众大声问好。斯普林斯汀唱起反越战意味深厚与批判美国社会的《生于美国》《天生就会跑》等歌曲。观看演唱会的民众绝大多数首次体验与为数壮观的人群一起呐喊，声嘶力竭地跟唱。演唱会开始不久，没票的民众按捺不住激动的情绪，纷纷要强行拥进现场，主办方只好在周边拉起栅栏。

斯普林斯汀共唱了 32 首歌，唱到第 12 首歌时，他突然发表讲话：“今天我在这里，无意要支持或反对任何一个政府，我来这里为你们表演摇滚乐，心中带着期盼，终有一天所有的栅栏都会消失。”这时，台下观众报以热烈的掌声。斯普林斯汀只是说“栅栏”，“每个人都清楚地知道他在说，我们必须推倒这堵墙”，当时 34 岁的农民约尔格·贝内克说，这让他“犹如触电一般”。

坚不可摧的“栅栏”为摇滚音乐“倾倒”

斯普林斯汀在东柏林的演唱会持续了 4 个小时。30 万至 50 万东德民众到现场观看了演出，他们的年龄大多在 18～35 岁。演唱会现场挤得水泄不通，还有数十人晕倒送医。次日，《柏林日报》写道：“这是一场伟大的音乐会。东德人在自己的舞台上看到了超级巨星的表演，也渴望一个真正的社会。”也有媒体说，斯普林斯汀让东德人疯狂，不仅因为他是摇滚巨星，更是因为他塑造的“工人阶级”形象为东德人认同。

美国记者艾里克·凯尔西保恩在《摇摆柏林墙：改变世界的音乐会》一书中称，这场演唱会让东德青年为之疯狂，让更多人对于自由的渴望更为强烈，希望“推倒这座墙”。许多东德年轻人坦言，那场热情澎湃的演唱会改变了他们的思维与人生。斯普林斯汀的经纪人兰道说，当时在音乐会上的听众被这样的气氛感染，期望未来能有所改变。演唱会结束了，但听众内心都能感觉到，东德的未来即将有很大的改变。

有评论说，斯普林斯汀的演唱会，虽然没有直接推倒柏林墙，但在东德人心中留下一抹对自由的期望。法新社的评论称，斯普林斯汀把柏林墙“踢出了一个洞”。

（金点子　编译）

一首《喀秋莎》和一座纪念馆

“正当梨花开遍了天涯……喀秋莎站在峻峭的岸上，歌声好像明媚的春光……”对中国人来说，这首俄罗斯歌曲可能再熟悉不过了。脍炙人口的俄罗斯歌曲《喀秋莎》在苏联卫国战争时期曾起到非同寻常的作用。喀秋莎作为一个鼓舞斗志的女性形象，曾是许多战士心中的“恋人”。有一种著名的火箭炮叫“喀秋沙”，在俄罗斯还有专门的“喀秋莎”纪念馆。“喀秋莎”早已不是一个普通的女性名字，它是一种符号、一种象征，寄托着人们对和平的期盼。

经过世界大战炮火的洗礼

1941 年 6 月，苏德战争爆发，7 月中旬，新编苏联红军近卫军第三师开赴前线。在送别官兵的时候，莫斯科一所工业学校的女学生唱起了《喀秋莎》，歌声让全体官兵眼含热泪。在《喀秋莎》的激励和鼓舞下，无数士兵怀着对恋人的思念奋勇杀敌。“二战”中，苏联研制出一种新式火箭炮，火力十分凶猛，被战士们称为“喀秋莎”。火箭炮“喀秋莎”与悠扬的歌曲一道鼓舞着士气。当时一位随军记者看到，伴随着“喀秋莎”火箭炮的呼啸声，苏军战士高唱着《喀秋莎》，好像是“喀秋莎”的歌声在向柏林进攻。

这首爱情歌曲把姑娘的爱情和士兵的英勇报国联系在一起，少女纯情的歌声使抱着冰冷的武器、卧在寒冷战壕里的战士，得到了爱情的温存和慰藉。战争使《喀秋莎》这首歌曲体现出不同寻常的价值，经过战火的洗礼，这首歌曲获得了新的、永恒的生命。如今，俄罗斯军队把《喀秋莎》指定为队列行进歌曲之一。

美丽的象征

有一种说法是，“喀秋莎”的原型名叫叶卡捷琳娜·阿列克谢耶娃，出生于符拉迪沃斯托克。“喀秋莎”是叶卡捷琳娜的昵称。喀秋莎因在哈桑湖战役中的勇敢表现，而被授予红星奖章。2013 年 8 月 11 日是哈桑湖战役 75 周年纪念日，为纪念这次战役，符拉迪沃斯托克建起了一座“喀秋莎”雕像。

还有一种说法认为，在哈桑湖战役期间，诗人伊萨科夫斯基来采访报道。当时正值初夏时节，秀美的自然景色激发了他的创作灵感，于是便有了这首描述美丽姑娘站在峻峭的山冈上等候心上人归来的优美歌曲。

为《喀秋莎》树碑立传

为表彰歌曲《喀秋莎》在战争中起到的重要作用，让其作为战争的见证永久地留存下来，1985 年夏天，在伊萨科夫斯基的家乡斯摩棱斯克州乌格拉区弗斯霍达村建立了“喀秋莎”歌曲纪念馆（现为伊萨科夫斯基纪念馆）。在离此 3 公里的乌格拉河岸上建了一组象征性的建筑“喀秋莎河岸”。在石板铺成的一小块平地上，有一个用原木搭建的农舍屋顶和几段原木摆成的长凳；还有一棵松树，树干分了杈，好像是姑娘高高举起的两只手；旁边躺卧着一块巨石，嵌在石头上的铜板上刻着《喀秋莎》的歌词：“喀秋莎站在峻峭的岸上。”这是世上独一无二的为一支歌曲而建造的纪念碑。在该馆第一展厅是诗人童年时期、在斯摩棱斯克学习、在工人之路报社工作时期的材料。第二层是歌曲“喀秋莎”展厅，展示这首歌曲创作的历史及在“二战”中发挥的巨大作用。另外，还有首位演唱者巴季谢娃的历史。第三展厅展出的是伊萨科夫斯基战争时期的生活。

（古隆中　编译）

《江南 Style》引领韩国“走出去”

2012 年下半年，韩国的朴载相和他的《江南 Style》、“马步舞”（也叫“骑马舞”），让全世界兴奋不已。利用这个机会，韩国政府推动韩国进一步“走出去”。

10 月初，当朴载相为 8 万名粉丝举办一场免费演唱会之时，首尔市中心陷入了停顿状态。在演唱会上，他两次演唱了他风靡全球的歌曲《江南 Style》。

首尔市政当局允许演唱会在市政大厅外举行，并且封锁了附近道路的交通。这是一种非同寻常的姿态，反映出韩国对于这位音乐人在国际上取得的成功深感欣慰。

《江南 Style》成为韩国输出的最知名音乐作品：它在美国和英国的排行榜上均居第二位，它在 YouTube 网站上的观看次数超过 4.06 亿次。

这一现象尤其受到韩国李明博政府的赞赏，这届政府投入了大量精力来提升韩国的国际形象。自 2008 年担任总统以来，李明博一直强调将韩国的“软实力”发展到与经济实力相匹配的高度的重要性。

联合国秘书长潘基文称赞朴载相的这一红遍全球的“神曲”是促进世界和平的力量。他说：“朴载相的表演受到 4 亿多人次的喜爱和欣赏，我感到非常骄傲。”“音乐世界不需要语言。这就是音乐的力量，这就是心的力量。通过这种艺术的推广，我们可以更好地了解其他民族的文化和文明。”潘基文强调指出：“在这个充满变数和缺乏容忍的时代，我们需要通过音乐的力量来增进了解与交流。”

韩国外交通商部公共外交大使马宁三说，一首流行歌曲并不是国家品牌计划的组成部分，但它“非常有效，非常重要”。

朴载相的歌曲只不过是“韩流”取得的最新胜利。由 9 名成员组成的韩国 K—

pop 音乐组合少女时代已打入美国市场，并在麦迪逊广场花园和戴维·莱特曼主持的节目《今夜秀》中亮相。9 月份，《圣殇》成为获得威尼斯电影节最佳影片的首部韩国电影，而申京淑的小说《寻找母亲》成为 2012 年的全球畅销书。

马宁三说："随着外国人越来越关注这些人，他们会渐渐喜欢上韩国……如果他们喜欢韩国，他们就会购买更多的韩国商品。这就是我们正试图推动的。"

韩国国家品牌委员会集中了众多大型制造商，许多制造商对该委员会的目标有着浓厚兴趣。

三星电子有限公司与美国苹果公司在高端智能手机市场开展了一场"双向战争"。分析人士预计，三星公司在过去三个月中卖出了多达 2000 万部 Galaxy S Ⅲ 手机。一名现代汽车公司内部人士说，该公司已开始利用其高端型号车型与奥迪、宝马展开直接竞争。

韩国知名电视节目制片人张泰永（音）将这些节目在亚洲其他国家的流行归功于它们将传统家庭价值观与优雅的时尚、城市生活结合在一起。他说，这种结合非常适应俄罗斯和南美洲这些新市场。

《寻找母亲》一书的作者申京淑说，韩国动荡的历史赋予其艺术以"动感力量"，这解释了这些艺术日益流行的原因。她说："韩国没有足够的自然资源用于经济发展。如果你仔细观察韩国，值得骄傲的只有韩国人民。"

相关链接

《江南 Style》名列美国《公告牌》榜首

2012 年晚些时候，几十年来一直确立着美国热门歌曲标准的《公告牌》杂志的编辑们调整了编制各种类型歌曲排行榜的规则。

除了主要电台的播放次数之外，《公告牌》杂志还开始计算数字歌曲销量和网络流量。该杂志还根据同样的标准创建了两份新排行榜，一份是说唱歌曲榜单，另一份是节奏布鲁斯榜单。

改变规则的结果使具有流行嗓音和广泛吸引力的明星相对其他歌手占有优势，这使一些歌迷感到失望和不解。以跳着富有感染力的舞步、身材矮胖的韩国流行音乐明星朴载相为例，他的歌曲《江南 Style》的视频在互联网上迅速蹿红。新规则生效后,《江南 Style》在开始的三周一直高居说唱歌曲榜单的榜首,尽管大多数美国嘻哈音乐电台没有把他视为真正的说唱歌手。

在热门乡村歌曲榜单上,泰勒·斯威夫特的流行单曲《我们再也回不到一起》连续三周夺得冠军,但许多乡村音乐电台排斥这首歌。蕾哈娜的热门歌曲《钻石》继续排在节奏布鲁斯歌曲榜单第一位,使纯节奏布鲁斯的爱好者们感到沮丧。

《公告牌》的编辑部主任比尔·韦德说,调整规则是必要的,这样才能反映现在人们消费音乐方式的改变。有一段时间,主要由电台的节目编排者以及唱片公司来决定榜单。如今,互联网让歌迷们拥有了更多的发言权。

然而,有些人还是质疑《公告牌》的做法,改变排名规则使歌迷在网络论坛上反应强烈。

朴载相升至说唱榜首位也遭到了批评。纽约一家主要的嘻哈音乐电台的节目主任埃布罗·达登说:“嘻哈界并不认为朴载相的作品是说唱。《公告牌》很有影响力,但他们无法使从事嘻哈音乐的人相信朴载相是说唱歌手。”

有人发起了一项网上请愿,以说服《公告牌》取消对规则的改变,目前已有625人在请愿书上签名,但对于一项网络运动而言,这个数量显然太少了。

(周官妹　编译)

巴基斯坦小贩叫卖歌《一英镑的鱼》走红

自己作曲，自己填词，自己演唱，自己捧红。“来呀太太，看一下，一英镑的鱼，非常非常好，非常非常便宜，一英镑的鱼……”还记得 2012 年底爆红网络的叫卖歌《一英镑的鱼》吗？它的作曲兼演唱者、巴基斯坦卖鱼小贩纳泽尔眼下依然在享受它的红利。“鱼叔”虽说成不了“鸟叔”，但已经改变命运。

2013 年 3 月，纳泽尔与全球四大唱片公司之一的华纳唱片签下一份“酬劳可观”的合同，后者将于 2013 年 12 月为纳泽尔推出第二首单曲。据巴基斯坦新闻网站“今日巴基斯坦”透露，纳泽尔还与苹果公司合作，在 iTunes 上有偿下载《一英镑的鱼》，售价为 0.99 英镑。

纳泽尔 2012 年因签证问题被遣返回国后，得到“民族英雄”般的礼遇。大约 250 名包括政治家在内的群众带着鲜花，唱着他的成名曲前去迎接。电视台甚至突然中断播报关于前总理布托的重要新闻，转而播放他的回家视频。纳泽尔表示，现在有很多澳大利亚、美国、加拿大等国的歌迷慕名前来拜访。他还为巴基斯坦电信公司的电话业务广告录制了宣传曲《大家，来吧！》。

2011 年 31 岁的纳泽尔以学生身份抵达英国，为了养家在东伦敦的女王市场兼职卖鱼。他自编自唱的《一英镑的鱼》不仅在视频网站上赚得近千万点击量，还蹿升至英国歌曲排行榜第 29 位，更一度成为圣诞歌曲榜单的冠军。此前有消息说，纳泽尔因护照过期被英国遣返，但前者在巴基斯坦接受英国广播公司(BBC)采访时表示，他只是回家来申请法国签证，因为他在那边“还有一场隆重的演出”。

（尹天笑　编译）

世界首批光盘即将失效

人是否可以长生不老？答案是否定的。光盘是否可以永不消失？答案不是肯定的。世界上第一批光盘曾被宣传为“永不消失”，能够提供“终身听觉享受”。但现在人们清楚的是，时间也在光盘和其中储存的数据上留下痕迹。

技术巨头飞利浦公司和索尼公司30年前推出的首批光学存储介质光盘可能很快就不能读取数据了。原因是最初使用的涂料正在腐蚀光盘的铝层。对排列在一条6公里长、由内向外的螺旋形轨道上的数十亿微小“凹陷”和“平地”进行扫描的激光不再能获得清晰的反射。

尽管如此，厚度仅为1.2毫米的光盘仍被证明非常坚固耐用，它对音乐产业而言依旧价值巨大：尽管音乐下载使竞争日趋激烈，尽管出现了诸如Spotify等现代的在线播放软件和USB、移动硬盘等能够提供数倍于光盘存储空间的廉价存储设备，2011年，全球音乐产业仍有将近四分之三的收入来自光盘销售。

一张光盘通常仅可存放650兆字节数据或74分钟音乐。为什么确定这样的播放时长，相关说法很多。其中最动听的故事大概是，当时的索尼公司总裁想在一张光盘上听完贝多芬的《第九交响曲》，因此确定了这样的时长。

关于光盘外直径的确定，男士西装的衣兜尺寸也在索尼公司和飞利浦公司的协商中扮演了重要角色。而确定光盘的内孔径时，飞利浦公司的一名研发人员手边恰巧有一枚荷兰10分硬币。

光盘只用了短短几年时间就稳固了自己的市场地位。1982年10月1日，首台光盘播放机上市。尽管每台售价高达600～2000马克，一年后，德国就已售出7万台。当时一张光盘的最高价格是45马克。

1989 年，光盘取代黑胶唱片，成为主流的音乐存储介质。它的优点显而易见：光盘播放的音乐没有杂音，不用担心划痕，而且可以通过按键直接切换到想听的曲目。

光盘在 2001 年达到鼎盛时期：当年德国的光盘销量为 1.33 亿张。但此后销量却一路下滑，最终跌至 9700 万张。尽管如此，光盘仍有可能长盛不衰：与 MP3 数据不同，光盘是消费者可以触摸到，并且不用转录或接线就可以播放的。

光盘也占领了计算机世界。1990 年，首批只读光盘电子游戏问世。3 年后，游戏《星球大战：绝地大反攻》使得光驱成为电脑的标配。

1996 年，光盘刻录机的价格下降。光盘在成为普遍存储介质的道路上不再存在任何障碍。随之开始的是大规模盗版，直至今天唱片业仍深受其影响。

相关链接

光盘简历

1979 年：飞利浦公司和索尼公司开始联手研发数字光盘，两家公司此前各自独立进行相关研发，它们于 1980 年公布了光盘音频标准。

1981 年：光盘首次在柏林国际消费电子展上亮相。英国广播公司在电视节目中公开播放了一张光盘——比吉斯乐队(Bee Gees)的 *Living Eyes*。

1982 年：索尼公司首台 CDP－101 播放机于 10 月 1 日在日本上市。

1985 年：随着光驱的引入，光盘成为软件数据存储器。

1989 年：德国光盘唱片销量首次超过黑胶唱片。

1990 年：CD－R 标准的出现使光盘首次变得可以写入。

1990 年：CD－i(交互式)将声音、影像和图形融为一体。

1993 年：影视光盘可以存储分辨率为 352×288 的影片，相当于家用录像系统 VHS 的视频质量。

1997 年：可擦写的 CD－RW 标准问世。

1999 年：超级音频光盘 SACD 实现了高解析度的多声道兼容。

（龙舟路　编译）

电　影

中国电影可否借助好莱坞“走出去”？

中美合拍片一直是中国电影业界的热门话题，也是好莱坞抢滩中国电影市场的领头羊。李连杰、周润发、成龙等华人明星在好莱坞的成功立足，被认为是中国人在国际电影界扬眉吐气之举。而如今，好莱坞的许多制片、导演、演员已将逐梦的脚步迈向了古老的东方。中美合作拍片无疑为中国电影界提供了向好莱坞近距离学习的宝贵机会，但一部部有着或多或少中国元素的合拍片，能否成为在海外推广中国形象、提升中国软实力的有效载体呢？中美合拍电影的未来方向在哪里？带着这些问题，采访者采访了好莱坞资深华裔电影人、新中国成立后将好莱坞影片推介到中国的第一人——杨燕子女士。

采访者：您是1949年后第一个将好莱坞影片介绍到中国的美国电影人，这种交流对中美相互了解有什么好处？

杨燕子：与30多年前相比，现在中国人的国际视野十分开阔。20世纪80年代我们将好莱坞影片推介到中国时，不可能选最新的片子，如《星球大战》等影片。因为如果一下子将这些影片在中国放映，观众会觉得奇怪，他们看不懂，而且也不习惯。现在完全不一样了，因为进口大片多了。最近我看过一个报道，说西方文学巨著《尤里西斯》在中国买的人很多，这部作品即使西方读者也认为很难懂，被称为“天书”。这给我很大的触动，感到中国人很好学、愿意扩大自己的知识和眼光。我觉得在电影上也会有这样的变化。实际上，中国观众现在对于好莱坞电影人来说是最理想的观众，他们什么片子都愿意看，也都能接受。今天的问题是，中国影片似乎还不能直接拿来给外国人看。

采访者:不久前,中国将进口美国电影的配额从 20 部提高为 34 部,但不少美国人认为,中国的目的仅在于“获得取代好莱坞的经验,与中国现在试图自己制造飞机、汽车和其他产品是一样的”。您对此怎么看?

杨燕子:最近我确实听到很多说法。有人还认为中国扩大了美国电影的进口配额后,美中不再需要合拍电影了。但我觉得这种说法并不合理。美中两国的电影界是很好的互相学习的对象,中国需要美国,美国也需要中国。简单地说,中国有市场,这个市场不仅很大,而且未来还会很强。美国的电影市场很强,但不会再成长了。好莱坞有些人想得过于简单,他们觉得现在有了中国这么大的一个市场,影片一定可以在中国卖座。从过去的情况看,事情并非如此。好莱坞需要通过与中国电影人合作,逐渐了解中国市场的需求。

采访者:与好莱坞相比,您觉得中国电影最大的不足是什么?

杨燕子:好莱坞的优势在于有全世界都知道的品牌,有大量的电影明星,有大批成熟的编剧。很多优秀影片不只是花了很多钱、采用了很多特技,我觉得从剧本开始便应追求出色,没有好的剧本便不可能有好的影片。

当然,中国电影也能有许多贡献。比如中国现在有很多新的题材、故事和外景地,有很多优秀的电影工作者,包括摄影、美术、导演、音乐制作团队等。中国电影目前的问题是缺乏优秀的制片人,而完全靠导演,大事小情都是听导演的。制片人的作用就是想方设法把所有的好资源利用起来,这样才能把中国电影业的优势和潜力发挥出来。至于导演方面,中国现在还没有出现优秀导演不断涌现的局面,总是那些一直在拍片子的旧面孔,没有优秀的新导演出来。

采访者:您认为中国电影什么时候才能像好莱坞影片一样走向世界?

杨燕子:据我观察,相当多的中国电影人实际上持这样一个态度:仅仅希望满足中国观众的需求,别的市场都不管。这是一个可以理解的选择,因为中国市场已经很大了。对中国电影人来说,绝不能为了追求外国市场而牺牲本国市场,但如果能够同时兼顾的话,当然再好不过。也有不少中国电影人在追求这种兼顾,但取得成功并不容易。

如果中国电影真想走出去,我觉得电影人必须花较长时间住在国外,不仅了解外国人的喜怒哀乐,也要了解外国人喜欢看中国的什么东西,进而揣摩如何在电影中描写和表达中国,如何把中国的文化、风俗、社会和人际关系,通过外国人感兴趣的题材和方式呈现出来。对于有意进军世界影坛的中国电影人来说,现在的问题是还没有找准这个切入的角度。

为什么美国人拍的《功夫熊猫》很成功,而中国人拍不出来呢?我认为,一个原因是中国的历史、文化太过深厚,电影人想得太复杂,总希望在电影中呈现太多东西。相反，美国是个很年轻的国家，它没有什么历史负担，因此，美国电影人会把自己的东西呈现出来。再加上好莱坞电影本来就属于流行文化，追求的是普通人都能看懂的艺术。在好莱坞电影中，没有什么外国人不能读懂的美国文明，不论讲英语的还是不讲英语的，受过教育的还是没有受过教育的，大家都能看懂。

中国电影便大异其趣了，除非以动作为主的电影，否则很难理解。对中国人来说通俗易懂的喜剧，外国人接受起来都极为困难，这不仅是语言障碍问题，更大原因在于喜剧是靠社会经验才能感受笑点，你没在那个社会里浸润过，很难明白一个动作或表情的笑点是什么。中国电影人的难题，是如何把自己的文化表现出来，我觉得应当鼓励中国电影人多了解国外。

采访者：您是否认为电影审查制度限制了中国电影的发展？

杨燕子：谈到审查问题，中国过去管得更严。我是20世纪八九十年代爱上中国电影的，当时的影片艺术性很高。那个时候也有审查问题，但这并没有成为生产好电影的障碍。我觉得审查只是一个很大的框框，在这个框框里还是有很多可以拍的东西，问题是如果中国电影人拼命追求好莱坞的拍法，很多片子确实一时拍不了。这是一种限制，但它不应成为中国出不了好片的借口。此外，魔幻题材，中国的审查机构也审查较严，但我觉得这个问题今后并非不能解决。

美国的电影分级制度也是一种审查。美国电影协会负责分级，其中既有电影公司代表，也有政府官员参与。中国没有分级制度，因此需要让进入市场的所有影片都符合各种年龄层次的人，政府便需要决定什么合适去拍，什么不合适去拍，这可能是中国审查比较严格的原因之一。但从我的观察来看，绝大多数题材在中国都是没有问题的。很多国家现在或过去也有审查的问题，比如伊朗，但是也能拍出非常好的片子。

采访者：有人认为电影可以作为一个形象大使，改善外国人对中国的印象，消除“中国威胁论”等负面论调，您怎么看？

杨燕子：电影只是间接去做这样的事。谁都不喜欢被人灌输，美国人更不喜欢。电影要很自然地去讲一个故事，让这个故事很吸引人，人家慢慢就适应了中国的新形象。

我最近拍了一部《纽约客在上海》，现在中国国航的航班上都在放映。我希望把现实的中国表现出来了，把中国当作一个好玩的地方，不是一个很严肃的地方，不是一个美国报纸上经常批评的地方。有些美国人指责中国的人权问题，批评中国工人的工作条件差，我们的电影可以走进一家工厂拍摄，这个工厂非常干净，工人也非常健康。我的工具是电影，我觉得用这个工具可以影响很多人，不仅是因为中国市场成熟了。中国市场发展很快，对美国电影人是个福音，但我当年去中国推动中美合作拍片时，中国电影市场还没有起飞，那时根本不是为了市场考虑。我只是认为没有美国电影讲述真实的中国，于是我觉得可以做一些事情。

采访者：您认为中国电影距离奥斯卡最佳外语片奖，甚至奥斯卡最佳影片奖还有多大距离？

杨燕子：我是奥斯卡奖的一个投票人。奥地利影片《爱》获得今年的最佳外语片奖，这个故事剧情很简单，就是两个人的故事，还是好莱坞模式的影片，但它除了最佳外语片，还获得了最佳影片提名，因为有很多人喜欢它。

去年伊朗影片《别离》，故事讲得非常好，中国人可以从中学到一些经验，就是简单地去说一个简单的故事，同时又是一个很完整、令人感动的故事。为什么张艺谋的《金陵十三钗》没有入围？美国人比较喜欢"灰色的人物"，就是说坏人有好的地方，好人也有坏的地方，如果两极分化太明显，美国人便有些反感。美国人喜欢可以在电影人物中找到自己的那类片子。如果影片中完全找不到自己，这部片子是不会赢得观众的。《别离》绝对不是好莱坞影片，但看了这部影片，即使不是伊朗人，也会同情里面的穷人、富人，他们有的想出国，有的不想出国，人物刻画得很真实，因而很伟大。

（尹天笑　编译）

2013年法国电影喜迎百年环法

诞生于1903年的环法自行车赛在2013年6月29日迎来了它的百年华诞。法国电影界也不失时机地推出一部喜剧电影《环法,伟大的赛道》。该片从上映以来票房持续飘红,口碑上佳,被认为是对百年环法的最好纪念。更为可贵的是,在近几届环法屡遭禁药丑闻困扰、声誉急坠的情况下,这部法国喜剧电影以一名法国业余骑手的传奇经历带给法国民众正能量,成为颇具特色的法式体育励志片的又一经典。

凡人也可以成为伟人

从科西嘉岛到巴黎香榭丽舍大街,全程3360公里、21个赛段,能够参加环法是自行车运动员的莫大荣誉。而对于那些爱好者来说,坚持骑完赛段也实属不易。《环法,伟大的赛道》正是这样一部从普通爱好者角度来看待环法的电影,讲述的是一个"环法迷"弗朗索瓦的故事。这个酷爱骑车的法国普通职员因为爱好弄丢了工作,妻子也离他而去,落魄之极想到了以一次"环法之旅"来走出低谷。在环法大赛开赛前一天,弗朗索瓦上路了,他打算在所有职业运动员"追"上来之前,骑完这个"伟大的赛道"。一开始,只有弗朗索瓦一人奋战在艰难的山路和爬坡赛道上,不久越来越多的人受到了他的感召,跟在后面骑。环法赛道上这一颇具行为艺术感觉的举动被法国媒体跟踪报道,不仅引起了法国公众的注意,也引来了那些正在比赛的职业车手的嫉妒。影片的高潮是,弗朗索瓦带领的业余车队和职业车手们展开竞赛。

平民喜剧

《环法，伟大的赛道》在 2013 年度环法大赛开赛前上映，引起法国观众的广泛共鸣，在好莱坞大片云集的暑期档里斩获本土最高票房。这部具有喜剧色彩的体育励志片，除了给观众们带来笑声和激励，也引发了人们对于体育本质的思考：在各种赛事彻底商业化、职业化的今天，《环法，伟大的赛道》中民众自发的参与热情，或许才是人们对体育本真意义的呼唤。

环法之所以备受关注，是因为赛事贴近平民生活，每年 7 月的法国乡间和市镇，常能见到居民们在路边翘首期盼，用欢呼声来迎接彩虹般驶来的环法大军，其热闹程度堪比重大节日。该片的男主角、法国著名影星克洛维·科尼亚克身材健硕，在银幕上塑造过多个运动员形象。他的直爽和粗鲁，满足了人们对于体育精神最原始的认识：坚持就是胜利。《世界报》赞扬影片“用气喘吁吁和精雕细琢，为人们奉献了一段美好的拼搏时光”，连一贯苛刻的法国专业杂志《正片》也认为这部“平民喜剧值得肯定，演员的表演尤其出色”。

车手与骑手共舞

曾创办现代奥运会的法国人，对于体育的热爱可见一斑，法国作为电影大国，法国人当然也善于通过银幕表现体育的励志精神。《环法，伟大的赛道》不是第一部表现环法自行车赛的影片，1968 年的法国经典喜剧《一鸣惊人》同样深入人心，老戏骨布尔维勒在片中也是骑着自制的单车，在环法赛道上闹出了一系列笑话。不仅仅是环法，法国人对于体育影片的热爱也体现在其他项目上，让·雅克·阿诺 1979 年的足球影片《一记头槌》，笑星贝诺特·波尔沃尔德的《朗贝的车》，吕克·贝松聚焦勒芒接力赛的《车神》，展现非洲球员成长的《金球》，还有反映滑雪、拳击、登山、田径等项目的作品不一而足，都曾让观众在影院里体会到赛场的热血沸腾。无独有偶，2013 年法国还公映了一部十分成功的体育励志片《神驹贾鲁普》。虽是稍显冷门的马术题材，但男主演吉约姆·卡内凭借精湛的演技，展现出这项运动的独特之美。

与全球观众更为熟悉的好莱坞体育影片相比，法国体育电影也是通过欲扬先抑的表现手法为观众输送正能量。法国电影一向以幽默和细腻见长，很多令人会心一笑之处或许令外国观众摸不着头脑，但在法国观众看来却是无比受用。

相关链接

法国文化部长奥雷莉·菲莉佩蒂访华

法国文化部长奥雷莉·菲莉佩蒂2013年6月下旬访问了中国。访问期间人们记住了两个时刻，它们之间具有历史和象征性的默契，这对法国在中国开启更广大的文化市场是好兆头。第一件事情是电影《画框女人》开拍，菲莉佩蒂参观了位于北京北部拍摄基地内复原的18世纪紫禁城。

《画框女人》是中法合拍片之一。法国在2010年和中国达成合拍协议。菲莉佩蒂表示已经扫除了中国电影在法国拍摄的"行政障碍"。她还说，"希望在中国的外国片不只是美国片，法国电影也能抓住中国观众的心。"

另一件事情是中国国家博物馆举办的仪式。皮诺家族将1860年被法英联军破坏的圆明园内十二生肖喷泉构件中的鼠首和兔首交还给中国。菲莉佩蒂同中国文化部长蔡武一起出席了捐赠仪式。

（金点子　编译）

金砖四国电影市场引人注目

根据加拿大 IMAX 电影公司的报告，巴西、俄罗斯、印度和中国的电影票房迅速增长，已经震动了国际电影市场，促使美国电影制片人和发行商在海外寻找机会，也推高了外国影片在美国市场的票房。

据估计，2008～2012 年，中国、印度、俄罗斯和巴西四国的总票房翻了一番，共计达 62 亿美元。预计到 2017 年还将翻一番，与北美电影市场并驾齐驱。

IMAX 电影公司首席执行官里奇·盖尔方德表示，自 2008 年以来，金砖国家电影市场的复合年增长率达到 14.9%，而美国市场仅为 2.2%，海外观众在“战略规划中的地位越来越重要”。

2013 年 IMAX 电影公司将推出 6 部中国影片，比 2001 年增加了 4 部，其中包括《西游降魔篇》。分析人士预测，这部影片有望打破中国影片票房纪录。IMAX 电影公司正在处理《西游降魔篇》及其他中国影片在美国的发行事宜。2012 年 8 月，由 IMAX 电影公司发行的《龙门飞甲》在美国 15 家影院上映一周，斩获 17 万美元。

盖尔方德补充道，非美国市场如今已占据全球电影市场（347 亿美元）的 69%，这一事实引起了巨大的反响。“票房分布发生了变化，因此整个电影制作方式都改变了。在制作任何一部大片时，都会认真考虑影片内容。”

导演会根据不同市场的需求调整影片内容。例如，相对论传媒公司就为喜剧片《年满二十一》拍摄了两个结尾：美国观众欣赏到的是享乐主义的嬉闹场面，而中国观众看到的是一个道德故事：片中的中国人在沉溺于堕落的西方生活后重新找回了自我。

盖尔方德说，电影制作公司越来越谨慎，它们不会轻易让来自成长市场的演员在影片中扮演反派角色，“好莱坞正在努力让自身在政治上变得更加中立”。

（岳　月　编译）

2013 年印度电影业迎来百年诞辰

2013 年 5 月，在第一部黑白默片上映 100 年后，印度电影业也迎来了百年诞辰。

宝莱坞源于一部在 1913 年上映的黑白电影，这部电影讲述的是印度神话中一位国王的故事。从那以后，宝莱坞开始了漫长的历程。宝莱坞电影以朗朗上口的歌曲和大规模的舞蹈场面闻名。在印度，宝莱坞主导着电影产业。印度每年制作成百上千部电影，能够卖出 30 亿张电影票，10 亿印度人的主要娱乐是看电影。

《孟买之音》的上映是宝莱坞电影的一个里程碑事件。该片由 4 位著名导演执导的 4 部短片组成，在 2013 年 5 月的戛纳电影节上，印度成为当之无愧的“主宾国”。

在首都新德里举行的展览展示了一个世纪以来印度电影的发展，包括一些最初被审查删除的接吻场景。

这也是一个对印度电影业的变迁进行深思的时机：从早期改编印度神话将之搬上大银幕，到拍摄花哨艳俗、不切实际和逃避现实的现代流行大片。

从商业角度讲，印度电影业欣欣向荣。咨询公司毕马威称，印度 2012 年电影产量近 1500 部，预计在未来 5 年内，电影产业的规模将从 20 亿美元增至 36 亿美元，预计未来 10 年内，电影产业的规模将从 36 亿美元增至 55 亿美元。

印度电影业的领头羊就是宝莱坞。但有些人抱怨宝莱坞的电影十分肤浅，忽视当今社会中的一些紧迫问题。在宝莱坞电影中，电影明星们常常载歌载舞，而且往往是在风景如画的布景中。这种模式也许能取悦观众，却让印度电影界产生了分歧。

在电影评论人士阿努帕马・乔普拉和其他很多人看来，印度电影的“黄金时代”是 20 世纪 50 年代，那时涌现出了很多著名导演。当时，刚刚独立的印度正在急切地寻找身份认同，出现了梅赫布・罕 1957 年执导的热门电影、将社会关注与大众趣味相结合的《印度母亲》等影片。

20 世纪七八十年代，宝莱坞商业色彩渐浓，“马萨拉”电影开始崛起。“马萨拉”电影是一种通常将爱情、动作、歌舞、传奇剧元素、喜剧元素和大团圆结局相结合的娱乐电影类型：总是由大明星主演的家庭喜剧片和爱情片，结局几乎都是皆大欢喜，片中充满大量的白日梦情节。孟买作家兼影评人阿努帕马・乔普拉解释说："宝莱坞电影讲述家庭价值观，里面有歌舞、明星，还有那种没有讽刺意味的乐观精神。宝莱坞电影非常欢乐、积极向上。宝莱坞电影几乎是情感的宣泄，观众可以全情投入，因为从情节到情感再到其中的一切都是夸张的。”观众一走进电影院，就会马上忘记现实。

印度的平行电影流派则继续专注于现实主义，出现了诸如马赫什・巴特于 1982 年拍摄的《意义》等影片，这部影片描述了一段勇敢的婚外情故事，刻画了一个坚强有力的女性角色。这是打破印度电影业“黑暗时代”十年的开拓性电影，当时的印度电影业正在彩电问世、盗版猖獗和对黑社会资金的依赖等危机中挣扎。

在 20 世纪 90 年代初印度经济开放后，情况有所好转。经历另一个十年后，电影制作赢得了正式的“产业”地位。印度政府开始鼓励外国公司如福克斯、迪士尼和华纳兄弟影片公司等对宝莱坞进行投资。

然而批评人士说，此后电影业讲故事技巧的进步并没有与技术飞跃相匹配，电影情节套路化，角色单一，妇女角色处于被动地位，并且很多电影只是单纯复制好莱坞故事。由于电视节目、互联网和世界各地的电影比以往任何时候都要丰富，这样的电影可能无法再满足受过教育的中产阶级的需求。

因此，新流派的实验电影制片人开始出现，逃避现实的白日梦型影片正在让位于情节更加新颖的电影。诸如“印度独立派”的宠儿——阿努拉格・卡什亚普，他是全球电影节巡演的常客。执导了《孟买之音》其中一个故事的迪巴卡尔・班纳吉说，新点子在印度电影产业中是有潜力和空间的，不过打造这一趋势不是容易的事情。他说，如今大部分印度电影讲述的都是城市里的故事。行业分析师说，多厅影院数量的增长也鼓励了多样化的主流电影：2012 年令人惊喜的大片是《精子捐赠者》，这部浪漫喜剧讲述了捐精的故事。拉吉・尼迪莫鲁是 2013 年公映电影《果阿猎人》的联合导演，这部影片是印度首批僵尸片之一，他相信摆脱僵硬的宝莱坞模式才刚刚开始。尼迪莫鲁说：“这些新的尝试现在还仅仅是涟漪，但它们将成为浪潮。”

宝莱坞电影不仅在印度大受欢迎，还风靡许多亚洲国家，包括中东国家、阿富汗等中亚国家以及印度尼西亚和马来西亚等东南亚国家，在一些欧洲国家也能找到少数宝莱坞影迷。长期以来，印度顶级电影明星在这些国家家喻户晓，使得宝莱坞成为印度在亚洲的文化大使。

随着宝莱坞迈入第二个世纪，不屑于与泛滥的电视娱乐频道竞争的宝莱坞正在散发出乐观自信。印度政府将电影制作列为正式产业，这使得电影行业更易筹集资金。

（方象磐　编译）

中国香港电影业倚重内地资金

20 世纪 90 年代,中国香港导演张婉婷在中国内地拍摄《宋家王朝》时,电影合拍模式十分简单,内地提供劳动力,香港电影业的专家们提供专业知识。

毕竟,香港电影风光了近 20 年,吴宇森和王家卫等知名导演帮助香港电影人在全球建立了观众基础。邹文怀的嘉禾电影公司培养了李小龙、成龙、徐克等文化偶像。香港电影经常在影片商业性和艺术性的平衡上表现出色。

2013 年香港国际电影节期间,张婉婷在香港电影导演会总部回忆说:那些年代,"(中国内地)对(中国)香港导演和明星开放,他们真心想学习。"

但现在,香港电影产量急剧下降,从 20 世纪 90 年代中期的年均 200 部降至 50 部左右。与此同时,香港观众拥向好莱坞大片,而香港电影人不断地把目光转向内地。

内地已成为仅次于美国的世界第二大电影市场,2012 年的电影票房达到 27.4 亿美元。此外,2012 年内地每天新增 10 块银幕,并成为国产或外国高成本影片的主要"金主"。

这种角色转换导致香港电影的前景充满不确定性。香港导演、制片人、明星、观众都在怀疑,随着内地的影响力扩大,香港电影的独特性能否保留下来。

一些香港导演表示,经济状况促使越来越多的香港电影人与内地合作。港产片不受电影配额制度的限制,但在内地上映前必须通过审查,因此一些导演会修改剧本以求通过审查。

此外,香港导演执导的合拍片越来越多。2013 年,在有资格角逐香港电影金像奖的 52 部影片中,仅有 23 部是百分之百的港产片,其余的都是香港与内地的合拍片。除审查外，合拍片还有其他要求，例如，主要演员中必须要有三分之一来自内地。由香港导演于仁泰执导的合拍片《忠烈杨家将》在香港国际电影节上举行了首映礼，这部根据宋朝杨家将故事改编的史诗影片是在北京郊区拍摄的，台词为普通话。

一些电影人声称，香港特区政府应给予本地电影业更多资助，以保留香港电影文化的独立性。香港电影发展局表示，正在考虑对年轻人才和知名导演进行扶持。

相关链接

中国香港特区政府资助电影入不敷出

中国香港特区政府通过电影发展基金，向中小商业电影提供融资，帮助他们发展。但有审计报告称，电影发展基金的整体融资额收回率不足四成半，“亏大了”。

据香港《明报》报道，香港特区政府 1999 年成立电影发展基金，向中低成本的电影提供融资和贷款，每部电影的制作预算不可超过 1500 万元港币，融资上限为制作预算的四成。此举是为解决香港电影市场萎缩和本地制作电影数量不断减少的问题。电影发展基金自成立至 2012 年末，共投资 22 个电影制作项目及资助 79 个电影相关项目，目前每年开支约为 3800 万元港币。

据香港《星岛日报》报道，电影发展基金提供融资并在 2012 年之前上映的 10 部电影，均无法收回部分或全部融资，整体融资额收回率为 44.2%。其中电影《战・无双》，主角包括李灿森等人，2008 年获基金资助 300 多万元港币，延至 2011 年底始上映，香港特区政府至今只获分 1769 元港币。最成功的一部电影是在柏林影展夺得大奖的《岁月神偷》，获资助近 360 万元港币，政府成功收回了 82%的融资款项。

对此，港府商务及经济发展局回应称，《战・无双》和《赎命》分别只在香港上映一天和一星期，收益自然有限。据业内人士透露，若电影在香港上映首日没有票房，电影便会随即下线，这也可能是电影上映时间短的原因。但本身是香港电影发展局委员、曾获电影发展基金资助的《岁月神偷》的监制张婉婷则表示，如果当初没有获得资助，电影根本不能开拍，而且基金协助非商业片电影制作，有助于电影制作人获得更多人的认同。

（商若男　编译）

北京欢迎美国大学生编剧“走进来”

2013 年 3 月，一张经电脑合成的图片出现在《好莱坞报道》（Hollywood Reporter）网站上：美国洛杉矶“好莱坞山”上那个具有标志意义的“Hollywood”字样被替换成“Beijing”。这是《好莱坞报道》对首届“‘我爱北京’北美编剧大赛”报道的配图。这个由北京市国有文化资产监督管理办公室（以下简称北京文资办）主办的活动，旨在通过鼓励外国编剧创作“北京故事”并拍成电影传播中国文化。作为首次由中国政府机构发起并面向北美的编剧大赛，美国多家主流媒体均予以报道，并认为这是中国发挥文化影响力，进一步加强同美国好莱坞联系的重要举措。

大赛最高奖金 1.5 万美元

从《唐山大地震》到《非诚勿扰 2》再到如今的《泰囧》，一部部在国内票房大卖、口碑尚佳的中国电影，一走出国门就反映平平。什么样的中国故事能引起外国人的兴趣？北京文资办党委书记张慧光告诉采访者：“一些在国内票房很高的电影到了异国他乡却受到冷遇，这在很大程度上是由于中国电影人和外国电影人看待同一件事物时的兴趣点不一样。所以我们希望通过这次大赛看到外国人对中国故事的兴趣所在。”

本次大赛分长篇剧本和短篇剧本两个竞赛单元，要求参赛者提交一个故事提纲，故事必须围绕北京，体现出北京文化。短篇单元主要面向在美大学生，10 名获奖者将获得每人 1000 美元奖金以及为期 7 到 10 天的免费北京旅游，其中较成熟的剧本还有拍成电影的机会；长篇单元则向全美所有人士开放，5 名获奖者中将有一位获得大赛最高奖金 1.5 万美元。

崭露头角的机会

“中国市场巨大，好莱坞早就开始瞄准了大洋彼岸的东方国度，即使没有现金和奖励，好莱坞的编剧们也一直在努力。”正如《时代》周刊在报道中所总结的，本次北美编剧大赛对美国编剧们，特别是青年编剧们来说，是一次崭露头角的机会。

在好莱坞一夜成名的故事中，人们很难发现编剧的踪迹，他们从来都不是红毯秀上的宠儿。特别是对大多数从业经历尚浅的青年编剧来说，他们最大的挑战还不在于生活经历和想象力，而是很难将好剧本交到优秀制片和导演的手中。

在好莱坞，编剧们寻找伯乐的途径无非两种，混迹各类电影节打通人脉或是参加编剧大赛。美国最有名的编剧大赛是 The Nicholl Fellowships in Screenwriting Program 和 The PAGE International Screenwriting Awards，前者由奥斯卡评委会组织，后者由好莱坞最知名的一些制片人创办，两者每年都吸引成千上万的编剧参加，即使是被提名也会迅速在业内蹿红。而成名编剧一个剧本的报酬，就是数十万甚至上百万美元。

哈佛大学的“第一步”

本次北美编剧大赛首先吸引的是以哈佛大学为首的美国 6 所高校的学生，他们有了解中国的热情，但具备写好中国故事的能力吗？对此，张慧光承认：“大赛收集到的剧本不敢保证都足够成熟，但活动本身可以引起外国年轻人对中国的关注，让他们更生动地去了解北京、了解中国，这或许是他们创作好的中国故事的第一步。”

除了“第一步”效应外，大赛征集到的剧本中未必不会产生好的作品。某知名影评人认为，“电影就是为造梦而生，谁说那些美国大学生脑海中想象出的中国不是一个生动有趣而且更易于被外国人接受的中国？或许正是他们不太了解中国所产生的疏离感，给了他们最大的创作空间。《功夫熊猫》的创作者拍电影前也没见过真熊猫，金庸能把武林世界描绘得色彩斑斓，但他一招半式都不会。”中国某知名编剧也认为，参赛的外国青年学生是否到过中国不是关键所在，他们讲故事的功力才是根本。讲慈善故事的合拍剧《苍穹之昴》在中日都很受欢迎，但原作者浅田次郎之前也从未到过中国。

相关链接

国外接受中国电影尚需时日

在中国，低成本的公路喜剧片《泰囧》2012 年出人意料地在中国影院叫好又叫座，它甚至击败了红遍全球的鸿篇巨制《阿凡达》，成为有史以来在中国最卖座的影片。不过，《泰囧》在美国上映期间却票房惨淡，仅仅收获了 5.7 万美元。

在中国赚了 12.6 亿元人民币票房的《泰囧》跟其他在本土热映但在国外遇冷的影片一样，这表明虽然中国已经成为票房超级大国，但电影业面临着更艰巨的任务——中国电影与好莱坞电影争夺全球影响力。

根据好莱坞网站的统计，由周润发领衔的动作喜剧片《让子弹飞》在国内获得了 1.11 亿美元的票房，但在美国的票房仅有 6.3 万美元。而动作奇幻片《画皮 2》在国内获得 1.13 亿美元，但在美国仅有 5.04 万美元。

中国影片的海外票房收入 2012 年下跌了 48%，这一数据使人们感到震惊。好莱坞影片 9 年来第一次在中国票房总收入中占据一半以上的份额，达到 170 亿元。

中国电影公司已经在与好莱坞接触，寻求合作拍片，从而拍摄出中外观众都喜欢的影片，他们希望能够制作出下一部《卧虎藏龙》。2000 年，这部由美国、中国大陆、中国香港和中国台湾联手制作的影片在全球各地都获得了票房成功。

但电影发行商说，向全世界推销中国影片遇到了阻碍，因为中国影片的题材在海外不受欢迎，其讲故事的方式不同，再加上中国自己的市场拥有绝对规模。

新加坡三叶草电影公司总经理林德说，在中国本土获得的利润已足够丰厚，因此当地制片人并不需要考虑其他市场。林德在香港国际电影电视展览会的小组讨论会上说："根本上而言，如今(中国的)许多影片都以本国为中心，主要是为中国当地市场制作的，这没错，因为这个市场是如此之大。但是，只考虑这一点，从某种程度上来说破坏了影片对亚洲其他地方的吸引力。"

美国影片发行公司董事长多丽丝·普法德雷舍说，当今在中国受到欢迎的影片类型——浪漫片、喜剧片以及奇幻片——不一定适合其他国家的观众。

《泰囧》讲述了两名商人在寻找老板途中遇到一名游客的故事。影评人士说，它的幽默在中国境外没有吸引力。

电影发行商说，讲故事方面也有微妙的区别，因为中外观众对历史和文化的认识不同。

(尹天笑　编译)

电　视

美国《纸牌屋》首创电视剧网络制播模式

现在哪部美国电视剧最火爆?《纸牌屋》应该当仁不让。这部由大卫·芬奇执导、凯文·斯派西主演的美国政治题材剧已被中国剧迷称为"美版《甄嬛传》"。不过真正令美国舆论界以及影视界对该剧高看一眼的还并非其演员阵容和题材,而是它首创的"大数据时代下的网络制播模式"。正如美国《福布斯》杂志网站的评论所说:"我们在欣赏《纸牌屋》精彩故事的同时,也会由衷地感觉,这将是电视史上具有重大意义的时刻。"

众所周知,政治题材的美剧向来不是最受欢迎的类型,但观众们也并不陌生,比如《规则改变》或者《白宫风云》等,主角永远都是渴望权力的政客们,这次的《纸牌屋》也不例外。该剧讲述了一个华盛顿的资深政客安德伍德(凯文·斯派西饰)在帮助总统成功竞选之后,没能得到事先允诺的国务卿职位而发誓报复,他利用新总统的一些政策上的漏洞开始大做文章,在国会山上演了一出又一出钩心斗角的政治闹剧。

《纸牌屋》的制作阵容堪称强大,曾合作出经典影片《七宗罪》的大卫·芬奇和凯文·斯派西再度联手。更令观众期待的是,本剧制片和剧本创作是曾给多名华盛顿著名政客当过参谋并担任竞选文案执笔的鲍尔·威利蒙。

《纸牌屋》让业界惊呼将要改变电视历史的原因并不仅仅在于它的制作,而在于它在发行平台和播映形式上的大胆创新。该剧通过全球最大的在线影片租赁服务商 Netflix 网站播出,而且是首季 13 集同时放在网上播出。该剧也同期向海外网络播映平台出售版权。

从以往的情形看,美国的电视剧一般属于周播剧,即电视台一周才播映一集。

一部原创美国电视剧往往要播映好几个月才能慢慢形成热潮，成为公众话题。受益于全球网络播映，《纸牌屋》开播才过一个月，全球剧迷已经开始议论下一季该如何拍了。

网络播映电视剧并不新鲜，但网络首播在电视业相当成熟的美国还是第一次。以前美国家庭电影台（Home Box Office，HBO）也提供过移动媒体服务 HBO GO，能够实现在电视台播映后的第一时间将剧集放在网上，但《纸牌屋》则彻底颠覆了这种模式。只要付费，就可以在电视、电脑或手机上看到任何一集《纸牌屋》。就像《福布斯》所评论的那样，"《纸牌屋》是第一部完全绕过传统的公共电视和有线电视系统的美剧"。

网络运营商 Netflix 加入到和传统电视播出平台美国家庭电影台、美国经典电影有线电视台（American Movie Classics，AMC）争夺观众的行列中，它花费了 1 亿美元抢到首播版权，并启用最重量级的制片队伍参与制作，信心何来？答案是对美剧迷们的深入了解。

Netflix 在美国有 2700 万订阅用户，全球用户高达 3300 万。该公司通过分析这些用户每天的收视习惯来研究电视剧观众们爱看什么。换句话说，Netflix 用户在收视过程中的暂停、回放、快进等行为都被记录在一个超大的数据库，而 Netflix 再对这些海量数据进行分析整理，并通过订阅用户们每天回馈的 400 万个剧集评分以及 300 万次搜索请求，来判断什么剧最受观众欢迎。

有人说 Netflix 可以通过数据库了解观众对已播剧集的好恶，但并不能预测他们下一个追捧的剧集是什么。可《纸牌屋》的"豪赌"无疑是成功的，因为该公司确实知道自己的用户们很想让大卫·芬奇和凯文·斯派西联手，而且很多人都崇拜两年前英剧版的《纸牌屋》，三强组合，值得一赌。

十分可贵的是，Netflix 并没有忘记影视产业中的铁律："内容为王"，只有好的内容，才能真正吸引客户群。Netflix 之前并没有原创内容可以提供，无论是电视剧还是电影，都是等各大制片机构播过才播出。这次 Netflix 的成功也让亚马逊等网络运营商下定决心提供自己的重头原创内容，微软已宣布其网络平台 Xbox Live 将推出首部原创电影。除了《纸牌屋》第二季即将播出以外，Netflix 还将推出新剧《发展受阻》。随着新媒体技术的发展，争夺观众眼球的大战将愈演愈烈。

（李文清　编译）

2013年李安开拍美剧《暴君》试播集

据美国"好莱坞报道"网站报道，李安的新动作是执导美剧。消息公布后，2013年夏天才开拍的《暴君》已经成为最热门的美剧之一。在影视界的传统眼光中，新科奥斯卡最佳导演从电影转投电视是"屈尊"，不过在众多美剧迷看来，它更像是李安的一次"逆袭"。其实，斯皮尔伯格、马丁·斯科塞斯、大卫·芬奇等著名导演都能做到大银幕与小荧屏"通吃"，对于李安首次跨界，美剧迷和媒体都充满了期待。

《暴君》把焦点放在一个居住在某中东国家的普通美国家庭里。平凡的一家碰巧卷入了当地一场惊心动魄的政治动荡之中。与李安合作的制片团队可谓阵容强大：编剧霍华德·高登和吉迪恩·拉夫来自艾美奖大赢家《国土安全》，他们对于中东国家背景的剧集可以说是驾轻就熟；担任执行制片的格雷格·怀特则是美剧迷们非常喜欢的《迷失》系列的编剧。

美国有线电视新闻网(CNN)对这一豪华阵容的评价是"让人充满了期待"，而在《洛杉矶时报》和《综艺》等媒体的网站上，美剧迷们也纷纷留言称"迫不及待地想看李安的荧屏首秀"。对于李安这次的参与，福克斯公司总裁约翰·拉德格拉说，"李安已一再证明他能够挖掘角色的深度和特色，让角色反映出真实的人性，我认为他是最棒的导演人选，他带领的团队一定会让《暴君》前景可观。"

从过往来看，好莱坞似乎没有"见好就收"这个词，判断美剧是否成功，有无续集是重要标准之一。报道称，《暴君》的试播集于2013年夏天在摩洛哥开拍，如果反响不错的话，该剧的投资将成倍增加以期成为系列剧，而李安则肩负着执导试播集这个"打头阵"的重任。一部美剧由多个导演执导是一种惯例，甚至每一季中的不同剧集都可能由不同导演来执导，当然大导演一般都会执导最重要的试播集，只有试播集反响好，电视台才会继续订购新的剧集。

在中国国内，一般知名电影导演并不乐意在电视剧中一展身手，但在好莱坞，这种情况大有反转之势，越来越多的知名导演倾向于挑战电视荧屏。前面提到的斯皮尔伯格的《兄弟连》《太平洋战争》以及《泰若星球》等都是电视迷们热衷讨论的作品，而擅长黑帮片的马丁·斯科塞斯也曾执导黑帮题材的《滨海帝国》的试播集，最近热播的政治题材剧《纸牌屋》也是大卫·芬奇担任的制片。这些美剧投资巨大，大多由著名演员担纲主演，品质丝毫不亚于电影大片。《帝国》杂志在讨论这股名导拥向电视剧的潮流时说，“情节曲折、意义深远的好剧本和每周都可以在百万观众面前展现自我，让越来越多的名导愿意来电视荧屏上一展身手。”

就像大卫·芬奇在接受采访时所说，“近十年来，最棒的剧本都不是来自于电影，而是电视。”在商业大片以超级英雄为主的时代，这些名导们宁愿把时间花在更能打动人的电视剧本上。而且近年来美剧在全球的收视率和影响力与电影相比并不逊色，一些精品剧如《太平洋战争》或者《权力游戏》等，每一季的制作费用都是上亿美元，导演们可以像拍电影一样精益求精地去拍摄电视剧的每个环节。

此外，电视剧跟电影不同，播映的时间比较长，可以持续在观众中产生影响力，与电影的短期效应相比，电视剧有其独特优势。对李安来说，如果还没碰到好的电影剧本，那么在电视荧幕前每周跟数百万观众打打招呼，压力也不是特别大，何乐而不为呢？

（雪　莲　编译）

卡塔尔半岛电视台收购美国潮流电视频道

2013年初，卡塔尔半岛电视台就宣布收购由美国前副总统戈尔创建的美国潮流电视频道（Current TV），戈尔随即证实了该消息。这意味着半岛电视台将在美国有线电视网络落地，并把节目送到大约6000万美国人的家中。

法新社报道称，半岛电视台没有公开收购价格，但消息人士透露，交易价格大约在5亿美元，其中1亿美元给了戈尔本人。

潮流电视频道是戈尔与合伙人约翰·西提在2004年正式创建的，主要面向年轻观众。近年来，潮流电视频道正经历收视率低谷，2012年平均每天只有4.2万人收看。

收购了潮流电视频道之后，半岛电视台将重新创建一个“半岛电视台美国频道”，其中60%的节目内容会在半岛的纽约分社制作完成，而剩余部分则由在卡塔尔多哈的半岛电视台英文频道配合。半岛电视台目前在纽约、华盛顿、洛杉矶、迈阿密和芝加哥有分社，正计划在美国其他城市增设10个分社。

潮流电视频道首席执行官乔尔·海厄特向员工发邮件说：“半岛电视台正计划花费巨资打造‘半岛电视台美国频道’，一个主要面向美国观众的国际新闻电视网。”提到戈尔时，他说：“我和戈尔都会进入半岛电视台美国频道的顾问委员会，我们期待能够打造一个举足轻重的新闻电视网。”

加利福尼亚南部大学公共外交中心主任菲利普·塞布说，进驻美国无论是从经济上，还是对频道的广告客户以及“他们投资新闻业的合理性”来说都是很重要的。

半岛电视台是在1996年成立的，2001年“9·11”事件后曾多次播出拉登和基地组织领导人的录像声明，被称为“中东的 CNN”。由于美国大多数有线和卫星运营商拒绝为半岛电视台提供服务，大部分美国民众无法通过电视台收看半岛电视台的节目，而是通过网络收看。为改变这一状况，半岛电视台游说运营商，呼吁支持者们投书请愿并加大对“阿拉伯之春”的报道力度。

对于“半岛电视台美国频道”的前景，美国媒体评论称，今后半岛电视台能更直接地参与和美国有线电视新闻网等媒体的竞争。但很多美国人对半岛电视台的印象还停留在“恐怖分子电视台”，在这种情况下，半岛电视台要想在已经接近饱和的美国电视市场中找到一席之地，绝非易事。

进入美国后，半岛电视台必将面临文化差异的挑战。此前有美国媒体报道称，曾在半岛电视台华盛顿站工作的记者戴维·马什表示，他之所以选择离开，是因为感受到半岛电视台有根深蒂固的反美情绪。

（孟斯咏　编译）

2013年希腊关闭国家广播电视公司

2013年6月11日,希腊政府宣布关闭希腊国家广播电视公司(ERT)。政府发言人西莫斯·凯迪克奥卢表示,当天晚上节目播出结束后,国家广播电视公司将关闭,一家更现代化的、人员更精简的公立机构将取而代之。

国家广播电视公司成立于1938年,目前有3个全国性电视频道和一个国际卫星电视频道,还有28家电台。

凯迪克奥卢把国家广播电视公司称为一个"不透明"的机构。他说:"这是一家挥霍浪费惊人的媒体,成本是其他电视频道的3倍,有时达到7倍,编制是竞争对手的4倍甚至6倍,收视率却更低。"他表示,国家广播电视公司约3000名工作人员(国家广播电视公司自己称只有2656人)将被辞退并获得相应赔偿,希望在新机构工作的雇员可以提出申请。

据介绍,新成立的机构将加强卫星广播服务和应用现代技术,成为推广希腊并为海外希腊人(有一半希腊人生活在国外)提供信息资讯的工具。除了组织结构更加明晰,运营成本更低,新机构还将获得国家广播电视公司的档案资料。

关闭国家广播电视公司后,希腊成为欧盟唯一没有公立电视台的国家。政府计划关闭这家拥有近2700名雇员的企业3个月,并制订大幅减少编制的重组计划。

国家广播电视公司的裁员是"三驾马车"(欧盟、欧洲央行和国际货币基金组织)对雅典提出的要求的一部分:与国际借款人签署的协议要求希腊政府解雇多余的公务员或公立机构雇员,2013年7月底以前解雇2000人,2014年底以前解雇1.5万人。

希腊《自由新闻报》援引政府消息人士的话说，国家广播电视公司每年的 3 亿欧元开支来自希腊人缴纳的电费。最新数据显示，国家广播电视公司 2013 年 6 月上旬的收视率仅为 13.4%，远远低于大型私营电视台。

关闭公立机构的法令应当在“三驾马车”要求雅典进行私有化的背景下理解。最近，希腊向俄罗斯天然气工业股份公司出售国有的 DEPA 天然气公司失败，使私有化遭遇严重意外。虽然国有的博彩公司已于大半年前出售，但私有化计划已经搁置了超过一年的时间。

希腊国家广播电视公司被关闭以后，数千名员工联合其他媒体工作者和工会领袖聚集在国家广播电视公司总部门外抗议，表示绝不容许政府关闭公共资讯服务，并誓言会为民族荣誉而战。希腊最大反对党激进左翼联盟领导人齐普拉斯也到场声援，并要求希腊总统帕普利亚斯撤销关闭决定。

（岳　月　编译）

今日俄罗斯国际电视台“走出去”

国际传媒正展开激烈的“头脑”争夺战。今日俄罗斯(Russia Today)国际电视台改变了全球媒体竞争态势,西方媒体意外被迫处于守势。

今日俄罗斯国际电视台之所以成绩斐然,是因为如今,它与能源出口和武器贸易一同构成了俄罗斯最有效的外交工具。

今日俄罗斯国际电视台成立于2005年,是俄罗斯抗衡英国广播公司(BBC)和美国有线电视新闻网(CNN)的国际电视台。

目前,今日俄罗斯国际电视台在100多个国家有6.3亿观众,在世界各地用俄语、英语、阿拉伯语和西班牙语4种语言进行24小时的连续播放。在英国,今日俄罗斯国际电视台有200万观众,是除半岛电视台之外最受欢迎的外国英语频道。在美国,今日俄罗斯国际电视台也是仅次于英国广播公司的受欢迎的外国电视台,收视率最高的是其新闻节目。2011年美国国务卿希拉里就曾警告说,美国几乎要在全球信息战中败下阵来。

实际情况究竟如何呢?以2013年3月7日“今日俄罗斯”国际电视台的节目为例,当时美国有线电视新闻网和英国广播公司都在播放朝鲜的情况,以及联合国将对其进行新制裁等等,而“今日俄罗斯”国际电视台则主要报道了叙利亚反对派扣押联合国维和人员作为人质的事件。然后,今日俄罗斯国际电视台播放了来自巴基斯坦的镜头:愤怒的民众抗议美国无人驾驶飞机,接着报道了以色列士兵如何粗暴地对待儿童。

2010年,今日俄罗斯国际电视台启动了一场由麦肯广告公司专门策划的大规模广告宣传。其中一个招贴画将美国总统奥巴马易装成伊朗总统内贾德,所提的问题是:“谁是最大的核威胁?”另一个招贴画上是一名塔利班装束的北约士兵,提出的问题是:“恐怖主义威胁仅仅来自恐怖分子吗?”

半岛电视台是第一个终结西方对中东问题的解释的卫星电视台,从此,阿拉伯世界每天都可以看到巴勒斯坦人的苦难。而今日俄罗斯国际电视台走得更远,它开始揭露西方社会。全球信息空间正在展开争夺人们“头脑”的战争,今日俄罗斯国际电视台取得了成功。

(乔海洋　编译)

巴基斯坦电视动画诞生“女孩保护神”

看了《黑袍复仇者》就会知道，如今在超级女英雄的行列中，增加了一个巴基斯坦神奇女超人和女孩保护神。只是她裹得严严实实，很多时候看不清相貌。

黑袍复仇者是一位温文尔雅的教师，身怀绝密功夫，用一件飘曳的黑袍掩饰身份，与试图关闭她所在女校的当地暴徒大战。这是巴基斯坦人在现实生活中再熟悉不过的一场战争。

塔利班在巴基斯坦西北部炸毁了几百所学校并攻击积极分子，因为他们反对女孩子受教育。塔利班武装分子 2012 年秋天向 15 岁的积极分子、女学生马拉拉头部开枪，试图射杀她但未遂，此事引发了全世界的谴责。

电视动画系列片《黑袍复仇者》于 2013 年 8 月初在巴基斯坦的直播电视台首播。片中的动作要轻松愉悦得多。笨手笨脚的坏蛋们更多时候是引发了笑声而非恐惧，他们根本打不过黑袍复仇者。毫无疑问，她是南亚首位用书本和笔做武器的忍者。

这部乌尔都语系列片是巴基斯坦最有名的流行歌星阿龙・哈龙・拉希德的作品。此片强调女孩受教育的重要性，并向孩子教授其他内容，比如保护环境和不要歧视他人。

拉希德对采访者说：“每集都围绕一个寓意，向孩子们传递强烈的社会信息，但片子包裹在简单的娱乐、笑声、动作和冒险中。”

让这位超级英雄身着黑袍的决定有可能令人皱眉，因为有些人把这身装束视作压迫的标志。拉希德当然不是伊斯兰激进分子，他说他用黑袍来赋予主人公一种地方特色。该片被宣传为巴基斯坦制作的首部动漫系列片。

拉希德说："那不是压迫的标志。她用黑袍掩饰身份，就像其他超级英雄一样。我们可以把她打扮成猫女或神奇女侠的样子，但在巴基斯坦这样做大概行不通。"

这部片子以一座虚构的小镇为背景。小镇坐落在巴基斯坦北部高耸的山峦和青翠的峡谷中。黑袍复仇者的真实身份是吉亚，她从养父卡巴迪·贾恩那里学会了用来打败敌人的空手道。在扮成另一个身份时，她不穿长袍，甚至连头巾都不戴。

主要的坏蛋是瓦德罗·帕耶罗和巴巴·班杜克。前者是一名秃顶的腐败政客，脖子上带着一块美元符号形状的金饰；后者是一名蓄着浓密络腮胡子的邪恶巫师，意在模仿塔利班指挥官。

片中的主要儿童角色是阿舒和她的孪生兄弟伊穆，还有他们最好的朋友莫利。莫利除了和自己的宠物山羊戈卢大嚼萝卜外，什么都不喜欢。

伊斯兰堡郊外一家孤儿院的一群孤儿提前看了第一集。孩子们在看到黑袍复仇者打败敌人后发出了笑声和欢呼声。10 岁的萨米娅·纳伊姆说，她喜欢这位为道义而战的女英雄，"因为她救小孩的命，她鼓励他们受教育"。

制作该片的大部分资金由拉希德自己承担，但他也得到了一名不愿透露姓名的人士的资助。

（岳　月　编译）

中国电视剧走向非洲

中国电影在“走出去”，中国电视剧也在“走出去”。继《媳妇的美好时代》之后，一批中国当代家庭剧在2013年4月启动了走向非洲的译制工作，中国影视剧在非洲引发的收视热潮，也将成为中国文化影响力输出海外的成功案例。

斯瓦希里语使“媳妇”走红非洲

《媳妇的美好时代》是中国输入非洲的第一部电视连续剧，之所以受到热捧，是因为这部电视剧被翻译成东部非洲最流行的本土语言——斯瓦希里语。该剧最初原本打算在播放时加入英语字幕，但由于在坦桑尼亚只有受过高等教育的民众能看懂英语，大部分老百姓只能讲斯瓦希里语，因此最终定为采用本土语言配音。

作为“走出去工程”的一部分，《媳妇的美好时代》在2011年底登陆坦桑尼亚时，该国国家电视台象征性支付了一些费用。在确定翻译之前，中方将多部近年来的热播剧拿给东非雇员试看，结果显示《媳妇的美好时代》最能引发共鸣。此前，坦桑尼亚国家电视台也曾播出本土电视剧《婆婆》，该剧与《媳妇的美好时代》题材类似，相对粗糙的制作依然在当地大受欢迎，这些因素最终使《媳妇的美好时代》成为首部引进剧。这部连续剧邀请肯尼亚最具号召力的影视巨星约瑟芬和哈米斯为男女主角配音，其他角色则由中国国际广播电台斯瓦希里语部的工作人员客串，坦桑尼亚的外交官家庭成员也参与了配音。

随着该剧在东非的影响不断扩大，剧中的主人公毛豆豆（海清饰）成为东非人心目中的大明星。很多人都盼着见上海清一面，还有人要邀请她到家里聊家常。

肯尼亚出租车司机罗宾告诉采访者，现在越来越多的中国人来肯尼亚工作和旅游，看中国的电视剧可以了解中国人的思维方式，希望能够和中国人相处融洽。

中国国际广播电台将有大手笔

斯瓦希里语是非洲使用人数最多的语言之一，总使用人数超过 5500 万，除了坦桑尼亚，肯尼亚、乌干达、刚果（金）也以它为官方语言，赞比亚、马拉维、卢旺达、布隆迪、莫桑比克等国也有众多使用者。

坦桑尼亚广播电视公司副总裁乔·卢加拉巴姆说，2013 年有很多东非国家上门洽谈，想要购买《媳妇的美好时代》的斯瓦希里语播放权。2012 年 12 月，乌干达国家广播公司首播该剧，档期为每周一、三、五晚间各一集。此外，该剧在肯尼亚电视台也已经亮相。

据了解，中国国际广播电台目前正拟将 10 部连续剧、52 部电影翻译成英语、法语、阿拉伯语、葡萄牙语、斯瓦希里语、豪萨语等多种非洲最流行的语言，并于 2013 年内完成译制。在西非、赤道非洲法语国家，首批主打电视剧为《北京爱情故事》《金太狼的幸福生活》《医者仁心》和《杜拉拉升职记》。法语版配音演员招聘在塞内加尔举行，随后在达喀尔国家大剧院进行了决赛。选拔出的 20 名当地专业演员在 4 月抵达了北京。其中，反映中国现代年轻人生活的《北京爱情故事》将很快被译制成豪萨语，搬上西非国家尼日利亚的电视荧屏。

“墙内开花”也要“墙外香”

2013 年以来，采访者曾几次去坦桑尼亚出差，打开宾馆电视时发现竟然有专门的中国影视剧频道，据说中国影视剧非常受当地人欢迎。赞比亚孔子学院的学生告诉采访者，他们是看着中国的功夫电影长大的。在刚果（金）中国维和部队驻地旁的一个小村子，很多当地人都给自己起了中国影视明星的名字，仅“刘德华”就有好几个。

坦桑尼亚的朋友告诉采访者，他们和中国人一样，有很强的家庭观念。农村的壮劳力在城市打工，会把挣来的工资寄给老人做生活费。在非洲，孩子成年后有义务赡养父母，婆媳之间的矛盾也是各家的烦心事，因此，他们在看中国影视剧时，就像看到了自己的生活。

据了解，非洲观众以往大多是通过卫星电视观看英语、法语字幕版的中国功夫片。但功夫片对白少、现代感差，难以展示当代中国社会。相比之下，当代家庭生活剧成为新的突破口。

值得一提的是，虽然《媳妇的美好时代》《甄嬛传》《步步惊心》等剧在海外收视不错，但对于一年生产数百部电视剧的中国而言，国产剧总体依旧是“墙内开花墙外不香”。一部电视剧在国内售价上百万一集，但在国外的价格往往不及国内的零头。中国影视剧受非洲观众追捧更加表明，只有挖掘既符合本国价值观又符合世界价值观的共同题材，才能成为流通世界的文化产品。

（龙舟路　编译）

电　子

2012 年美英等 10 国电子书市场概览

与纸质书相比，电子书的发展可用“一日千里”形容。2012 年 4 月 9 日，美国《出版商周刊》（*Publishers Weekly*）发布了由全球创业观察（Globe Entrepreneurship Monitor，GEM）发布的《全球电子书市场调查报告》。报告着重介绍了美国、英国、法国、德国、西班牙、澳大利亚、巴西、印度、日本、韩国等 10 个国家电子书市场的概况。报告强调，普及电子书已经成为国际性潮流，纸质书可以和电子书共存。此外，据美国皮尤研究中心（Pew Research Center）的调查，当今在每 5 个美国人当中，就有 1 个美国人阅读电子书；美国阅读电子书的读者有阅读量增加的趋势。

电子书在人口大国发展潜力巨大

首先，该报告对电子书普及率最高的美国和英国进行了比较。全球创业观察的负责人在文章中指出，英国电子书发展状况与一年前的美国电子书发展状况很相似：2010 年 10 月至 2011 年 1 月，美国的电子书市场从 5%快速增长到 13%；而在 2011 年 10 月至 2012 年 1 月，英国的电子书市场也是从 5%左右快速增长到 13%左右。2011 年，美国电子书市场从 13%增长到 19%，被美国出版界称之为从“快速增长阶段”进入“崭新增长阶段”，而在 2012 年，英国电子书市场的增长幅度也将如此。

除美国、英国之外，全球创业观察本次的调查对象还有法国、德国、西班牙、澳大利亚、巴西、印度、日本和韩国。文章指出，相对于总人口数，使用互联网的人口超过 90%的澳大利亚，互联网用户占总人口数的 21%，而购买电子书的读者占总人口数的 19%。与此相对,以总人口数计算电子书的购买者,印度的电子书购买率最低,仅占总人口数的 2%。但是,印度的总人口数接近 12 亿,其电子书的购买者接近 2400 万,与总人口数只有 2200 万的澳大利亚相比,印度的电子书市场还是大的。从人口比率考虑,号称“仅次于美国,电子书市场快速发展”的英国,总人口数为 6200 万,电子书购买者占 16%,实际购买电子书的人口为 992 万,与印度相比,印度的电子书市场依然广大。从全球创业观察的调查来看,目前世界上最大的电子书市场在美国。美国总人口数为 3.13 亿,电子书购买者占 16%,实际购买电子书的人口为 5000 万。日本的总人口数为 1.27 亿,电子书购买者占 6%,实际购买电子书的人口为 760 万。

在被调查的 10 个国家中,电子书购买者占总人口数的比率,从高到低依次是澳大利亚、英国、美国,之后是韩国(总人口数为 4900 万,电子书购买者占 12%,实际购买电子书的人口为 580 万)、德国(总人口数为 8200 万,电子书购买者占 10%,实际购买电子书的人口为 820 万)、西班牙(总人口数为 4700 万,电子书购买者占 8%,实际购买电子书的人口为 370 万)、巴西(总人口数为2.3亿,电子书购买者占 7%,实际购买电子书的人口为 1400 万)、日本、法国(总人口数为 6500 万,电子书购买者占 3%,实际购买电子书的人口为 190 万)、印度。如果比较 10 个国家实际购买电子书的人口,美国第一,印度第二,巴西第三。日本按总人口比率排第八位,但从实际购买电子书的人口来看,其市场规模应当排在英国、德国之后。而法国,无论是相对于总人口数的比率,还是实际购买电子书的人口,在 10 个国家中都应当排末位,电子书在法国的不普及可见一斑。

在《全球电子书市场调查报告》一文中,设有“在过去 6 个月是否有购买电子书的意向”的提问。从回答的情况预测,印度、巴西的电子书市场将从现在的 2 倍扩大到 3 倍,这两个国家将形成巨大的电子书市场。

电子书带动纸质书阅读

据美国皮尤研究中心对美国国内市场的调查,阅读电子书的读者与仅仅阅读纸质书的读者相比,前者阅读图书的数量更多。例如,归纳统计对“电子阅读的勃兴”提问的答案,在 2011 年 3 月至 2012 年 2 月的 12 个月里,阅读电子书的读者平均读书 24 册,与之相对,仅仅阅读纸质书的读者,平均读书 15 册,前者比后者多 9 册。

在美国皮尤研究中心的调查中,美国阅读电子书的成人的比率,2011 年 12 月为 17%,2012 年 2 月增加到 21%。有关专家指出,阅读电子书的成人增加,主要原因在于圣诞节商战成果显著、平板电脑和电子教科书销售火爆等。

调查显示：2012年，在电子书的读者中，有88%的读者在阅读电子书的同时也阅读纸质书。而在2011年，在电子书的读者中，有72%的读者既阅读电子书又阅读纸质书。比较纸质书和电子书的优点和长处，喜欢电子书的读者认为，电子书“下载速度快，携带起来方便”；喜欢纸质书的读者认为，“给孩子们读书时捧在手里好看”“有利于共同拥有一本书”。一直以来，由于作者的报酬问题没有得到有效解决，对图书馆向外租借电子书非议颇多。美国皮尤研究中心的调查显示，与借阅电子书的读者数量相比，喜欢购买电子书的读者有增加的趋势。“借阅”还要“归还”，“购买”就是“拥有”。

亚马逊公司销售的平板电脑 Kindle Fire，2011年12中旬占有5%的市场份额，仅仅过去1个月，2012年1月中旬就占有14%的市场份额。当然，苹果公司的平板电脑 iPad 依然占有61%的市场份额。电子阅读设备的竞争，也大大促进了电子书的销售。

事物总是多样性、多元化地存在着。即便在美国，依然存在大量既不要平板电脑也不要电子教科书的读者。他们的理由是：“没有必要”“不需要”“没有多余的钱”“知识已经很充实了”“就是喜欢纸质书”等。

据美国皮尤研究中心的负责人介绍，从本次调查中可以判断：“众多读者接受和认可新的阅读方式，获得图书的方式越简便，就越有可能阅读更多数量的图书。”

（古隆中　编译）

2012～2013 年美国电子书市场竞争日益激烈

2013 年初，美国《出版商周刊》(*Publishers Weekly*)预测，“假如以后回过头来看历史的时候，大约会把 2012 年看作是各家电子巨头的‘跑马圈地年’”。2012 年，为了与在电子阅读器市场占压倒性优势地位的苹果公司的 iPad 平板电脑相抗衡，亚马逊公司、谷歌公司、巴诺书店、KOBO 公司以及微软公司等，纷纷推出新机型或原有机型的升级版。而苹果公司也不退让，很快发售了 iPad 迷你新机型。与此同时，电子书市场竞争也日益激烈。这种态势一直延续到 2013 年。

商家纷纷推出新产品

2012～2013 年，美国电子阅读器市场竞争日益激烈。在数字商战中，商家纷纷把电子阅读器推向市场。

据美国出版行业研究集团(Book Industry Study Group)公布的最新调查结果显示，有 73%的电子书购买者通过亚马逊网上书店购买电子书，有 21%的电子书购买者通过巴诺书店购买电子书。而通过苹果“电子书商店”购买电子书的读者只有 10%。不言而喻，目前亚马逊和巴诺垄断着美国的电子书市场。

然而，随着各家电子巨头推出五花八门的品牌机，可以预想，使用专门用于阅读的电子终端的读者将逐渐减少，而使用全媒体型品牌机(包括阅读在内的多功能、多用途的电子终端)的读者将逐渐增加。眼下的美国市场，至少有 5 大品牌的电子阅读器：亚马逊的 Kindle、苹果的 iPad 和 iPad mini、巴诺的 Nook HD、谷歌的

Nexus 和 Nexus10、KOBO 的 KOBO ARC，除此之外，还有东芝、参孙、德尔、富士通等公司投入市场的新机型。如此看来，亚马逊和巴诺两家公司垄断的态势并非固定不变。

读者决定商家命运

根据往年的调查，每周购买一次以上电子书的用户，有喜欢品牌阅读器的倾向。在 2011 年的调查中，喜欢品牌阅读器的用户为 19%，而在 2012 年的调查中，喜欢品牌阅读器的用户上升到 38%。同样是品牌阅读器，用户又特别喜欢为电子书量身打造的品牌阅读器。例如，对于喜欢品牌阅读器的用户来说，对 Kindle、Nook HD 和 KOBO ARC 的喜欢，超过了对其他品牌阅读器的喜欢。在购买 Kindle的用户中，60%的被调查回答阅读电子书“非常方便”。在购买 iPad 的用户中，只有 50%的被调查回答阅读电子书“非常方便”。

在电子书市场上，除了亚马逊、巴诺、KOBO 和索尼公司以外，现在又有更多的独立“电子书商店”出现，这使得读者有了更大的选择余地。为了购买电子书更方便、更快捷，读者可能既不放弃现有的大型电子书商店，同时也尝试其他中小型电子书商店。反过来，购买电子书越是多样，就越是强化选择品牌阅读器的倾向。

例如，在 Kindle 电子书商店的购买者中，购买 Kindle 电子阅读器的用户超过 83%，而购买 Galaxy 电子阅读器的用户则下降至 46%。相反，在其他电子图书商店的电子书购买者中，购买 Galaxy 电子阅读器的用户为 19%，而购买 Kindle 电子阅读器的用户则只有 5%。这种情况表明，随着 Kindle 以外的品牌阅读器的市场份额扩大，通过 Kindle 电子书商店购买电子书的用户将会减少。

2013 年上半年，《出版商周刊》分别采访了一批独立的中小型电子书商店的经营者。他们不约而同地回答道，亚马逊、苹果、谷歌、巴诺围绕内容设计的品牌机的使用者固然在增加，但进入他们电子书商店的用户也在增加。如果仅以对这些经营者的访谈下结论，那肯定为时尚早。不过有一点可以肯定：使用全媒体型品牌机的消费者越多，电子书的市场就会越大。在亚马逊、巴诺垄断的电子书市场之外，其他电子书商店可以拓展的市场空间无疑是广阔的。

据调查，在通过独立电子书商店购书的读者中，50%使用专用电子阅读器，20%使用电脑，16%使用品牌机。而且，随着品牌机的价格下降，使用品牌机用户的比率将增加。据相关专业公司分析，全媒体型品牌机不仅吸引消费者使用其阅读电子书，而且给消费者带来了更多的选择，比如在亚马逊以外的任何地方都可以购买商品。近些年，亚马逊盛行根据消费者的购买履历诱导消费者消费的方式，电子书市场上借鉴这一做法，就可以根据读者的购书履历诱导读者选择电子书商店购书。

2012 年《出版商周刊》在对一些独立的电子书商店、图书销售网站的调查中发现，2011 年 10 月品牌机的购买者只有 7.9%，2012 年 10 月品牌机的购买者上升到 21.2%，使用专用电子阅读器的比率从 30.2%下降至 28.1%。按不同公司划分，以前 Mac 和 PC 的使用者比率最高，但其市场份额从 41.4%下降至37.4%。在调查中也发现，2011 年 10 月 iPad 的使用者为 93%，而 2012 年 10 月为 63%。从这里不难看到，使用苹果公司以外的品牌机的用户确实在增加。

读者（用户、顾客、消费者）在电子阅读器与电子书商店这两个方面的多样化选择，使得美国电子书市场的争夺战愈演愈烈。

（李文清　编译）

2012 年巴诺联合微软加大电子书发展力度

2012 年，美国最大的连锁实体书店巴诺（Barnes&Noble）正式与微软公司结盟。美国媒体认为，两大巨头的合作是互利互惠，对巴诺书店来说，可以获得巨额资金；对微软公司来说，可以获得进入数字图书市场的机会。

新公司 Newco 瞄准国内外市场

在双方合作的初期，微软公司每年向新成立的 Newco 公司注资 6000 万美元，计划 5 年共注资 3 亿美元。以 5 年为周期，微软公司每年拿出 2500 万美元用于开拓国际市场，加上其他投资，微软公司总计要投资 6.05 亿美元。

巴诺书店则把自己经营的电子书业务提供给 Newco 公司。巴诺书店的电子书业务包括巴诺独自开发的电子阅读器 Nook、250 万种电子书、涉及数千家用户的 Nook Store 和大学书店业务。2011 年 5 月至 2012 年 1 月，大学书店业务利润为 8600 万美元。按照与微软公司的合作协议，巴诺书店把数字业务部门和大学书店业务部门的员工全部转到 Newco 公司。巴诺书店的互联网平台 BN.com 除了继续销售包括纸质书在内的各种商品，同时也展示 Newco 公司互联网平台上的数字内容，其数字产品的销售利润由 Newco 公司向巴诺书店支付。

微软公司凭借电子阅读器 Nook 及其数字内容进入美国迅猛发展的电子书市场，无疑获得了销售数字产品、数字内容的机会。Newco 公司会着力开发面向 Windows8 的电子阅读器，其中包括用于 Windows8 的 Nook App。据微软公司的首席执行官安提·雷斯介绍，今后不仅要开发更新的电子阅读器，而且还要在内容销售方面再上一层楼。

据有关方面猜测，巴诺书店和微软公司将共同开发对应于 Windows 的平板型 Nook、使用微软公司声音识别软件的 Nook 等。由于双方的合作协议不是垄断性的，所以，巴诺书店不仅要凭借 Windows 强化对新的 Nook 的开发，而且还有可能改进现行的使用智能型软件的 Nook。这样才能与苹果公司的 iPad 和亚马逊网上书店的 Kindle Fire 一争高下。

微软公司近来向教育事业倾力投资，对占巴诺书店销售额 26%的大学书店业务也非常感兴趣，因此，加大投资力度也是其计划的重要组成部分。正如安提·雷斯所强调的，微软公司与巴诺书店的合作，就是要拓展一般图书市场和教育图书市场。如果对两个市场的占有率逐渐提高，效益是可以预期的。

瞄准国际市场，巴诺书店和微软公司对于刚刚起步的 Newco 公司寄予厚望。据巴诺书店的首席执行官威廉·林奇介绍，Nook 系列的电子阅读器，今后也不会进入美国以外的市场。对巴诺书店而言，虽然在美国用电脑阅读电子书的读者群体在减少，但在世界范围内，仍然有数亿个 Windows 显示屏存在，说明至少有数亿用户在使用。如此庞大的电脑市场，巴诺书店是可以参与进去的。在 2012 年到 2016 年的 5 年里，Newco 公司既希望获得各国独有的内容，又计划进行适合各国需要的技术开发。

当然，巴诺书店不会因为 Newco 公司的启动，而忽视现有的在美国 50 个州的约 700 家实体书店的经营，弱化之前电子阅读器 Nook 与实体书店相互补充的关系。不过，Newco 公司接下来如何发展，还是个未知数。

与亚马逊竞争

微软公司寄予很大希望的美国互联网图书市场，其实是由亚马逊网上书店和巴诺书店的 BN. com 在支撑。而互联网书店（虚拟书店）的市场规模，正在超过传统实体书店的市场规模。据鲍克公司调查统计，由于美国第二大连锁书店、实体书店鲍德斯书店进行破产清算，旗下许多书店门市关张，使得美国实体书店占有的市场份额，从 2010 年的 29%下降到 2011 年的 26%。与此相反，互联网书店占有的市场份额，却从 2010 年的 30%上升至 2011 年的 39%，下降与上升的差别非常明显。

不过，巴诺书店和亚马逊网上书店的增长率有所不同。巴诺书店的互联网书店，其纸质硬皮书（精装书）的市场占有率在 2011 年下降了 18%，而其电子书的市场占有率却上升了 133%。2011 年第 4 季度下半期（2011 年 11 月 15 日～12 月 31

日)，虽然纸质硬皮书的销售下滑，但由于电子书和电子阅读器 Nook 的销售额支撑，巴诺书店互联网书店的销售总额却提高了31.7%。与巴诺书店不同的是，亚马逊网上书店在 2011 年第 4 季度下半期，纸质书的销售额呈现增长势头，增长的数据首次突破两位数。考虑到 Kindle 给无数自费出版者带来的成功和电子书市场的迅猛发展，纸质书的销售增长也着实让亚马逊网上书店感到惊喜。进入 2012 年以来，亚马逊网上书店无论是电子书还是纸质书，持续呈现增长的态势。

根据巴诺书店与亚马逊网上书店的差异，鲍克公司也统计了这两家书店不同版式图书的销售份额。巴诺书店电子书的销售份额从 2010 年的 10%上升到 2011 年的 29%，其纸质硬皮书的销售份额却从 2010 年的 43%下降到 2011 年的 35%。亚马逊网上书店电子书的销售额从 2010 年的 5%上升到 2011 年的 13%，其纸质硬皮书的销售额也从 2010 年的 43%下降到 2011 年的 38%。两家书店的增减趋势较为一致。此外，巴诺书店纸质软皮书(平装书)的销售额从 2010 年的 32%下降到 2011 年的 27%，而亚马逊网上书店纸质软皮书的销售额，仅从 2010 年的 40%下降到 2011 年的 38%。美国《出版商周刊》(*Publishers Weekly*)分析指出，亚马逊网上书店纸质软皮书的销售额之所以下降幅度不大，是因为“亚马逊很早就考虑如何争夺破产的鲍德斯书店的读者”，从而争取到不少的读者。

(龙舟路　编译)

2012 年英国电子书带动纸质书销售

近几年，英国出版市场一直不景气，且情况越来越严峻。据英国《书商》（*The Bookseller*）杂志报道，从对尼尔森图书调查统计的结果分析来看，2012 年依然没有止住下滑的趋势，不过也有亮点，那就是电子书对纸质书的带动作用开始显现。

电子书弥补纸质书亏损

据最终统计，2012 年纸质书的销售额为 1.514 万亿英镑，同比减少 7400 万英镑，减少 4.6%。纸质书的销售册数同比减少 700 万册，减少 3.4%。2011 年至 2012 年的下降幅度为 6.4%，与 2010 年至 2011 年的下降幅度相比有所降低，但 2012 年已是连续 4 年减少。英国出版行业纸质图书销售额的最高纪录是在 2007 年，当年纸质书销售额为 1.799 万亿英镑，2012 年同比减少 2.85 亿英镑。

纸质书销售下滑的主要原因，一是英国经济持续不景气，读者的腰包"缩水"，用于购买纸质书的开支一再压缩；二是电子书的冲击。2010 年前后，英国出版行业似乎形成了某种共识，那就是"纸质书的销售额是被电子书的销售额瓜分的"，如果"电子书销售额的增加能够为纸质书销售额的下降埋单"，那么，"销售额在总体上会从减少逐渐变成增加"。但是，结果怎样呢？

截至 2012 年 12 月，英国还没有关于电子书销售额的全面、系统、准确的统计，可以参考的只有《书商》杂志以主要出版社为对象进行的独立调查统计。据《书商》杂志报道，在被调查的出版社中，凡是其纸质书销售排在前 50 位的，平均有 48 种都要出版电子书。《书商》杂志以这些电子书的年平均下载数量推定，2012 年这些主要出版社共销售电子书 6500 万册。电子书的零售价因零售商不同而不同，总体来说是价格差异较大，价格上浮或下降比较随意，所以，6500 万册电子书的销售总额无法准确统计，估计也就在 2 亿英镑以上。由此看来，电子书的零售价虽然比一般纸质书的零售价要低得多，但纸质书销售减少的 7400 万英镑，凭借电子书的销售是完全能弥补的。

纸质书因出版电子版或畅销

《书商》杂志在报道对主要出版社的调查统计情况时，还独家公布了电子书的畅销书排行榜。如果以尼尔森公布的纸质书的畅销书排行榜与之相比较，就可以看到哪些纸质书在出版成电子书后才获得成功。纸质书出版电子版，也是实现畅销的路径之一。

在尼尔森 2011 年度综合畅销书排行榜上坐头把交椅的，是 E. L. 詹姆斯的系列浪漫爱情小说《五十度灰》。而《五十度暗色》和《五十度解脱》在尼尔森 2012 年度综合畅销书排行榜上分列第 2 位和第 3 位。

当初，作者未能出版纸质版的《五十度灰》，就自费出版了电子版。在电子版受到广大读者的热烈追捧后，出版社反过来又追着作者出版纸质版。截至 2012 年 12 月，3 卷本的纸质版《五十度灰》《五十度暗色》和《五十度解脱》共销售 1059.8 万册。相比之下，3 卷本的电子版系列仅销售了 386 万册。但 386 万的销售册数是进入电子书畅销书排行榜前 20 位的其他电子书销售册数的总和。

作为浪漫爱情小说，虽然没有进入尼尔森 2012 年度综合畅销书排行榜的前 50 位，但凭借电子书，纸质书畅销的还有西尔维安·狄的《祝你生日快乐》以及博尔西亚·塔·哥斯达、印第柯·布洛姆等众多作者的作品。

不仅浪漫爱情小说因为出版电子版畅销，其他虚构类图书也因为出版电子版而行情看涨。据《书商》杂志统计，虚构类图书的销售额占纸质书销售额的 74%，而虚构类电子书的销售额只占电子书销售额的 26%。在精装本一般虚构类电子书的综合排行榜上，独占鳌头的是"哈利·波特"作者 J. K. 罗琳的小说《临时空缺》；排在其后的，是两度荣获布克文学奖的希拉里·马德的《为爱改变形体》。这两种书虽然不及浪漫爱情小说"有冲击力"，但在电子书畅销书排行榜上的位置还是非常稳固的。

按照习惯思维，电子书在儿童书领域的表现不会太好。不过，出乎意料的是，在 2012 年，苏珊·柯林斯的成年人小说《饥饿游戏》三部曲仅次于"五十度"三部曲，在《书商》杂志的电子书排行榜上分列第 4 位至第 6 位。《饥饿游戏》由于被改编成电影而影响力大增，不仅吸引了大量儿童读者，也吸引了其他读者的关注。

在非虚构类图书中，电子书的销售额增加不多。非虚构类图书的销售额在纸质书销售额中的比例为 93%，与此相对，非虚构类图书的销售额在电子书销售额中的比例仅为 7%。之所以这样，大概是与精装本的料理书在非虚构类畅销书中总是排位靠前有关。因为英国的家庭女主人在下厨房时还是习惯于拿着纸质书研究菜谱。当然，也不是说电子书就完全不青睐非虚构类选题。2012 年，杰姆斯·博韦戴的非虚构类选题在电子书中就着实风光了一把。

（龙舟路　编译）

日本借力亚马逊普及电子书

2012 年 10 月，以美国亚马逊网上书店为后盾，日本亚马逊网上书店凭借Kindle 电子阅读器在日本正式开始销售电子书。从 2010 年筹备至 2013 年正式运行，时间已跨越了 4 个年头。

2000 年左右，亚马逊登陆日本，给日本出版界带来极大震动。现在，日本亚马逊又开始销售电子书，使日本出版界更有“人为刀俎，我为鱼肉”的感觉。

合同内容秘而不宣

日本亚马逊与日本出版社的纠结点，主要是电子书销售合同的关键内容——是由出版社还是由日本亚马逊定价？

在日本亚马逊开设的电子书书店里，使用 Kindle 阅读器的电子书的价格，与纸质书的价格相比，明显要低得多。已经上市销售的 Kindle 版电子书的价格，比纸质书的价格平均低 10%至 40%。在这些电子书上，日本亚马逊还特意用黑体字标明“出版社定价”。

按照日本亚马逊与日本出版社的约定，日本亚马逊与每家出版社签订的电子书销售合同，双方都有保守秘密的义务。所以，日本亚马逊在电子书上特意标明的内容，可视为日本亚马逊与各家出版社签订的合同的内容。不过，从美国亚马逊乃至日本亚马逊凭借“低价”、“倾销”发展的历史来看，假如双方没有签订特殊的合同，电子书上就不会出现“出版社定价”的字样。尽管电子书的价格比纸质书的价格低得多，但这类“特殊合同”至少在形式上承认电子书出版商的定价权。

是否在电子书上标明“出版社定价”，日本各家出版社的做法也不尽相同。比如讲谈社、小学馆、集英社、光文社、文艺春秋的电子书都标明了这句话，而新潮社、角川书店、学习研究社、幻冬舍等的电子书就没有以上的标明。

无论日本亚马逊怎样压低零售价格，日本出版社的批发价格也是有底线的。这样，日本亚马逊低价销售越多，日本出版社的电子书就会卖得越多，赚的钱也会越多。不过，日本出版社也有自身的恐惧：价格差别太大，会影响纸质书的销售。因此，没有向日本亚马逊拱手让出定价权的日本出版社，也必须解决电子书销售和纸质书销售两者之间的平衡问题。

从现实情况分析，电子书不适用于传统的再销售制（日语原文为“再贩制”——编译者注）。这是因为，销售主体是出版社，日本亚马逊只不过是销售代理，如果双方不签订代理店方式的合同，日本出版社一方限制零售价格，就有可能违反日本“垄断禁止法”。以此推断，拥有价格设立权的日本出版社，大约只能选择与日本亚马逊签订代理店方式的合同。

那么，日本亚马逊在电子图书上特意标明“出版社定价”的理由何在？日本亚马逊认为，按照日本再销售制的规定，“不能让电子书廉价销售是出版社的职责”，那么日本出版社的定价就是合理的。如此看来，日本出版社掌握的定价权反而成了自身的短处。此外，日本出版社的定价不能得到日本亚马逊的理解，又如何表现掌握定价权的日本出版社的意志呢？从以上角度考量，标明“出版社定价”意味深长。

电子版不好卖

美国亚马逊从 2007 年 11 月开始电子书的销售。当时，美国亚马逊的电子书品种为 9 万种，《纽约时报》的畅销书排行榜列出 112 种畅销书，美国亚马逊销售的畅销电子书占了 101 种。从 2012 年 10 月开始销售电子书的日本亚马逊，电子书品种虽然仅有 5 万种，只是当年美国亚马逊电子书品种的一半，但可以预测，新书中的畅销书会大量涌现。

在 *Ori Con* 杂志的每周畅销书排行榜上，综合排名靠前的图书有 100 种，文库书排名靠前的有 50 种，连环漫画书排名靠前的有 100 种，三者共计 250 种。其中包括了日本亚马逊销售的 45 种电子书。这 45 种畅销的电子书，篇幅有长有短，比如小说，有的是上下卷，比如连环漫画，有的是 1 卷本至 10 卷本。这 45 种畅销的电子书，省略重复的系列书，在综合排名中有 10 种，在文库书排名中有 8 种，在连环漫画书排名中有 9 种，三者合计 27 种。文库版的畅销电子书主要出自中央公论新社、筑摩书房、河出书房新社等老牌出版社，这些出版社在推出这些电子书时并没有想到会畅销。据这些出版社介绍，大约是读者们看到亚马逊的新书介绍，激发了购买的欲望。

如果进一步分析，就会发现在文库书排行榜上的50种图书里，Kindle版电子书有12种，接近25%。与此相对，在综合排行榜上的100种图书里，Kindle版电子书仅有10种，所占比例只有10%。从综合排行榜看，被电子化的纸质书的比率较低，在综合排行榜上畅销的电子书几乎都是专业书和指南书。

专业书和指南书等作为新书出版时，往往只能畅销一段时间。所以，新书畅销的势头还没有减弱时，就应出版电子版，以延长其畅销的势头。在日本，一本畅销的专业书或指南书，一般是先出版单行本，之后收入某文库出版文库版，出版社一般不出电子版。出版社普遍觉得，单行本行情火爆，文库版行情持续，电子版则行情终止。

在日本，一般读者都非常期待电子书价格低廉。日本亚马逊以价格低廉起步，展开电子书销售的业务，顺应了时代潮流，就连分外挑剔的主流媒体也赞赏有加。

现在看来，除了拥有定价权的大型出版社以外，日本亚马逊与其他电子书销售店的价格差别，似乎就在消费税上的差别。不妨认为，日本亚马逊走的是薄利多销的路子。

本十竞争对手坐立不安

必须承认，电子书在日本普及的速度赶不上美国，但电子书对日本人日常生活的渗透却实实在在体现出来了。

日本亚马逊在销售电子书的同时，也销售Kindle电子阅读器。这样，作为竞争对手的索尼公司、乐天网上书店也不约而同地开始下调其电子阅读器的价格。围绕电子书的销售，所必需的专用终端的价格也跟着下调了。截至2013年4月初，日本亚马逊推出的优惠政策是：如果接入3G网(携带网)，无论在日本任何地方购买Kindle电子阅读器，只需花费12800日元；如果接入WiFi网，购买Kindle电子阅读器，降价500日元，只需花费7980日元。索尼公司推出的优惠政策是：如果接入3G网，购买电子阅读器，降价4000日元，只需花费10800日元；购买与Kindle电子阅读器相同型号的6英寸接入WiFi网的电子阅读器，只需花费9980日元；购买5英寸接入WiFi网的电子阅读器，只需花费7980日元。而乐天网上书店的6英寸电子阅读器，降价1000日元，购买只需花费6980日元。这样一来，电子阅读终端的价格竞争也拉开了序幕。

日本国土面积小，一般日本人的居住面积都小，特别是在城市，纸质书的存放一直是个问题。而不需要现实空间的电子图书，在日本有着巨大的魅力。在日本较为偏僻的地方，人们的居住环境虽然比在都市好，但居家附近往往没有书店，"买书难"也一直困扰着人们。而虚拟的互联网书店无处不在，购买电子书十分方便。加之电子书的价格相当便宜，电子书在日本普及的可能性越来越大。

（古隆中　编译）

日本三大电子企业“四面楚歌”

“我们可能撑不下去了。”日本电子产品巨头夏普在2012年末的声明，被认为是这个百年老店发出的“最强烈的生存警告”。松下、东芝、夏普相继公布的巨额财务亏损引发的市场震动，在外国媒体看来是眼下“亚洲最重要的事件”之一。钓鱼岛争端悬而未决，让“陷入类似泥潭”的不少日本国际公司，不约而同地抱怨自己的亏损是因为背上了“中日危机”的包袱。美国《纽约时报》评论说，不愿轻易放弃步入辉煌时代的老路，现在让他们“东山再起”很困难。《日本经济新闻》认为，日本政界和经济界积弊丛生才是这种“日本病”的根源。德国《柏林日报》说，日本很可能成为快速发展的亚洲的“累赘”。日企或许正在成为“迷失日本”的新注脚。

“百年老店”老了？

“夏普的信用评级降至垃圾级。”法新社称，国际信用评级机构惠誉（Fitch）下调夏普评级，由“BBB－”降至“B－”，维持在负面评级观察名单。日本《产经新闻》报道说，标准普尔也宣布，将松下的长期信用评级下调至“BBB”。引发日本电子产品公司信用降级的是他们陆续公布的财务报表。2012年11月上旬，夏普、索尼先后宣布2012年财年上半年巨额赤字，其中夏普预计2012年财年全年亏损将达到4500亿日元（100日元约合7.7元人民币），该公司还警告说，“有可能无法靠自己的能力生存下去”。索尼2012年财年上半年赤字401亿日元，松下也宣布公司亏损可能达到7650亿日元。

“松下股价已经跌到37年前的水平，过去20年挣的钱在两年内就蒸发一空。”

韩国《朝鲜日报》报道说，松下之所以没落，在电视和手机等主业上不敌三星和 LG 等竞争对手是原因之一。韩国《每日经济》称，日本家电企业衰落速度惊人，日本所有家电企业总市值现在是 3482 亿美元，而仅三星电子一家的市值就达到其一半。2008 年金融危机前，日本家电企业的总市值高达 7915 亿美元，是当时三星电子市值的 10 倍。《韩国经济》社论称，“没落的日本家电巨头已经成为韩国企业的反面教材”。

“日本电子产品制造商在滴血。”路透社文章形容道。英国《金融时报》称，夏普这个“百年老店”承认生存问题让曾经占统治地位的日本电子产品行业前景更加黯淡。“夏普 2012 年或许不会破产，但我认为他们的业务撑不过 3 至 5 年。”日本 Commons 资产管理公司首席执行官哲郎·李表示，“他们所剩的时间不多”。《纽约时报》称，夏普的衰落是“最让日本难堪的”，它曾经是 2000 年至 2007 年制造业泡沫的最大受益者，利润率最高达 150%。

德国投资网以“东京笼罩在乌云下”为题称，美国遭受飓风桑迪，欧洲欧债危机继续，而亚洲也正在出现“大问题”，“日本的天空正在变暗，这将是亚洲最重要的事件”。德国《法兰克福评论报》以“日本拉响警报”为题指出，夏普创纪录亏损，索尼亮起红灯，东芝和松下也发出警报，日本连续爆出坏消息。努力转型中的日本企业正在遭遇“二战”以后最严峻的考验。

《日本富士产经商报》称，日本民众感到悲观，“索尼产品曾经风靡全球，但与现在的苹果产品相比，出色的产品已经相当少了”。《日本经济新闻》文章说，曾经的“日本符号”，“正在让日本经济大量失血”。松下、东芝、夏普等电子巨头曾经作为“领头羊”，带领日本经济走入了最辉煌的高速成长期，是日本的骄傲。《华尔街日报》称，如今这三个电子产品公司“像行星撞击地球后的恐龙那样轰然倒地”。不过，20 世纪八九十年代，日本公司是电子消费产品市场的大赢家。索尼音乐播放器 Walkman、数码照相机、电视和影视光盘是很多人的集体记忆。如今正是这些产品见证着日企的困境，比如红极一时的 Walkman 播放器被苹果产品 iPod 挤到“历史的垃圾堆”里。

在日本生活了 26 年的经济学家加斯帕·科尔对《华盛顿邮报》表示，现在很难对日本萎缩、老化以及停留于持续低迷的经济保持信心，日本正在将地区主导地位输给中国。文章总结说，“衰落的日本失去了曾经被视作希望的英雄”。

面临困境

为何善于公司治理的日本企业遭受如此惨败？这三家企业不约而同地认为原

因在于尚未解决的中日领土争端。《华尔街日报》说，松下、索尼等企业已开始对领土争端导致的损失进行评估。松下警告称，受中日领土争端影响，在截至2013年3月的财年，预计电器部门的收入将下降1000亿日元。索尼表示，受中国消费者抵制日货及中国整体经济放缓影响，预计公司将损失约300亿日元的收入。不过，文章说，由于丰田及日产等在中国市场拥有庞大业务的汽车巨头仍未发布第二财季的业绩以及最新全年预期，目前还无法确定此次领土争端的全面影响。丰田汽车公司表示，2012年10月中国市场汽车销量降至接近上年同期一半的水平。

与此同时，路透社称，韩国和一些欧洲汽车制造商从日本的损失中获利。2012年10月，韩国现代汽车公司在中国的销量比2011年同期增加了37%。德国投资网说，日本企业背上了“中日危机”的重负。中国现在是日本最大的贸易伙伴，也是日本出口最重要的市场。日本企业现在对中国出口压力越来越大。

“日本的外部环境很严峻。”日本《产经新闻》称。在日本《每日新闻》看来，岛屿争端成了“压死骆驼的最后一根稻草”。从2007年开始，中国一直是日本的最大贸易伙伴，进口的日本电子、汽车、动漫等产品最多。日本电子产业在中国的销售，占到了总体的40%以上。因为日本政府欠缺考虑的行动导致中国抵制日货，已经将日本电子产业的最后“救生艇”给推走了，恐怕接下来就是汽车、动漫等产业了。

“曾经被视作不败神话的日本家电巨头正不断坠落。”韩国《国民日报》称，首要的原因在于，当其竞争对手在积极开拓海外市场的时候，日本企业还在固守“内需”。很多新的家电技术原创都是日本，但由于缺乏创新精神，新品开拓的国际市场不久就被竞争对手逐渐蚕食。

《纽约时报》说，随着金融危机的来临，iPhone挺进日本，终结了日本风格的手机，中国廉价的太阳能板和电池占领全球市场。日本以外的制造业成了电子产品领域的标准。由于下错赌注和丧失诸多机会，日本电子产品三巨头出现步履蹒跚之态。这三家公司虽然都制造高质量和前沿的产品，但他们的海外竞争者也在这么做，而价格更低。他们都未能拥有苹果那样的品牌魔力和三星那样的营销力。此外，日元的坚挺也不断降低他们的价格优势。

《日本经济新闻》分析说，日本电子企业走到这个地步，虽然有中韩等新兴国家抢夺市场的影响，但日本不良的经济体制、企业内部混乱的管理才是最根本原因。最让人担心的是，这种情况并非电子行业独有，各行各业都广泛存在。经济界寄予厚望的政治革新，也是雷声大雨点小，现在的日本政界和经济界都已经积弊丛生。在“失去30年”后，现在的日本已经没有了方向，而要想改变这种状况，只有推倒重来。

赶超美国尚需时日

据美国《商业周刊》网站报道，早前分别访问中日斡旋钓鱼岛争端的美国前高官代表团，向时任美国国务卿的希拉里提交秘密报告，称如果中日两国不加强磋商，局势很可能失控。

“日本政府自食爱国言行苦果。”俄罗斯之声以此为题报道，对大多数俄罗斯人而言，日本一直是稳定的代名词，然而，这个国家最近却在经历着多重的自然、经济和政治考验。倘若飓风、海啸还属于天灾，那么困扰东京的所有其他麻烦，完全是人祸。

在《柏林日报》看来，夏普、索尼、东芝、松下等日本企业摇摇欲坠，让危机中的日本成了亚洲的累赘。日本经济需要注入新的活力，否则会继续衰退。英国广播公司认为，20 世纪 80 年代末，日本经济如日本著名的怪兽系列电影《哥斯拉》：一代人的时间，日本的经济产量翻了 50 倍，发展势头直逼美国，成为世界上科技最发达的国家。许多观察家也曾表示，最迟不超过 10 年时间，日本将成为世界最大经济体和世界第三大的超级大国。但事情并没有像他们料想的那样发展，等待日本的是长达 20 年，甚至更长时间的经济停滞。

（郝新仁　编译）

电子游戏业需要更多女性加入

随着社交网络和移动设备的迅猛发展，越来越多的女性进入了电子游戏设计行业。新型游戏在改变人们娱乐休闲生活方式的同时，也在改变着人们的观念。比如，人们发现，电子游戏行业要不断登上新台阶，需要更多的女性加入。

游戏行业适合女性

20 世纪 80 年代，布兰达·布莱维特·罗密欧开始了电子游戏设计的职业生涯，那个时候，女性同行寥寥可数。而如今，电子游戏行业出现了许多新的女性面孔。2013 年，布兰达 46 岁了，可以说是视频游戏领域的女性元老。她开玩笑说，现在去参加游戏开发会议的时候进女卫生间都要排长队了。

"得益于社交网络和移动设备的蓬勃发展，越来越多的女性进入了游戏设计行业。"布兰达表示，现在 10 个电子游戏设计员中就有 1 位女性。这个长久以来以男性为主导的技术领域，充满了荷尔蒙式的竞争，但是电子游戏业内人士称，移动设备的变革正在改变这个局面。现在智能手机逐渐占据了市场主流，把游戏带入了一个全新的更加广阔的群体，游戏出版商和开发者渴望能够吸引除了年轻男性之外的更多玩家。随着女性在脸谱网和其他平台上设计出一系列的手机游戏，她们愈发意识到这个行业的吸引力。

Von Church 公司在一些社交游戏公司收集了超过 350 份的人员配置数据，这些数据显示自 2009 年以来，游戏公司女员工的数量已经增加了两倍。资深游戏设计师雪莉·格莱娜·蕾于 1989 年进入电子游戏行业，当年女性在这个行业中的总数不到 3%，而现在已经上升到了 11%。

手机游戏设计公司 Pocket Gems 首席执行官刘本称，公司首批工程师很多都是女性，这对于公司的成功起到了很重要的作用，该公司最受欢迎的产品是家庭型手机游戏。“我在其他不同的游戏公司工作过，也曾在清一色男职工的楼层工作过”，刘本说，“我们的目标是设计出面向广阔市场的游戏，而男女比例相对平衡的员工配置可以帮助我们实现这个目标。”

女性玩家喜欢和平游戏

人们一想起游戏脑海里往往会浮现出这样的画面：年轻人沉迷于《使命召唤》或《星际争霸》之类的游戏，在电脑屏幕前一坐就是几个小时。但是随着价格实惠的智能手机和平板电脑的出现以及社交媒体的蓬勃发展，一批全新的玩家被吸引进来。现在的游戏可以像《愤怒的小鸟》或是《水果忍者》那样简单，但也许就是因为简单，这些游戏才有着广泛的吸引力。

“手机游戏市场仍然像是未经开发的西部荒野，它建立在人人参与的理念之上，因为每个人都有手机，每个人都想玩。”游戏内容设计师伊丽莎白·萨派说。这在一定程度上解释了为什么美国一半以上的社交和手机游戏玩家都是女性，根据电玩调查机构的数据显示，这些女性只占暴力游戏忠实玩家的 30%。

24 岁的麦凯蒂就是玩着这些游戏长大的。她在卡内基梅隆大学工程学院读书时，希望能够在电子游戏行业工作。如今在社交和移动游戏设计公司 Kadam 工作的她，是公司多人射击游戏 *Realm of Mad God* 7 人设计团队里唯一的女性，这款游戏主要针对男性玩家。但麦凯蒂并没有觉得自己跟别人不一样，她只是把自己当成 Kadam 公司一名普通的程序员。麦凯蒂说她经常跟男同事待在一起，而且也一直都很愿意跟他们一起工作。

女性是游戏行业的变革者

《游戏开发者杂志》2011 年的年度收入调查显示，游戏行业的男女职员工收入存在 27%的差距。游戏行业高级主管称业内软件工程和高级管理职位往往忽视女性，这也反映了其他科技领域的普遍状况。

一名专业男性游戏玩家在推特网上问为什么女性玩家如此少。这个问题很快在网上走红，蹿升到热门话题榜首位，后来又迅速演化成了一场关于工作场合性别歧视的大讨论。

萨派说，在一些工作场合，人们仍然觉得许多女性应该包容、忍受幽默的玩笑，即使很多段子是针对她们的。几年前，萨派去一家网络游戏公司面试，主考官是一名女性人力资源管理职员，她告诉萨派要确保通过面试的每一个应聘者都能受得了幽默的玩笑话。萨派想知道她是否问了男性程序员同样的问题。

不止在美国，其他地方的女性也遇到了同样的问题。Game Insight 是俄罗斯现在一家迅速增长的手机和社交游戏公司，其首席执行官和创始人阿丽莎·丘马琴科认为，雇用女性担任高层职位会对此类问题起到一定的作用。她的公司有 450 名员工，除了她之外还有 3 名女性高管。她希望能有更多女性加入游戏行业。

“整个游戏行业都需要认真对待女性成为行业变革者的角色这件事”，资深游戏设计师雪莉·格莱娜·蕾说道，“我们想听到女性这样的声音——这就是我们所处的位置，这就是我们所能做的，请关注我们”。

（孟斯咏　编译）

电子书封面“危机四伏”

电子书有装帧吗？电子书有封面吗？那些传统印刷的纸质图书，有各色各样的装帧，无论是精装本沉甸甸的硬壳、烫金的书脊，还是简装本光滑明艳的封套，在电子书中都丧失了意义。从前那种徜徉在书店或图书馆，信步书架中间，满怀期待地寻找着感兴趣的标题或封面设计的体验，在现代生活中已经越来越少。网站上图书封面往往对图书内容所提甚少，而是更注重和整个网站的风格保持一致，并且提供基本信息，如出版日期、读者评价、定价等。难道传统的印制精美、设计巧妙的图书封面会随着图书电子化的发展而消失吗？其实，随着图书电子化的步伐加快，电子书封面也有了不少新发展，行业内也出现了不少新变化。

危机之中有商机

“封面是一块情感视觉基石”，著名封面设计师卡琳·戈德伯格说，“每当我们想到一本书的时候，脑海中首先浮现的是它的封面。封面是阅读体验的一部分，这件事不会因为电子书的普及而改变。”戈德伯格教授设计课程已经30多年，但在2012年，她开始尝试一门新的课程：基于iPad的编辑与设计。她专门找到了两名技术专家进行协助，自己则提供设计方面的指导。她自己尚未为电子书设计过封面，入行时，个人电脑还远远没有普及。“虽然我不知道如何具体实施技术层面的问题，但我对这个想法却一直非常关注，这是行业发展的大势所趋。”

在2012年的一次报告中，她写道，Kindle等电子图书阅读器的黑白图书封面图片枯燥无聊，完全无法与传统意义上的封面媲美。而戈德伯格和学生们想通过自己的努力证明电子书设计也可以成为一件艺术品:他们已经开始设计融合动画、音乐等多媒体的高科技封面了。

2012 年 2 月,英国的少年读物《夏令时》正是通过新鲜有趣的封面吸引了许许多人的注意力:这本书的封面是一汪碧蓝的水,鼠标划过的时候还会激起轻轻的涟漪,同时还有一个倒计时的钟表,告诉人们离这本书正式发售还有多长时间。虽然,买下它之后,由于格式的限制这个封面还是会归于静止,但至少它显示了电子书封面所蕴含的巨大潜力。

“萝卜白菜各有所爱”

多媒体封面是否一定是电子书的未来呢? 也不尽然,这其中也有很多原因。戈德伯格说:“大家都在探索初期,现在还有许多技术因素,行业内也缺少统一标准。”更重要的是,大多数出版商依然采取观望态度,她认为:“出版商也缺乏相应的资源。到现在为止,还没有哪些设计能够适应所有出版商的喜好。虽然关注的人很多,却没有多少人真正采取行动。”

企鹅出版社的副董事、创意执行总监保罗·巴克利说:“我们对于这些新鲜元素所能产生的好处还不清楚。现在还无法确定这部分额外投资能不能带来足够的收益,读者会不会买账。”巴克利每年负责超过 800 种图书封面的设计和制作,如果更改根本设计模式的话,需要的投入将非常大。另外,由于大多数出版商的艺术部门都还处于相对传统的状态,并不能立刻适应电子设计对技术方面的要求。即使出版商愿意聘请技术过硬的新设计师们,也还需要投入更多的资金购买相关设备。

目前电子书的发行方式也给电子封面的发展造成了障碍。许多电子书网店都不使用最通用的 PDF 或 JPG 格式,所以需要出版商针对电子书格式进行调整。不同商家的不同格式需求更让出版商不胜其烦:例如苹果公司的 iBook 网店仅使用 EPUB 格式,而他们的强劲对手亚马逊则使用 MOBI 格式。

封面的意义

国际电子出版论坛总监比尔·麦克义说:“我觉得叫它们封面也许不太合适。将它们视作一种对内在内容的介绍更为准确。”对麦克义来说,电子书封面的意义和一部电脑游戏的片头或一部影视光盘的目录页更相似。对于许多人来说,这些介绍都远不如具体内容重要:正如许多人会直接跳过电脑游戏的片头画面,许多电子图书读者也会直接进入正文,想要看到封面的话反而需要手动向前翻页。已经在出版界打拼 30 多年的阿伯拉汉姆出版社设计总监西摩尔也认为："图书封面的危机已经持续已久，传统意义上的封面已经消失很久了。像亚马逊这样的网站已经使得充当封面的图片同时还要提供许多其他信息。我并不知道未来的封面究竟会是什么样子的。"

尼尔森数据公司在 2012 年初发布的一份白皮书中肯定了封面（书名、封面图片、作者简介、目录等）和销量之间的联系。报告称，提供封面的电子书销量是无封面电子书销量的 2.68 倍："当图书行业在数字时代持续发展壮大的阶段，诠释数据的重要性还会越来越凸显。"图书封面受到社会变迁的影响，已经不再是单一的产物，而需要和其他数据一起竞争，以吸引人们的注意力。

"图书的内容归根结底也是数据。这一数据将成为商业成功与否的关键。"麦克义说道。对于新形态的图书封面，他建议出版商采取经常在杂志出版中使用的封面测试：比如设计 20 种封面，观察比较销量。"设计师需要更具有数据分析意识，通过这种研究来打造专门的设计方案。"

戈德伯格和她的学生们一直不断地进行着传统图书设计和多媒体相结合的尝试，他们还不清楚最终想达到何种具体的目标。"在未来的两年内竞争会非常激烈。利润会下降，竞争对手会越来越多。"她说，"出版商不会坐以待毙的"。企鹅出版社的保罗·巴克利也表示："不管是纸质书还是电子书，总归是需要封面的。但变化是一定会有的，正像生活中所有的事情一样。"

（岳　月　编译）

电子屏延续书写传统

人们经常说,好记性不如烂笔头。很多人有随身带着记事本的习惯,比依靠大脑记忆要更为可靠。随着科技的发展,手机、平板电脑里也有记事本功能。同时,为了寻求真实的书写感受,硬件厂商们对于手写笔的设计也颇费心思,力求每一处细节近乎完美,尽可能还原传统书写方式带来的本真快乐。

不妨“双本在身”

2013年,谷歌公司发布Google Keep,它与Evernote走的是不同路线。谷歌公司称,Google Keep主要为了帮助人们随时记录生活中的突发奇想。用户可以通过Google Keep快速记下所感所想,甚至可以插入清单及照片,并可将这些内容储存在云端,同步到自己所有的移动设备中,方便随时查看。而Evernote则是一个可以存放资料,并进行阅读、分析、检索的文件库,相对来说能够更加系统地对信息进行管理。打一个不恰当的比方,如果说Evernote是一个存储了重要信息的系统资料库,那么Google Keep则是一个小巧的便签,可以随时记录心情的点滴。

在中国E人E本公司首席运营官方礼勇看来,记事本的功能可以细分成两种:要么记录系统观点,要么涂写随感。他透露自己多年来一直都有随身带记事本的习惯,现在更是“双本在身”——一本传统纸质记事本,外加一台带有记事本功能的商务平台,平时一有灵感就随时记录下来,“光是随笔就记了有几百万字了”。当然,作为公司领导,他经常需要出席会议或者商业谈判,相比之下,与会时的记录内容就更具有系统性。因此,针对人们不同类型的笔记,商家在研发笔记类产品时也会有不同侧重。

可以直抒胸臆

但凡用过三星公司 Galaxy Note 的手机用户，想必一定会对其中的 S Note 留下深刻印象，金融行业从业者王越就是其中一位。“我用过的手机品牌不少，但 S Note这个多功能记事本却让三星更多一份自身的品牌特色。”王越从事金融行业，但私下却是个绘画爱好者，这得益于他从前的一段国画学习经历，“这款手机配备了一支手写笔，相对于手指触屏操作，手写笔操控起来更加精准，这也方便我在手机记事本上随时书写，甚至涂鸦作画。”

或许是记事这项功能又引起了人们在触屏时代对于书写这一传统的怀念，越来越多的厂商将创新放在了“手写”这一领域上。当采访者提出这一问题时，方礼勇饶有兴趣地打开了他办公室里的书橱，一眼望去，其中不少图书都与“手写笔记”这个概念相关，包括《活用一辈子的笔记术》《一张 A4 立即成为生活效率王》等。作为中国国内知名的平板厂商，E 人 E 本公司一直致力于对平板书写功能的不断研发及创新，方礼勇表示书写始终是一种无法替代的记录方式，“国外有一本著作，翻译过来叫《为什么需要书写》，相比于键盘输入，书写其实更能够激发人的创造力。尤其是对于东方文化而言，电脑键盘上的字母需要相互组合敲击，才能转换形成自己的母语字符，而书写直接跨过转换这一环节，可谓‘直抒胸臆’，因此东方人会对书写这种方式产生更高的依赖性”。

书写比键盘更快捷，但速度快并不是书写取胜的全部因素。因为真要论速度，语音比书写更快。有一种构想是，如果直接靠语音录入来做笔记，岂不是更加便捷，能否就此说明电子设备的笔记功能未来将朝着语音记事的方向发展？然而多加考量，就会发现这一构想并不能成立。方礼勇表示，语音录入固然快速，但对其使用的场合却有较高要求。比如，当处于多人环境时，语音录入会打扰他人，或导致语音内容泄露。另外，即便是顺利地完成语音笔记，事后再听取也会浪费时间、精力，相比阅览文字时能够达到“一目十行”的高效节奏，听录音的效率显然有些低了。可见，之所以在做笔记时，书写直到现在仍是首选的方式，就在于它在速度与适用场合的广度之中取得了平衡。

笔尖上快乐无穷

提到书写，就不得不说到笔。其实，在电子设备上用笔记这件事，看起来最不科技，但实际上又最需要科技。在三星推出 Galaxy Note Ⅱ时，三星电子大中华区移动通信部总裁李镇仲就表示，这支重新设计的 S Pen 笔杆大了一圈，笔尖的敏感度及精确度也有所提升。

然而想要真正设计出一支考究的手写笔，打造近乎完美的书写体验，需要考虑的细节并不止这些。尽管宣传得如火如荼，但采访者在体验时发现，目前市场上不少手写笔的书写效果并不尽如人意，一是部分笔的握感不适，二是书写速度有所延迟，三是电子手写笔写出的字迹与用普通笔写出的字迹差别较大。看似不过是小问题，但却会让人对用手写笔书写产生障碍，从而失去想要继续使用的欲望。

让用户满意的最好方法，就是永远想在用户的前面。方礼勇认为，小到手写笔笔杆的尺寸，大到笔的压感设计，甚至于电子设备的屏幕材料，都会影响书写感受。以 E 人 E 本新品 T7 为例，它配备的是一支直径 1 厘米、长 14 厘米、重 9 克的全尺寸手写笔，之所以选择全尺寸，是为了让用户在握感上与正常的笔保持一致，并且还将推出可更换的包括马克笔、毛笔、钢笔在内的 6 种笔头。另外，T7 采用 8 英寸的高清 OCA 全贴合显示屏，显示屏出色的透光率和清晰度使书写体验更加真实。这一番科技举措颇费心思，但用方礼勇的话来说，其实“只是为了还原书写的快乐”。

（岳　月　编译）

低价电子产品市场反响好

诺基亚公司2013年第二季度推出了一款型号为Asha 210的低价智能手机，售价仅为72美元。三星、苹果等高端手机品牌已经抢走诺基亚大部分市场份额，诺基亚希望借此增强其日益下滑的手机业务的竞争力。事实上，很多公司都曾打着“全球最便宜平板电脑”“全球最便宜手机”等噱头推出不少廉价电子产品，如今这些电子产品市场反响如何呢?

近年来，印度已经逐渐成为全球“低价产品”的试验场和销售中心，各大商家一般都在印度首先推出各类低端或低价产品，然后逐步扩展到全球其他市场。2012年末，印度发布一款Aakash 2的7英寸平板电脑，售价仅为20美元，号称全球最便宜平板电脑。不过，据了解，这款产品利润太低，未能获得零售商的青睐。采访者走访了新德里最大的电器连锁超市之一Croma，该商店并未出售这款产品，而另一家Aakash专卖店也正在装修中。这款“白菜价”平板电脑其实是加拿大“数据风”公司的产品，在加拿大几次展出都无人问津，从未真正投入市场。加拿大人认同的“低价平板电脑”以亚马逊Kindle Fire为标准，售价约200加元(约合1207元人民币)，是苹果产品价格的一半左右，市场接受度比较高。

在印度的Croma商场里，采访者见到的两款最便宜的平板电脑由印度本土公司Milagrow和Micromax生产，价格分别为6990卢比和4799卢比(1卢比约合0.114人民币)。这两款平板电脑都使用安卓4.0系统，硬盘4G，而Milagrow产品的内存只有521M，这些配置更像是一部放大版手机。据店员介绍，这两款产品功能相对少些，采访者也发现它们的屏幕显示十分粗糙。当采访者询问价位1万卢比左右销路最好的平板电脑时，店员先后向采访者推荐了韩国和中国的几款产品。

采访者在商场看到,在平板电脑这一展位,苹果品牌占据半壁江山,另一半为印度本土品牌和外国其他品牌,其中印度本土品牌价位相对较低。有印度朋友告诉采访者,这些本土平板电脑多是学生使用,价位较低。

低价电子产品并不只是在印度畅销,一向讲究实惠的英国人,挑选手机以及其他智能通讯设备的首要原则就是便宜。最新一代苹果手机,防水且具备高清摄影功能的索尼手机,还有五颜六色的诺基亚新机,这些都不是多数英国人的最爱。一部最新款苹果手机至少需要500英镑,这对很多英国人来说,是月收入的近三分之一。不少普通消费者更青睐一些商业街上推出的廉价手机。在伦敦,当地最大的手机销售连锁店之一Carphone Warehouse眼下卖得最火的是阿尔卡特OT-228手机,因为这部手机售价只有2.95英镑,比英国人去酒吧喝一杯啤酒还要便宜一英镑多。在英格兰西北部城市曼彻斯特,采访者和当地商业街上的一家电器商店的经理路易斯聊起眼下"哪种平板电脑卖得最好"。路易斯指着一款Versus Touchtab 7欧款平板电脑说,这款容量有8G的电子产品只卖69英镑。

在德国,"最便宜"也往往代表"最畅销"。特别是阿尔迪、利德等著名连锁廉价超市,每月都会推出一款"最便宜"电子产品。比如,2011年,利德超市推出了华为智能手机IDEOSX3,售价只要99欧元。当时,首批上市的3.5万台华为手机在不到两个小时内被抢购一空。2012年,德国柏林Txtr公司在法兰克福书展上展示了一款售价为10欧元的电子阅读器,不过该款产品上市后售价为59欧元。据了解,这些低价产品售后服务也有保证,一般都能一年保修,两周内无条件退货。德国《商报》预计,未来低价产品会更多。

因为税收高,竞争不激烈,加拿大电子产品价格往往比美国邻近城市的同类产品高出25%以上。据了解,加拿大最廉价的电脑是各种戴尔"光板机",比同档配置的惠普等品牌机便宜约三分之一,甚至更多。但加拿大用户对戴尔的售后服务抱怨极多,近年来选用惠普品牌套机的比例大增。

韩国的手机市场一直被三星垄断,HTC、摩托罗拉、黑莓等手机制造商都已撤出韩国市场。据韩国媒体报道,诺基亚准备向韩国市场推出超低价手机,售价仅102美元,这款手机凭借低廉的价格已在世界多国取得不错的销售业绩。

"廉价产品是不是未来大众消费市场的趋势?"受访的十多位英国民众几乎人人点头。但在路易斯这样的零售业者看来未必如此,价格超低的电子产品往往在用户体验上很难令人满意。他们认为,目前全球的电子通讯产品制造还远没有实现机器人流水线生产,制造成本无法迅速下降。

(戈壁沙　编译)

日本 PDF 格式写真集纸质版、电子版共存

美国亚马逊的电子阅读器 Kindle，于 2012 年通过日本亚马逊正式登陆日本，这一年被日本出版界戏称为“电子书终端的本命年”，不仅 Kindle 在日本的零售价低廉，而且读者使用 Kindle 购买电子书的通讯费用也由亚马逊负担，这让日本读者对 Kindle 抱有热情。日本出版印刷行业著名的图书装订家桂川润，对图书电子化向来持怀疑态度，一直消极观望。2013 年，他不仅购买了 Kindle，并且从装帧、印刷、装订领域进军出版领域，推出了两本 PDF（Portable Document Format）版电子图书——PDF 版电子写真集。这在日本出版印刷行业成为热门话题。

装订家变身“电子出版家”

能够推出两本 PDF 电子写真集，也是因为一个偶然的机会。

一位家住宫城县南三陆町的摄影家，为了出版自己的写真集，拜访了多家出版社。出版社看了书稿都说不错，但想出版就爱莫能助。一直以来，纸质图书的出版形势严峻，其中，纸质写真集更是“出版社不愿出、书店不愿卖、读者不愿买”。抛开商业性，单说写真集在编辑制作、印刷装订以及发行销售方面的成本，与以文字为主的图书相比就要高得多。

尽管屡次碰壁，这位摄影家还是坚持出版自己的创作成果。他认为出版电子写真集或许有可能，于是通过熟人介绍找到桂川润。

在 2011 年“3・11”日本大地震中，有 3 个县是重灾区，宫城县是其中之一。在灾后重建中，日本经济产业省把“提升受灾地区存储知识能力”作为国策之一，在这

3个县启动了“内容紧急电子化事业”。不过截至目前，效果并不明显。那位居住在宫城县南三陆町灾区的摄影家，连电子阅读器也没有见过，在第一次见到桂川润时，甚至提出了“存储是什么意思”之类的问题。

在这种情况下，桂川润只好自己想办法。把写真集书稿当作素材，没有著作权的约束，没有设计上的框框，具体采用什么格式由自己选择。经过反复比较以后，桂川润决定采用 PDF 格式。从计算机到手机、电子阅读器，都可以读取 PDF 格式。

从技术角度看，PDF 格式电子写真集有什么意义？桂川润认为，一是日本现有电子教科书最大的特点是传统纸质图书的页码概念消失了，PDF 格式电子书与此相似；二是采用 PDF 格式，无论出版纸质书还是电子书都很方便，可以两者兼顾；三是 PDF 电子写真集在阅读时可以随意放大或缩小，这对纸质写真集来说是不可想象的；四是使大量不能以纸质版出版的写真集书稿有可能以电子版形式出版。以上两本 PDF 格式电子写真集，可在桂川润个人网站的书店里检索并下载。

在制作 PDF 格式电子写真集的同时，桂川润把自己撰写的由日本新曜社出版的纸质版《书本是个东西》的部分章节，也制作成了电子书。

探索纸质书电子书共存之道

一石激起千层浪。桂川润制作的以图片为主的 PDF 格式电子写真集以及以文字为主的 PDF 格式电子书，在日本出版印刷行业引起很大反响。

在日本，2010 年是“国民阅读年”，这一年同时又是“电子书元年”。2011 年发生大地震，在受灾县市，传统的纸质出版物的出版、印刷、发行体系遭受重创，而只要有手机、平板电脑和电子阅读器等，就可以在线阅读图书报刊，收听新闻，获取信息。2012 年，如上所述，Kindle 登陆日本，这一年又成了日本的“电子书终端的本命年”。2013 年前后，一批以当代作家日垣隆、数字出版机构会长植村八潮为代表的激进的作家、出版家提出“要让电子书畅销全日本”，言下之意就是纸质书可以“寿终正寝”了。

然而，对于日本出版发行印刷界的大多数人士来说，更愿意走中庸之道：不是纸质书被电子书取代，而是纸质书与电子书共同发展。作为“亚洲出版的旗帜”，传统出版和现代出版一个也不能少。所以，不少业内人士认为，桂川润的尝试，客观上是在探索纸质书与电子书共存的有效途径。

（周官妹　编译）

网　络

修订版《国际电信规则》不具法律约束力

据《纽约时报》报道，2012 年 12 月，在阿联酋迪拜召开的国际电信世界大会上，与会的 89 个国家代表签署了修订后的《国际电信规则》，美国则联合欧亚非澳等洲的 55 个国家拒绝签字。美国彭博社报道称，新规则给予所有国家平等接触国际电信业务的权利及拦截垃圾邮件的能力，被美国等认为"威胁互联网的开放性"。美国互联网巨头谷歌的反对声音吸引了大量关注。有媒体指出，美国在此次会议上的立场是在谷歌等企业的密集游说下形成的，谷歌、脸谱等均以"反对对网络设限"为由支持美国立场。

巨大的分歧使该会议从一开始就火药味十足，激烈的争执一度使谈判陷入崩溃的边缘。会议主办国阿联酋希望此次会议能够修订 1988 年通过的《国际电信规则》，推动所有国家平等管理互联网。中国、俄罗斯和沙特等国支持阿联酋的提议，但美国、加拿大、英国等则极力反对，要求保持目前美国掌控互联网的局面。美国代表团团长克雷默宣布拒绝在新规则上签字。俄罗斯代表团团长安德烈遗憾地说："美国是互联网之母，我们赞赏这一点，但是美国不应对网络安全之类的词汇如此抱有戒心，俄罗斯已经作出了让步，美国却一点也不让步。"拒绝签字的国家有加拿大、丹麦、澳大利亚、挪威、埃及、肯尼亚、希腊、芬兰等。

彭博社引述国际电信联盟发言人萨拉赫的话表示，拒绝在新规则上签字的国家将继续只接受 1988 年规则的约束。按照原定程序，本次大会修订的《国际电信规则》因未能有超过 160 个国家签字，不具有法律约束力。路透社将此次会议比做"一场 1500 人参演的真人秀"。除了美欧、俄中阵营的较量外，西方媒体还指责国际电信联盟"试图介入国际互联网管理"，批评该会议不透明。

美联社称，会议最后阶段已不再讨论新规则的具体条款，而是关注互联网的本质及谁应该负责互联网的管理。修订后的《国际电信规则》是互联网时代到来后首个网络规范。阿联酋《海湾新闻报》称，大会争论的实质是各个国家是否在互联网的技术领域有平等的权利。《纽约时报》发表评论说，此次会议中，美国的立场受到了加拿大和欧洲国家的支持，而俄罗斯、中国和一些发展中国家则与其针锋相对。下次国际电信大会将于 2014 年在韩国召开。

（乔海洋　编译）

2013年互联网域名扩展

最近，一些网络官员表示，大幅扩大网络地址数量的计划——增加“.buy”、“.casino”和“.gay”等1000多个新域名——可能会给互联网运营造成大范围的混乱。

扩展“.com”“.gov”等现有域名的努力已持续数年，并将进入至关重要的新阶段。2013年7月中旬，网络业界官员汇聚南非德班召开互联网国际会议，在2013年夏天结束前，新的域名将以每周20多个的速度不断增加。

这项计划引发了投资者之间的争夺，他们渴望获得对新域名的控制权，因为这些域名每年的许可证费有望达到几十亿美元。但一群批评人士直言不讳地说，考虑到全球互联网的基础结构可能遭受到冲击，域名扩展的速度和规模不够谨慎。企业、大学和个人用户所拥有的计算机网络之间的互动，是全球互联网的基础。

特别令人担心的是可能出现的大范围“名称冲突”：当企业内部的计算机系统所使用的“.corp”或“.home”等域名越来越多地被分配进互联网时，这种情况就会发生。一些专家说，这可能会导致系统瘫痪，无法登录邮箱或使用内部程序，敏感信息也有可能被窃取。

总部设在雷斯顿的威瑞信公司负责管理几个最常用的域名，该公司首席安全官丹尼·麦克弗森说：“这可能影响到百万家企业。绝对有可能破坏业务。”

麦克弗森等安全专家说，负责监管网络地址的非营利组织国际互联网名称和编号分配公司（ICANN）尚未对新域名造成的影响进行充分的研究，也未就系统故障制定应急措施。可能构成风险的域名包括“.med”和“.center”，这类域名对医疗系统或应急网络的运转至关重要。

代表数百家大型企业的美国广告代理商协会也表达了类似担忧。2013 年 3 月，互联网交易网站 PayPal 发表公开信说："恶意滥用的可能性非常大，即使没有恶意，也会造成巨大的附带损失。"

但这项计划的辩护者认为，这样的担心没有必要。他们辩称，人们早就对潜在的问题有所了解，因此，这些问题会在新域名获批前得到解决。国际互联网名称和编号分配公司首席安全官杰弗里·莫斯说，由于新域名的发布将是渐进式的，人们将有时间在未来几个月对出现的问题加以控制。

莫斯说："这并不是一列令人一筹莫展的失控火车。我们不会作出任何有损互联网安全或稳定的事情。"

美国负责监督网络安全问题的官员通过美国商务部下属的国家电信和信息局发表声明表达了对管理域名程序的信心，他们说："我们期待这些问题将在国际互联网名称和编号分配公司内部的股东大会上得到讨论和解决。"

任何获得新域名控制权的人都将可以出售许可权，而拥有许可权就可向相关新注册的网站收取费用（通常为年费），部分费用将用于资助位于加利福尼亚州南部的国际互联网名称和编号分配公司。竞购一个域名的成本约为 18.5 万美元。

（吴娣伊　编译）

2013年古巴网吧允许公众上网

2013年以来，古巴劳尔·卡斯特罗政府在古巴境内陆续开放了118家公共网吧。除了上网费用较高外，公众上网还有诸多限制，其中一条是“禁止利用网络从事危害或破坏公共安全、领土完整、经济发展以及国家独立和主权的活动”。据了解，目前网吧1小时的上网费用相当于古巴普通百姓一周的生活费。

公共网吧由古巴国有电信企业古巴电信公司管理，提供三种服务，收费各不相同：国际网络收费4.5美元/小时，内部网络加上收发国际电子邮件收费1.5美元/小时，内部网络收费0.6美元/小时。古巴一位博客写手称，网吧很小，上网费用只有一小部分人负担得起，大部分人上网是为了收发电子邮件，这个服务费用比上网漫游要便宜些。

自从古巴政府允许从酒店或者电信公司办公室接入互联网以来，有些网页长期被禁止访问。不过从2013年以来，古巴人可以上网浏览国际报纸电子版或者不同政见者以前被封锁的本地博客。

虽然古巴互联网连接率在拉美国家中最低，但最近几年互联网已成为古巴人新的政治战场。有关人士在网上开通博客，抨击美国政府妄图利用经济和技术制裁阻止古巴人民享受网络服务。

古巴政府表示，网络之窗已在古巴打开，这得益于一条连接古巴和委内瑞拉、长1600公里的海底光缆的开通。政府官员表示，技术和资金限制是古巴私人上网受限的主要原因。

（孟斯咏　编译）

《愤怒的小鸟》激活芬兰网游产业

2013 年 3 月 22 日，动画片《疯狂原始人》在北美上映。曾成功推出《愤怒的小鸟》的芬兰罗维奥(Rovio)公司与梦工厂合作，根据这部电影开发制作了同名手机游戏。该游戏是罗维奥公司的第一款模拟经营类游戏，也是罗维奥公司在《愤怒的小鸟》之后所做的又一次有益的尝试。

《愤怒的小鸟》是罗维奥公司迈入第 8 年所制作的第 52 款游戏。在《愤怒的小鸟》之前，罗维奥公司名不见经传，虽然开发过 51 款游戏但反响平平，2009 年初甚至几乎破产。但自从《愤怒的小鸟》2009 年底一鸣惊人之后，近几年来罗维奥公司不满足于只做游戏生产商，而是要努力成为顶级的娱乐品牌。截至 2012 年底，罗维奥公司已拥有超过 2.63 亿的月活跃用户，实现了游戏下载量超过 10 亿次的目标。从 2009 年 12 月登陆苹果 App Store 以来，多数时间这款游戏都名列前茅。即使现在，它依然是热门中的热门。是什么契机让罗维奥公司推出了这个畅销全球、各个年龄段都爱不释手的手机游戏呢？这只长寿的“小鸟”的奥秘究竟在哪里，而这只“小鸟”又是怎样使芬兰的网络游戏产业实现良性发展的呢？

成功的主要元素

(一)好的发行策略和发行商是成功的保证

罗维奥公司营销主管 Matt Wilson 说：“我们很早就认识到，进军主流市场并不容易。因此我们在小国家采取了跟随战术。”《愤怒的小鸟》上市第一站选择了芬兰的苹果应用商店，由于芬兰的手机游戏市场规模并不大，《愤怒的小鸟》在初期仅靠口碑便顺利地成为了最畅销的游戏。在游戏取得了初步成功之后，罗维奥公司的策略是先从北欧等小型市场试水，随即推向欧洲与北美市场，乃至全球。《愤怒的小鸟》随后在丹麦、瑞典、希腊、捷克等规模较小的游戏市场取得了成功。为了将《愤怒的小鸟》推广至主流的欧美市场，则必须依靠完善的行销策略及媒体资源。罗维奥公司找到了知名的游戏发行商 Chillingo 合作。这家发行商已经成功销售过多款游戏，而且与苹果保持着良好关系。

2010 年 2 月 11 日，苹果同意将《愤怒的小鸟》置于英国应用商店当周首页。之后这款游戏便迅速从 App Store 第 600 位左右攀升到第 1 位。到 4 月份，已经成为美国 App Store 下载软件的第一名，并在玩家与各大游戏媒体中获得了相当正面的评价。

(二)核心优势的延续

一般一款手机游戏的生命周期仅仅几个月，而为了延续《愤怒的小鸟》的核心优势，罗维奥公司采用了两种方法：多平台增加用户数量和多任务增加用户黏性。

1. 多平台增加用户数量

《愤怒的小鸟》在苹果 App Store 取得成功之后，继续进军 Android 平台。由于当时 Android 的付费机制尚未成熟，因此罗维奥公司采取了与苹果截然不同的策略，发行了内嵌广告的免费版本，在 Android 平台创造了 2000 万次的下载量。同时罗维奥公司还推出了浏览器版、脸谱版以及游戏机版，以吸引更多的用户。游戏机版的《愤怒的小鸟》支持索尼 PS3、微软 Xbox 360 和任天堂 3DS。

2. 多任务增加用户黏性

在多任务上，罗维奥公司的做法是不断推出新版本。罗维奥公司非常重视节日版和随季节更新的季节版，目前已经推出了 15 个版本，每个主题的背景音乐和风格都不同。2012 年 8 月 21 日，罗维奥公司宣布联手美国著名流行乐队绿日乐队(Green Day)推出《愤怒的小鸟》音乐特别版，旨在吸引音乐用户，与音乐进行互动营销。绿日乐队的成员在游戏中扮演“坏猪”的角色。罗维奥公司此次对音乐领域的涉足，为之后进入游戏和动画人物的影视改造打下了基础。

罗维奥公司与电影公司有着丰富的合作经验。2011 年 3 月，罗维奥公司发布了与 20 世纪福克斯合作开发的以同名动画电影为主题的游戏《愤怒的小鸟：里约大冒险》，这个游戏下载量 10 天就突破了千万大关。2012 年 11 月，罗维奥公司推出了《愤怒的小鸟：星球大战》，并推出了 PC、Mac、iOS 及脸谱游戏平台各版本，游戏中借用了美国流行文化中影响较为广泛的星球大战元素，吸引了大批的游戏用户。

（三）游戏设计简单、易操作

游戏设计简单、容易上手是《愤怒的小鸟》获得超高人气的最大原因。《愤怒的小鸟》所有的操作非常适合手机触摸屏，只要拖动弹弓即可完成，简单易学，让受众一开始游戏就能轻松过关，获得成就感。关卡设置也较合理，随着关卡的增加，游戏难度逐渐增大，激发了用户的好胜心。

罗维奥公司在选择游戏方面具有清醒的头脑。罗维奥公司的游戏都很容易上手，力求让游戏运用最少的文字说明，这是提高游戏上手度的重要元素。任何人都能马上学会如何游戏。但是，在一见倾心之后，游戏又有一定的深度，值得去继续探索。

《愤怒的小鸟》与芬兰游戏产业

诺基亚曾是芬兰的骄傲，但随着这家科技巨头的衰败，芬兰正寻求实现经济多元化发展。芬兰的游戏产业已有几十年的历史，《愤怒的小鸟》的成功给整个芬兰游戏产业注入了一剂强心剂，让芬兰政府更加坚信以游戏产业为核心的 IT 业，将成为国家新的经济增长引擎。芬兰的游戏行业已成为这个只有 500 万人口的北欧国家的高增长细分产业。

《愤怒的小鸟》的成功使得芬兰游戏市场取得了快速发展。由于这一产业的腾飞，更多的风投机构开始关注芬兰的游戏产业。芬兰游戏开发商之间的关系很复杂，在一些领域是竞争对手，但在其他一些领域是合作伙伴，并在寻求海外扩张的过程中相互分享经验。

罗维奥公司曾在 2011 年获得 4200 万美元的风险投资，还力助 Supercell、Grey Area 等本地竞争对手吸引到国外投资者。据移动数据监测机构 App Annie 的数据，截至 2012 年 11 月 21 日，《愤怒的小鸟》是 2012 年下载次数最多的付费游戏，而 Supercell 公司开发的游戏《部落战争》(*Clash of Clans*)已成为美国苹果 App Store 收入最高的 iPhone 应用。

根据国际游戏开发商协会芬兰分会公布的数据，2011 年芬兰游戏产业营收同比增长 57%，达到 1.65 亿欧元。为了推动本国游戏产业的持续稳定增长，芬兰政府计划对未上市增长型企业的少数股权投资免征税款。有了这种政策上的扶持，加上游戏产业社区的繁荣、良好的产业生态系统和《愤怒的小鸟》的成功案例，游戏公司会更愿意留在芬兰赫尔辛基，而不是迁址美国硅谷以寻求融资。游戏公司认为他们从芬兰走向全球是有可能的，毕竟拥有像罗维奥公司这样鼓舞人心的成功案例。

《愤怒的小鸟》的商业化开发

《愤怒的小鸟》是罗维奥公司的核心业务，但游戏却不是罗维奥公司梦想的全部，罗维奥公司一直致力于效仿迪士尼的发展轨迹。在罗维奥公司的构想中，《愤怒的小鸟》不仅是一个游戏品牌，还是一个包括销售、游戏、电影、电视剧、动画片的娱乐品牌。

《愤怒的小鸟》为游戏开发商进入发行领域开辟了一条全新的品牌之路，罗维奥公司正通过品牌授权将《愤怒的小鸟》迅速地推向全世界。

罗维奥公司 2011 年总收入的 30%都来自于毛绒玩具等授权产品。2012 年，除图书、贴纸、饭盒和服装之外的周边收入超过 4 亿美元。副业的全面铺开导致该公司仅有一半的员工直接参与游戏部门的工作。虽然拓宽产品范围减轻了原创游戏程序的压力，但游戏依旧是公司业务的中流砥柱。

在具体的运作方式上，罗维奥公司与迪士尼选择了不同的方式。迪士尼商业运作采用的方式是用高成本生产优质产品，然后高价卖出；罗维奥公司的衍生品涵盖了低端到高端全产品线，而且低价格的比例更多些。迪士尼的主题乐园全球闻名，罗维奥公司的选择是做成本较低、不需要很多电力和安全措施的街心公园类的非主题公园产品。

产品多样化一直非常关键，罗维奥公司要学习迪士尼的模式成长，还需要开拓更多的产品，不能仅仅依靠单一的产品线，还要在玩家和品牌上做足文章，对自身品牌进行维护，并让它增值。迪士尼拥有着更多的卡通明星，超过了罗维奥公司所有“小鸟”和“小猪”的数量总和。

未来罗维奥公司要发展仍需打造多种产品，如果长期持有单一的产品而无法开发出新的品牌产品前景便会堪忧，长此以往也许诺基亚便是前车之鉴。

（张　倩　撰写）

网络“愤怒小鸟”投身太空“星球大战”

2012 年 10 月，游戏《愤怒的小鸟》的芬兰开发商称，该款游戏的新版本背景设定为电影《星球大战》中的宇宙世界，游戏中还将出现该系列电影中的英雄和反派角色。

美国网络媒体 CNET 报道说，芬兰罗维奥公司称，在这款新游戏中，小鸟将在人们熟悉的《星球大战》星系中与猪对决。该游戏将同时发布苹果 iOS 版、安卓版和电脑版。

在《愤怒的小鸟》星战版游戏中，作为游戏主角的小鸟将扮演电影《星球大战》中的那些无所畏惧的主角——例如卢克·天行者、莉亚公主和汉·索罗，而邪恶小猪们则投奔黑暗阵营，扮演达斯·维德及其他星系邪恶分子的角色。

罗维奥公司已经在与卢卡斯电影制片公司合作开发这款游戏。卢卡斯电影制片公司主管营销的副总裁保罗·萨瑟恩对《今日美国报》记者说：“你将会看到具有猪的特征的达斯·维德和帝国冲锋队队员。”游戏中将出现卢克·天行者的老家塔图因星球以及冰雪行星霍斯。

美国玩具业巨头孩之宝玩具公司称，已经与卢卡斯电影制片公司达成协议，将制造和销售以《愤怒的小鸟》星战版为主题的玩具产品。2012 年 11 月，孩之宝玩具公司的新生产线开始批量生产。

相关链接

迪士尼重金收购卢卡斯影业公司

2012年10月30日，美国迪士尼公司董事长罗伯特·伊格宣布，迪士尼公司出资40.5亿美元收购卢卡斯影业公司，后者拥有"星球大战"品牌的所有权。这一价格与2010年时迪士尼公司收购奇迹影片公司的价格不相上下。随着《复仇者联盟》在全球赢得15亿美元的票房，收购奇迹公司的交易目前已经开始得到回报。卢卡斯影业公司可能会使迪士尼再创辉煌。

迪士尼看中的是"星球大战"这一品牌在全球的巨大潜力。《星球大战》的故事共设有1.7万个人物，生活在成千上万个星球上，前后横跨2000年。这就给星球大战周边产品创造了很大潜力。

下一部《星球大战》电影正在筹备当中，将于2015年上映。迪士尼公司计划每两三年推出一部新的《星球大战》电影。

迪士尼公司此前已经与卢卡斯影业公司的创始人、导演乔治·卢卡斯建立了合作关系，在几个迪士尼公园推出了"星球大战"主题游乐设施。卢卡斯最近帮助迪士尼升级了这些设施，这一主题一直是最受游客欢迎的板块之一。收购卢卡斯影业之后，迪士尼公司旗下的所有分支现在都可以彻底地利用"星球大战"这一品牌。预计迪士尼公司将推出更多的电视节目、图书和相关商品。

卢卡斯本人将继续担任《星球大战》系列电影的顾问，而最近成为卢卡斯影业公司联席董事长的凯瑟琳·肯尼迪将留任卢卡斯影业总裁。

卢卡斯在2012年前后推出的三部《星球大战》电影在"星球大战"发烧友当中并不受欢迎，但票房很高。《星球大战前传1：魅影危机》是所有《星球大战》电影中票房最高的，总票房达到9.83亿美元。尽管《星球大战》电影过去一直由20世纪福克斯公司发行，不过从现在开始将由迪士尼公司发行了。

即便迪士尼公司推出的《星球大战》达不到《复仇者联盟》的水平，但大量星战迷（尤其是年轻影迷）仍将拥入影院。

这次收购延续了罗伯特·伊格的商业模式，即购买那些内容丰富并且拥有创造型人才的公司。2006年，迪士尼收购了皮克斯动画影片厂。这项交易使迪士尼推出了像《玩具总动员3》（10亿美元票房）和《汽车总动员》（5.6亿美元票房）这样的热卖影片。2010 年，迪士尼购买了奇迹影片公司，后者不仅给迪士尼带来了《复仇者联盟》，还有《雷神》和《美国队长》续集，以及未来的《复仇者联盟》续集和《蚁人》。迪士尼还负责发行梦工厂的电影，这意味着迪士尼目前与乔治·卢卡斯和史蒂文·斯皮尔伯格进行合作。

（郑红梅　编译）

2012年俄罗斯实施网络审查法

2012年11月1日零时，俄罗斯网络审查法正式生效，非法网络信息举报网站正式开通。俄罗斯国际文传电讯社称，20小时内，该网站收到3400余条举报信息，当天有6个含儿童色情内容的网站已被列入"违禁信息统一清单"。俄罗斯反对派对这一法案表示担忧，"这有可能成为相关部门镇压持不同政见者的工具"。不过，全俄民意调查研究中心公布的数据显示，73%的俄罗斯人对"网络黑名单法"（网络审查法）表示支持。俄罗斯社会院成员普列谢耶娃称法案十分及时，"民众热烈欢迎网络黑名单法，并做好准备与相关部门一起对网络进行监督"。

俄罗斯《新消息报》报道称，根据新法案，传播儿童色情、毒品、诱导儿童自残内容的网站在被举报后，如果两天内未删除相关内容，该IP地址将被列入黑名单。俄联邦通信、信息技术和传媒监督局称，多数情况下不需要封锁IP地址，而是由通信运营商使用替代方式过滤网站内容。在新法案实行的第一天，俄联邦通信、信息技术和传媒监督局就将6个含儿童色情内容的网站列入黑名单，禁止这些网站的内容在境内传播。

俄罗斯《独立报》称，法案一经推出立刻得到相当高的网络支持率，举报网站开通第一天就接到大量举报信息，但同时也遭到黑客攻击。俄罗斯国家杜马副主席热列兹尼亚克对网站开通表示支持，"此举有助于加强网络服务商和网民个人的自律性，网站应该在被举报之前就主动清理不良信息"。俄多数民众对"网络黑名单法"表示赞同，认为这项法案能够有效保护儿童免受色情、暴力等不良信息的侵害。俄罗斯演员克留科娃表示："我有3个孩子，在他们使用网络时我都在尽量监督他们，但还是很难防止他们浏览不良网站。色情内容会严重影响他们的心理健康，我支持这一法案，目前网络上有太多对孩子成长有害的信息了。”

尽管大多数俄罗斯人对法案表示赞同，俄罗斯国内及西方仍不乏反对声浪，认为当局可能借此压制网络自由。2012 年 7 月，当该草案还在国家杜马审议时，俄文版“维基百科”就关闭网站一天以示抗议，俄最大的搜索引擎 Yandex 也表示反对。路透社发表文章称，普京重新当选总统后，反对派领导人被逮捕，互联网出现新的控制措施，梅德韦杰夫曾经废除的诽谤法也重新生效。

俄罗斯政治家马卡尔金表示，政府新推出的网络管理法案很可能成为相关部门镇压持不同政见者的工具，“他们可能会禁止网络上出现任何批评政府的信息，否则相关网络将被关闭”。俄罗斯社会学研究所专家贝佐夫认为，该法案无法得到遵守，“这是镇压反对派的法律”。位于圣彼得堡的人权组织“公民观察”副主席瓦德里对英国广播公司说，“政府一旦开始关闭网站，就意味着关上了民主的大门”。

对于反对派及西方的指责，有俄网民认为“只要不发布非法信息，不管是网络公司还是个人都根本没有什么好担忧的”。《莫斯科共青团员报》援引莫斯科律师协会成员尤利索夫的话表示，如果网站传播非法信息，如色情和极端主义等内容，就应当被关闭，“中东国家发生的动乱与一些网站的煽动有直接关系。多数俄罗斯居民都支持法案表明，人民需要社会稳定，避免出现动荡”。俄罗斯作家阿尔巴托娃认为，这一法案有利于防止违反俄罗斯法律的网络信息传播，可以有效防止国内发生民族冲突，从而维护社会稳定。此前俄罗斯法院决定将曾在伊斯兰世界激起反美浪潮的短片《穆斯林的无知》定性为极端主义影片，并禁止在网络上传播，从而避免俄罗斯发生种族和宗教冲突。

（吴娣伊　编译）

网络游戏带动服装业

动漫形象、游戏元素催生并带动各种衍生产业，在欧美诸国、亚洲的日韩早已是普遍现象。而在中国，这种现象也越来越多，比如服装业。

帮助一只小鸟凭借丘陵与风的力量，飞越各个大陆，手机游戏《翼飞冲天》使令很多年轻人上瘾，界面从最初的土黄色逐渐变为绿色、蓝色，当阴沉的天色逐渐追赶上你的指尖速度与小鸟之后，小鸟不得不进入休眠状态，而当小鸟成功飞越大陆的次数增加之后，配乐风格也随之变得轻快起来……游戏的魅力就是这样，总让人在捏了把汗之后感受到骤然放松的愉悦感，相信很多游戏玩家都对此感同身受。类似的闯关游戏随着触屏手机的出现越来越多，游戏版本的更新换代在数码领域中更是平常的事。这样的游戏不仅只是一项娱乐项目，也带动了服装业的发展。

让服饰“娱乐”起来

与《翼飞冲天》《愤怒的小鸟》这样的手机、网络游戏应用程序相同，赛车与棋类等一些数字时代的休闲、竞技游戏场景在2013年春季服装系列中充当了重头戏，无论是路易威登的棋盘图形礼服还是菲利普·林具有拼字游戏效果的街头标语T恤，机智、幽默、时尚代表着一种更加具有“娱乐精神”与“体育精神”的设计意识。而把这种意识发挥到极致的非普拉达莫属。2012年冬季，他们曾在太阳眼镜宣传策略中称其广告创意为“现实与虚拟游戏的互动”。广告讲述了一对墨镜“折”入爱河的故事，以经典的电子游戏“arcade”为原型，塑造了一个可以变形、盘旋、飞行、旋转、弯曲来克服和躲避普拉达障碍的配饰“男主角”——男士黑色折叠墨镜需要经历种种冒险，一路走向电子游戏的终场，在那里征服女士版白色折叠眼镜“公主”，最终以浪漫表白结束，其中的各种关卡满是普拉达经典的旅行箱、鳄鱼皮迷你手袋与羊皮纸手提箱。女装设计师李子丹对于这部短片的期待恐怕比那两款墨镜还要热切，“这个视频是由米兰 Modecracy 工作室制作的，对于配乐，普拉达选择了与英国电子淑女(Ladytron)乐队合作，这个乐队是电子金属音乐的先锋，节奏风格鲜明。这样具有动感的经典街头游戏为许多想要为严谨服饰‘换血’的设计师带来了很大的发挥空间，加之之前英国奥运会时盛行的概念化体育元素，一并为服饰中的娱乐精神提供了良好氛围。那些苹果手机、iPad 总有没电的时候，而衣橱可以是永远闪烁的娱乐背景屏幕。”

2012 年，普拉达也曾以“静”为主展示了一场更加端庄优雅的游戏，其 2012 秋冬系列广告设置在一个紫色背景的超现实环境中，两位势均力敌的模特隔着巨大的棋盘凝视对弈，当另外三位模特在 T 台上来回踱步玩起捉人游戏、更换太阳眼镜、躺在长毛绒地毯上时，音乐节奏也逐步加快。时长一分多钟的广告强调了每个细节的变化：颜色深浅渐进的头发、复古的未来派印花外套、厚实的高跟鞋。穿插于幻境之间的不真实感，再次证明了一系列品牌动作的用意：在虚拟世界中制造现实世界。

打动目标消费群体

如果说现实生活像一部电影，那么丰满有趣的情节离不开每个人扮演的不同角色。那么一个有趣的时尚品牌也是如此，在引领潮流之外，还需要表达智慧与幽默的一面。IDX 爱定客订制体验品牌总经理党启元坦言：“我们的涂鸦素材库中的确有不少与游戏相关的素材，有这种设计要求的群体自然是非常喜爱游戏的，游戏有他们某些精神层面的寄托，同时他们会希望把游戏中的元素，例如角色形象、游戏场景、团队徽章融入到现实生活中，表现他们的爱好与身份。”党启元就曾经接触过这样的订制客户，当时网络游戏《狼队》授权给他们十几个游戏的素材图片，有一位用户看到这些图片非常兴奋，他希望能为游戏战队的玩友订制一套战队鞋，“他要求既要体现游戏风格，还要考虑到战队中每个人的个性，设计师在了解了这些需求后，利用游戏的主战场图形，为每个人的角色形象制作了素材，再加上每个人的专属电绣签名，来满足个性化要求，让他们在网络之外产生了更多的联系和共鸣。事实上，服装早已超越了最基本的功能需求，人们会更多地看中服饰的精神诉求。比如赛车游戏出现在服装设计与广告营销中，就会很好地表达服饰所代表的激情，追求速度或者突显明快服装结构的内涵，更容易打动潜在目标群体。这种服饰中的娱乐精神，本质上就是设计师与消费者共同扮演双重层面角色的表达。”

促进另类服装产业

当游戏被植入服饰时可以呈现出很多形式，但最易表达的莫过于善意的调侃或整蛊互动。起源于法国南部的品牌 PULL－IN 一向玩味风格浓厚，于 2012 年 9 月正式在中国内地绿色能源购物中心之一——芳草地（Park View Green）开设了首家概念店。店内装潢采用酷黑作为主调，与色彩缤纷的产品形成强烈对比。在如此戏谑风格的氛围中谈及游戏这一话题时，PULL－IN 品牌负责人认为服饰中的娱乐精神既是设计需要，也是带给人们愉悦体验的一种正能量。“我们一直遵守着这样的理念，在给人们带来舒适穿着体验的同时，增强人与人之间的情感沟通，充满趣味，无论男女老少，都可以感受到慰藉和激励。PULL－IN 与卡西欧手表品牌之一 G－SHOCK、华纳兄弟、游戏《雷曼疯狂兔子》《海绵宝宝》等都有过合作，因此会推出许多充满趣味的动漫、游戏图案和涂鸦，例如美国队长、蜘蛛侠、绿巨人等都是各个年龄层的消费者所熟悉并喜爱的元素，游戏‘娱乐’已经渐渐发展成了一种服饰中的大众文化，同时也促进了另类服装产业的发展。”

（韦锦官　编译）

打　印

3D 打印的划时代意义或将显现

国际上有专家认为，3D 打印技术或许具有蒸汽机或电话那样的划时代意义，很可能预示着新的工业革命。

瑞士 EPFL 研究所运营主任奥利维耶·奥尔莫说："现有技术仍然存在局限性，但我敢肯定在未来一二十年里，3D 打印技术的大众化水平将经历某种意义上的革命。"

3D 打印技术的基础是标准 2D 打印、模具机械加工等领域的发展。

首先，我们可以通过计算机绘图或者扫描实物的方式生成三维数字设计图，然后将设计图分解成许多二维"截面"，再将截面数据输入打印机。

打印机会把一层层很薄的打印材料（如塑料、碳或金属）叠加起来，最后制造出一件实物。只要为打印机设定相应的打印程序，那么无论坚硬的还是柔软的产品都能够制造出来，甚至可以制造出活动部件，而不只是一整块坚硬的东西。

欧华律师事务所技术专家西蒙·琼斯说："从理论上讲，我们今天拥有的一切物品都能通过 3D 打印技术生产出来。这种技术很可能改变整个制造业。"琼斯表示，3D 打印技术可以直接在产品需求的地点进行生产，因此具有环保潜力，而且能够以更低廉的成本进行小规模生产，不会因为制造大量产品而导致浪费。这种技术的用途不只是用来复制业已存在的物品。

比利时马特里亚利斯公司的卡拉·范斯滕贝亨说："这种技术提供了现有制造业无法提供的可能性。"该公司的业务是为客户打印设计样品。

范斯滕贝亨举例说，可以根据病人特定的解剖学特征订制用于治疗断骨的螺丝。与传统螺丝相比，订制螺丝能够降低骨质疏松的发生率。她强调说："这种事情是无法用传统技术实现的。这样的领域包含巨大附加值,使不可能成为可能。”

特里斯坦·雷诺所在的公司负责利用3D医疗图像数据制造模具。他说:“必须承认,3D打印技术距离主流还很遥远,但是它的出现表明暗流正在涌动。”

雷诺的同事、公司技术总监埃里克·齐格勒认为,考虑到3D打印机的价格,在今后一段时间,网络3D打印服务可能继续成为全社会使用3D打印技术的主要方式。

现在已有多款3D打印机进入消费市场,零售价格在2000美元左右。与计算机一样,随着需求的增加和技术的进步,3D打印机的价格有望逐步下降。

联合国世界知识产权组织负责人弗朗西斯·格里指出,到2015年,全球3D打印业产值有望达到37亿美元。2012年全球货物出口额为18.3万亿美元。格里表示,虽然从全球来看3D打印业产值规模尚小,但有望保持较快增长,2019年将达到65亿美元。

相关链接

3D打印微型肝脏

凭借装填细胞的3D打印机,在实验室培育出肝脏的想法进一步接近于现实。这款打印机由美国加利福尼亚州圣迭戈的奥加诺沃公司发明,未来的新版本可能会制造出肝脏供移植。该公司生产的微型肝脏具有真正肝脏的大多数机能。为制造这种肝脏,打印机叠加了约20层肝实质细胞和肝星状细胞,这是两种主要的肝细胞。至关重要的是,它还添加了来自血管内壁的细胞。它们形成一张精妙的管道网向肝细胞供应养分和氧气,使细胞组织得以存活5天以上。细胞来自手术或活组织检查中切除的多余组织。

以一两层细胞为基础的现有肝脏试样只能存活两天,而且机能少于这种微片。

这种微型肝脏的逼真结构和机能使之能准确预报药品等物质的毒性。肝脏合成白蛋白,这种肝蛋白质能扩充血浆容量,向全身输送激素、盐分和药物。它们还生成胆固醇和主要解毒酶,前者运载血流中的脂肪,后者代谢肝脏里的药物。

奥加诺沃公司的最终目标是制造出与人的肝脏同样大小、适合移植的组织,当前的一大障碍是要能够打印出更大的血管网为器官提供养分。该公司2013年在波士顿的实验生物学年会上展示了这种微型肝脏。

美国大学生制造3D打印手枪

通过3D打印技术,我们可以复制从艺术品到人体器官等各种物品。任何人都可以在家里打印一把可用的左轮手枪的可能性,为这一革命性技术敲响了警钟。

这把被制作者科迪·威尔逊命名为"解放者"的手枪,8个月前还只是一种理论猜想,现在已经成为现实。

威尔逊是美国得克萨斯大学一名25岁的学生。他表示,一旦完成测试阶段,他计划公布相关的三维图形文件,供所有配备3D打印机的人使用。这把手枪样品由16个零部件组成,以ABS树脂为原料,除了击发装置,均可以使用斯特拉塔西斯公司的Dimension SST型打印机打印。

他将具体的图形文件上传到了一家网站。组装完成后,这种手枪可以使用多种口径的常规子弹。样枪还配有一个金属部件,以便被金属探测器发现。

一旦这种制作武器的新方法得到普及,犯罪案件、精神失常者发动的袭击以及因为武器走火死亡的儿童数量会增加吗?最重要的是,存在防止其发生的措施吗?

(李文清　编译)

3D 打印迅速扩大市场

有目共睹，3D 打印市场正在迅速扩大。美国业界调查机构认为，到 2021 年，世界 3D 打印机市场将扩大至 2012 年的 5 倍，可达到 108 亿美元。

2012 年，世界 3D 打印市场规模为 22.04 亿美元。航空、汽车和医疗领域的企业正在不断引入 3D 打印技术，其市场规模在过去 3 年间年均增长 27%。

美国拥有的 3D 打印机数量最多，占全世界总数的 38%；日本位居其次，占 9.7%；德国为 9.4%，名列第三位；中国为 8.7%，名列第四位。

使用 3D 打印可在没有模具的情况下制作产品，这可以削减成本、缩短开发时间。业界人士认为，这可以带来制造业的革命性变化。很多企业正在普及这一技术。

2013 年以来，5000 美元以下低价 3D 打印机的需求下降，这已经成为业界话题。自 2008 年至 2011 年，这一市场每年扩张 4 倍。2012 年的增长率仅为 46%。分析人士认为，这是由于有需求的人大都购置了这种设备，因此市场已经初步饱和。下一步，业界需要思考如何拓展个人用户市场。

同时，对 3D 打印机用途的讨论也在不断增加，其中就有 3D 手枪的问题。2013 年 5 月初，美国得克萨斯州一个团体已经打印出了几乎所有的部件，并在网上公布了设计图纸，这引发了争议。

美国政府出于安全担忧要求这一团体停止公布设计图，虽然这一团体接受了政府要求，但设计图已经被包括日本、韩国在内的世界各国用户下载 10 万次以上。

（岳　月　编译）

谁将主宰3D打印市场

近几年来，3D打印行业在全球掀起技术革新浪潮。就全球来看，美国是3D打印的领头羊，有成熟的技术和良好的受众环境。赛迪顾问副总裁李珂2013年在第六届中国开放论坛的分论坛——3D打印技术与制造业发展论坛上表示，美国的3D Systems和Stratasys两家企业约占全球60%的市场份额。欧洲已实现数字化规模生产，法国、德国、比利时都有技术较强的3D打印企业。此外，澳大利亚、南非、日本也有各自的3D行业发展规划。而中国的3D打印目前还处于行业拓荒阶段。

行业形态是“自给自足”

整体而言，3D打印行业规模有限，现在还没有形成产业链分工。从打印原料到打印机设备、耗材和设计方案，基本上是由同一家3D企业完成。据李珂透露，3D Systems在打印机、原材料、设计方案的销售额基本上是1∶1∶1。未来3D打印市场会不会像传统打印产业一样，原材料的利润比打印机本身还高，还有待观察。

目前，人们普遍看好3D打印的前景。据美国调查公司Wohlers Associates预测，3D打印的全球市场规模到2021年将达到108亿美元，是2012年的5倍。而2012年3D打印机的市场规模同比增长29%。以航空、汽车、医疗领域为中心，企业的引进意愿比较强烈，增长率也高于过去3年的平均值(27%)。面向工业的3D打印机装机量按国家进行统计的话，美国占38%，位居第一；其次是日本，占

9.7%;第三位是德国,占 9.4%;第四位是中国,占 8.7%。

最大打印企业在美国

赛迪顾问发布 2013 年《中国 3D 打印发展现状及趋势战略研究》称,3D Systems和 Stratasys 是世界最大的 3D 打印企业。3D Systems 公司总裁兼首席执行官埃布·骆肯陶介绍,3D Systems 公司主要业务是出售打印机、打印原材料以及为客户提供打印服务。其客户主要来自于交通运输业、娱乐业、保健业、汽车公司、牙医器械公司、玩具公司等。很多学校也逐渐成为 3D Systems 公司的客户。

面对激烈的市场竞争,骆肯陶表示,公司有两大前景:一是实体制造业,事实上,公司打印机的一半都销往制造企业;二是消费者,随着 3D 打印机的价格不断走低(3D Systems 公司的打印机价格为 1 万~3 万美元),中小学校和家庭都成为 3D 打印机的潜在买家。3D Systems 公司副总裁凯西·路易斯表示:"在 3D 打印技术发展的前 20 年,有 50 万到 100 万人直接使用 3D 打印技术。未来-10 年,我们希望有 1 亿人到数十亿人参与其中。"全球 3D 打印巨头 Stratasys 公司的董事局主席斯科特·克伦普也表示,Stratasys 公司完成收购 MakerBot 后,将推出单价 5000 美元以下的 3D 打印机,拓展普通消费者的市场。

3D 打印可能是把"双刃剑"

2012 年美国将 3D 打印列为 11 项重要技术之一,并建立国家增材制造研究所,全球热炒 3D 打印概念。从 2012 年下半年,中国企业界开始关注和投资 3D 打印。然而,有不少专家指出,此举有跟风之嫌。"人手一台 3D 打印机"的乐观市场预期固然为中国企业带来机遇,但同时也不能忽视中国企业在这个行业面临的挑战。3D 打印行业目前正处于"强强联合"的整合阶段,美国 Stratasys 公司和以色列 Objet 公司合并就是一个很好的例子。对在这个行业发展滞后的国家来说,进入市场的门槛无疑提高了不少。

比利时专门从事 3D 打印软件和驱动设计的 Materialise 公司副总裁维姆认为,目前有中国企业在研制 3D 打印机和提供 3D 打印服务,但几乎没有企业专门从事材料和软件的研发。他坦言,欧美国家在材料和软件研发方面掌握了许多核心技术,中国企业应当专注于做出高质量的产品,这不仅要求有顶尖的设备,还需要有相应的材料科技、软件研发以及出色的设计,诸多要素缺一不可。

此外,中国是全球最大的制造业中心,优势在于大规模制造成本很低。李珂认为，如果3D打印机在市场上普及，将会对中国的制造业造成很大威胁。日本也有同样的担忧。一位日本大学教授对采访者表示，日本在面对3D打印机时，比任何一个国家都要纠结。因为在模具制造、生产等领域日本积累了大量的先进技术和经验，这是日本曾经称霸世界制造业的重要基础，也是“日本制造”(made in Japan)能够在全世界获得很高评价的重要因素，而3D打印机可能会让日本在几十年间积累的模具生产制造技术优势逐步消失。

3D打印还会使很多行业的知识产权受到侵害。比如一个工业设计公司设计出新产品，3D打印企业可通过反向设计，做出该产品的模型并放到网上。李珂预测，3D打印行业发展后，侵犯知识产权特别是外观设计等的纠纷会大量增加，未来亟待政府和行业的规范与管理。

（吴娣伊　周官妹　编译）

美国 3D 打印的“蝴蝶效应”

日本人认为，明治维新发源于印刷技术革命。而当今的美国人则认为，从复制业中诞生出来的 3D 打印技术，可能将在美国乃至全球引发“第三次产业革命”。

20 世纪 50 年代，纽约是美国制造业之都，是服装生产、糖加工工业和机器制造业中心，四通八达的高速路连接着城郊的大片住宅区和工厂。1950 年，有 100 多万人在这里从事制造业。而今天，这一数字已下降至 8 万人，这些人受雇于家具厂、食品加工商和曼哈顿服装中心区，为专业生产商制作日用产品。

世界制造业中心从纽约转移到美国西部，再从美国西部转移到日本、中国。而现在，世界制造业中心正向东南亚和巴西转移。

2011 年以来，美国《经济学人》杂志接连推出数期重磅的封面报道，致力于探讨发达国家制造业的复兴。在这些专题中，一个理念逐渐清晰：也许，只有发生第三次产业革命，才能挽救美国制造业的颓势。

3D 打印技术“粉墨登场”

一百多年以来，美国一直是世界制造业的领头羊，如今以绝对实力而言，仍然与中国并驾齐驱。麻省理工学院校长苏珊·霍克菲尔德援引数据称，美国制造业的总产值与中国基本持平，而所用的劳动力仅为中国的 10%。另一方面，美国制造业贡献的产值仅占到美国 GDP 的 11%。

不可否认的是，尽管制造业产值在美国经济中并不占据主要地位，政策的制定者却依然注重制造业的发展，美国的研发资金中有 68%用于制造业。因为制造业既可以创造就业岗位，又可以遏制生产技术的外流，同时又有助于经济发展和创新。

苏珊·霍克菲尔德同时兼任奥巴马政府的“先进制造业合作计划”(AMP)的主席，这个计划旨在联合企业与高校一同创造就业岗位、提升竞争力。

奥巴马对复兴制造业表现出相当的兴趣。2012年3月，奥巴马就公开提议，要投资10亿美元建立“全美制造业创新网络”，以带动制造业的创新和增长。

这一提议在8月份成为现实，白宫发表声明，将在俄亥俄州的扬斯敦建立一家制造业创新研究所，研发3D打印技术。美国国防部、能源部和商务部等5个部门将共同出资4500万美元，其余4000万美元由当地的企业和社会机构募集。

这一次，3D打印技术粉墨登场，在《经济学人》的数次渲染中，这个名词即将成为“第三次产业革命”的核心。

发生产业革命的可能性

按照传统的说法，第一次产业革命发生在英国，机械取代了手工劳作，诞生了现代意义的工厂；第二次产业革命发生在美国西雅图，由福特开创的流水线工业生产方式使得规模化生产成为可能。而第三次产业革命，也许即将发生在南卡罗来纳州，它的历史使命则是使工业回归至单个产品的精细加工，在数字化技术的帮助下，降低订制产品的成本。

查克·胡尔(Chuck Hull)的3D Systems公司总部就在位于南卡罗来纳州的落基山下。从外观上看，那只是一幢不高的建筑，没有人会联想到这里将会是第三次产业革命的发端之地。

而在厂房里面，则是一派未来工厂的景象。在数十台机器中，只有两名工作人员在聚精会神地工作。他们坐在控制室的玻璃窗后面，唯一的工作就是对着屏幕敲击键盘。厂房里的机器都是打印机。它们在打印的不是普通的纸样，而是各种物品。有些机器足足有汽车那么大，有些则只有微波炉大小，有的在“打印”珠宝，有的在“打印”义肢或者汽车零件，这些被打印出来的东西，20%是样品，其他都是可以直接使用的商品。

现年73岁的查克·胡尔拥有60多项专利，其中一项名为“立体平版印刷”的专利奠定了3D打印技术的基础。这个专利非常简单：使用一束紫外线使一层薄薄的液态塑胶凝固，并不断重复这个过程，一层层叠加在一起，就能成为立体三维的样品。由于喷头可以使用电脑操纵，只要在电脑上设计好了喷涂的图样，就能浇塑出你想要的任何形状。

现在，许多消费品、机械零件和建筑模型都可以用 3D 打印制作样品，供工程师、设计师和客户评估效果。任何的改动都可以在几个小时内重新打印，而不像以前那样需要几周时间制作模型。有些设计师已经在使用塑料和尼龙材料“打印”可以穿的鞋和衣服。只要不是真皮，和衣服相关的所有人造材料都能“打印”出来。

3D 打印技术带来的革新，更多地体现在“让成本更加自由”这一点上。现在，3D 打印能让设计师生产出个性化产品。减轻重量，也是 3D“打印”出来的零部件的一大魅力。在 3D 打印中，物品是一层一层地浇筑上去的，这就可以做到物尽其用。3D 打印机可以打印出整个物品，省去了组装这一步。

采用 3D 打印，还可以节省一大笔原料成本。在航空航天业中，金属零件常由昂贵的钛固体坯加工而成，这可能意味着 90%的材料被砍削掉，而且这些碎屑对飞机的制造毫无用处。3D 打印能用剩下来的钛粉“打印”飞机门上的支架甚至卫星部件，也就是将废弃的材料重新利用。

另一方面，3D 打印机依赖强大的电脑软件生成极其复杂的设计，并用 3D 打印将其转变成实物。对设计师来说，这是一种全新的设计语言。

比利时 Materialise 公司使用 3D 打印工艺生产一系列产品，主要是医疗设备。例如，在金属植入体中注入健康的、晶格状的天然骨骼内部结构，生产出的产品会比机械加工品更轻便，强度却不会有任何降低，且更易与病人自身的骨骼接合。对 Materialise 公司来说，更重要的是，现在他们能够随意按患者的实际需要设计出合适的产品，而不用再去经受模具厂的盘剥了。

延伸“中国＋1”式战略

对美国等发达国家来说，它们希望从 3D 打印的变革中获得的，并不仅仅是极客的奇思妙想，而是整个世界制造业版图的重新划分。

千诗碧可是一家在美国销售香薰蜡烛的公司，从前这些蜡烛都是在中国制造运往美国。2011 年 6 月，这家位于马里兰的公司在总部附近开设了一家高度自动化的工厂，理由并不是海外成本上涨，而是因为拥有一家能够进行研发的美国工厂有利于公司对市场新趋势做出更快的反应。

过去很多公司都采用了“中国＋1”式战略，通常在亚洲生产力成本较低的国家另设生产基地。现在这个思路正在延伸为将生产设备都移回发达国家，因为一旦市场风向有变，公司很难迅速做出反应。

一般来说，供应链各环节库存时间共计约 30 天。过去，任何新设计至少 6 个月后才能变成产品。现在，公司在两三周内就可以将设计转化为成品送到消费者手上。

正如《经济学人》所描述的，随着3D打印等高自动化、数字化的产业兴起，劳动力成本正变得越来越不重要：一台499美元的第一代iPad，只有约33美元的劳动力成本，其中在中国组装的成本只占了8美元。境外生产正逐渐搬回发达国家，并不是因为工人的工资上涨，而是由于公司现在要更贴近客户，这样才能更迅速地依据需求来改变产品。

据波士顿咨询集团估计，到2020年，目前美国从中国进口的工业产品中，有10%至30%可在其国内生产，这将每年给美国增加20亿～55亿美元的产值。

高科技密集

这种产品设计者与客户之间的新型产业关系，淋漓尽致地体现在Ouirky公司。这家公司并没有离开纽约，两台3D打印机、一台激光切割机、几张铣床、一间喷漆房和其他寥寥可数的设备组成了一个小工厂。Ouirky的主营业务，是为别人的创意订制产品。

Ouirky公司每周推出两种新产品。用户的创意如果有足够多的人喜欢，产品开发团队便设计出原型，用户可以对其进行点评，并为营销出谋划策，然后通过3D打印制作样品。Ouirky公司负责找到合适的制造商并销售产品，同时给提出创意的设计者提成。

迄今为止，Ouirky公司最成功的产品是一种蛇形的插线板，售价29.99美元，带有可调节插座的延长电线。顾客可在这种可变插座中插上不同类型的充电器，使用起来更加方便。该产品销量突破了20万件，其设计者是一位名叫杰克·锡恩的高中生，他已从中获利12.4万美元。

和Ouirky公司类似的社群式制造厂在纽约地区快速发展。这种新型制造业的特色是高科技密集而非人力密集。这些工厂的最大价值，不是制造，而是服务。而3D打印技术则使这类社群式制造厂的存在成为可能。

3D打印技术让产品设计到制造之间只有一个“打印”按钮的间隔，第三次产业革命将会由大规模制造转向个人化生产，社群协同制造的关系会改变制造流程，借此打破跨国代工产业链。这是发达国家对3D打印生产最现实的期待。

“星星之火”

3D打印最大的优势是“增加机器就可以提高产能”。机器是一次性投入，仅需要考虑电费，人力加工却要不断投入。3D打印更大的颠覆性在于产生了柔性供应链。在传统制造业模式中,客户提出生产需求时,需要根据市场预期确定每批生产数量后开展批量生产,一旦工厂投入运作,即使供过于求或供不应求,生产线都很难再停下。而 3D 打印则可先打印实验性产品,依据市场反馈再做决定。

未来 3D 打印将使一些传统制造中心的地位下降。例如中国深圳手机业的优势在于高效的供应链系统,上下游均能清晰掌握市场的走势,一旦产品滞销或者热销即可调整生产策略。但在 3D 制造时代,这些都不重要。3D 打印可即开即停,工厂无论设在中国深圳还是美国纽约,均可获得足够的产能与反应速度,人力成本、技术水平均可忽略不计。

不可否认的是,对精细工业来说,3D 打印的材料和设计的成本仍然很高,大多只适用于产业的上游企业。

据行业网站的数据显示,2011 年全球 3D 打印市场规模为 17.1 亿美元,2012 年同比增长 25%,达到 21.4 亿美元,2015 年全球 3D 打印市场规模将达到 37 亿美元。相比其他传统产业,这点产值虽然微不足道,但焉知“星星之火”不会成“燎原之势”呢?

(戈壁沙　编译)

德国印刷业"爱情地图"带动旅游业

德国印刷业持续繁荣的原因,除了印刷技术不断改进以外,还有就是创意不断。例如,近些年"爱情地图"在德国盛行,不仅让印刷业赚得盆满钵满,并且带动了旅游业。手捧充满油墨香的"爱情地图",年轻恋人们追寻着地图中的爱情之路,结婚多年的夫妻则重温浪漫的爱情足迹。

从印刷角度看,与一般的地图不同,"爱情地图"显得异常温馨。地图底色为温暖的粉红色,并点缀着一颗颗心形图案。地图的几个角上有诸多可爱的小天使,似乎在对人们说:"祝你们爱情甜蜜。""爱情地图"汇集了德国 100 多个与爱情相关的"圣地"。每一个地方除了名称外,还标有一颗心形图案。采访者了解到,"爱情地图"几年前由德国著名的《时代》周报的德国地图编辑组策划制作,印刷发行后受到恋人们的欢迎。地图还受到德国联邦家庭部、旅游局和各地政府的大力支持和推广。

据"爱情地图"的编辑介绍,德国是世界上单身和离婚比例最高的国家之一,制作"爱情地图"是为了让结婚多年的夫妻借助这些"爱情圣地",重新发现爱情的魅力;而对于年轻恋人来说,则是为其指引加深感情的好地方。

不言而喻,"爱情地图"的爱情圣地大多历史悠久,像德国的克伦巴赫市,那里的圣米夏埃尔教堂埋葬着情人节之父——神父圣瓦伦丁。在情人节来临之际,圣瓦伦丁的墓碑四周摆满了鲜花。古罗马时期,暴君克劳多斯宣布废弃所有的婚姻承诺,目的是让更多男人无所牵挂地走上战场。圣瓦伦丁神父偷偷为相爱的年轻人举行教堂婚礼。事情被告发后,圣瓦伦丁神父在 2 月 14 日这天被送上了绞架。后来,教徒开始在 2 月 14 日圣瓦伦丁的忌日举行纪念活动。在这一天,未婚年轻男子可以从一只盒子里抽签，盒子里放的是写着年轻姑娘姓名的纸条。他们可以跟被抽到名字的姑娘一起跳舞，并成为情侣。36 年前，克伦巴赫的居民开始宣传情人节之父的故事吸引游客，如今这里已经成为德国人公认的“爱情圣地”。

其他德国爱情城镇也各有特色。在巴伐利亚的“接吻镇”，年轻恋人会到小镇的牌子前接吻留念。而科隆自 2008 年在其铁桥上批准挂爱情锁后，目前桥上已经挂了 4 万多把爱情锁。石荷州的奥亭镇还有一棵 500 年的“新郎橡树”，树上有一个神奇的爱神邮箱。每天上午 10 点，邮差都会爬上梯子，把世界各地写给爱神的信投进邮箱。人们还可以选取其中一封信寻找自己的有缘人。

“爱情地图”自从出版以来，销量一直增加，更推动了德国“爱情游”的发展，其中尤以“爱情酒店”最受欢迎。如德国贝恩卡斯特尔－库斯的“爱情童话酒店”，每个房间都有一个爱情童话主题，比如白雪公主的“玫瑰房间”等。德国的安贝格镇还有一个世界上最小的豪华旅馆“蜜月屋”。这家旅馆只有一个房间。1728 年，一位当地人盖了这间小屋租给家境并不富裕的新婚夫妇。据称，在这家旅馆住过的新人，从没有离婚的。

而位于新天鹅堡附近的德国小城富森更是“爱情游”的典范。每年，这里吸引着一批批来自世界各地的婚礼团。这里还有许多有关爱情的东西，比如爱情博物馆、提供情侣食谱的爱情餐馆、爱情巧克力店等。众多旅行社还纷纷根据“爱情地图”推出“爱情游”路线，深受情侣们的喜欢。

（岳　月　编译）

荷兰普通消费者尝试3D打印

科学发展推动技术发明，技术发明又带动科学发展，循环往复，以至无穷，由此促进人类社会不断从低级阶段迈向高级阶段。如今的3D打印技术是不是又在演绎这一规律呢？

家住荷兰西部小城哈勒姆的西尔维亚女士想要给快过生日的女儿买一件礼物，不需要太贵重，但希望能很特别。思来想去，她来到了市中心一家名为3DVSP的小店，以女儿的一幅涂鸦作品为蓝本设计了一个造型独特的图案，借助新潮的3D打印技术，将其打印成一个独一无二的钥匙扣。

技术走进生活

2013年初，荷兰首家面向普通消费者的3D打印商店正式开业，让许多人得以第一次亲密接触3D打印。

这家小店门脸并不大，是在一家宽敞的玩具店中租赁了一个小小的角落：一个普通的玻璃柜台里摆放着诸如耳环、手链以及钥匙圈等小饰品，还有各色各样的手机保护套。柜台的旁边，一个小小的立柜上放着一台白色的3D打印机。

“现在的顾客都特别喜欢个性化的东西，喜欢自己来设计，我们的打印店也就应运而生了”，店主汉娜科女士对采访者说，“我们选择把小店开在这里是因为喜欢这里自由创意的气氛，以及各种客流所带来的商机”。

满足客户需求

“我们这里只有一台3D打印机，它有两种色彩，只能打印25厘米×25厘米以内的立体物品”，汉娜科介绍说，“我们其实想要做连接客户与大型 3D 打印工厂之间的桥梁。所以，顾客到我们这里来说明自己的想法，我们可以为他们做 3D 制图，然后让工厂进行生产。即便你想要打印一座自己的雕塑也没有问题，我们可以帮你来实现，这就是我们的价值所在。”

招呼完几个前来询问的客户之后，汉娜科继续颇有些得意地介绍说：“我们的客户群主要是那些想要有个性产品的人，他们想要拥有一些独特的东西，装饰他们的衣橱或者家。”她说：“现在许多人都看重产品的个性。”

汉娜科的男朋友向采访者介绍说，这台 3D 打印机所用的材料是 ABS 塑料纤维或者聚合物材料。这位帅气的男士指了指正在工作中的打印头，接着说道：“这些纤维线卷就好像传统的打印纸一样，但是它们是被吸进通往打印喷头的小管中，在打印喷头内被高温熔化成胶状，然后再根据事先设计好的三维数据，被逐层叠加到打印面板上，以形成三维立体物件。”

空间从二维变成三维

看着虽然新鲜，但是实际上，3D 打印并不是一个新概念。在 20 世纪 80 年代，这种技术就已经在工业界与研究领域被普遍用于快速原型技术。历经 20 多年，这一昔日被人们认为是异想天开的奇思妙想，已经成为一项时尚技术。它与平面打印基本按照逐行喷绘的原理相类似，只不过是由二维空间拓展到三维空间，是通过电脑控制将液体或者粉末等打印材料逐层喷涂叠加起来，最终形成立体的物品。

3D 打印的优势不言而喻。它不仅可以在短时间内生产出各种立体模型，而且随着技术的成熟，成本也将大幅降低。有人评价说，“只有你想不到的，没有它打印不了的。”

伴随着新一轮工业革命的不断深化，信息技术、自动控制技术与工业生产结合成为趋势，3D 打印技术正在日益得到推广，并且在进入民用领域之前，已经在工业应用领域得到了较大规模的发展。例如，奔驰、本田等汽车公司用 3D 打印技术制造汽车模具和配件；波音、洛克希德－马丁公司用它打造航模和零件；微软公司用它设计电脑鼠标和键盘；医疗设备机构用它为用户订制助听器和牙套；建筑师用它复制建筑模型。

2012 年，荷兰国家应用科学研究院研发了一台 3D 食品打印机，人们可借助这一机器以巧克力或其他食材为原料“打印”出各种造型奇特的食品。使用者只需要在电脑预先存储的 100 多种立体形状中挑选喜欢的造型，然后点击“打印”，注射器上的喷头就会将食材均匀喷射出来，以层层“打印”的方式制作出立体小甜点。

瓶颈主要在于时间

一项技术的市场接纳程度，无疑是和其成本息息相关的。看着身后正忙碌工作着的打印机，汉娜科又为采访者算起了经济账："这台打印机只要 1500 欧元，它使用两种颜色的线圈，每种颜色 35 欧元一卷，也相当便宜。所以我们的产品也卖得不贵，比如现在正在打印的这个手机外壳，只需 10 欧元。"

采访者瞄了一下柜台展示样品的价格，一个普通的手机套售价为 40 欧元。扣除租金、运营税收以及人工成本等，估计生意好的时候，店主起码可以对半赚钱。

不过，虽然盈利空间充足，但是时间成本使汉娜科面临难以迅速扩张的难题。

3D 打印所用的这种"叠加"生产模式，与传统制作工艺中的"剪裁装配"模式有着概念性的变化。它的优势主要在于可以一次性地制作完整物品，而不需要依赖后期装配。这对于生产难以进行零部件装配的产品有着巨大优势。

可正因为如此，目前 3D 打印还很难实现大规模批量生产，它的瓶颈主要在于时间。比如打印一个 ABS 塑料材质的手机壳就需要 1 小时，而使用聚合物材料则需要 24 小时，再用 24 小时冷却。

（李文清　编译）

日本 3D 打印立体雕像

轻点电脑屏幕上的“打印”按钮，一个 3D 立体模型犹如一份纸质文件跃然眼前，相片不再是二维画面，而变成一个立体雕像。这样的场景以前只能在科幻电影里出现，而如今已经变成了现实。2012 年 11 月，世界首个 3D 照相馆在日本东京开业，吸引了很多人竞相前往。

从平面写真到立体人偶

东京的表参道是日本最时尚的街区之一。在这一地区最繁华地段的一座大楼内，有一个像美术工作室一样的开放空间，任何人都可以进入欣赏。这就是世界首个 3D 照相馆，名为“OMOTE3D 写真馆”。采访者首先看到柜台中陈列着各种各样的“人偶”，它们以我们身边的普通人为原型制作，大小不一，但衣物的颜色与纹理、人物的表情与动作几乎与真人无异。这些就是该照相馆的“照片”，也就是通过 3D 打印机打出来的“人偶照”。

照相馆内部有一个空间，是为顾客“拍照”的地方。采访者看到一名摄影师单手拿着一个小型扫描仪正在给顾客“拍照”。在柔和的光线下，拍照者摆出自己最想被定格的姿态和表情。大约 15 分钟后，全身扫描完毕。主办者 PARTY 公司的项目主管伊藤直树向采访者介绍说，扫描后的顾客数据经过数据处理之后形成人体的三维模型，就可以通过打印机直接“打印”出人偶。顾客两个星期后可以取到立体照片。该照相馆的强项就是有一队专业人马来负责数据处理，使立体照片与真人尽可能相似。伊藤先生说：“3D 技术早有应用，但像我们这样专门提供照相服务的还没有，从这个角度来说，我们是世界第一。”

尺寸大小可变化

由于涉及技术秘密，采访者没能看到打印空间，但被允许观看了打印及制作过程的录像。采访者看到，打印机的长宽高大概都是1米左右，上面有一条粗粗的管子，机台上有很多白色粉末。伊藤先生介绍说，人偶就是从那个管子中直接出来的。据了解，3D打印是参照传统打印机的原理，设计师在电脑中设计好模型，再采用分层加工的打印过程，把需要的物品打印出来。传统打印机里装的是墨粉，而3D打印机用的原材料则根据所打印内容来选择材质。

这家3D照相馆能够制作的3D人偶有三种尺寸，小号的人偶10厘米高，一个人“照相”的价格为2.1万日元(约合1491元人民币)，如果是拍合影，人数超过3名以上的，每人1.6万日元；中号的人偶高为15厘米，价格为3.2万日元；最大的人偶20厘米高，价格为4.2万日元。伊藤先生说，目前他们拥有的技术最大可以制作35厘米高的人偶。当然，如果通过拼接的方式也可以制作和人同样大小的人偶，但那样成本太高。

这个照相馆的技术特征是扫描仪的小型化和短时间化。目前应用在医疗上的3D扫描仪个头都非常巨大，几乎相当于一个小型房屋，而这里使用的扫描仪一只手就可以拿动，轻巧便捷，但价格也十分昂贵，一台要400多万日元。打印机一台大约2000多万日元。

3D打印“前途无量”

这个扫描仪还有什么做不到的吗？伊藤先生对采访者说，这个扫描仪无法扫描人的头发和佩戴的首饰等，需要在电脑上进行技术加工予以复原。此外，儿童和宠物目前也不适合使用这样的3D打印技术，因为如果不能保持静止将会使扫描出的图形变形。当然伴随着技术的发展，这些都可能改进。

3D打印技术使人们不再需要机床或其他加工手段，只要通过一台打印机就可以直接把你所需要的东西生产出来。对于个性化生产、小批量多品种生产，这种技术非常合适，比如眼镜、手电筒等都可以打印出来。3D打印技术在医学领域也有应用，如制作假牙等。伊藤先生说，现在3D打印技术还被应用于制作工艺品、艺术品、生产零部件等。

当问及今后的打算时，伊藤先生说，目前OMOTE3D写真馆虽然只开张了几个月，但预约者非常踊跃，已经有 600 多人准备到此拍摄 3D 写真。“今后如果可能，我们希望在日本多建几家这样的写真馆。未来也希望在世界各地通过同样的方式，进行短期尝试或者建造更多的 3D 照相馆。”

（吴娣伊　编译）

3D打印使日常生活艺术化

在电影《十二生肖》中有这样一个情节——成龙戴了一副装有传感器的特殊手套，在触摸国宝“十二生肖”的兽首雕像之后，获得雕像各类数据信息，并储存进电脑；而与此同时，一台神奇的机器根据电脑中的数据信息即时制造出了一模一样的兽首，效果着实令人惊叹。这一场景并不只存在于电影里，据了解，美国街头将计划安装 Dreambox 的 3D 打印自动售货机，以供人们日常使用。这种不需要纸张、油墨的打印机，在不久的将来会对人们的生活产生重大影响。

可以打印“真人”

人们对于 3D 打印技术的追求一直孜孜不倦。3D 打印制造出一辆车尚可以理解，但如果是打印出一个“人”呢？那就需要科学家们丰富的想象力和大胆的创新能力了。其实在电影中早已出现过类似的场景，在《碟中碟 4》中，特工利用一台“面具复印机”成功打印出与他人面容完全一致的面具。然而如今现实中的探索者们则走得更远，仅仅打印一副面具已经不能满足他们。据美国有线新闻网报道，2013 年，法国的雕塑家盖尔·朗葛文已经初步打印出一个如真人一般大小的机器人。据了解，机器人 InMoov 已经完成头部、手臂及躯干部分。朗葛文在社交网站上即时与他人分享自己的制作过程以及心得感悟，他表示采用目前的 3D 打印技术制造出一位机器人朋友，某种意义上就跟组装宜家家居差不多，“现在机器人 InMoov 可以完成抓东西、摇头晃脑以及伸展手臂等动作，等我给它制造出脚时，相信事情会变得更加有趣。”

精准度高价格也高

在美国，Dreambox 要将 3D 打印自动售货机摆在街头，以便让人们能够轻松享受 3D 打印技术带来的乐趣。而在国内，全国首家 3D 打印体验馆已经正式落户北京工业设计创意产业基地，据馆内运营负责人邵漠宇介绍，场馆落成至今，已有不少人前往体验最新的 3D 照相技术。与传统拍照不同，拍摄 3D 照片需要人保持长达 15 分钟的静态姿势，以便进行数据扫描和信息收集。“当你摆好拍照造型后，工作人员会手持三维扫描仪对你全身上下进行多角度的数据扫描，相关数据会被输入电脑，以便呈现出一个完整的立体人像，再经过数据处理就可形成 3D 模型。”邵漠宇表示 3D 模型的形成过程需要花费好几个小时，“之后，工作人员再把模型人像数据传送到 3D 打印机里，约一个小时后，就可以打印出微缩型立体人像。”

这种不用纸张和油墨的打印技术，其实所选材料更加广泛，包括石膏、尼龙、ABS 塑料、PC、树脂、金属、陶瓷等，人们可以根据想要的打印效果选择不同的打印材料。通常而言，3D 打印的精准度要求越高，成本也会越昂贵。

“尚不完善”中的无限商机

前段时间诺基亚发布了一套 3D 打印开发工具包，包括图样、手机壳尺寸和建议使用的材料等内容，Lumia 手机用户可按照说明通过 3D 打印机来制作自己的手机保护壳。手机壳看上去虽小，但诺基亚这一动作却表明了企业态度——支持前沿技术的普及与推广，诺基亚是迄今为止拿出切实行动支持 3D 打印技术的第一家大型电子厂商。

目前的 3D 打印技术还有很多有待完善之处，比如打印精确度不够、成本高、使用材料受限等。但不可否认的是，3D 打印技术具有极高的实用价值，可以被广泛运用到各个行业。正如 3D 打印机厂商 3D Systems 负责全球营销的副总裁凯西·刘易斯所说：“有了 3D 打印，一切不再复杂。3D 打印机几乎可以创造任何东西。”现阶段 3D 打印技术的“尚不完善”，也使今后发展具有无限可能。或许不久之后，当汽车的某一个零件损坏了，你也不需担心，因为只要有一台 3D 打印机和零件的 3D 数据，便可以直接打印一个新的复制品。

（何大壮　古隆中　编译）

3D打印人类胚胎干细胞

2013年初，一些科学家表示，他们已首次利用人类胚胎干细胞打印出了3D物品，在寻求制作可移植器官之路上又迈出了一步。

据他们撰写的报告称，该技术一旦经过细微调整，应该能够让科学家们在实验室里制作出三维人体组织，从而无须再接受器官捐献或进行动物试验。

人类胚胎干细胞能够进行自我复制并形成人体内的任何一种细胞。它们被认为是人体替代组织的来源，能够修复出现功能障碍的心肺器官和受损的脊柱，能治疗帕金森病。

参与相关工作的英国罗斯林干细胞公司的贾森·金说："我们希望这一科学进展对今后开展无须使用动物的可靠药物试验具有巨大且有价值的长期意义，并可以在更长一段时间后提供人们所需的供移植的器官。"

该团队使用了一种经特殊设计的以人类胚胎干细胞为原材料的打印机。这种打印机的"生物墨水"内含有实验室培养出的人类胚胎干细胞。

只需少量空气就可把这些细胞从打印机的"墨盒"中挤出，并可通过微型瓣膜的开合来控制人类胚胎干细胞的流动。

上述报告的作者之一、爱丁堡赫里奥特—瓦特大学的威尔·舒在接受法新社记者采访时说："我们在几分钟内就能打印出数百万个细胞。""这种打印机的大小与放在桌面上的标准激光打印机类似。"威尔·舒说，活体细胞被打印到培养皿里，然后聚集在一起形成"我们所谓的'回转椭球体'，就像一个小球"。每个"回转椭球体"的直径小于1毫米。上述研究结果发表在英国物理学会出版的《生物制造》杂志上。

该试验的目的不是最终创造出任何物体，而是要展示一种不会损伤脆弱干细胞的打印方法。

英国物理学会在一份声明中说："最重要的是，打印出来的人类胚胎干细胞仍保持有它们的多能性，即分化形成任何其他种类细胞的能力。"

从理论上讲，该团队能够打印出任何形状的细胞，但尚无法重新制造出人体器官，因为器官内需要具备血管网络。

威尔·舒说："如果想打印出整个器官，就需在其内部制造出能够供养器官的血管结构，从而让组织得以长期存活。这是一个挑战。"

如何使胚胎干细胞结合形成某种特殊的器官，是另一个巨大的难题。威尔·舒说，他所在的团队将在短期内尝试打印 3D 肝脏组织。肝脏是具有最简单的生物学构造的器官之一。他说，此项技术随后将会用于实验室药物试验，"希望今后不再需要使用动物做试验"，"我期待这项技术能够在今后一两年的时间里付诸实践"。

（李文清　编译）

日本复制权中心管理与服务并重

客观地看，日本复制业的规模并不太大，但发展却很平稳且有持续性，这与日本复制权中心的扎实工作是分不开的。

日本复制权中心成立于1991年。该中心成立的主要目的，是为社会提供涉及图书、杂志、报纸等著作(作品)复制的权利保护，促进复制使用的公平合理。该中心从成立以来，通过开展复制权管理事业，担负起了振兴学术及文化的责任。该中心有关复制权管理事业的主要内容，是在著作权法等相关法律规定的范围内，接受来自属于权利人的会员团体、会员个人复制权利的委托；与使用者签订允许复制使用的合同，并根据允许复制使用合同的条款，向使用者征收复制使用费，向权利人分配发放复制使用费；对于出现的带有普遍性的著作权问题，召开新闻发布会；开展日常的有关著作权及复制权的宣传活动。

截至2012年，日本复制权中心的成员单位有4个：著作人团体联合会、学术著作权协会、出版者著作权管理机构和报纸著作权协会。

复制使用合同的签约状况

2011年度，包括团体与个人在内签订的复制使用合同总共5802个。日本复制权中心代理权利人向使用者征收的复制使用费总额约为1.905亿日元。

在与日本复制权中心签订复制使用合同的使用者中，90%是一般企业(公司)，7%是民间团体和政府部门，其余的3%是个人。在一般企业、民间团体和政府部门中，要求继续签订复制使用合同的呼声一直很高。个人往往是随时签订随时解除，续签率很低。

2011 年，日本复制权中心签订的合同增加 107 个。这一年，解除合同 44 个。从全年情况看，平均每个使用者交纳的复制使用费，呈现出减少的趋势。

委托复制权管理的著作概况

截至 2011 年末，据日本复制权中心统计，学术著作权协会从 800 个学会和包括大学、研究所、企业在内的 64 个单位共接受了 2292 种定期出版的杂志、1783 种单行本图书的复制权委托管理；出版者著作权管理机构从 238 个出版者接受了 1202 种杂志、77531 种单行本图书的复制权委托管理；报纸著作权协会从包括报社、社会团体在内的 69 个单位接受了 93 种报纸、3587 种杂志、79314 种单行本图书的复制权委托管理。复制权委托管理的七八万种图书，数量已经相当于日本出版业新书的年出版总量。

此外，著作人团体联合会有日本文艺家协会、日本脚本家联盟、日本美术著作权联合会、日本写真著作权协会、日本电影剧本作家协会 5 个成员单位。著作人团体联合会接受了属于这些协会的 13106 名著作权人的复制权委托管理。

日本复制权中心网站提供的信息有：

委托管理的著作检索：可以检索委托管理的著作名称、著作权人名称、出版者名称、发行单位名称以及著作所属的种类等。除此之外，还可以检索部分没有委托日本复制权中心管理的著作。

委托管理著作一览表：日本复制权中心会员单位的作者姓名、出版者名录和出版物目录等。

相关图表：日本复制权中心如何进行复制权集体管理的示意图。这些图表浅显易懂。

英语之页：日本复制权中心的业务概要、使用费收取与分配的规定、相关图表的英文版。

关于复制状况的调查

由于大多数与日本复制权中心签订使用合同的使用者选择的是“包括许诺（口头承诺）在内的简易方式”，所以日本复制权中心不能把握各个单位内部实际的复制状况。然而，为了比较准确地计算出分配给各个权利人的使用费金额，除了掌握著作名称、作者姓名、出版社名称、发行单位名称以外，还特别需要掌握有关复制量的数据。因此，从 1994 年开始，日本复制权中心每两年在各签约企业内部展开一次复制状况调查。不过，还没有在民间团体和政府部门之中进行过这种调查。

日本复制权中心是复制权管理机构国际联合会（IFRRO）的正式会员，同时也是复制权管理机构国际联合会亚洲太平洋委员会的成员。凭借这些身份，日本复制权中心与世界各国的复制权管理机构签订复制权管理的双边协议；围绕应对数字化浪潮特别是电子出版和网络出版，建立健全法律制度等，开展信息的收集和交换活动。

随着复制设备的成熟，在著作复制使用领域出现了新情况与新问题。为了进一步扩大复制权委托管理的著作范围，使著作复制使用更方便、更快捷；为了朝着国际社会相互管理的方向发展，促进使用费水平的均衡化，日本复制权中心在 1991 年制定的使用费规定，已经到了必须修改的时候。

（郝三景　编译）

日本印刷业产值连年下滑

由于互联网和数字技术的冲击，日本印刷行业的下滑势头还在持续。和日本出版行业一样，下滑的谷底在哪里，谁也说不清。

从 8 万亿日元下降至 6 万亿日元

据日本经济产业省的统计显示，日本印刷产业 2009 年度的综合情况如下：印刷以及相关行业的企业为 30318 家，同比增加 2.1%；从业人员为 341040 人，同比减少 3.6%；印刷产值为6.320514万亿日元(1 万日元约合 780 元人民币)，同比减少 8.4%；附加值为 2.669119 万亿日元，同比减少 10.5%。

与 2008 年相比，除了企业数量有所增加以外，无论是从业人员还是印刷产值都有所减少。从 1945 年以来，日本印刷产业的最高印刷产值出现在 1991 年，为 8.9286万亿日元，2009 年已下降到 6 万亿日元了。

在 3 万多家印刷企业中，98.6%的企业是从业人员不足 100 人的中小型企业，51.0%的企业是 3 人以下的微型企业。100 人以上的企业尽管只占 1.4%，但这些企业的印刷产值占全部印刷产值的 45.0%。可以说，日本印刷行业的结构与日本出版行业的结构类似。

日本经济产业省的“纸张、印刷、塑料、橡胶制品”统计，是以 100 人以上的印刷企业为统计对象的，统计的“印刷制品”涉及出版印刷、商业印刷、证券印刷、办公用品印刷、包装印刷、建材装饰印刷以及其他印刷。印刷业的产品生产总额为

3868.64亿日元，同比减少2.8%。其中，出版印刷为1029.1亿日元，同比减少3.9%，占生产总额的26.6%；商业印刷为1261.69亿日元，同比减少2.2%，占生产总额的32.6%；证券印刷为55.92亿日元，同比减少1.1%，占生产总额的1.4%；办公用品印刷为496.63亿日元，同比减少1.9%，占生产总额的12.8%；包装印刷为727.95亿日元，同比增加13.5%，占生产总额的18.8%；建材装饰印刷为145.17亿日元，同比增加2.6%，占生产总额的3.8%；其他印刷为152.18亿日元，同比减少44.9%，占生产总额的3.9%。

在印刷领域，出版印刷和商业印刷是主流，近些年均呈现下滑趋势，而与日常生活密不可分的包装印刷和建材装饰印刷则呈现上升趋势。出版印刷持续不景气的原因显而易见：很多读者远离纸质阅读，纸质书销售行情持续低迷，电子书普及等。

两大龙头企业谋求发展

大日本印刷公司和凸版印刷公司是日本两大超级印刷企业。2011年3月至2012年3月，大日本印刷公司的销售总额为1.54万亿日元，同比减少3.1%；凸版印刷公司的销售总额为1.51万亿日元，同比减少3.0%。大日本印刷公司的营业利润为380亿日元，同比减少44.0%；凸版印刷公司的营业利润为315亿日元，同比减少30.0%。大日本印刷公司的图书印刷增加，杂志印刷减少；在教育、出版流通业务方面，其子公司的效益同比增长。凸版印刷公司的书刊印刷呈减少趋势。不过，在数字技术方面，这两大公司的经营状况都非常可观，面向电子书市场各种终端的内容制作、交易、配送服务等业务稳步扩大。此外，这两大公司顺应数字时代的需求，从平民百姓的生活习俗、居住环境出发去开拓业务，像建材装饰印刷、环保用品印刷等一揽子创新业务红红火火，与出版印刷和商业印刷相比，行情日益上涨。

技术创新是印刷产业的生命源泉

2012年5月，德国举办了世界上最大的印刷机械博览会——德鲁巴展会。本次博览会共有51个国家、1766家印刷企业和团体参加，展出了最新的印刷机械和技术。日本共有35个印刷企业和团体参展，参展面积仅次于德国和意大利。

总体来说，从当今日本印刷产业来看，暂时还无法判断潮流是什么，但各种新技术不断涌现却是不争事实。2011～2012年，先是喷墨打印技术和绿色环保印刷技术实现自动化，接着又是电子印刷（PE）、新型 UV 技术问世。印刷实现自动化后，用户可以通过互联网下订单，然后根据订单生产，印刷工价仍然很低。通过电子印刷，可以制造应用印刷技术的电子机械的零部件。UV 过去多用于包装印刷，今后为了应对快速收干、短期内交货的需求，也可以考虑用于出版印刷。无论在品质方面还是在生产性能方面，喷墨打印都比较接近胶版印刷，如果凭借高速轮转喷墨印刷机械，出版物的产量可以大大增加。

表　2004～2009 年日本印刷产业变化情况　　（单位：万亿日元）

年 份	企业数量	从业人员数量	发货量	附加值
2004	33793	379900	7.212733	3.293529
2005	31970	370699	7.120177	3.274618
2006	32683	363991	7.010825	3.182898
2007	32811	369596	7.141740	3.091919
2008	29684	353906	6.903690	2.982775
2009	30318	341040	6.320514	2.669119

（孟斯咏　编译）

日本印刷用纸需求锐减

相比 2010 年,2011 年日本纸张的生产量、销售量以及销售额都有所减少。特别是由于需求量下降,几乎所有类型印刷用纸的生产量都在减少。

根据日本经济产业省“纸张、印刷、塑料、橡胶制品”统计显示,2011 年纸张的制造生产量为 1544.9174 万吨,同比减少 5.7%。在过去 10 年中,2007 年是纸张制造生产量的高峰期,达到 1919 万吨,之后便逐年减少。2010 年虽然出现增长的转机,但受“3·11”大地震的影响,2011 年再次呈现下滑趋势。

新闻卷筒纸的制造生产量为 320.5568 万吨,同比减少 4.3%。印刷、信息用纸的制造生产量为 877.1553 万吨,同比减少 8.1%。印刷用纸的制造生产量为 735.8919 万吨,同比减少 8.8%。日本所谓的纸张,包括新闻卷筒纸,印刷、信息用纸,包装用纸,卫生用纸等。印刷、信息用纸包括印刷用纸和信息用纸。印刷用纸包括非胶版印刷用纸(包括上等纸、中等纸、下等纸和超薄纸)、微胶版印刷用纸、胶版印刷用纸(包括美术纸、涂层纸、轻型涂层纸和其他胶版纸),信息用纸包括表格用纸、PPC 用纸、信息记录纸和其他信息用纸。

2011 年造纸公司(厂家)的销售量:纸张为 1495.2753 万吨,同比减少 6.4%;新闻卷筒纸为 319.849 万吨,同比减少 5.0%;印刷、信息用纸为 847.6234 万吨,同比减少 9.0%;印刷用纸为 728.6635 万吨,同比减少 9.8%。

2011 年造纸公司(厂家)的销售额:纸张为 1.8182 万亿日元,同比减少 6.4%;新闻卷筒纸为 3260.6 亿日元,同比减少 4.9%;印刷、信息用纸为 9218.27 亿日元,同比减少 9.7%;印刷用纸为7801.66亿日元,同比减少 10.3%。

2011 年 12 月造纸公司(厂家)的库存量:纸张为 127.1494 万吨,同比减少

3.2217 万吨；新闻卷筒纸为 24.5423 万吨，同比减少 1.5977 万吨；印刷、信息用纸为 77.2482 万吨，同比减少 6.4402 万吨；印刷用纸为 63.7692 万吨，同比减少 5.3567 万吨。

另据日本洋纸代理店会联合会统计，2011 年代理店在日本国内的销售量：印刷用纸 A（构成上等纸的一部分）为 82.1676 万吨，同比减少 0.5%；中等纸（包括印刷用纸 B、印刷用纸 C 和照相用凸版纸）为 36.5358 万吨，同比减少 16.7%；印刷用纸 D（下等纸）为 50.4413 万吨，同比减少 7.0%；胶版纸为 447.6456 万吨，同比减少 4.2%。

2011 年 12 月代理店的库存量：印刷用纸 A 为 5.6338 万吨，同比减少 8262 吨；中等纸为 1.3388 万吨，同比增加 623 吨；下等纸为 3235 吨，同比增加 205 吨；胶版纸为 26.9505 万吨，同比增加 4.5820 万吨。

另外，据“纸张、印刷、塑料、橡胶制品”统计显示，2010 年旧纸入库为 1723.5399万吨，同比增加 3.6%；消费为 1729.2214 万吨，同比增加 3.0%，消费量超过入库量。2011 年，利用旧纸纸浆为 11.8184 万吨，同比减少 1.2%；利用旧纸为 1697.6827 万吨，同比减少 1.8%。2011 年旧纸纸浆和旧纸的利用率为 63%，同比增加 0.5%。从 1995 年以来，旧纸的利用时增时减，但总的趋势还是增多减少。

2011 年，从“印刷用纸”为中心的统计数据来看，地震灾害是降低用纸量的直接原因；从日本的市场环境来看，需求量下降，使得几乎所有类型的纸张用量都在减少。用于出版印刷的纸张，期待今后有所增加比较困难，因为出版品种增加而印刷册数没有增加，而且在线阅读和屏幕阅读方兴未艾。当然，也有纸张用量不会减少且有可能增加的领域，比如与日常生活、绿色环境有关的卫生用纸，与装潢、装饰有关的包装用纸，替代塑料容器的纸质容器的用纸等，这些都是纸张的用武之地。

表　2006～2011 年日本造纸产业变化情况

年　份	生产量（万吨）	发货销售量（万吨）	发货销售额（万亿日元）
2006	991.9969	986.9435	0.994580
2007	997.1385	996.4010	1.037395
2008	979.1192	966.5298	1.086555
2009	770.0530	775.1114	0.880432
2010	806.9220	807.9826	0.869723
2011	735.8919	728.6635	0.780166

注：摘自日本《出版年鉴 2012》。

（周官妹　编译）

日本印刷装订业不景气

据日本经济产业省统计显示，2008 年日本装订业的情况不太好。2008 年，装订企业为 2092 家，同比减少 9.1%；从业人员为 21475 人，同比减少 2.1%；发货额（相当于产值）为 2124.48 亿日元，同比减少 1.7%；附加值金额为 1378.51 亿日元，同比增长 4.3%。以上 4 项指标，有 3 项是减少，只有 1 项是增加。从外部环境看，日本经济的不景气，也给装订业带来了不景气。

装订业、印刷业、印刷品加工业等被合称为“印刷、相关行业”。在印刷、相关行业中，装订业在企业数量方面占 7.0%，在从业人员方面占 6.1%，占发货金额的 3.1%，占附加值金额的 4.6%。从包括印刷、相关行业在内的制造业来看，装订业在企业数量方面占 0.47%，在从业人员方面占 0.25%，在发货金额方面占 0.063%，在附加值金额方面占 0.13%。从比较中可以看到，装订业属于中小微型行业级别。

从日本的都、道、府、县分别考察装订业的情况。装订企业数量：东京都 521 家，京都府 38 家，大阪府 149 家，埼玉县 192 家，爱知县 75 家，兵库县 31 家。从业人员数量：东京都 7052 人，京都府 488 人，大阪府 1568 人，埼玉县 4821 人，爱知县 811 人，兵库县 598 人，冈山县 568 人，长野县 460 人，静冈县 451 人。发货额（产值）：东京都 854.49 亿日元，京都府 49.17 亿日元，大阪府 115.99 亿日元，埼玉县 555.12 亿日元，爱知县 71.54 亿日元，冈山县 56.62 亿日元，兵库县 54.9 亿日元，长野县 37.26 亿日元。附加值：东京都 533.21 亿日元，京都府 30.23 亿日元，大阪府 81.92 亿日元，埼玉县 351.76 亿日元，爱知县 46.25 亿日元，冈山县 39.93 亿日元，兵库县 34.65 亿日元，长野县 24.28 亿日元。从以上数据可以看到，在日本首都圈内，除了主要的都市以外，冈山县的从业人员比较多，装订的附加值比较高，说明该县活源充足，企业不断更新技术，装订产品追求高精尖。长野县虽然企业数量和从业人员数量不是很多，但该县以重视教育而闻名全国，被誉为“教育县”，不少装订企业装订的教科书质量上乘，口碑很好。

与装订业接近的印刷品加工业（主要指从事印刷品抛光、覆膜等加工的企业）：2008 年度，企业数量 2108 家，同比减少 3.0%；从业人员 15362 人，同比减少 8.9%；发货金额 1752.14 亿日元，同比增加 1.0%；附加值金额 1041.11 亿日元，同比增加 5.7%。

装订机械的生产情况不容乐观。据统计，2007 年装订机械的生产台数为 26359 台，达到一个高峰，之后便一路下滑，到了 2010 年，生产台数仅为 12126 台。装订机械的生产金额（相当于产值）2007 年也达到一个高峰，这一年为 166.74 亿日元，之后也是一路走低，到了 2010 年，生产金额仅为75.28亿日元。与印刷机械的情况相似，装订机械的出口比例也很大，但效益却是连年下滑（见表）。

在日本装订业，全国性的行业组织是全日本装订工业组合联合会。该联合会的义务是：一是对行业进行指导，对从业人员进行培训与教育；二是广泛收集资料，向行业提供相关信息；三是围绕行业的发展进行调查研究，为行业制定发展规划。在该联合会之下，设立了图书装订、杂志装订、商务印刷装订、纸制品装订、账簿装订 5 个专门委员会。这 5 个专门委员会既可以在联合会的协调下统一开展工作，同时也可以各自独立开展活动。

全日本装订工业组合联合会的成员单位很多，以由 704 家装订企业参加的东京都装订工业组合联合会为首，包括京都府、大阪府、爱知县等会员、准会员在内的 15 个都道府县装订工业组合联合会组成，成员单位达到 1139 个。可以说，日本半数以上的装订企业（公司）都参加了全日本装订工业组合联合会。

表　2003～2008 年日本装订业变化情况　　（单位：亿日元）

年　份	企业数量	从业人员数量	发货金额	附加值
2003	2396	23336	2271.18	1450.57
2004	2329	22716	2215.32	1420.48
2005	2223	22192	2161.78	1381.35
2006	2371	22206	2192.56	1382.48
2007	2301	21936	2160.95	1322.12
2008	2092	21475	2124.48	1378.51

资料来源：日本《出版年鉴 2011》。

（李文清　编译）

按需印刷贴近个性化生活

面对琳琅满目的商品，你是否注意到了商品上的各种字母图案？有些已成为品牌的标志，成为选购礼物时的个性化选择。如今，各种商品上的字母图案不断推陈出新，以满足人们的各种需求。而按需印刷提供了最佳的技术支持。

"礼物季"为按需印刷带来商机

现在，每当圣诞新年"礼物季"临近时，欧美国家的各家零售商都会推出更多带有字母图案的礼物来吸引年轻购物者。同时，他们还提供单字母产品，刺激人们的购买欲望。与此同时，消费者也不断想出各种以字母图案来表明自己身份的创意——绰号、推特用户名、家庭住址等。

"字母图案的整体理念已经转变，原本它们只是被绣在贵族的袖口，标志着整个家族的荣耀。如今它们出现在了更多具有创意的地方。"设计师乔纳森·安德勒说，"人们对个性化的东西十分着迷。"安德勒自己的家居用品店就出售绣有精致的字母纹样的花边抱枕、刻有首字母缩写的水晶镇纸，这些精心设计的小玩意儿都价格不菲。

每当节日前夕，很多 C. Wonder 之类的品牌专卖店总是储存了满货架的"字母图案"礼品，它们都只印有单独的字母图案，这一备货行动是为节日购物高潮做准备。零售商都希望印有字母图案的商品在节日中能有好的销路。根据美国零售联合会的数据，平均来看，美国购物者在 2012 年圣诞新年期间的消费为 550 美元，个人在礼物上的消费同比增长 6%以上。

然而，在商品上印上字母图案也有可能失去吸引力。它通常还意味着额外的费用，一周或超过一周的延迟支付，并且退货或更换的可能性几乎为零。其生产流程也给零售商带来了挑战，因为字母图案商品的生产要求用专门的印刷机器和熟练的工艺。

多样化使按需印刷有用武之地

不过零售商和购物者都认为字母图案具有强烈的心理吸引力。礼品上的字母图案暗示了人们选择礼物的时机和当时的想法。“它们具有更高的认知价值”，红信封公司负责销售的副总裁凯文·鲁尼说，“因而人们通常将它们视为是更棒的礼物”。

传统的字母图案通常有三个字母。鲁尼说，如今购物者想到了首字母的各种排列组合方式，包括以单独的字母为图案等。红信封公司认为完整的姓名或是格言出现在商品上是个性化的体现。商品上出现了属于个人的信息，例如该品牌的“宠物剪影”装饰画，该图案有多种型号、颜色的宠物图像可供选择。买家可以在上面添加宠物的名字和信息。“过去是你买了礼物然后在卡片里写上一些内容”，鲁尼说，“现在这些东西真的出现在礼物上了”。

在数字时代，字母图案商品有了新使命。“在拥有如此多的技术的今天，我们依然需要印刷工艺，而按需印刷技术可以满足消费者的各种需求”，威廉索诺玛的首席执行官罗拉·阿尔伯说，“我们渴望那些带有情感价值的东西”。“马克与格雷厄姆”系列商品的特色在于引起怀旧之情而又跟上时代的步伐，因此，首先着手探讨的是具有现代特征的家庭类型和姓名组合的可行性，因为现在西方很多已婚妇女已经不再使用丈夫的姓氏。“我们很希望进一步推进字母图案理念的发展”，总公司负责策略与事业发展的副总裁玛塔·本森说，她负责监督“马克与格雷厄姆”这个新品牌的设计与发展。“马克与格雷厄姆”网站上关于字母图案礼仪的内容表明，双字母图案比较适合姓氏不同的夫妇，每个字母代表一个姓氏。

该品牌有几十种字体和字母图案风格可供选择，印制技术有刺绣、激光雕刻和喷砂。商品目录里的500多个商品中的大部分设计都比较简单。而本森女士称，设计的本意就是要让字母图案成为这些商品的焦点，它们改变了产品的个性。

富有手写风格的字体“塞尚”让一组铜杯垫显得“非常浪漫”，本森女士说。同时，在“公爵”字体的三个字母组成的钻石型图案中使用方块字体让商品显得“很有男人味”。

有些产品留有足够的空间添加一个或两个完整的单词，该品牌的设计者希望引导顾客进行选择。例如玻璃水杯上可以印上“起泡”或“不起泡”，睡眠面膜上可以印上“晚安”。“你也可以印上你的家庭格言或是重要的日子。”本森女士说。

说到速度上的挑战，“马克与格雷厄姆”正在使用总公司位于田纳西州的配送中心的各种设备，这些设备同时也供该公司名下的其他品牌使用，例如“陶瓷大谷仓”。因此，“马克与格雷厄姆”提供的标准配送时间是5～7天，加急订单则是2～3天，从而及大地缩短了送货时间。

“字母图案”使按需印刷服务生活

各种品牌产品寄希望于字母图案来获得新的吸引力。高级百货店内曼马库斯现在为UGG靴子、汤姆布鞋、隆尚手提包提供个性化的印制服务。

“字母图案”吸引了那些不愿意等待的购物者，因为这些字母在产品生产出来的时候就已经印在上面。于2011年上市的C. Wonder如今已经有了9家分店，其总裁艾米·舍珂塔称，由于受到顾客的热烈欢迎，他们已经扩展了其“字母图案”系列的内容。

目前，带有单独字母的“字母图案”商品包括咖啡杯、首饰盒和皮带扣。并且，这些商品是可以退换。其旗下所有商店都提供自定义字母图案设计，具按需印刷设备随时跟进。

现年33岁的波士顿居民海蒂·杜利，计划从C. Wonder购置几个印有单字母的木制奶酪拼盘送给几个朋友。“参加宴会或是为圣诞节准备礼物时，你可以买一些印有人们名字或姓氏首字母的礼物，这很能够体现你送礼物的诚意和对别人的重视程度。”这位商业地产经理说。她很喜欢印有字母图案的商品，并且很高兴由于技术的改进不需要像以前那样等待了。

（岳　月　编译）

纸艺乐趣无穷

还记得小时候手拿剪刀，在一张彩纸上折叠剪裁时的童心流露吗？离开了童年的无忧时光，我们似乎很少再有机会像儿时那般与纸做游戏。其实，再普通的纸，或折叠，或剪裁，都能在顷刻间变幻出不同的姿态。只要想象力尚未消失，纸与许多设计元素碰撞在一起，都能激发出奇妙的艺术趣味。我们记忆中简单的折纸剪纸，今日早已变得立体生动、活灵活现，仿佛被施了魔法，成为小物件蕴含大能量的最佳榜样。

纸上"别有洞天"

或许因为剪纸与裁布的灵巧变幻有异曲同工之妙，纸艺和时装界的关系几乎从未疏离，最近几年更是出现强烈的回潮大势。本来平淡无奇的薄薄纸张，在艺术家的巧手剪裁下，就能摇身变成令人不可思议的艺术作品。越来越多的时装设计师和时装店都以纸艺作为亮点，用纸的轻盈诗意牵引顾客进入光鲜亮丽的时尚国度。

2012 年，路易·威登与日本艺术家草间弥生推出的联名系列受到全球粉丝的热烈追捧，该品牌随即在伦敦著名百货公司塞尔弗里奇(Selfridge)开设了一间名为"奇迹屋"的主题概念店。店内不仅充斥着草间弥生标志性的密集圆点彩绘，还别出心裁地采用剪纸艺术的手法搭建出数颗巨型南瓜，在镂空图形与完美弧线中营造出一个梦幻空间。在北京新光天地商场策划部工作的魏聪曾亲临此店考察，他回忆道："走进那个空间的感觉很特别，从产品展台到屋顶悬挂的灯笼都像是用白纸剪出来的南瓜，红白交替的颜色像是夸张版的陕西民间剪纸，让我想起冬天贴在窗户上的窗花，也感觉到剪纸艺术具有的戏剧张力。”

在中国香港，沙田新城市广场曾请来时尚纸艺巧匠佐伊·布莱德(Zoe Bradley)用3000朵纸折玫瑰，制作出一件高达3.5米的优雅红玫瑰晚装向逝去的英伦玫瑰戴安娜王妃致敬。这件艺术品被摆放在商场中庭，吸引了许多顾客驻足观看。纸玫瑰晚装以红色为基调，深浅有致的手折纸花使长裙展现出强烈的层次感，并糅合了纸的飘逸特质。

纸上变幻春夏秋冬

如果说时尚界的纸艺尚且让人感到“只可远观”的距离感，那么家居领域里花样缤纷的纸艺设计则与日常生活十分贴近。2013年1月在北京举办的“设计师的新年礼物”艺术展中，一盏名为“四季”的大型纸吊灯引起了很大关注。这盏灯糅合了四季变幻的概念，以上千片蝴蝶、树叶、雪花等造型的纸片串联成倾泻而下的水晶灯形状，除了纸灯一贯的朦胧唯美感之外，其精细复杂的结构也向人们展示出纸张也有奢华可塑的一面。

这件艺术品的创作者是艺术品牌“形影互动”的设计总监洪雪，她的工作室里堆满了成卷的设计稿和各式各样的纸艺设计，有立体剪纸打造出的花墙，还有借助了几根钢丝构筑的纸质旋转木马。洪雪不仅为动画制作设计纸艺布景，也常与摄影师和造型师搭档创作纸艺时尚大片。说起那盏“四季灯”，洪雪表示，那是她将纸艺设计生活化的一个初步尝试，她说：“画设计草图的时候就想以纸作为材料，纸很轻，又很灵动，在光源的映衬下还独有一份诗意。最初没想到做出来效果会这么好，作品展出之后很多人都向我询价，这让我看到纸质家居设计的市场潜力。”

纸张在洪雪的艺术创作中占有很大分量，虽然她最初从事的行业是插画艺术，但对纸张无法割舍的情结让她开始专注于纸艺创作。说起纸，这位从小就喜欢动手的姑娘有一肚子的话要说，“纸始终是让我感觉最自然最真实的材料，它的生产过程可以做到完全纯天然；最初做设计的时候我尝试过用塑料，但那种太过人工的效果让我很难找到感觉。而且，纸能给我更大的发挥空间，做起来也更简单直接，比如你想要一朵花，就剪几道，再折几道，一件美好的小东西立刻就在你的手心盛开，还有什么能比这更有趣呢?”

安迪·莱利是一名在北京工作的英国人，也经常关注新潮的家居设计，他在三里屯附近的家里有一张奇妙的折叠桌。这张桌子是安迪在一个瑞典设计师的官网上买来的，设计师在网上介绍说，这张桌子的设计灵感来自一张折叠的纽约市区地图。桌子的面板由 22 块木板组成，底座可以收放自如，折起时是一张普通的椅子，掀开面板，就如花朵绽放般立刻成了一张桌子。安迪说他买下这张桌子正是看中了它所包含的折纸元素，他说："就像小时候做手工一样，用一张纸能折出各种各样的东西，这样的设计让人觉得很有趣。"

"纸曰""纸功夫"了得

位于北京方家胡同的"纸曰"开业至今约有 5 年，凭借创始人海漪的一身"纸功夫"，这家藏在胡同里的小店如今已在北京文艺圈里取得了不小的名声。"纸曰"顾名思义卖的就是纸，走进小店，铺天盖地的是各种质地的纸样，有的薄如蝉翼似轻纱，有的压制着花瓣和松针，海漪介绍说店里的大小纸样约有 1000 多种，全都是她通过各种渠道从全球各地搜罗回来的。目前，婚礼纸品是店里人气最高的商品，主要包括请柬、桌卡、礼金箱、感谢卡、签到本等。采访者到店采访时，海漪正在制作一个礼金箱，紫色纱纸上点缀着几朵白紫相间的纸花和纸蝴蝶，别出心裁又透着精致格调。据介绍，这样的礼金箱已经卖掉了 700 个，还有美国和荷兰的客人专门坐飞机来订制。

在海漪看来，纸品设计这些年能走俏市场的关键词主要是"个性"、"小众"、"独一无二"。"如今，纸品 DIY 在国外十分流行，外国人热衷于将纸品原材料买回家自己动手做点什么。我的店里也常能遇到来购买原纸材料的外国客人。"海漪认为纸质材质的自然属性和柔软诗意最能表达具有中国味道的禅意美学，折纸与剪纸也是中国的传统手工艺术。手工折纸同时也是一个手脑并用的过程，需要想象力和创造力。

（何大壮　古隆中　编译）

印刷用纸可制造机器人

印刷用纸在研究机器人的科学家眼里另有妙用。这些科学家经过实践认为，使用印刷用纸、利用折纸工艺原理建造的纸质结构能够让机器人造价更低廉，制造更简单，与传统金属机器人有显著不同。

哈佛大学乔治·怀特赛兹及其同事以前曾以鱿鱼为灵感，用柔软塑料制成的人造肌肉建造机器人，以风动气泵提供动力。现在他们将这种技术和纸张结合起来，创造出一系列轻巧型结构组织，它们可以弯曲、扭转甚至提重物。

纸张很柔韧灵活，但不能像塑料一样拉伸，当纸气球充满空气时可以形成坚挺的结构。比如说，纸张折叠成风箱形状，嵌入到有弹性的塑料中，当充气扩张时能形成重量只有 8 克、直径 1 厘米的管状物，可以提起 1 公斤重的东西。把这种风箱的不同部位黏合起来，可以使其充气形成 U 形或者扭转成其他形状。

这些简单的设计能够让科学家制造出“柔软的”机器人。现在的机器人大多只用于工厂流水线。怀特赛兹的科研小组说，纸质机器人能够为外科医生提供帮助或者处理一些易碎品，比如说鸡蛋或者水果。

（尹天笑　编译）

又见久违的手工书

2012 年 9 月至 10 月，中央美术学院美术馆举办了“钻石之叶——全球艺术家手制书展”。由中外艺术家徐冰、马歇尔·韦伯等一起策划、讨论酝酿八年的展览共有 86 件珍贵的展品，时间最早的展品是制作于 1582 年的手抄本《传道书的神圣仪式》。杜尚、达利、约翰·凯奇、安迪·沃霍尔、奇奇·史密斯等人制作的手工书也在其中。

艺术家们将手工书的形式玩到了极致，他们几乎穷尽了各种印刷工艺和艺术手段，在形态和材质的运用上，也不断拓展着想象力的边界，除了传统的纸张和墨水，还有皮革、帆布、丝绸、木材、黄金等多种材质。它们是对现实世界的模仿和再现，是建筑、楼宇、洞穴、阶梯，也是隐语和符咒。

《安迪·沃霍尔索引》采用喷墨打印的书页，黑白人像手中拉开的是立体的红色手风琴。巴布亚新几内亚莫尔斯比港的黑帮肖像用厚重的不锈钢订制封面，剃须刀将文字刻在 60 张大幅的黑白照片上，留下了不连贯的粗粝刮痕，同时也把绝望刻在了书上。

这些手工书好像还保留着艺术家手工制作时的体温和灵感，透露着人类与图书绵延不绝的恋情。在数字时代举办这样的展览，无疑让人更怀念已经远去的手工制作。中央美术学院副院长徐冰的《地书》用非常“未来”的阅读方式展现了当代艺术家对时代变化的反应，《地书》被做成了立体动画，在现场用 iPad 对准展柜里的《地书》页面，不但能够观看，同时还能够聆听。展览一角有从美国搬来的小书店，这里展示的是当代艺术家制作的各种印刷品，其中有展览介绍、演出手册、诗集等，即使是普通的纸张，经过精心的设计和更灵活的搭配，也会有出人意料的效果。在展览现场，围着围裙的艺术家在演示图书制作过程，他们面前的桌上摆放着的各种工具，无声地诉说着蕴藏在图书中的秘密。

（周官妹　编写）

发 行

2010～2012 年美国纸质书销量连续 3 年下滑

据美国《出版商周刊》(*Publishers Weekly*)报道,2012 年美国尼尔森图书调查的覆盖率从 75%上升至 80%,尼尔森图书调查的客观性和权威性进一步加强。据尼尔森的图书调查结果显示,2012 年美国纸质书的销售量同比减少 9%,是 2009 年以来减幅最高的一年。2010～2012 年,3 年累计减少 16%。原因显而易见:间接原因是电子书的影响,直接原因是全美第二大连锁书店鲍德斯倒闭。

非虚构类的儿童书增长

2011 年非虚构类图书的销售量同比减少 13%,而 2012 年减幅有所下降。其中,儿童书销量最好,"《五十度》三部曲"中的第 3 部《五十度解脱》(第 1 部《五十度灰》、第 2 部《五十度暗色》)是"扛鼎之作"。这也是非虚构类图书中唯一有亮点的品种。2011 年虚构类图书的销售量同比减少 17.7%,2012 年同比减少 10.7%,下滑速度有所放缓。

2011 年儿童书中的非虚构类图书的销售量同比减少 3%,2012 年同比增加 5.4%;2010 年销售量为 3700 万册,2011 年销售量为 3620 万册,2012 年销售量回升至 3820 万册。2012 年儿童书中的虚构类图书的销售量同比减少 2.1%,2011 年同比减少 4.2%。其中,三卷本《饥饿游戏》和系列书《牛虻的无用日记》是"销量冠军"。

按图书的不同装帧形式划分,在简装本(纸皮书)的销量方面,2011 年同比减少8.6%，2012年同比减少6%；在精装本（硬皮书）的销量方面，2011年同比减少7%，2012年同比减少5.7%。在简装本的批量销售方面，2010年同比减少38%，2011年同比减少23%，2012年同比减少20.5%，特别是2012年的最后两个月，其减少的百分比曾下降至1位数。所以，简装本的批量销售有止跌回升的兆头。2010年至2012年，精装本累计减少11%，简装本累计减少13%。

与一般图书相比，儿童书出版电子书的比较少。儿童口袋书2012年同比增长3%；儿童音频书2011年简装本同比减少12%，2012年简装本同比减少7%。

2012年新书没有进入畅销书排行榜

除了非虚构类的儿童书，其他种类的图书都没有止住下滑的趋势。分析畅销书排行榜，情况也很不乐观。在2012年度尼尔森的畅销书排行榜和亚马逊的年度畅销书排行榜上，2010年至2012年出版的"《五十度》三部曲"、2010年出版的《饥饿游戏》、2011年出版的《牛虻的无用日记》均位列其中，这一方面证明它们的成功，另一方面又表明2012年度形势严峻，没有新书进入畅销书排行榜。也就是说，就连约翰·克利沙姆和詹姆斯·哈德逊这些著名作家的作品，都没能进入畅销书排行榜。

在榜上值得一提的其他书还有，一直孤军奋战的希拉·布林创作的《玉米女孩》，2012年全年销售70万册，比J.K.罗琳的《偶发空缺》多出10万册。被拍成电影的人气幻想系列书《波西·杰克逊》，在2012年晚些时候又推出新卷本，刚一面市就销出数千册。

刺杀肯尼迪和林肯，是美国电影、电视剧经久不衰的主题。2012年，在非虚构类图书中，皮尔·荷兰依里的两本书，一本是关于刺杀肯尼迪的，一本是关于刺杀林肯的，都登上了畅销书排行榜。不过，这两本书的上榜主要还是仰仗作家本人的知名度。

总的说来，2012年度还是依靠《五十度解脱》、《饥饿游戏》等老书，说明畅销书的出版趋于保守。

2012年，有些参考书和实用书进入了亚马逊畅销书排行榜，却没有进入尼尔森的图书调查畅销书排行榜，比如《SAT公式研究指南》《全美心理学协会公式手册》等。

相反，有一些书，没有进入亚马逊畅销书排行榜，却进入了尼尔森的图书调查畅销书排行榜。比如2004年开始出版的萨拉·扬的《耶稣点名》，在2012年出版了第8卷。当年，《耶稣点名》与《长发战神》在亚马逊网上书店同时"亮相"，这表明畅销书并不都是网上书店的专卖品。

阅读电子书成为时尚

对纸质图书构成威胁的电子书方兴未艾。据调查，2012 年全年，16 岁以上的美国人中有 23%阅读电子书同比增长 7%；与此相对照，阅读纸质书的美国人，却从 2011 年的 72%下降至 2012 年的 67%；美国人电子阅读终端的拥有率从 2011 年的 18%上升至 33%。此外，在从图书馆借阅电子书方面，2011 年的借阅率仅为 3%，而 2012 年的借阅率却攀升至 31%。

（戈壁沙　编译）

美国漫画销售“柳暗花明”

当今的美国图书市场，使出版界头疼不已。一方面电子书销售兴旺，但盈利不多；另一方面纸质图书销售低迷，只是赔本赚吆喝。最近，美国《出版商周刊》(*Publishers Weekly*)刊登了有关连环漫画销售行情看涨的调查性文章，使得出版界为之一振。

纸质连环漫画销售火爆

《出版商周刊》的文章指出，调查对象是从全美 2000 多家批发和销售纸质连环漫画的书店中，挑选出来的有代表性的 10 家书店。在被调查的 10 家书店，无论是连环漫画图书和画报小说，还是刊登惊险故事的连环漫画杂志和具有悠久历史的 DC 连环漫画杂志(DC Comics)，抑或是与连环漫画相关的玩具类、文具类商品，从 2011 年下半年以来，销售行情一直看涨；进入 2012 年，依然是只涨不跌。

美国书店的员工一般分为正式员工和临时员工两种。在被调查的 10 家书店中，不仅没有一家解雇员工，并且每家都在招聘新员工。有的书店增加新员工，有的书店不但增加新员工，而且增加员工的工作时间。连环漫画的火爆销售也拉动了其他种类书刊的销售。

“改革与创新”初见成效

在被调查的 10 家书店中，洛杉矶市一家书店店长说：“简直是时来运转！”从

2011年下半年到2012年上半年，该店的连环漫画就一直畅销。位于得克萨斯州的一家书店，其刊登连环漫画的画报小说的销售额，在2011年圣诞节前后陡增，而在2012年上半年提高了14%。《死尸》《竞走无效》《伯克·艾·维依格兰特》等连环漫画都十分抢手。从2011年下半年，连环漫画的销量一直在增加。

在销售行情持续好转的背景下，书店业者普遍心情愉快。《出版商周刊》的评论指出，美国经济在整体上并不景气，人们大多怀有郁闷的情绪，大概唯独美国书店的员工会喜上眉梢。

2011年下半年至2012年上半年，连环漫画销售火爆的重要原因之一，就是内容重新包装。比如，把DC连环漫画杂志内容重新包装、然后推出的系列杂志《New52》，在书店销售不错；其他媒体在报道时摘登其中的画面，又促进了《New52》的销售。再如，像《击打》《超人》等超长期连载的连环漫画，对内容进行精简。这对DC连环漫画来说应当是一个巨大挑战，但从书店的角度来看，却为吸引新的读者群体作出了贡献。在长期连载的连环漫画中，由于出现了新系列的连环漫画的"第一回"，所以既吸引了10岁至20岁的新读者，同时也"招回"了一度远离连环漫画的老读者。这在一定程度上也表明，新漫画迷和老漫画迷认可了美国漫画界的"改革与创新"。

除了《New52》对美国连环漫画销售贡献很大以外，被称为"惊险连环漫画"的《废船》《铁腕投手》等也功不可没。这些书中的主人公——超级英雄们，被电影导演"汇聚一堂"，拍成电影《复仇者联盟》。观众们在看了电影以后，往往就去抢购作为原著的连环漫画图书。

不难想象，大众媒体的宣传推介也起了很大作用。比如，针对漫画读者的需求，随时预告连环漫画新书的出版信息，同时蜻蜓点水般地描述新书中的主人公，刺激读者特别是那些漫画迷强烈的好奇心，促使他们去购买连环漫画。2011年至2012年，尝到甜头的出版社和书店，都积极主动地提供新书样本，配合媒体的宣传推介。

日本漫画销售下滑

不过，对日本漫画界、出版界来说却不无遗憾。在美国，日本漫画的销售2006年达到顶峰之后便一路下滑。即使是在2011年至2012年美国本土漫画重新火爆的时候，日本漫画也没有扭转销售下滑的颓势。

在日本，连载漫画周期一般是3至5年，长的要到8至10年，这对美国读者来说时间太长。而美国的出版社出版纸质英文版的日本漫画，出版周期平均至少一年，这使美国读者不堪忍受等待。现在，每当日本推出新的漫画，在美国漫画迷的网站上，就会同步出现英文版，可以免费阅读。

以前，美国专门播放动画的频道“卡通（动画）电视网”，大量播放《尾部》《幽游白书》等日本动画，这对促销日本漫画起了不小的作用。现在，美日两国的著作权法都规定播放动画要签订“播放许可合同”，根据合同还要支付“播放许可费”。像“卡通（动画）电视网”等电视频道，就倾向于播放收益率更高的动画而放弃日本动画。这也是日本漫画在美国销售下滑的重要原因之一。

当然，也有个别书店从长远看好日本漫画，特意扩大本店销售日本漫画的卖场。卖场摆放的品种，主要是《辛普森们》《惊险时刻》等画报小说。

（吴娣伊　编译）

英国实体书店水石发展战略

目前，可以代表英国实体书店行业的大概只有英国唯一的大型连锁书店水石(Water Stones)。在实体书店的“冬天”里，水石正在实施什么发展战略，能够把寒冷的“冬天”变成温暖的“春天”？上任已近三年的董事长詹姆斯·汤顿(James Taunton)尽管屡遭挫折，但却一直信心满满，不断推出新招。

废除“买二送一”

汤顿最早是一名银行职员。大约在20年前，他喜欢上了图书发行。于是，他倾其所有，以伦敦为中心开办了名为“汤顿图书”的7家连锁书店，专门销售与旅游有关的图书。由于汤顿图书个性鲜明，卖书有方，成为英国书店行业公认的有生命力的独立书店之一。

2010年，水石被其母公司HMV媒体集团(HMV Media Group Plc)出售给俄罗斯富豪亚历山大·马姆托的A&NN资本管理基金。2010年5月，由马姆托拍板，招聘汤顿入主水石。之后，在赞扬声和反对声交替出现的过程中，个性倔强的汤顿频繁实施改革举措。

汤顿上任伊始，着手的第一件事情就是把过去委托各书店自行采购的业务统一起来，同时废除“3for2”——“一次买两册书第三册免费赠送”的促销做法。一直在“薄利多销”中尝到甜头的出版社，对废除“3for2”感到非常失望，再三呼吁恢复“3for2”。然而，汤顿坚决不让步，认为“3for2”是“十分糟糕的营销方式”，必须淘汰。汤顿说，“3for2”的方法在大批量销售的时代有效，而在数字化时代就落后了。

凭借低廉价格销售图书，书店和出版社获得的都是低折扣，长此下去是作茧自缚。此外，对于书店销售特定图书的好业绩，出版社要向书店支付“促销费”的做法也必须废止，取而代之的是，特定的图书如果卖得好，那么书店就以高折扣与出版社结算。

在出版社看来，水石的采购方式也让人费解。往年，每到春季，水石总要向出版社大量采购系列图书品种，但 2012 年春季和 2013 年春季，水石都没有这样做。对此，出版社满腹牢骚。汤顿回应说，书店改革必须从降低库存入手。过去书店因为长年采购造成大量库存，眼下是在尽量不向出版社退货，在不给出版社增加负担的前提下降低库存，使库存达到正常水平。所以没有大量采购只是“临时措施”，今后将按预订数采购。

引进亚马逊电子阅读器

在汤顿的改革举措中，对出版界冲击最大的，是他决定从 2012 年上半年在水石旗下的所有书店销售亚马逊的 Kindle 电子阅读器。而在之前的 2011 年接受英国一家独立报纸的记者专访时，汤顿曾指责亚马逊唯利是图，由此引起英国出版发行界的群情激昂。出版界不禁要问，水石与亚马逊签订合同的条件、具体内容是什么？书店和出版社如何从 Kindle 的销售中获益？从 Kindle 的销售中获益是长期的还是一时的？Kindle 是否只是个招牌，销售的目的仅仅是为了把读者吸引到书店来？

汤顿的回答很简单：“顾客最想买的，总是顾客最想要的。”在决定销售 Kindle 之前，水石旗下的书店一直在销售索尼电子阅读器。汤顿说：“总是销售二流的电子阅读器，会损害书店的信誉。”之后，水石旗下的书店不再销售索尼电子阅读器。为什么亚马逊版取代了索尼版电子阅读器？为什么汤顿不愿公开水石与亚马逊签订的合同内容？出版界只好追根溯源：猜测是不是在资本纽带上，A&NN 资本管理基金的马姆托与亚马逊有什么特殊联系？

水石真正开始销售 Kindle，是在 2012 年 9 月。从各个书店的情况看，凡是来书店买 Kindle 的读者，最后也都买了纸质书。当然，就连汤顿本人也承认，不敢保证这些买了 Kindle 的读者还会再次踏进书店的门槛。众所周知，阅读环境的演进速度超乎寻常，数字化改变了一切，购买纸质书有无必要正在成为很现实的问题。

改造书店

即便如此，汤顿还是坚信，像书店这样的卖场，对人们来说具有长久的魅力。虽然英国出版发行业实施数字战略已久，但在这样的大环境下，汤顿图书不是也长盛不衰吗？汤顿也要让水石长盛不衰。

实际上，从汤顿上任不久，水石就开始对现有书店店堂进行大规模的改造。截至2012年底，已完成50个书店的改造。这些书店的焕然一新，突出体现了汤顿的理念："为了抓住读者的心，重要的是要把水石的书店变成'美丽的场所'。"这些书店在翻新的过程中，除了保有水石的统一标识以外，从外部装修到内部装饰，都不同程度地体现了所在地区、所在城市的特色，让读者一眼就可以看出："这是水石伦敦店"、"这是水石牛津店"。在销售品种的定位上，根据不同情况和不同读者，这些书店可以是综合书店，也可以是专业书店；可以是全国性书店，也可以是地方性书店。

水石在2013年继续书店的改造翻新，并计划2014年完成这项工作。汤顿坚信"实体书店可以长久存在下去"。

（孟斯咏　编译）

2011 年法国图书销售额下降 1.2%

据法国出版商协会公布的 2011 年度报告显示，2011 年法国图书销售额为 28 亿欧元，同比下降 1.2%，图书销售量下降 1.4%，而版权转让销售额则增加 3%，版权转让销售额占图书总销售额的 4.8%，2010 年仅占 4.6%。

据统计，各种版本数字图书的销售额为 5680 万欧元，约占总营业额的 2%。2011 年一些图书销售额增加：文献图书增加10.5%，宗教和玄学图书增加 8.8%，教材增加 5.5%，连环画增加 4.7%，人文、社会科学图书增加 1%。一些图书销售额下降：一般文学、科技、医学图书下降3.1%，精装图书和实用图书下降 4.3%，青少年图书下降 7%，词典和百科全书下降 11.2%，地图和地图册下降 11.5%。

2011 年法国总共销售了 45.06 亿册图书。每种新书的平均印数为 9056 册，同比下降 6.2%，每种再版书的平均印数为 6111 册，同比下降 2.2%。

（张林初　编译）

法国文学奖带动图书销售

法国每年秋季都要进行各式各样的文学奖评选，其中最引人注目的是龚古尔文学奖、勒诺多文学奖、美第西文学奖、费米娜文学奖、法兰西学院小说大奖和联盟文学奖等6个奖项。文学奖会给作家和出版社带来丰厚的利润。图书一旦获奖，其销量会直线上升，其中获得龚古尔文学奖图书的销量拉动效应尤为明显。

一般而言，6个文学奖分别颁给6位作家的图书。销售情况好的话，获奖图书的销售量至少翻一番。捷孚凯(GfK)市场研究集团的《文学奖对图书销售影响的报告》称，“图书一旦获奖，销售量立刻上升，尤其是在圣诞节前的销售量更大。”捷孚凯市场研究集团图书部主任塞巴斯蒂安·雷诺称:“年终的最后三周，获奖图书的销量占全年总销量的25%至35%。”捷孚凯市场研究集团认为:“消费者依然期待文学奖，而且文学奖对图书市场也是一剂强心针。”

捷孚凯市场研究集团的研究报告显示，2011年《法国兵法》获得龚古尔文学奖后，销售量增加了10倍，全年总共销售了20.5万册。然而，这位无名作家的处女作在获奖前的销售一般。

获得2011年勒诺多文学奖的《利莫诺夫》，获奖后销量增加了2.5倍，全年销量达19.5万册，不过该书获奖前销量已经很高。获得2011年美第西文学奖的小说《爱意味着》，2011年3月出版，获奖后每周的销售量增加了4倍，全年共销售3.5万册。

法国男性作家西蒙·利贝拉蒂的新作《杰思·曼斯菲尔德1967》，获得2011年女性文学奖——费米娜文学奖。获奖后，在2011年的最后三周，销量增加了4.5倍，全年共销售2.8万册。

索尔日·夏郎东的小说《回到基利贝斯》获得 2011 年法兰西学院小说大奖后，销售量增加了 2 倍，全年共销售 4 万册。

获得 2011 年联盟文学奖的小说《一切，马上》，获奖后销售量增加了 1.5 倍，全年共销售 3 万册。

据统计，2005～2011 年，获奖图书销量最高的是 2006 年获得龚古尔文学奖和法兰西学院小说大奖双奖的《好心人》，获奖当年销售量为 50.3 万册，创下了历史纪录。获得 2007 年勒诺多文学奖的《学校的悲伤》获奖当年销售量为 43.8 万册。获得 2007 年费米娜文学奖的《爸爸去哪里》获奖当年销售量为 31.7 万册。获得 2005 年联盟文学奖的《一个岛的可能》，获奖当年的销售量达 20.3 万册。2010 年获龚古尔文学奖的《地图和领土》获奖当年的销售量为 49 万册。

（张林初　编译）

德国图书销售100亿欧元梦碎

长期以来，德国出版发行业有一个梦想，那就是图书年销售总额达到100亿欧元。可是，当距离这个梦想只有一步之遥的时候，却又突然变得遥不可及。

21世纪第二个10年开局不利

根据德国媒体管理国际公司的图书销售统计显示，2012年德国实体书店、网上书店、百货店中的书店卖场等的图书销售额，同比减少1%。德国媒体管理国际公司受德国书籍业者协会的委托，从2001年起负责监控全德图书销售市场。2001年至2010年，连续10年都是增长；而从2011年开始呈现减少趋势，同比减少1.8%，2012年同比减少1%，连续两年减少。

按照不同形式的图书划分，2012年与2011年相比，只有口袋书增长0.1%，其他图书都是减少。精装图书减少1.4%，平装图书减少1.4%，音频图书减少0.5%，视频图书减少0.5%。

按不同种类的图书划分，2012年文学图书同比增长0.8%，销售额占图书销售总额的38.5%；此外，实用图书同比增长0.5%，人文科学、艺术、音乐类图书同比增长0.3%。除了以上图书销售额增长以外，其他种类图书的销售额都是呈减少趋势：儿童、青少年图书与同比减少1.8%，旅游图书同比减少1.4%，自然科学、医学、信息科学、工学类图书同比减少3.7%，社会科学、法学、经济学类图书同比减少3.3%，非虚构类图书同比减少6.7%。

按内容细分文学图书，2012年小说类图书同比增长5.9%，占文学图书销售总额的 51.8%;惊险悬疑类图书同比减少 6.1%,占文学图书销售总额的 25.9%;科学幻想类图书同比增长 1.9%,占文学图书销售总额的 7.5%;连环漫画、幽默、讽刺类图书同比增长 1.0%,占文学图书销售总额的 7.1%。除此之外,双语对照类图书同比减少 9.3%,诗歌、戏曲类图书同比减少 11.9%,绘画集类图书同比减少 17.2%。这 3 个种类的图书分别只占文学图书销售总额的 1%以下。

实体书店销售连续 3 年负增长

2012 年实体书店的图书销售同比减少 3.7%,连续 3 年减少,与 2011 年 3.0% 的负增长相比,有进一步恶化的趋势。然而,与其他图书销售渠道相比,书店销售渠道的增长率从 2011 年的 1.2%上升到 2012 年的 2.7%,这又是值得欣慰的地方。

2012 年实体书店的图书销售,无论从形式划分还是从种类划分,无一例外都是减少的:口袋图书同比减少 1.3%,精装图书、简装图书、音频图书、视频图书同比均减少 4.6%。

在实体书店的销售额中,最大比例的是文学图书,同比减少0.3%。其次是儿童图书,同比减少 4.2%。旅游图书同比减少 4.5%,实用图书同比减少 4.6%,人文科学、艺术、音乐类图书同比减少 4.6%,非虚构类图书同比减少 8.3%。下降幅度最大的是自然科学、医学、信息科学、工学类图书和社会科学、法学、经济学类图书,这两个种类的图书均减少 10.2%,从中可以看出,"学术图书正在远离书店"。

书店对读者充满信心

2012 年末,德国出版行业杂志给全德的书店下发了调查问询表。综合归纳"调查问询表"的数据,2012 年德国书店的平均负增长率为 3.7%。在这份调查问询表中,主要调查内容为各家书店"2012 年的实际业绩状况"、"对 2013 年有什么看法"、"对于图书销售下滑有什么应对之策"。

汉堡一家书店的店主说,进入书店行业多年,从来没有经历过如此的业绩恶化,不过还是要尽量挽救危局。比如开设网上书店,为读者提供优质服务,加大图书的促销力度。

2001～2010 年,不来梅的书店业绩都不错。但近两年比较糟糕,连续亏损。2012 年底,一些书店开设了网上书店,以适应时代要求,在支付方式上创新,让读者购书方便快捷,同时也更安全。未来这些书店除了销售纸质书,也销售电子书。

无论是纸质书还是电子书，都要在降低成本上下功夫。有的图书是厚利少销，有的图书则要薄利多销。

柏林近几年出现一批新兴书店，其销售业绩普遍较好。2012年，这些新兴书店业绩尚佳。新兴书店的特点是图书品种丰富，主要销售中小出版社出版的图书。不少在大型书店或大型连锁书店买不到的图书，在新兴书店都可以买到。德国各地的一些专家学者，经常利用出差或旅游之机，光顾这些新兴书店购书。

2011～2012年，波恩附近的一些城市书店业绩一直较好。业绩稳定的原因在于，书店与当地银行、剧院合作，销售图书有针对性，有目标读者。

在莱比锡，一些以销售儿童图书为主的书店，虽然图书销售下滑，但电子游戏产品卖得火爆，在总体上弥补了图书销售的亏空。

从调查问卷的情况看，书店对读者充满信心，毕竟德国读者的年购书量在欧洲名列前茅。

（岳　月　编译）

2012 年德国莱比锡书展

2012 年 3 月 15 日～18 日，2012 年度莱比锡国际书展如期举办。据主办方介绍，有来自 44 个国家和地区的 2071 家出版社参加，个人出版者的参展摊位超过 1000 个，同比增加 8%左右。本届书展的展场面积为 6.8 万平方米，同比增加 3%。其中，参展的文艺出版社和儿童出版社的数量增加尤为显著。参加展出的图书品种达 10 万种以上，其中有约 2 万种是 2012 年春季出版的新书。书展期间，来现场参观的读者达到 16.35 万人，同比增加 500 多人。

2011 年以来，德国图书市场呈现低迷状态，2012 年春季的书展能否成功，主办方未免有些担心。然而，本届书展的参展商和现场读者的数量，都远超预期的情况。据德国市场调查公司的民意测验，无论是参展商还是现场读者，对本届书展都有极高的满意度。

主办方认为，2012 年度莱比锡国际书展之所以成功，原因之一就是"莱比锡国际书展有独到之处"，与秋季举办的法兰克福国际书展相比，莱比锡国际书展特色鲜明。

教育图书畅销

据主办方介绍，本届书展期间，在图书销售区专门开辟了"教育图书销售专区"。这里说的"教育图书"，可以从广义上理解，有教育、教养等多重含义。书展期间，在"教授·学习·莱比锡"等 3 个"L"（这 3 个德语单词的第一个字母都是 L——编译者注）的大幅标语下，以教师、教育工作者、教育学研究者、父母、孩子们为对象，举办了150多场论坛和研讨会，在广泛讨论幼儿教育问题的基础上，着重研讨了如何提高学龄前儿童听读能力的问题。本届书展首次向在学校或幼儿园举办的朗读竞赛会推荐了最适合朗读的30种图书，对新出版的优秀教科书授予了“2012年度教科书奖”。

本届书展上，还重点展示了2012年春季出版的文学书和儿童书，其中，漫画、连环漫画展台前总是人头攒动，络绎不绝。在书展的最后一天，举办了漫画人物剧表演，许多孩子、年轻人身着奇装异服，装扮成漫画或网络游戏中的主人公参演。主办方认为，组织漫画人物剧表演，可以让孩子和年轻人从中体验到读书的快乐，寓教育、教养于娱乐之中。在漫画、连环漫画展台前，在漫画人物剧表演的过程中，有许多陪同孩子和年轻人的长辈，他们看书、买书、欣赏漫画人物剧的兴致一点也不亚于孩子们和年轻人。出版人士指出，漫画是老少皆宜的读物，在国外如此，在德国更是如此。

多年来，莱比锡市与德国书籍业者协会一直合作开展读书振兴活动“莱比锡阅读”。在本届书展期间，迎来了第21届“莱比锡阅读”活动。这届“莱比锡阅读”活动盛况空前，其声势和规模超过以往任何一届。有专家甚至认为，这是当今世界上最大的朗读盛典。在书展现场和莱比锡市内的350个地方，举办了2600多场朗读会，参加朗读会的作家达到2780人，其中有不少著名的外国作家。这些作家分别来自美国、法国、荷兰、捷克、匈牙利、以色列、波兰、中国等国家。在朗读会现场，作者与读者互动，一起交流心得、高声朗读；有人气、知名度高的作家，往往被读者团团围住，有的要签名，有的要合影，有的还要拥抱。出版社一方认为，能够接触如此广泛的读者群体实在难得。他们说：“莱比锡是德国最重要的图书营销市场。”

中欧、东欧作品受欢迎

在此次书展上，推出了名为“Tranzyt”的计划，以促进波兰、乌克兰、白俄罗斯的文学翻译与介绍。因为波兰有显克维奇、莱蒙特、切－米沃什等诺贝尔文学奖获得者，所以波兰文学为德国人所熟悉。但对乌克兰文学和白俄罗斯文学，德国人就知之甚少。该项计划的具体策划者指出，对于这项计划，不仅相关的出版商信心满满，而且了解计划的一般读者也寄予厚望，企盼实施计划获得成功。

也许是莱比锡国际书展“念旧”，重视与中欧、东欧的传统联系吧，2012年度“莱比锡国际书展翻译奖”最终候选的5部作品，分别是从马其顿语、乌克兰语、罗马尼亚语、塞尔维亚语、匈牙利语翻译过来的德语书。最后获奖的，是克里斯蒂娜·斐拉格，翻译的是匈牙利作家彼得·纳达施的作品《相同的故事》。

以“莱比锡国际书展”命名的图书奖共有 3 个：莱比锡国际书展翻译奖、莱比锡国际书展文学奖和莱比锡国际书展非虚构类图书奖。

本届书展获得“莱比锡国际书展文学奖”的，是沃尔夫康伊·伯恩塔尔的《砂》。伯恩塔尔出生于 1965 年，起初是画家，2002 年发表处女作长篇小说《布尔休格塔》成为作家。2010 年推出的《斑点》成为畅销书，伯恩塔尔也因此名声大噪。《斑点》被翻译成 12 个国家的文字。这次获奖的《砂》，是一部以 20 世纪 70 年代的美国为背景的冒险小说。德国图书评论界认为，《砂》如侦探小说一般，充满了恐怖和悬念。

本届书展获得“莱比锡国际书展非虚构类图书奖”的，是杰鲁库·帕皮洛威斯克的《燃烧的大地：斯大林的权力支配》。帕皮洛威斯克生于 1961 年，2002 年被柏林一所大学聘为东欧史教授。德国史学界认为帕皮洛威斯克是德国“斯大林主义研究”的第一人。

（戈壁沙　编译）

德国大型书店集团待价而“苦”?

从 2011 年到 2012 年,德国一些大型书店集团将被出售的消息风生水起,搅得书店行业乃至出版行业不得安宁。

沃尔德比尔德出售计划暂时搁置

在德国的图书销售市场上,无论是店铺的数量还是销售额,沃尔德比尔德(Waldbuilt)书店集团都是名列前茅的。然而,2011 年传出消息,其所有者天主教会打算出售该集团。

长期以来,沃尔德比尔德一边与大型出版社克纳玛·库拉乌等合作开展出版业务,一边凭借新书书店和古旧书店开展图书销售业务,其大小店铺超过 350 家,在德国形成了名副其实的实体书店网络,年经营额达到 16.5 亿欧元,占德国图书销售市场 18%的份额。

2011 年 11 月,在由作为沃尔德比尔德出资者的主教们联合召开的分教区会议上,确定了出售该集团的一揽子计划,但是,接下来这个计划并没有实施。

由于报纸、电台、电视台大张旗鼓地报道,不仅引起全社会的关注,而且还引来该集团内部的大量申诉。

2012 年 2 月至 3 月,在德国主教总会上,再次讨论了该集团出售事宜。主教们一致认为 2011 年的决定过于仓促,马上出售并非上策,是否出售和什么时候出售有待商讨。于是,这次主教总会向沃尔德比尔德全体员工发出一封公开信,希望大家团结一致,努力工作,像以往一样,保持集团的正常运转。此外,这封公开信还向员工们承诺，薪酬、福利及其他待遇不会改变，一如过去。这样，出售沃尔德比尔德的事情暂时被搁置。

不过，有媒体指出，出售还是要出售的，只是还没有找到合适的买家。

塔利亚情况堪忧

2012 年以来，德国的经济类报纸和一般大众报纸，连篇累牍地报道塔利亚(Taglia)即将被出售的消息，这对书店及出版行业产生了冲击。

塔利亚创办于 1919 年，属于名副其实的"老字号"。特别是从 2000 年以来，塔利亚在德国各地建立分店，收购其他老字号书店或连锁书店，经营规模迅速扩大。

德国胡根杜贝尔书店集团、万象书店集团、哈贝尔书店集团、魏兰书店集团、沃尔泰切舍书店集团等联合组建了"DBH 图书销售有限合资公司"，成为拥有 451 家店铺的德国最大的书店集团。即便如此，塔利亚还是占据了行业第二的位置。

2001 年，塔利亚与菲尼克斯集团合并，改名为"塔利亚股份有限责任公司"。塔利亚的股份由两家公司持有，1931 年收购塔利亚书店的魁奈基・法米里主持的股份公司持股 25%，毕希与梅狄有限公司持股 75%。虽然塔利亚是由两家公司持股，但还是隶属于杜格拉斯股份有限公司，也就是说，塔利亚是杜格拉斯 100%的子公司。

杜格拉斯起源于 1821 年创办的 J. S. 杜格拉斯香料肥皂制作公司，现在是专门销售以化妆品为主的各种商品的零售行业中的超大型混合式集团。

截至 2011 年 10 月底，塔利亚在德国有 236 家书店，在奥地利和瑞士有 59 家书店，总计 295 家书店，员工人数为 5274 人，2010 年 10 月至 2011 年 10 月，销售额为 9.345 亿欧元，同比增长 3.2%。不过，利润有所下滑，同比减少 1%。

2010 年 10 月至 2011 年 10 月，塔利亚在德国的 236 家店铺销售额为 7.3 亿欧元，同比增加 2%，利润减少 0.1%。塔利亚在奥地利和瑞士的 59 家店铺销售额为 2.308 亿欧元，同比增加 6.8%，但利润却减少 3.5%。以旁观者的眼光看，利润减少的原因应当是由于收购了几家店铺，再加上重新装修，增加了成本。塔利亚的网上书店很活跃，销售额同比增加 20%，占塔利亚销售总额的 14%。

可是，塔利亚并没有实现之前确定的 2500 万欧元的税前利润指标，仅仅完成了 500 万欧元。塔利亚的有关负责人解释说，这是由于网上书店销售折扣低，同时为了确保实体书店的读者数量，对读者加大了优惠力度，因而减少了利润。

其实，塔利亚很早就尝试着进行多方面的改革，致力于多渠道经营，积极应对数字化潮流，既拥有自身出资 80%的通过互联网营销的 buch・de，又独自开发了电子教科书 Oyo;探索书店最佳的卖场面积,从过去的 800～900 平方米缩小到现在的 500～600 平方米;引进相关业种,比如开办文具店、玩具店等,使主业和副业相互促进。

塔利亚所做的种种努力,不能说不对路,也不能说没有效果。那么,塔利亚为什么还要被出售呢? 可能还是因为其母公司的内部情况太复杂吧。

2010～2011 年,杜格拉斯集团旗下全部企业的销售总额为 34 亿欧元,同比增加 1.7%,税前利润增加 5%。从这些情况分析,销售业绩不是出售塔利亚的理由。

杜格拉斯集团的股份分布很复杂,属于创业者的克雷赫家族、埃特克家族分别持有 12.6%和 25.8%,属于经营者的埃尔维恩·米勒持有 10.5%,其余股份则由众多银行家或投资家持有。为了牵制已有的出资者,杜格拉斯集团就要寻找更多的新投资者,因此就要剥离不良资产,出售发展前景越来越不看好、盈利并不丰厚的图书销售部门塔利亚。

2012 年下半年,杜格拉斯集团的会长贝宁柯·克雷凯公开表示,拆分集团为时尚早,希望塔利亚的经营者和从业者齐心协力,开拓进取,使书店业务有更大发展。但是,与此同时,德国出版行业报纸刊登了《超大型实体书店网络即将终结?》的文章,特别指出克雷凯的表态不过是“缓兵之计”,卖掉塔利亚只是时间问题。

(岳　月　编译)

韩国文学“走出去”到日本

一直以来，日本文学类图书在韩国大量翻译出版，与此相反，韩国文学类图书在日本翻译出版却非常少。为了改变文学类图书版权贸易的“逆差”，韩国出版界一直都在做着艰苦不懈的努力。那么，2012 年韩国文学类图书在日本翻译出版的情况究竟如何呢？

26 种文学类图书在日本翻译出版

据统计数据显示，2012 年，韩国有 26 种文学类图书在日本翻译出版；而 2011 年，韩国有 23 种文学类图书在日本翻译出版。2000～2012 年，韩国每年平均有 21.3 种文学类图书在日本翻译出版，总的看来，韩国文学类图书在日本的翻译出版呈稳步上升趋势。2012 年在日本翻译出版的韩国文学类图书中，小说为 17 种，诗歌为 8 种，文学评论为 1 种。

同往年相似，在小说中，作为电视连续剧原作的图书出版十分引人关注。比如《拥抱太阳的月亮》《秘密花园》《阶白》《女子之香》等都属于这一类。日本的出版社之所以选择这类图书，是因为根据过去的经验，在翻译出版之前有电视剧的“广告效应”，普遍都比较好卖。

在小说方面值得一提的是，2011 年起由日本讲谈社 BL 出版的朴景利的《土地（青少年版）》，在 2012 年出版了第 6 卷，这意味着《土地》在日本出齐了日语版全 6 卷。日本读者特别是青少年读者非常喜欢《土地》一书，他们期待像这样有震撼力的原创韩语书多在日本翻译出版。2012 年受到日本读者青睐的韩国小说，还有日本平凡社出版的《朝鲜近代文学选集》中的一本、日本海风社出版的作家崔曙海的《崔曙海作品集》以及廉想涉的《三代》等。

韩国当代作家的作品以孔枝泳的《熔炉》为代表，由日本新潮出版社出版。除此之外，还有日本藤原书店出版的李承雨的《植物们的私生活》、日本新干社出版的玄基荣的《顺伊奶奶》、日本合唱组出版社出版的崔仁浩的《他人的房屋》和《梦游桃源图》。在日本CUON出版社出版的《新韩国文学》系列书中，2012年推出了朴晟源的《都市凭什么运转?》《与拉格泰姆音乐齐飞:申庚林诗集》(两册)。《新韩国文学》系列书从2011年开始在日本翻译出版，至2012年已出版了5本。

2012年，还有朝鲜的图书在日本翻译出版。由日本三一书房出版的金秀景的《三千里河山》，是描写朝鲜生活的作品。这部书的主题思想和叙述手法对日本读者来说有些陌生，这部书属于实录性历史小说，朝鲜的历史事件以及该书作者的历史观，是这部小说的最大看点。

在日本翻译出版的韩国诗集，除了上述的《申庚林诗集》以外，还有日本藤原书店出版的《郑喜成诗选集》、日本岩波书店出版的《白石诗集》和收入“岩波文库”的由韩国人金时钟翻译成日语的《尹东柱诗集:天空、清风、繁星与诗歌》、日本思潮社出版的《镜中天使:金春洙诗集》、日本书肆侃侃房出版的金惠英的《属于你的记号》、日本新干社出版的李学永的《天天不能梦见的悲伤》等。此外，还有日本飞鸟新社出版的《花开君心中》，这本书采用了日语和韩语对照的形式。还有就是日本新干社出版的《涌动在胸中的语言:李哲诗集》，这是旅居日本的韩国人写的诗集。

研究韩国文学的专业书包括日本御茶之水书房出版的和田とも美的《李光珠长篇小说研究:殖民地的再生与文学》、日本一粒书房出版的尹大基的《李箱与韩国现代主义文学:〈终生记〉作品分析》、日本思潮社出版的兰明的《李箱与昭和帝国:作为东亚的自画像》等。

日本出版新闻社出版的尹相仁《韩国64年日本文学翻译》，全面调查和分析了1945年至2009年日本文学在韩国翻译出版的概况，具有史料价值。特别是这本书附录之一的“各位作家翻译作品指南”，对日本人和韩国人来说，都是首次公布于世的珍贵资料。比如，想要了解哪位作家、哪部作品、哪个翻译者、哪家出版社等信息，看了这个“指南”就一目了然。

期待“乌叔效应”

显而易见，与韩国每年翻译出版八九百种日本文学类图书相比，在日本每年翻译出版二三十种韩国文学类图书实在太少。不过，韩国出版界认为，少而精未尝不可，日本流行音乐产业的规模位居世界前列，不是也被韩国“鸟叔”的一首“马步舞神曲”抢了风头？

围绕韩国文学走进日本，日韩双方都在努力。日本方面，除了日本的翻译者、出版社在坚持不懈地努力以外，日本民间的有关团体也积极参与其中。在 2012 年度东京国际图书博览会期间，日本的文学振兴委员会就给予韩国展团人力和物力方面的支持。与此相应，韩国方面也给予积极配合。像韩国文学翻译院和韩国大山文化财团，也共同致力于把韩国文学推向日本及世界各国，对译者译作给予资金和出版支持。例如《韩国 64 年日本文学翻译》一书，就是韩国文学翻译院聘请日本学者馆野晳、留日韩国学者蔡星慧合作翻译，由韩国大山文化财团出资、日本出版新闻社出版的。

（龙舟路　编译）

2012年首尔国际书展

2012年6月20日至24日，首尔国际书展在韩国首都首尔市的江南区三成洞国际展览场举办。本届书展的主办者是韩国出版文化协会，协办者是韩国文化观光体育部、韩国出版文化振兴财团等。参展者有出版社、相关团体、图书馆、书店、图书进出口公司以及图书装帧设计工作室等。

有专家指出，首尔国际书展的质量一届不如一届。比如本届书展，参展单位从开幕坚持到闭幕的少；看书和买书的场面很热闹，版权洽谈和版权交易却很冷清。长此以往，首尔国际书展会不会真的要被坡州国际书展取代？

参观者青少年居多

首尔国际书展自创办以来，其最明显的特征，就是参观者中青少年所占的比率很高。2012年，这种特征依然没有改变。本届书展期间，天天都有成群结队的青少年进出，尤其是6月24日（星期日）那一天，仿佛整个首尔的少男少女都出动了，把书展举办地国际展览场挤得水泄不通。

近些年来，参加首尔国际书展的儿童图书品种不断增加，而一般图书和专业图书参展的品种却逐渐下降。这种变化也是主办方、参展方顺应首尔市民读者需求的结果。首尔国际书展在韩国是首屈一指的书展，对韩国读者有着绝对的号召力和影响力。书展以儿童图书出版社为中心，大量展出和销售绘本图书、少儿图书、教育类图书以及与教育相关的设备。

七个特点

据主办方韩国出版文化协会介绍，本届书展的共同口号是“如果广泛传播图书，那就能够看见未来”，这个口号表达了热爱图书的人们的心声。本届书展使用了三成洞国际展览场 A、B 两个大厅，面积为 14733 平方米；参展的国家和地区有 20 个，参展的单位（包括出版社、相关团体、个人出版商）有 580 个，参展的摊位有 771 个。2011 年参展的国家和地区有 23 个，参展的单位有 572 个，参展的摊位有 774 个。两年相比，规模几乎相当。沙特阿拉伯为本届书展的主宾国，参观者进入主宾国的展区要买票：成年参观者一张票 3000 韩元，大学生以下的参观者一张票 1000 韩元。

本届书展的特点之一，是作家与读者见面的场所扩大。在书展现场，开设了 3 个专门区域，既招待作家，又方便读者与之见面。在这 3 个区域里，作家与读者见面的形式是作家与读者双向交流，就像久别重逢的老朋友拉家常一般。本届书展来到现场的著名作家很多，以韩国本土作家为主，有凭《孤将》一书成名的作家金勋。有写出《一座海底平顶山》的作家朴范信，他的这部作品在韩国已被改编成电影。还有殷熙耕等 19 位多部作品被翻译成日文的作家。此外，书展现场还邀请来了韩国人文学术界的李御宁等 9 位学者。李御宁的学术专著《志向萎缩的日本人》，不仅名噪韩国学术界，而且在日本学术界也颇有影响，被日本同行誉为“最了解日本人的韩国人之一”。

在 3 个作家与读者见面的专区内，每个专区都摆放了几十把椅子。往往是读者踊跃提问，作家耐心解答，气氛热烈和谐。每天的见面会，参与者众多，所以站着和作家交流的读者也不少。在出版社看来，这种见面会往往蕴含着商机。韩国一些出版社就在见面会专区附近设立接待点，以便和作家洽谈出版事宜。

本届书展的特点之二，就是举办了两个“有看点、有新意”的论坛。2012 年是韩国的“读书之年”，这个活动得到韩国政府和民间组织的大力支持。本届书展围绕“读书之年”举办论坛，其主题是“如何改善国民阅读环境，推进国民读书运动”。2012 年 8 月底 9 月初，在中国北京举行的北京国际书展上，韩国应邀作为主宾国参展，这对韩国出版界乃至文化界来说，是大事和喜事。本届书展举办了论坛，主题是“中国出版的现在与未来”。与会者展望了中国出版产业的未来发展趋势，对如何进入中国巨大的出版市场献计献策。

本届书展的特点之三，是展示了韩国电子书市场的现状与发展方向。在书展现场，有 18 家电子书出版社（公司）展示了最新型的智能手机和电子阅读器，以及与电子书有关的存储技术。据美国全球创业观察(Globe Entrepreneurship Monitor,GEM)查统计,当今韩国总人口数为4900万,电子书购买者占12%,购买电子书的人口为580万。

本届书展的特点之四,是向年轻人介绍出版工作。主办方专门从“写(作)书”领域、“编(辑)书”领域、“装(帧)书”领域和“出(版)书”领域请来一批作者和专家,重点向参观者中的年轻人讲述出版常识和出版经历,目的是吸引更多的年轻人进入出版行业。尽管这项活动有名额限制,要求提前报名,但讲解现场每天都是人头攒动,可以用“人气爆棚”来形容。

本届书展的特点之五,是几个“特别展”抓人眼球。比如“正在消失的铅活字的朝鲜文字”、“诺贝尔文学奖获奖作家作品展”、“2012年博洛尼亚国际儿童图书展获奖作家作品展”等。这些“特别展”给人留下深刻印象。比如从“诺贝尔文学奖获奖作家作品展”中不难体会到,韩国文学界、出版界希望韩国作家荣获诺贝尔文学奖。

本届书展的特点之六,是第一次有中东国家享受最高规格的待遇参加首尔国际书展。沙特的展馆紧挨着会场入口处,馆内以清真寺风格装饰,除了书架上摆放着各种出版物以外,每天还有洋溢着伊斯兰风情的现场表演,吸引了大批参观者。过去,沙特与韩国在经济方面有联系,但在文化方面几乎没有交流。本届书展沙特成为主宾国,开启了韩国与沙特之间出版及文化交流的大门。

本届书展的特点之七,是书展举办期间赶上韩国大学学期末,一下增加了很多大学生参观者。主办方出于大学生的经济状况考虑,将入场券从3000韩元降到1000韩元。

日本展团异常活跃

从参展国数量看,本届书展除了作为主宾国的沙特以外,还有美国、加拿大、德国、法国、日本、印度、中国等20个国家和地区。其中,半数以上的参展国不是出版社参展,而是这些国家在韩国的代理公司参展。除了日本、法国、德国等陈列的出版物数量较多以外,其他参展国家和地区摊位上的出版物非常少。除了日本、法国、德国等的摊位有洽谈版权业务的以外,其他参展国家和地区的摊位都很少有人洽谈版权业务。

从所有参展国家和地区的情况看,日本的贡献应当是最大的。参加本届书展,日本不仅大力宣传推介了本国的出版物,而且也突出了首尔国际书展的“国际化”。

由日本国际交流基金、日本出版文化国际交流会共同主持的日本(集中)展区,在 20 个参展国家和地区中，人气是最旺的。现场参观者以韩国人居多，这些韩国人对近邻日本的地理、历史、社会、语言都很关注，对展台上的出版物爱不释手。

除了日本（集中）展区，还有几个单独的日本摊位，像以前来过的文艺春秋、白杨社和东贩。本届书展新增加了学研出版和幸福之科学出版。当然，参展的日本出版社有增有减，像 2011 年参展的岩波书店、昭文社、青幻社等此次就没有参展。

无论如何，由日本国际交流基金、日本出版文化国际交流合力促成日本出版界共同参展，作用巨大、意义深远。共同参展代表了日本的出版形象，彰显了日本的出版实力，对培育日本图书的国外市场大有好处。而出版社单打独斗，各自设摊参展，可以买到版权，短时间内也可以获得效益，但从长期看，对培育市场的作用微乎其微。

日本展团对热心的日本图书迷们发放调查表。回答人数总计 166 名（其中，男性 45 名，女性 121 名。10 岁左右的 44 名，20 岁左右的 42 名，30 岁左右的 23 名，40 岁左右的 20 名，50 岁以上的 6 名，年龄不详的 31 名）。回答者的建议大多是“展区狭小不方便，希望扩大空间”、“希望增加图书的种类”、“每年展出的形式雷同，没有变化，希望改变展出的形式”等。这些回答者的建议给日本展团留下了深刻印象。

从这些回答者的性别和年龄构成来看，到日本展区参观的以 10～20 岁的女性比率最高，这和以往情况相似。她们主要关心日本的时尚、料理、旅行、漫画、小说、手工艺、明星等，动机和喜好非常明显。她们对日语会话、日语学习也很关注，在日本展区，时不时听到她们用日语简单交流。

在首尔国际书展上，男性特别是 30～40 岁的工薪阶层以及大学生参观者比较少，这一点与东京国际书展、北京国际书展很不一样。在日本展台前，翻看专业书和人文书的参观者相对较少。

图书零售多于版权交易

在首尔国际书展的主要入口处，右侧是以黄色为基调的主宾国沙特的展区。用韩语翻译的《古兰经》《沙特生活指南》《沙特文化指南》以及阿拉伯语的图书并排摆放在书架上。现场参观的孩子们，对身着阿拉伯服装、蓄着浓密黑胡须的男士很感兴趣，纷纷与之合影留念。

在沙特展馆的背后，是海外展区。在书展展区的主干道左侧，是韩国图书出版社的展区。与 2011 年一样，那些已进驻韩国波州出版基地的出版社来参展的很少。参加本届书展的韩国著名出版社有民音社、金宁社、凡友社、创作批评社、乙酉文化社等。作为出版社团组织，有韩国杂志协会、韩国大学出版部协会、韩国科学技术出版协会、韩国基督教出版协会、韩国出版协同组合、韩国电子出版协会、韩国文学翻译院和韩国出版物伦理委员会等。

第二会场的儿童图书专区也是一样，本届书展各家出版社的摊位面积全部缩小，以前那种面积很大的摊位数量明显减少。而且书展现场成了打折(降价)销售图书的场所，全然没有了版权交易的氛围。

在韩国，读者一般都有“购买图书一定要打折”的观念。韩国法律规定，即便是新书，在出版 18 个月之后就可以在 10％以内打折销售。而实际上，无论是什么书，出版时间只要过了一年半，打折率都会超过 10％。在本届书展上，参展出版社销售图书的折扣平均在 30％～40％，少数出版社折扣甚至在 50％～80％。

坡州争夺国际书展

2000～2005 年，在官方和民间的支持下，一批韩国出版人士在坡州市修建了号称是亚洲最大的出版基地，外国人称这个出版基地为“韩国出版城”。坡州市以韩国出版城为荣，自称为“图书都市”、“出版都市”。在 2006 年前后，坡州向韩国政府提出，请首尔把“首尔国际书展”移交给坡州来举办，并改名为“坡州国际书展”。对此，首尔没有同意，韩国政府也没有批准。

但是，坡州并没有因此放弃，而是围绕争夺国际书展采取了一系列措施。一是每当首尔国际书展开展，入驻韩国出版城的出版社就尽量不参加。二是创办自己的图书狂欢节。

2012 年 9 月，坡州举办了“图书快乐 2012”活动。主办者是图书快乐组委会，协办者是京畿道和坡州市，后援者是居住在周围的原住民。本次活动以韩国出版城里的亚洲出版文化信息中心为核心场地，以优美的自然环境为背景，把各出版社、印刷公司、装订公司以及装帧设计工作室的工作过程作为展示的主要内容。活动提出的口号有“把出版文化送到原住民手中”、“让原住民养成读书的好习惯”和“盼望国际性书展早日落户坡州”等。

（孟斯咏　编译）

2010 年日本出版物进口下滑

2008 年金融危机以来，日本经济更加低迷，在这种严酷的大环境下，日本的出版物进口也一路下滑。

出版物进口下滑

据日本财务省的贸易统计数据显示，2010 年，日本从世界各国进口的出版物总额为 31.7825 亿日元，同比减少 6.2%。其中，图书的进口额为 22.6456 亿日元，同比减少 1.2%；杂志的进口额为 9.1369 亿日元，同比减少 16.6%(见表)。

在杂志方面，影响进口的是日本国内的大学图书馆、大学各学部各学科的研究室、公共图书馆和研究机构等。这些单位直接向出版商预付款项，预订一年的杂志，然后出版商把杂志直接发送给这些单位。这种方式在杂志进口上占了最大比重。在图书方面，影响进口的除了图书馆和研究机构以外，还有日本国内的外文书店。日本海关统计的出版物进口额，都是大宗出版物的进口额，并不包括个人直接购买(比如通过网络购买)的零散出版物进口额。2010 年，尽管日元坚挺，日元对美元的汇率升值，但与 2009 年相比，出版物进口额的减少十分明显。

在杂志进口方面，按不同国家和地区细分杂志进口额，英国减少最多，同比减少 65%，法国、意大利、俄罗斯等国同比也是减少。同比增加的只有 3 个国家：第一是美国，同比增加 10%；第二是中国大陆，同比增加 3 倍；第三是泰国，同比增加 4 倍以上。

在图书进口方面，按不同国家和地区细分图书进口额，排首位的是美国，约占

37%,同比减少4%。排第二位的是英国,约占30%,同比略有增加。排第三位的是中国大陆,约占11%,同比增加10%。排第四位的是德国,同比基本持平。在德国之后,排第五位的是法国,排第六位的是荷兰,排第七位的是新加坡,排第八位的是韩国,排第九位的是马来西亚,排第十位的是中国香港,排第十一位的是意大利。日本从亚洲各国和地区进口出版物呈增长态势,与此相反,日本从法国、西班牙、俄罗斯等欧洲国家的出版物进口则呈下降趋势。日本从南美洲的巴西进口出版物大增,同比增加20%。这在2010年日本图书进口上是一大亮点。

出版物进口下滑的原因

日本出版物进口减少的原因很复杂,其中比较突出的原因是日本国内对外文出版物的需求者在整体上减少。即使是大学的学习者或进修者中,专攻欧美各国文学或语言的人数也有相当的减少。日本经济持续不景气,2008年以来又遭到全球金融危机的冲击,企业公司纷纷关门倒闭。对那些学习者或进修者而言,就业是最需要关心的问题。

使得出版物进口减少的第二个原因,是日本国内的书店行业对外文出版物的冷淡。比如书店常设的外文图书和杂志的展示面积普遍都在缩小,而购买外文图书和杂志的读者也在逐渐减少。2010年,日本国内没有举办促进外文出版物销售的展示会、阅读竞赛活动等,即使在东京国际书展上,也鲜有围绕外文出版物进口的好策划、好广告。

其三是在线阅读的兴起和预算经费的削减。比如外文科技类图书,日本国内的大学生、专家教授和科研人员,通过互联网无偿或付费下载、阅读电子版的越来越多,因为与纸质版相比,电子版既快捷又经济。又如外文科技类杂志,虽然理科、工科、医学领域的专业杂志进口较多,但与往年相比还是在减少。除了在线阅读的冲击以外,还有就是预算经费的大量削减。2009年下半年至2010年初,日本国内解除预订一年高定价外文专业杂志合同的事件屡屡发生。

第四就是出版物进口行业步入"寒冷的冬季"。在日本,只要是正规的外文书店以及外文图书批发零售业者,一方面在书店销售外文书刊,另一方面还要经常到大学、图书馆和研究机构上门推销,通称为"外买"。据日本外文图书协会(JAIP)统计,正规的外文书店以及外文图书批发零售业者共有65家,而加入该协会的仅在半数以下。近年来,其中的破产倒闭者不断出现,比如洋贩、国际书房等。

第五是日本读者似乎对外文出版物都不感兴趣。分析全部外文图书进口的结构,就可以看到,不但购买英语书刊的学生、专家在减少,而且购买法语、德语、意大利语、西班牙语书刊的学生、专家也在减少。

日本是具有"学习 1 然后创造 10"传统的国家，出版物进口减少，意味着"学习 1"的机会将减少，也就意味着"创造 10"的可能也会减少。

扭转颓势不容易，但并非坐以待毙。比如日本的主流媒体应当多介绍国外的出版动态，向日本读者推荐国外最新出版的畅销图书和杂志。另外，日本官方应当出台专项政策给予扶持。

表　2009～2010 年日本出版物进口　（单位：亿日元）

名　称	2009 年	2010 年	增长率
图　书	22.9198	22.6456	−1.2%
杂　志	10.9562	9.1369	−16.6%
合　计	33.8760	31.7825	−6.2%

（周官妹　编译）

2011年日本出版物进口继续下滑

延续2010年的颓势，2011年日本出版物进口进一步下滑，以往大受欢迎的国外实体出版物特别是英语出版物，如今却大受冷遇。

据日本财务省的贸易统计数据显示，2011年日本进口出版物总额为288.0737亿日元，同比减少9.4%。其中，图书的进口额为216.4317亿日元，同比减少4.4%；杂志的进口额为71.6420亿日元，同比减少21.6%（见表）。

日本出版物的进口额，以日元为单位，按照批发价的原价计算，统计对象限于零售外文出版物的大型书店、外文出版物专卖店以及批发外文出版物的公司和业者。这里的外文出版物销售（批发）店（公司）的数量，仅是加盟日本外文图书协会的店（公司）的数量。2011年，加盟该协会的外文出版物销售（批发）店（公司）为33家，如果加上尚未加盟的欧明社和纪伊国屋书店，那就是35家。所以，日本国内销售外文图书、杂志和报纸的一般书店，不在以上35家之内，其销售额也无法进入统计范围。

在过去10年里，日本进口出版物分为两大类：一类是图书，另一类是杂志、报纸等定期出版物。从2007年起，其进口额每年都呈现下降趋势。

2011年图书的进口额为216亿日元，同比减少4.4%。按不同国家和地区划分，减少最多的是美国，为78亿日元，同比减少36.2%；其次是英国，为60亿日元，同比减少28.2%。在日本的外文图书进口额中，英语版图书的进口额占60%以上。来自中国大陆的图书从2010年起出现反弹，排第3位，占日本外文图书进口额的13.8%，同比增加45%。排第4位的是德国，同比增加8%。之后，排名第5的是法国，排名第6的是韩国，排名第7的是新加坡，排名第8的是中国香港，排名第 9 的是中国台湾，排名第 10 的是瑞士。由于在日本留学、工作和定居的韩国人急剧增加，日本进口的韩语图书也在逐年增加，同比增加 50%。之所以来自新加坡的图书也增加很多，是因为欧美理工医学类图书出版社，把新加坡作为向亚洲各国出口出版物的基地。减少最多的是荷兰，同比减少 80%，减少的原因不明。

在杂志、报纸和其他定期出版物方面，进口的负增长更加明显，同比减少 21.6%。排第 1 的英国，减少 30%；排第 2 的美国，减少 28%。荷兰有稍许增长。法国也减少 30%，这是因为日本人对法语的兴趣有所减弱。巴西减少 20%。出人意料的是，意大利增加 10%。

预想之外减少的，还有来自亚洲国家和地区的进口额。2011 年，中国大陆减少 10%，中国台湾同比减少 50%，中国香港同比减少 30%。也是近邻的韩国，减少也很多，为 30%。一直以来，日本通过新加坡进口很多欧美理工医学类专业杂志，日本外文报刊的亚洲进口额中新加坡贡献了最大份额。与 2010 年相比，新加坡虽然减少 10%，但这个 10%所占比重很大，实际减少就更多。

按杂志、报纸进口额多少排列顺序，第 1 是美国，第 2 是荷兰，第 3 是英国，这 3 个国家占报刊进口总额的 80%。之后依次是新加坡、韩国、法国、中国香港、意大利、德国和中国大陆。

近年来，杂志、报纸的进口额不断减少，原因错综复杂，多种多样。从日本的出版物进出口历史分析，只要出口不景气，进口就不景气；只要国内的出版业不景气，对国外出版物的需求就不景气，前者始终制约和影响着后者。

表　2010～2011 年日本出版物进口　　（单位：亿日元）

名　称	2010 年	2011 年	增长率
图　书	226.4562	216.4317	－4.4%
杂　志	91.3695	71.6420	－21.6%
合　计	317.8257	288.0737	－9.4%

（郝新仁　编译）

2010年日本出版物出口增长

日本对出版物的统计，向来细致完整。比如对出版物出口的统计，既有"初步统计或不完全统计"，又有"完全统计"，还有"最终统计"。只是"最终统计"的时间比较滞后。

出版物出口增长

据日本财务省的最终统计数据显示，2010年日本出版物出口为127.2978亿日元，同比增长4.9%。其中，图书为77.7316亿日元，同比增长2.9%；杂志为49.5662亿日元，同比增长8.3%（见表）。

2010年以前，日本出版物出口一直把"单页印刷品出口"也统计在内。但严格地讲，"单页印刷品"没有国际标准书号，很难进入日本以及其他国家和地区的正规图书馆。收藏尚且困难，查阅就更加麻烦。因此，尽管2010年日本"单页印刷品"的出口额达到65.4亿日元，但不再计入日本出版物出口的统计范畴。

在欧洲遭遇"寒冬"

日系书店是日本出版物出口的主力军。据日本出版文化国际交流会统计，包括南北美洲、欧洲和亚洲地区在内，日系书店总共111家。按不同国家和地区划分，在美国的日系书店最多，2010年达到30家。在亚洲地区的日系书店排第二，从多到少依次是泰国11家、中国台湾10家、韩国9家、中国香港7家、新加坡6

家、印度尼西亚 5 家。在欧洲地区，日系书店德国最多，共有 6 家；英国 3 家、法国 3 家、意大利 3 家。此外，加拿大有 4 家，巴西也有 4 家。巴西有日系书店，可以认为在整个南美地区是“一枝独秀”。以上的“日系书店”，准确的表述应当是“经营原版日语图书、杂志的外国书店”。

与此相对，“日系书店”的另一个含义，是“日本人在外国经营原版日语图书、杂志的书店”。2010 年，按不同日本书店在国外开店的数量划分，2010 年，纪伊国屋书店有 22 家，旭日书店有 6 家，三省堂书店有 3 家，准瓜堂书店有 1 家，其余多为旅居国外的日本人或当地人独立经营的中小型书店。

2010 年，与美元、欧元相比，日元坚挺，平均升值 10％。所以，出口相同数量的出版物，出口额同比增长不少。不过，从整体上看，日本出版物对世界各国的出口，大多呈增长态势。

从不同国家和地区来细分图书的出口额，拥有 30 家日系书店的美国虽然同比有所减少，但依然占比最高，占日本图书出口额的 27％。在美国之后，是中国台湾，占日本图书出口额的 15％，同比增加 10％。在中国台湾之后，依次是韩国、中国大陆、新加坡。中国大陆同比增加 12％，韩国同比减少 5％。新加坡和菲律宾同比都是增加。在欧洲地区，英国、德国、法国和意大利同比减少。原版日语图书在欧洲地区的出口“遭遇寒冬”。在遭受金融危机重创的欧洲各国，如果不能继续开设大型的日系书店，今后日语图书出口难以持续增长。

从不同国家和地区细分杂志出口额，排在首位的是中国台湾，占日本杂志出口额的 30％，同比增长 12％。排在第二位的是中国香港，占日本杂志出口额的 26％，同比增长 14％。排第三位的是韩国，占日本杂志出口额的 12％，同比减少 10％。排第四位的是美国，同比减少 10％。中国大陆和泰国同比也是减少。阅读原版日语杂志的读者人数，在美国正在从日系（美籍日本人）第三代进入日系第四代，呈现逐渐减少的趋势。而在亚洲各国，也没有增加的迹象。比如，在中国的上海，日资企业云集，派驻这些企业的日本员工人数迅速增加，但并未带来日语杂志的出口利好。

提高国外读者对日语图书的关注度

增加日本出版物的出口额，需要解决的问题很多。其一，一二十年前，日本出版了大量英语版文学书、日语学习书、历史书、经济书、社会学书、艺术书、儿童书和料理书，近几年，以上种类图书的出版品种正在减少，图书的定价也在下降，说明日语书的国际市场已进入饱和状态。这些英语版图书对各种选题领域都有涉及，所以要进行新的选题策划自然难上加难。但是，要增加日本出版物出口，又是必须解决的问题。其二，世界各国越来越多的新兴出版社关注日本出版的动向，像日本最新出版的文学书和漫画书，这些出版社往往迅速购买版权、翻译出版。比如在法国，大量引进、翻译和出版日本最新漫画书和连环漫画书的中小出版社风起云涌。版权书出口和实体书出口始终是一对矛盾：实体书出口多了，会带动版权书的出口；而版权书出口多了，却会影响实体书的出口。其三，2008 年以来的金融危机，也对日本造成了重创。加上日本经济持续低迷，使得世界各国对日本的关注度降低，国外读者对日语图书有"敬而远之"的趋势。如何重新抓住国外读者的眼球，也是日本出版界必须重视的课题。

表　2009～2010 年日本出版物出口　　（单位：亿日元）

名　称	2009 年	2010 年	增长率
图　书	75.5497	77.7316	2.9%
杂　志	45.7822	49.5662	8.3%
合　计	121.3319	127.2978	4.9%

（龙舟路　编译）

2011 年日本出版物出口下滑

日本实体出版物出口的态势，可以用“坐过山车”来形容：2010 年有所增长，2011 年却减少很多。

出口总额减少 8.9%

据日本财务省贸易统计的最终数据显示，2011 年日本出版物出口总额为 115.9715 亿日元，同比减少 8.9%。其中，图书出口额为 73.1272 亿日元，同比减少 6.0%；杂志出口额为 42.8443 亿日元，同比减少 13.6%(见表)。

日本出版物的出口额，以日元为单位，按照批发价的原价计算，统计对象限于世界各个国家和地区的日系书店、日系图书批发店(公司)、若干国外的图书批发店(公司)。据日本出版文化国际交流会的统计，截至 2011 年底，在欧美及亚洲各个国家和地区，日系书店、日系图书批发店(公司)总计为 111 家。

2011 年日本实体出版物的出口状况很不理想。比如杂志，根据统计，2011 年日语原版杂志向亚洲各国的出口均呈现下降趋势，向欧美各国的出口也大多呈现下降趋势。美国同比减少 8%，加拿大同比减少 80%，英国和德国同比也是锐减。在南美洲的巴西，这个可能是世界上日本移民最多的国家，日语原版杂志的出口同比减少 10%。

2011 年日本出版物出口减少的原因很多：以日元定价为基础换算的零售价格过高，国外读者越来越难以接受。此外，在世界各国工作的日系公司职员和日系银行职员不断减少，也意味着日本实体出版物在国外的读者减少。不妨认为，世界各国的日系书店销售日本实体出版物，进入艰难时期。

对欧美国家出口普遍下滑

分析2001～2010年日本实体出版物的“出口统计”，同比并不都是减少。例如，2001～2005年，同比都是减少。但是，2006～2007年，同比均增长5%；2009年同比增长3%，2010年同比增长22%。为什么2011年同比减少8.9%呢？

究其根本原因，还是在于日系书店本身。纵观世界各个国家和地区，零售和批发日语原版图书、杂志和报纸的书店或批发店，在美国最多，总计为26家。日本纪伊国屋书店开了17家，日本三省堂书店开了4家，日本旭屋书店开了3家。这些书店或批发店都位于美国西海岸的加利福尼亚州、俄勒冈州、华盛顿州等。从这些大都市的店铺数量看，最多的是洛杉矶，共有5家；加州的托兰斯有3家，旧金山、萨克拉门托、圣何塞、圣迭戈、纽约各有2家。在美国的东海岸，日系书店或批发店却比预想的少得多。店铺覆盖率不到位，出版物的覆盖率就会受到影响。日本在加拿大开了4家书店，日本实体出版物的出口额同比成倍增长，值得关注。在南美洲，只有巴西的状况最好，除去日语原版杂志的出口不景气，日语原版图书的出口同比增长40%。

日本对欧洲各国的出版物出口额，除了来自书店销售的日语原版出版物，主要来自英语版理工医学图书。按照日本对不同国家出口额大小的排序，排前4位的分别是英国、法国、德国和荷兰。与2010年相比，只有法国增长60%，而英国减少5%，德国减少30%，荷兰减少5%。从日本对欧洲各国的出口分析，英语版专业图书和学术杂志出口额有逐渐减少的趋势。

对亚洲各国和地区出口前景看好

近几年，日本实体出版物出口逐步增长的地区主要在东南亚。日语原版图书出口额最高的是中国台湾，其后依次是中国大陆、韩国、中国香港、新加坡、泰国、菲律宾、马来西亚和印度尼西亚。日语原版杂志出口额最高的是中国台湾，其后依次是中国香港、韩国、中国大陆、新加坡和菲律宾。

在亚洲各国及地区，纪伊国屋书店开办的日系书店最多，总计有13家。这些日系书店对日本实体出版物的出口功不可没。不过，日本对亚洲各国和地区出口日本实体出版物，主要还是依靠当地的零售书店和批发书店（公司）。日系书店比较多的国家和地区，分别是泰国，共有13家；中国台湾和韩国，均为9家；中国香港和新加坡，均为 6 家；印度为 4 家、印度尼西亚为 3 家；马来西亚和越南，均为 2 家。亚洲各国和地区的日系书店，除了销售日语原版图书和杂志以外，同时还销售由日本出版社出版的英语出版物和汉语出版物。

在亚洲各国及地区，由于希望到日本进修、留学、工作的年轻人不断增多，为了学习和掌握日语，购买日语原版书刊的需求日益增长，这对今后的出口大有益处。此外，这些年轻人同时也有学习和掌握英语的愿望，所以，日本出口廉价版英语图书的前景看好。

表　2010～2011 年日本出版物出口　　（单位：亿日元）

名　称	2010 年	2011 年	增长率
图　书	77.7316	73.1272	−6.0%
杂　志	49.5662	42.8443	−13.6%
合　计	127.2978	115.9715	−8.9%

（方象磐　编译）

走进中国的苏俄文学

文脉源远流长

俄罗斯文学源远流长，曾经历以普希金为代表的“黄金时代”、以托尔斯泰和陀思妥耶夫斯基为代表的“白银时代”。普希金等人早已成为俄罗斯文学的代表，共同创造了19世纪俄罗斯文学的辉煌。苏联文学是1917年十月社会主义革命的产物，继承和发扬了俄罗斯文学的传统。苏联文学经历了曲折的发展过程，分为列宁时期、斯大林时期、赫鲁晓夫时期、勃列日涅夫时期和戈尔巴乔夫时期。1933年至1987年，共有鲍里斯·帕斯捷尔纳克（代表作《日瓦戈医生》）等5位苏联作家获得诺贝尔文学奖。

1991年底苏联解体后，俄罗斯文学创作出现低潮。文学创作出现复杂的局面：一方面是创作自由，为作家充分发挥才华提供了广阔的天地；另一方面是国家不能提供财政帮助，出版社困难重重，许多有价值、有意义的作品因不符合出版商的需要而无法出版，作家的积极性受挫。一直到2000年普京上台，随着俄罗斯经济、社会的复苏和发展，俄罗斯文学才开始得到复苏。

对20世纪的中国影响深远

俄罗斯文学大规模进入中国是在“五四运动”之后。充满人文情怀和社会变革思索的俄国文学，呼应了那时中国革命者和知识分子探讨“中国往哪里去”的精神需求。俄罗斯文学的翻译传播，主要是作为精神武器而不是艺术欣赏。

鲁迅先生是翻译、评介俄苏文学的倡导者之一。他早期所作的《摩罗诗力说》重点介绍了普希金和莱蒙托夫。果戈理、托尔斯泰、陀思妥耶夫斯基、高尔基等一大批重要作家的作品，也是通过他源源不断地输入中国。鲁迅翻译的《死魂灵》《毁灭》《浊流》都是其中的代表作。

20 世纪 20 年代，中国翻译、评介苏俄文学曾经有三次热潮。第一次热潮在 1921 年至 1927 年，规模和影响都比较小，重点是翻译苏联进步文学。第二次热潮是 1937 年至 1949 年。抗日战争爆发后，急需介绍苏联革命文学以鼓舞国人的抗日斗志。曹靖华翻译出版了《铁流》，茅盾翻译出版了《人民是不朽的》《团的儿子》《苏联爱国战争短篇小说译丛》。苏德战争期间，姜春芳用林陵等笔名翻译了许多苏联诗歌，后来结集出版，书名为《苏联卫国战争诗选》。一些有志青年就是在读了苏联文学作品后参加了革命。俄苏文学也深刻影响了中国文学的发展。丁玲、魏巍、刘白羽等作家都曾谈到苏联文学对自己创作道路的影响。抗战时期，苏俄文学汉译的重镇是上海时代出版社（译刊社）。新中国成立后，时代出版社的工作人员被分散到人民文学出版社、上海译文出版社等单位，成为新中国最早的一批俄文编辑和译者。

在这段时间，有许多值得回味的故事。瞿秋白翻译的普希金诗歌在当时影响最大。鲁迅和胞弟周作人 1909 年出版翻译小说集《域外小说集》，翻译俄罗斯和东欧的文学作品。1935 年 2 月，瞿秋白被捕，6 月被杀害。鲁迅闻讯，冒着生命危险抱病编辑瞿秋白遗下的译稿。1936 年，鲁迅临终前夕，终于见到在日本印刷的瞿秋白遗书《海上述林》。这本书除了高尔基等作家的文学作品译文之外，主要收录了 1930 年苏联《文学遗产》杂志创刊号发表的马克思、恩格斯、列宁等领袖论文的译文。在鲁迅生命的最后时刻 1935 年，他翻译出版了果戈理的《死魂灵》。

新中国成立后，以理想主义、爱国主义、革命英雄主义为主要特色的苏联文学作品进入国内。由此产生了翻译、评介苏俄文学的第三次热潮，时间是 20 世纪 50 年代至 60 年代初。当时大多数中国人阅读的主要外国图书就是苏俄文学作品。

“文革”结束后，外国文学在国内迅速复苏，而最先风行的就是国人最熟悉的苏俄文学，那段时间国内出版的苏俄文学作品有数千种。当时，老一辈翻译家大多健在，正是老骥伏枥壮心不已的时候；新中国留学苏联的中年人摩拳擦掌想追回荒废的岁月；1977 年恢复高考之后考进大学的“新三届”们雄心壮志想大干一番事业，就此形成三代人共同翻译、评介苏俄文学的局面。

荣获利哈乔夫院士奖是新的起点

苏俄文学热在中国消退的主要原因是苏联解体。苏联解体后的十余年间，俄罗斯几乎没有重量级的文学作品诞生，源头断了，中国自然也无从介绍。那段时间，中国的改革开放首先是从面向欧美开始，随着贸易和经济合作的开展，欧美文学形式、文学观念、文学作品也进入国内。人们的视野开阔了，渐渐舍弃了过去单一的选择——苏俄文学。

2001 年，人民文学出版社推出俄罗斯当代小说《百事一代》。2012 年 11 月 30 日，凭借在介绍、研究俄罗斯文化和文学方面的杰出成就，中国社科院外国文学研究所俄罗斯文学研究室的刘文飞在圣彼得堡荣获俄罗斯利哈乔夫院士奖，成为该奖项自设立以来获此殊荣的第一位中国人。

俄罗斯文学要想恢复昔日在中国的辉煌尚需时日。目前，多数中国青少年对俄罗斯文学的兴趣远不如对欧美、日韩小说的兴趣高。俄罗斯出版商协会主席切切涅夫说：中国每年出版 15 万种新书，译自俄文的却只有 20 种左右。一些俄文图书的翻译水平不高，甚至一些俄罗斯的人名和地名都随意翻译，并不规范。此外，老一代俄文翻译家已力不从心，中青年译者尚不能接棒传承，这其中除了翻译水平较低、经验不够以外，出版社支付的翻译费较低也是重要的原因。

（李文清　编写）

中国文学“走出去”先要中国出版“走出去”

中国文学要自立于世界文学之林，就必须“走出去”。中国出版要自立于世界出版之林，也必须“走出去”。如果为两者的关系定位，后者应当是前者的“龙头”，前者应当是后者的“龙身”和“龙尾”。

茅盾文学奖得主张炜的首部自传《游走：从少年到青年》简体版、繁体版同步上市，同时，美国全球按需出版公司（Publish On Demand Global）以及几家海外出版机构宣布将出版张炜的《古船》《你在高原》《游走：从少年到青年》等 26 种重要作品的多种语版本。这样的大动作容易使人形成中国文学在世界“热”起来了的印象。然而，采访者在英国、法国、瑞典、德国等国调查后发现，总体来说，中国文学在当地仍是“异国文学”，中国文学在世界的推广还有很长一段路要走。

从莫言获诺贝尔文学奖以来

的确，莫言获得诺贝尔文学奖，对中国文学意义重大。但英国《卫报》一位读者的评论颇为直白：“除了亚马逊网站上的前十名和一些书店销售的书籍，大多数英国民众对外国文学是没什么了解的。”这则评论揭示了诺贝尔文学奖似乎更是曲高和寡的阳春白雪，而国外普通大众对中国文学的了解十分有限。即便如虹影、严歌苓、张翎等在欧洲有一定影响的作家，她们的读者群体也大多局限于一些严肃文学的爱好者。

事实上，近几个月来，除了莫言获奖前后的几天，不论受众最多的美国书评圈，还是公认“最国际”、对东方作家最“客气”的法国书评圈，关于中国当代文学作品的分析、评论和介绍都较少,并没有出现一些人所想象的“爱屋及乌”式的“井喷”。

法国最大的连锁书店福纳克(FNAC)的一位图书部经理菲利普告诉采访者:“法国文学界始终关注中国文学,几乎所有中国有影响力的当代作家都有法语版图书在法国上市。”但在法国读书界中,中国文学远远不是影响力最大的外国文学。巴黎第三大学的副教授、专门从事比较文学研究等专业的张寅德对采访者说:“美国文学对法国普通读者的影响最大,其次是英国文学。就亚洲文学而言,日本文学的影响力超过中国文学。这有多方面原因,但最主要还是美日文学很早就进入法国市场,从营销到故事情节都较符合法国读者的口味。”

德国柏林自由汉学学者彼特·舒米茨认为,中国文学在德国正进入“第三阶段”。第一阶段时间最长,经历了上百年,一直到21世纪初。那时,对德国人来说,中国文学就是孔子等古人。近10年,用外文写作的海外华人作家在德国引起一阵“中国热”,比如戴思杰的《巴尔扎克和小裁缝》、虹影的《中国情人》和裘小龙的《红英之死》等,都进入德国畅销书榜。而2009年中国作为法兰克福书展主宾国,让德国人更深入地认识了中国文学。莫言的获奖则助推了这股中国文学热。

译成瑞典语最有希望

谈到瑞典读者喜欢的小说类型,精通中文的瑞典“中国通”杰克·赫尔斯托姆告诉采访者,瑞典读者最欢迎的是能反映当代中国社会现实和真实百姓生活的作品。在瑞典汉学家马悦然眼里,越是乡土的作家越受欢迎。他说沈从文是五四运动以来他最钦佩的中国作家,后来他发现了山西作家曹乃谦,也是一个“土得掉渣的作家”。马悦然翻译了曹乃谦的《到黑夜想你没办法:温家窑风景》,并因此荣获2008年瑞典皇家科学院年度翻译奖。

20世纪80年代末90年代初,精通汉语的瑞典翻译家陈安娜开始翻译当代中国文学,她先后翻译过莫言、余华、苏童、韩少功、虹影、陈染等中国作家的作品,至今已出版译著30多本。因译笔优美,陈安娜获得过瑞典文学院授予的文学翻译奖。她翻译的包括《生死疲劳》在内的3本莫言的小说,对莫言最终获奖起到重要作用。而瑞典的鹤出版社在纯文学出版物市场低迷的情况下,冒着商业风险推出陈安娜的这3本译作,可谓独具慧眼。

鹤出版社总裁斯图勒布庸·古斯塔夫松在接受采访时表示,他认为不管在历史上还是当代,中国文学都是世界文学的一个重要组成部分,而且其角色越来越重要。随着越来越多中国作家的作品在瑞典被阅读,中国式的叙述技巧也越来越为人所了解。

不能存在急功近利心理

莫言在 2012 年获奖，但其头两部作品《红高粱》《天堂蒜薹之歌》早在 1988 年便被翻译成英文，在美国出版。此后 20 多年里，其大部分作品陆续被翻译成英语、法语、西班牙语、德语、瑞典语、俄语、日语、韩语等十多种语言，出版到几十个国家，其中美国、英国、法国等出版大国几乎出版过其所有主要作品。而诺贝尔奖的"主场"瑞典，近年来也接连出版了 3 部。这些作品大多由主流出版社发行，承接翻译的也多是著名汉学家，如美国的葛浩文、法国的诺埃尔和莉莉娅·杜特莱夫妇、尚达尔·陈一安德罗以及瑞典的陈安娜等。

获奖固然是得益于译作。但翻译是个苦差事，翻译文学作品，要求译作不但要传意，更要传神，这需要译者具备相当的文学功底、扎实的外语能力和丰富的文化知识。正因为如此，文学作品的翻译从来都是慢工出细活，不能存在急功近利的心理。

诺奖桂冠显然不能解决中国文学走向世界的具体难题，鹤出版社总裁古斯塔夫松说，中国文学走向世界有两个瓶颈需要克服：一是缺乏高水平的译者，二是英语文学读物左右欧美文学市场，其他语种的读物很难被翻译和出版。对瑞典来说，每年被翻译的外国文学作品大多是从英语译过来的，译自中文的作品只占少数。"中国通"赫尔斯托姆也表达了同样的观点。他说，瑞典读者要了解中国文学，翻译和出版社的作用也非常关键。20 世纪以来，老一辈中国作家如鲁迅等虽然文学造诣深厚，但是瑞典人对他的作品了解很少，就是因为鲁迅的作品被介绍到瑞典的不多。

全球按需出版公司董事局主席兼首席执行官罗伯特·弗莱彻用"美文不可译"形容文学翻译的重要。他在张炜作品发布会上表示："仅仅译出一些胶东地区的传奇故事是远远不够的，重要的是如何在语言艺术的层面上做出其他语种的非凡表达。"对此，张炜深表认同："实际上就文学作品传播的意义来说，糟糕的作品传播到国外越少越好。也正是从这个意义上讲，我一直极为谨慎地对待自己作品的译介，并且不无忧虑地看待艰难的翻译。"

中国纯文学作品在德国仍是凤毛麟角，其问题就是翻译。彼特·舒米茨表示，中国文学包含的历史、文化、社会等背景过于深厚，没有注解很难读懂。即使是当代文学，很多汉语系的德国学生都表示不理解。其中一个原因是，中国作家表达方式比较"中国化"，这就特别考验翻译者。而且，新中国之后的中国作家，其外语能力不及之前的一批作家，如鲁迅、张爱玲、林语堂等。他们的外语都不错，这有利于作家用另一种语言系统来审视自己的作品。

翻译极大地影响着读者对作品的解读与认识。好的翻译者需要扎实的文字功底、敏感的文化触觉，甚至与作者和作品的情感联系，才能超越文字与文化差异的双重沟壑，把作品的原貌和灵性完全呈现。但现实问题是，作为职业而言，文学翻译薪水较低，限制了他们的创作力和对作品的领悟。

中外结合的出版发行是关键

随着马悦然为代表的瑞典汉学家逐渐把精力投入到翻译中国文学作品上，20世纪70年代以来，越来越多的中国作家作品为瑞典读者所了解。

谈到翻译，法国学者皮埃尔表示，大体上翻译是好的，但许多中国作品的韵味却很难用法语再现。张寅德教授也同样指出：现在对中国文学的翻译质量已经大大提高，而且数量也越来越多。他同时也指出中国文学进入西方市场很重要的一点是，还要在翻译、发行、营销方面与当地国家联手，借助当地翻译与销售网络的力量，才能进一步发展。如果中国文学界、图书界想一味自己打造面向国外的图书，效果不会很理想。

阿歇特图书出版集团一位负责人专门从事国际图书经营，他对采访者表示：图书的国际发行最好是使用当地人做当地语言的翻译，因为只有他们才能掌握语言的深度内涵与读者心态。这种微妙之处对图书的发行与营销是十分重要的。

《山楂树之恋》的英译者郝玉青告诉采访者，传统的翻译工作者本身在出版集团之外，除了要翻译作品，还要肩负起向海外出版集团介绍甚至推销作品的重任。多数情况下，因为自身不具备出版能力，传统翻译者对译作的选择需要看出版集团的品位与兴趣。对中英两国出版业都有涉及的郝玉青说，中国的出版商需要更好地去了解国外的出版行业。高质有效地输出版权作品的前提是，中国的出版商有能力提供高质量的翻译及相关材料，并且熟悉输出地区的相关版权法。

（韦锦官　古隆中　编译）

版　权

从欧美版权贸易看中国出版“走出去”

一、中国出版企业在欧美地区版权贸易现状

随着信息时代和知识社会的发展，国际交往日益频繁，文化产业特别是版权产业的重要性对各个国家不言而喻。以美国为例[①]，2010 年，版权产业收入为 1.627 万亿美元，占当年美国国内生产总值的 11.1%，核心版权产业收入为 9318 亿美元，对外版权贸易额达到了 1340 亿美元。[②] 党的十七届六中全会通过《中共中央关于深化文化体制改革推动社会主义文化大发展大繁荣若干重大问题的决定》：到 2016 年，中国文化产业的增加值占国内生产总值的比重达到 5%，从而成为国民经济支柱性产业。版权是文化产业的灵魂，版权资产是文化产品与服务的价值载体，是文化资源资产化、文化产业化的关键要素。[③] 正确认识中国版权贸易现状，尤其

① 在美国商务部的统计范畴中没有专列“文化产业”的统计数据。在美国，与创意产业相关的文化产业被称之为“版权产业”，按照美国纳克斯编码分类标准，美国的版权产业分成四大类：①核心版权产业（core industries），包括电影与录像，广播电视，摄影，软件（包括商业和娱乐）与数据库，出版与文学，音乐与剧场制作、歌剧，视觉艺术与绘画艺术，广告服务，版权集体管理协会。②相互依赖版权产业（interdependen tindustries），包括电视机，收音机，录像机，光盘和影视光盘机，录音机，电子游戏设备以及其他相关设备的生产或使用企业。③部分版权产业（partial copyright industries），包括博物馆，玩具和游戏，服装、纺织品与鞋类，珠宝与钱币，其他工艺品，家具等。④边缘版权产业（non—dedicated support industries），包括为发行版权产品的一般批发与零售，大众运输服务，电讯与因特网服务等。

② 数据来源：国际知识产权联盟 http://www.iipa.com/

③ 郑文军：《版权是文化产业的灵魂 可有效激发创造力》，http://www.ce.cn/culture/whcyk/gundong/201110/25/t20111025_22786784.shtml

是在世界发达地区努力将版权贸易做出质量，以点带面，形成辐射带动效应，对中国文化走出去，提升国家软实力和弘扬中华文化具有重要意义。

版权贸易是指版权所有者与版权使用者之间就某作品有偿转移其中某几项或全部财产权的交易行为。随着社会经济的发展和法律制度的健全，版权贸易不仅表现为一种文化传播行为，更表现为追求版权资源开发的经济效益的经济行为和遵循版权法律法规的法律行为。[①] 图书版权贸易不同于一般的货物贸易，它是一种以无形知识产权进行的贸易，也可以说是围绕版权许可或版权转让而进的贸易活动。图书版权贸易是中国对外版权贸易的最主要组成部分。

（一）引进现状

表 1　2006～2011 年我国图书版权引进地情况统计　（单位：种）

年份	美国	英国	德国	法国	俄罗斯	加拿大
2006	2957	1296	303	253	38	40
2007	3878	1635	585	393	92	33
2008	4011	1754	600	433	49	59
2009	4533	1847	693	414	58	73
2010*	4549	1770	726	596	58	111
2011	4553	2256	881	706	55	133

注：俄罗斯和加拿大 2010 年引进数据包含其他出版物，图书版权实际数量应略小于表中数字。

从表 1 可以看出，中国图书版权在欧美地区引进数量大，份额高。2006 年至 2011 年，中国从欧美发达国家引进图书数量一直平稳走高，其在中国当年图书版权引进总量的比例上未曾低于 40％，2007 年更是超过 60％。欧美国家的图书版权尤其是从美英两国的版权引进数量，常年位居中国图书版权引进国的前两位，德法两国引进图书版权未来每年超过 1000 本也应该指日可待，这其中从俄罗斯引进的图书版权数量相对较少，每年不超过 100 本。题材从相对单一到较为丰富，财经、科技、电子类图书数量逐步增多，学术类、财经类、科技类、电子类和少儿类图书开始在版权贸易中占据重要位置。

① 张美娟：《中外版权贸易比较研究》，北京图书馆出版社 2004 年版，第 29 页。

（二）输出现状

表 2　2006～2011 年我国图书版权输出地情况统计　（单位：种）

年份	美国	英国	德国	法国	俄罗斯	加拿大
2006	147	66	104	14	66	25
2007	196	109	14	50	100	13
2008	122	45	96	64	115	29
2009	267	220	173	26	54	10
2010	244	176	89	120	11	31
2011	766	422	127	126	40	15

表 3　2006～2011 年我国图书版权差额统计①　（单位：种）

年份	美国	英国	德国	法国	俄罗斯	加拿大
2006	2810	1230	199	239	−28	15
2007	3682	1526	571	343	−8	20
2008	3889	1709	504	369	−66	30
2009	4266	1627	520	388	4	63
2010	4305	1594	637	476	47	80
2011	3787	1834	754	580	15	118

从表 2 可以看出，中国在欧美地区的图书版权输出较引进来说数量不大，缺乏稳定性，总体上呈波折上升趋势。对美英法三国的输出，近几年有加速发展的趋势，对俄罗斯和加拿大的版权输出则数量比较少。

从表 3 可以看出，中国与美国的版权逆差，从 2006 至 2010 年一直加大，直到 2011 年才有所减少；与英国的逆差，除了 2009 和 2010 年相较前一年减少外，其余年份相较前一年依然增加；与德国的逆差，2007 年从之前的 199 种增至 571 种后保持在 500 种左右，近两年略有上升；与法国和加拿大的版权逆差一直在增大；与俄

① 参与版权输出的一部分权利主体，如作家、高校教师和科研人员，可以不经出版社而直接输出作品翻译版权，因此这部分版权输出数据目前还无法纳入新闻出版统计体系，但是由于版权引进必须通过出版社，因此这部分统计比较准确。

罗斯逆差和顺差均不超过百本，数量很少。图书内容以中医中药保健类、旅游饮食类、传统文化类为主，但是近年来不论是从数字还是实际交流情况来看，中国现当代文学类、当代经济政治类、高端学术类图书也出现了良好发展势头。总体来说，尽管有资料显示在世界范围内中国版权贸易引进和输出比例在不断缩小，但是应该清楚认识到：中国与欧美地区发达国家的版权逆差依然有增大趋势，中国在版权贸易强国面前竞争力依然不足，如何增强中国图书版权贸易的国际竞争力，使其在欧美发达地区扩大中华文化影响力，是对中国出版业走出去的严峻考验。

二、中国出版企业在欧美地区版权贸易逆差原因分析

(一)版权引进多的原因

第一，国家综合实力的差异。随着《伯尔尼公约》和《世界版权公约》的签署与全球推行，版权贸易日益成为国际图书贸易的主要方式之一，作为一种知识传播和文化交流的无形载体，受到各国经济、政治、文化、社会的综合影响。数百年来，发达资本主义国家作为世界的焦点，他们的价值观念、意识形态，甚至是国民的生活方式成为世界主流。国力的强势必然会带动文化的强势，版权贸易的大量输出归根结底是欧美国家经济和政治上绝对优势的体现。如今我国改革开放 30 多年，文化兼收并蓄，从我国的实际情况出发也必须要从欧美地区学习先进的文明成果。

第二，市场看不见的手的调控。欧美国家经历了三次工业革命后，建立了比较成熟的市场体系。世界一流国际出版传媒集团基本集中在欧美发达国家，如美国兰登书屋(Random House)①、哈珀·科林斯(Harper Collins)、英国培生教育出版集团(Pearson Education Group)②、英荷合资励德·爱思唯尔(Reed Elsevier)、德国施普林格(Springer Group)等。这些出版传媒集团资金雄厚、人才队伍强大、渠道成熟、专业度和信用度高，对于市场需求反应迅速，市场运作技能娴熟，在各自内容领域独占鳌头。每年全球畅销书或专业书有相当一部分出自上述出版集团，与中国出版企业也多有良好合作关系，因此，这些出版集团或者是其子公司的图书版权便成为中国版权引进的重点对象。

第三，国际书展的影响。在各国不同的书展上，法兰克福书展无疑最具代表性，它是德国举办的国际性图书展览，每年一次，是世界上最大规模、最享盛誉的书

① 1998 年被德国贝塔斯曼收购，总部设在美国纽约市。

② 2012 年 10 月 29 日，英国培生集团已经同意旗下企鹅出版社与德国贝塔斯曼旗下兰登书屋合并，创建世界领先消费者出版公司。

展。书展的主要功能是推进版权贸易。据统计，在书展上达成的版权交易占世界全年版权交易总量的75%以上。[①] 一方面是出版机构的版权负责人前来洽谈、购买国外版或翻译版版权，另一方面是大批文学代理人寻找海外出版公司。除了在书展上直接达成的协议外，对各公司后续的版权贸易也有积极促进作用。另外，还有美国图书博览会（Book Expo America，BEA）、英国伦敦书展等，这些国际书展对推动国际一流出版企业的版权贸易大有裨益，它们也是中国大型出版传媒集团签订版权引进合同的重要场所。

第四，欧美地区出版法律制度、管理制度的相对健全。当前国际出版界普遍采用的较为成熟的版权贸易方式主要有：版权转让、版权许可以及合作出版。中国较多地选择操作相对简单的版权转让，其实质是版权的所有权主体发生变化，经转让后，版权所有权从版权出让人转移至版权受让人，是一种收益快、风险小、易操作的版权贸易方式。国外更偏好版权许可方式，其与版权转让最大的区别在于版权主体并未发生变化，被许可方所获得的是以某种方式使用作品的权利，因此，版权人可以通过多次发放许可使用证获取较大利润。从西方国家立法及实践的经验来看，买断版权因难以合理确定转让价格，故极其损害作者利益，因此版权许可长远来看更优于版权转让，从而形成良性循环。另外，合作出版尤其是大型工具书的合作也是吸引中国出版企业进行版权引进的重要因素。在管理方面，欧美国家对于版权输出一向都很重视，往往给予各种支持。例如德国为了加强版权输出，设有多家基金会资助翻译出版；法国文化部设立专门资金资助法语作品在国外的翻译出版；英国文化委员会每年提供一定的图书推广费，鼓励和资助英国出版商的图书出口。

第五，版权代理的发达。版权代理是指作者或其他著作权人，将自己享有财产权的作品委托给一个代理人或一个代理机构，由代理人或代理机构替他行使权利。[②] 版权代理起先在英国兴起，后来在美国被广泛采用，目前英国的代理公司在200家左右，美国则超过600家。[③] 因为作者及其他版权所有人在版权交易中面临诸多难以处理的专业问题，例如自己的作品可能会销往何处，有哪些版本，签订合同后，对双方的义务履行情况如何监督，如果发生了侵犯作者著作权的行为如何提起诉讼等，这都需要由代理机构来代表版权所有人行使权利。欧美图书市场的专业版权代理熟悉各国版权法律制度、市场情况，不仅有助于帮助作者将作品推向更

① 法兰克福书展，http://www.china.com.cnbookzhuanti/flkfsztj/txt/2006—09/21/content_7181835.htm
② 杨贵山等：《海外版权贸易指南》，中国水利水电出版社2005年版，第8页。
③ 王雪野：《国际图书与版权贸易》，中国传媒大学出版社2009年版，第228页。

广阔的舞台，也有助于引进方更了解作品，从而使其做出引进决定。

(二)版权输出少的原因

1. 外部环境

从外部环境来看，第一，欧美发达国家的出版产业高效成熟，质量高。当他们的文化随着图书传播进中国的时候，出现了“马太效应”：在当今中国，处处可见西方文化影响的痕迹，人们对其电影、电视、游戏等的需求越来越多，而市场的需求是企业决策的重要因素，因此出版企业几乎都“自觉”引进。换句话说，中国图书出版业对其内容需求随着经济文化发展水涨船高。相反，中国图书内容在国际上的影响力和被需求量还比较小，主要集中在受汉文化影响比较大的亚洲地区，尚未引起国际主流出版地区和出版社强烈持久的兴趣。

第二，虽然随着中国出版业走出去步伐的加快，欧美主流媒体和国际书展上出现了越来越多的中国出版企业身影，欧美一些大众媒体与出版专业媒体对中国出版产业的报道和关注越来越多。但是在众多纷杂信息中，“有关中国出版现状与发展趋势的负面性报道占据了很大的比重，其话语的基调是灰色暗淡的”。[①] 尤其是对中国出版管制严格、市场盗版严重、外资企业经营艰难等抱怨尤多，这种报道不利于读者认识现今真实的中国出版业，在一定程度上也损害了国外出版商引进中国图书的积极性。

2. 自身原因

从自身原因来看，第一，国家的力量决定文化的力量。虽然文化本身并无优劣之分，但中国综合实力中的文化含量、“软实力”远低于欧美发达国家，这是不争的事实。一进一出的版权贸易看似是一种经济行为，却与我们文化的繁荣与发展密切相关，它所呈现的文化意义远远超出了经济行为的范畴。中国文化对外的影响从版权贸易来看十分有限。无论从内容还是数量来看，主要集中在中国台湾、中国香港等广义的汉文字阅读区。[②] 在这方面，中国文化要赢得西方的认可，还有很长的路要走，但这不代表中国的文化没有潜力，只是还需要挖掘和创新。中国文化产业在创新这一点上比较欠缺，比如广播影视、报纸、图书出版等内容产业能通过大的工业生产和复制形成规模效益，它们的优势恰恰在于能够不断推出新产品、新形

① 洪九来：《浅析中美图书版权贸易不平衡中的美方制约因素》，《中国出版》2010 年第 20 期。

② 刘伟见：《版权贸易视域下的文化思考》，《中国编辑》2009 年第 2 期。

式。在文化创新方面，韩国远远走在我们前面。韩国文化的竞争力就来源于：立足于传统文化和不断创新。2012 年韩国鸟叔的《江南 Style》，横扫欧美各大音乐排行榜，从总统到平民，全球刮起“骑马舞”热，在世界最大的视频分享网站上不到 100 天，点击率突破 5 亿次。这说明文化创新可以是多方面的，不能抱守历史，故步自封。

第二，中国图书整体质量不高，与外国图书还有相当大的差距。从目前情况来看，中国图书出版业追求短期经济利益的多，追求长期社会效益的少。在出版图书、发行杂志方面，一般都是以畅销和经济收入为主，有时忽略了出版物的文化内涵。经过时间的检验证明，文化沉淀和社会价值具有更重要的地位，尤其是随着中国文化在国际上的地位越来越受到重视，应多出版发行一些具有高文化层次内涵的作品，拉动多地区、多语言的版权输出。除了内容之外，在装帧、规格、纸张、定价等各方面也有差距。欧美地区的图书比较考究和精美，读者也具有相当的甄别能力，不论是在国内设计装帧还是由国外出版社代理，要想树立良好的口碑和市场效应，图书整体质量应该在考虑成本因素后尽可能向更高标准靠拢。

第三，利润问题。中国的出版业是在计划经济体制下形成的，具有十分浓厚的计划经济和行政色彩。近年来，中国基本完成出版社转企改制工作，转企改制后的出版社必然面临激烈的市场竞争和优胜劣汰。中国出版企业在对欧美发达国家版权贸易过程中，缺乏竞争力和话语权，偏于选择操作相对简单的版权转让，版权的所有权主体发生变化，经转让后，版权所有权从版权出让人转移至版权受让人，这有利于版权引进方，而我们只能获得一次性的收入。也有的国内出版社版权输出时约定销售 800 册或 1000 册以上按版税提成，实际上销量往往不是很理想，或者难以追踪实际销量，无法获得自己应得的收入。相对于版权输出较多受汉文化影响的亚洲地区，中国出版企业对欧美地区的版权输出的经济效益并不明显。前期投入巨大，后期收益慢，即使依靠政府补贴也仅够维持收支平衡。就目前中国出版企业来看，图书市场呈现地域经济下的垄断分割，教材教辅成为主要获利手段，出版真正经典作品需要耗费巨大人力财力，对企业来说，畅通的现金流和利润率是不可或缺的发展前提，因此这些弊端也损耗了中国出版企业向欧美地区输送版权的积极性。

第四，语言翻译难。2012 年诺贝尔文学奖得主莫言在中国驻瑞典大使馆举行的见面会上表示，得诺奖离不开翻译者的创造性工作。莫言说：“翻译的工作特别重要，我之所以获得诺奖，离不开各国翻译者的创造性工作。有时候，翻译比原创还要艰苦。我写《生死疲劳》，初稿只用了 43 天。瑞典汉学家陈安娜，整整翻译了 6 年。”不难看出，汉语的独特性是进行版权输出时必须考虑的重大问题。尤其是对于汉语这样一种以语义为根基的文字语言，要和西方世界以语音为根基构成的拉丁语系语言融会互通，是十分困难的。翻译一部作品几乎等于进行二次创作，其难度可想而知。所以作为译者不仅要精通外语和母语，还要对不同文化有深刻的认识。[①] 中国有五千年悠久灿烂的历史，文化源远流长，汉语词汇十分丰富。很多词汇在外文中没有对应的词汇，或者表达的是完全相反的意思。所以要把汉语翻译成其他语言，都不是容易的事情。尤其是文学、历史、哲学等内容的图书，要把汉语所展现的时代背景、社会背景以及故事想要表现的核心价值，通过其他语言文字传达给国外的读者并为他们所接受，是非常困难的。可以说，除了要掌握古典和现代语言，还要熟谙东西方不同的文化内涵和传统。国外出版社不愿意购买中国图书的版权，有很大一部分原因也是因为找不到合适的翻译人才。

第五，缺乏规范的版权贸易制度保障。剑桥大学出版社董事彼得·戴维森曾指出："国外出版社对很多中国出版社的信誉持怀疑和观望态度，版权贸易中最大障碍不是转让版权，而是监督执行版权合同，比如预付款的支付、样书的寄送、年度的版税结算、版权合同的延长等。"另外，按照国际惯例，每种版权书再版之后都应该按时向版权公司呈报，至少每年应该呈报一次。但是国内许多出版社并不遵守这一规则，有时让版权代理机构进退不得，这不仅导致版权代理公司受到经济上的损失，作者受到版税损失，更恶劣的影响还是致使中国出版企业在国际上蒙上不讲信誉的恶名。[②] 由此可见，版权制度失范导致自身信誉评估下降，使国外出版社尤其是习惯于遵照合同流程办事的欧美企业来说，可能对引进中国图书版权望而却步，加之缺乏严格法规制止侵权，图书盗版猖獗使得版权贸易成果大打折扣。

第六，中国版权输出渠道比较有限，版权代理市场也不够成熟。随着中国出版物走出去方式日益多元化，其中既有贸易发行，也有赠送等非贸易行为。但是，大量无序赠送等不规范行为，既难以取得好的反响效果，又对贸易发行的海外市场造成冲击，影响了走出去工作的质量和实效。[③] 国外出版商没有一个合适、成熟的渠道来联系国内出版人，无法及时、全面地了解中国的优秀图书。国内出版社相应机制不够灵活，担心国内代理商运营不规范，因此在操作与国外版权贸易时普遍喜欢直接寻找国外出版社谈版权贸易，想节省部分代理费用。但实际上，版权转让难度大、环节多，如果没有全面的法律知识、精湛的业务能力很难驾驭。所以，我们必须界定、理清、规范贸易发行和非贸易发行的关系，维护和发展好版权代理市

① 杜军：《艰难的版权输出》，《怀化学院学报》2007 年第 6 期。

② 杨贵山等：《海外版权贸易指南》，中国水利水电出版社 2005 年版，第 27 页。

③ 赵琬微、赵仁伟：《我国版权贸易"含金量"仍待提高》，《中外企业文化》2012 年第 6 期。

场，才能确保图书“走出去”健康发展。

三、中国出版企业在欧美地区发展版权贸易的对策

随着中国经济持续发展，和各国尤其是欧美大国交往日益频繁，版权贸易进入了一个新的发展时期。2001年，中国正式加入世贸组织，中国版权贸易提升到新的层次，更加注重国际规则，市场更广阔，方式更灵活，也使中国出版企业逐渐正视与欧美版权强国的差距和优劣，对中国出版业提升整体竞争力有极强的促进作用。但是，中国出版企业在欧美地区版权贸易逆差问题形成于特定的社会历史、经济文化和出版体制之下，其解决不可能在短时间内一蹴而就，也非单方面力量所能完成。它的解决需要出版主管部门、图书出版企业等多方共同努力，必须立足于国情体制、社会经济和文化、企业自身条件等现实因素，坚持差异化战略，根据不同国家和地区的不同文化需求，采取不同的策略和方式，坚持以人为本，最大限度地发挥新闻出版工作者的积极性、主动性和创造性。

(一)政府应制定相关政策

从宏观来看，近年来，国家已出台多项关于新闻出版业走出去的政策规划，包括《新闻出版业“十二五”时期发展规划》和《新闻出版业“十二五”时期走出去发展规划》，明确提出了新闻出版业要通过大力实施走出去战略，提升在国家政治、经济、文化、外交大局中的地位和作用。其中，在《新闻出版业“十二五”时期走出去发展规划》中，对欧美版权贸易做了较为明确的说明，即“切实扩大版权输出数量，进一步改善进出口比例；优化输出结构，加大对发达国家、周边国家、港澳台地区的版权输出力度，拓展对发展中国家的版权输出；完善语种结构，以欧美及周边国家和地区为重点，兼顾其他国家和地区”，并提出“要认真贯彻落实国家关于支持文化企业走出去的相关财政、金融、税收等经济政策，充分用好各部门设立的国家文化产业发展基金、国家出版基金、国家文化出口重点企业和项目扶持资金、民族文字出版专项资金等”。但是一些扶持政策未能得到有效落实，相关配套政策尚需进一步完善。

为有效推动新闻出版业走出去，尤其是加强与欧美发达国家新闻出版业联系与合作，原新闻出版总署实施了一系列走出去重点工程——经典中国国际出版工程、中国图书对外推广计划、中国出版物国际营销渠道拓展工程、重点新闻出版企业海外发展扶持工程等。以经典中国国际出版工程为例，它致力于通过学术作品和文学作品的版权输出与合作出版，向国际市场全面、深入、准确地介绍当代中国

的发展和中华文明的精髓，鼓励出版物面向发达国家主流读者发行，借助发达国家的全球影响力来扩大中国文化影响。工程入选项目学术和文学水平高，市场定位准，受到国外中国问题研究专家、学者的重视，产生了良好的带动和辐射效应，目前已有 770 多种图书获得资助在海外出版发行，而且大部分是在欧美地区发行。

在税收政策方面，通过对不同出版企业、出版物征收不同的税率，可以起到调节出版资源配置、引导出版业向着符合国家利益的方向发展的作用。中国对出版业虽有一定的税收优惠，如增值税税率为 13%，比其他行业低 4%，有些出版物的增值税先征后返。但与国外出版业相比，中国出版企业的税种偏多，税率较高，比如法国对图书的增值税税率仅为 5.5%，德国则为 7%，英国图书进出口更是免税。加上很多出版社同时要向其主管部门上缴利润，出版社的经济负担要远远大于国外的同行。因此建议，在增值税方面：对出版社的不同产品实行差别税率，对国家鼓励的出版物免征增值税或者先征后退，对其他门类的出版产品降低增值税税率。在所得税方面：可以参照国家对高新技术企业等征收的企业所得税实行低税率。对公益性出版，可以免税甚至政府投资出版。① 国家应采取通过设立专业基金补偿，免税等措施，对输出版权的单位给予一定的补偿，以鼓励输出好的精神产品，提高企业走出去积极性。出版企业应该在做好图书内容的同时积极关注研究国家相关政策，加以合理利用，降低企业版权贸易成本，形成良性循环。

（二）出版企业提高自身版权输出能力

1. 打造现代化企业，积极参与国际竞争

版权贸易成功与否，最终还要落实到出版企业的自身实力上。因此，中国出版企业应该以资产为纽带，按照特色经营和优势分工，突出重点企业、重点地区，以点带面，协同发展，优化资源配置。中国出版企业应加快改革步伐，尽量发挥市场经济的重要作用，建立起一套真正以市场为导向和符合国际运营规律的版权贸易体系。要想与欧美成熟的出版企业竞争，必须通过出版制度的市场化改革来淡化行政隶属关系，使出版社真正成为自主经营、自负盈亏的现代化企业，并形成自己的风格特色。②

欧美国家之所以版权输出强势，是因为有不少国际出版传媒巨头，它们在长期的实践中保持了并购、战略合作、专业化发展、数字化转型、国际化发展等优势，这

① 杨贵山等：《海外版权贸易指南》，中国水利水电出版社 2005 年版。

② 杨贵山等：《海外版权贸易指南》，中国水利水电出版社 2005 年版。

些企业做出上述计划安排时都经过了漫长而复杂的决策过程，最终形成了自己的核心竞争力。在国际版权贸易中，知名出版集团本身就是品牌，比如爱思唯尔集团，在专业会展、科技出版、B2B出版和医疗健康信息服务等领域销售收入世界第一；施普林格科学与商业媒体集团近年来一直强化其“最纯粹的全球化科技医药出版商”地位。尽管这些企业在数字化和全球化浪潮中处于领先地位，形成了比较成熟的商业模式，但从企业规模来说，中国同样有大型新闻出版企业，“双百亿”的出版传媒集团也有好几家。原新闻出版总署署长柳斌杰表示：“中国出版业的深化改革正处于攻坚阶段，重构出版格局已成为中国出版业科学发展的必然选择。而培育一批大型骨干出版传媒企业，打造新型市场主体和战略投资者已成为重构出版格局的五大任务之一。”中国出版企业与国际出版传媒集团的差距主要表现在进入市场晚、缺乏全球市场和资本市场的运作经验。但是，它们可以通过市场化、规模化、专业化、集约化经营，进行兼并重组，提高内容创新能力和市场控制能力，完全有可能实现后发优势，跻身世界一流出版传媒集团的行列。

实际上，随着出版体制改革的不断深入，中国出版企业市场主体作用越来越大，它们不仅创造走出去的产品，而且寻求国外发展空间，特别是在欧美地区直接布点、投资、合资、合作，甚至并购国外出版公司。2007年，中国青年出版社在英国设立中国青年出版社（英国）国际出版传媒有限公司。2008年，人民卫生出版社收购了加拿大BC戴克出版公司全部医学图书资产。2011年，北京语言大学出版社北美分社在美国芝加哥注册成立。同年，上海世纪出版集团在美国又成立了独资的斯帕格出版有限公司（SCPG），与早先在美国成立的双世出版有限公司形成呼应。由于在欧美地区布局和采取本土化的模式，中国出版企业在走出去的同时，也正在逐步走进去，由此也带动版权贸易更加多元化和更加符合对象国的需求。不过，在中国图书进入国际市场的过程中，挑战和机遇并存。所以，这也更加考量出版企业高层管理者的经营智慧和经验，集中精力攻坚，这样才能以最小的成本、最快的速度取得最佳效果。

2.深入了解目标市场，尊重市场规律

中国出版企业除了打造好平台以外，还应该深入了解目标市场，区分不同需求，尊重国际市场规律，重视选题策划和提高编辑能力。版权输出要有适合海外市场的选题，优化内容结构，加强文学类、科技类、学术类等出版物的版权输出，提高版权输出的质量。

众所周知，欧美地区一直对东方传统文化、旅游地理之类的题材比较感兴趣，近年来，中国出版企业在这方面的版权输出也取得了一定成果，积累了经验。比如

中华书局的《于丹〈论语〉心得》版权输出到英国、法国、德国、西班牙、意大利等国家，涉及 17 个语种的 22 个版本。上海世纪出版股份有限公司的《发现中国系列丛书》《上海系列》《中国改革开放 30 年研究丛书》《当代中国学术系列》等 32 种反映中国当前改革发展现状的图书版权已输出到了美、法、德等国。中国科学出版集团出版的《中国植物志》《中国出土玉器全集》《中国出土瓷器全集》《创新 2050：科学技术与中国的未来》《中国陆地和近海生态系统碳收支研究》等丛书已向美国、英国、德国、荷兰等国家输出版权 133 种。由以上案例看，为实现图书版权输出的规模和扩散效应，使利润最大化，应不局限于单行本的版权输出，而更应重视丛书、系列、文库等图书的整体输出。因此，丛书、系列、文库等应该成为国家和企业选题策划的重点。在编辑的时候，要注意对编排体例、版式细节等进行统一规划、精心设计。既有统一性，也要有特殊性，毕竟各个国家情况不同。可以采用一中一外两位译者合作的方式，能够最大限度地克服语言文化障碍。

同时，尊重国际市场规律，低价策略在欧美市场不一定行之有效。中国人民大学出版社的高端学术出版一直为国内业界称道。为了解国际高端学术出版市场状况，中国人民大学出版社曾对世界 20 余所知名大学的商学院关于中国内容的课程进行了调研，将高端学术图书的定价打破国内中文版按照印刷成本定价的模式，采用国际通行的按照读者群大小定价，在考虑了发达国家读者的接受力和购买力后，将《中国新视野》的丛书定价平均每本在 120 美元左右，在市场上取得了不错的效果。所以，要在充分调查研究和论证的基础上，对版权输出图书的细节进行推敲琢磨。选题策划做到又好又准，把加强选题策划作为出版社重大战略决策之一，兼顾国内外两种出版资源、两个出版市场的关系，既要有国内的双效益，又要有国际竞争能力，开发出具有竞争力，适合版权输出的作品。输出版权的第一步就是了解市场，确立可以开拓的海外市场的具体类别，通过对外合作部门或者专业的版权代理机构开展针对海外图书市场需求的市场调研，有目的地生产适合海外读者口味的图书。[①] 在好的选题策划背后，对图书的编辑加工尽量做到尽善尽美。目前国内有不少出版社已经开始与国外出版商合作，将版权输出计划提前至图书策划环节，共同编译、设计、出版，与国外出版机构一起分析市场和读者的需求，根据国外读者的特点和需求对图书发行整个过程进行有针对性的调整，借助发达国家出版商成熟的编辑队伍和丰富的国际出版经验，进入国外出版商已有的主流发行渠道。

① 陈永清、黄嘉涛：《我国图书版权贸易运行现状及应对策略》，《商业时代》2010 年第 11 期。

3. 科学管理版权贸易，注重项目落实

美国管理大师 F . W . 泰勒曾说：“诸种要素不是个别要素的结合，构成了科学管理，它可以概括如下：科学，不是单凭经验的方法。协调，不是不和别人合作，不是个人主义。最高的产量，取代有限的产量。发挥每个人最高的效率，实现最大的富裕。”在市场经济的大环境下，企业要实现长久的良性发展，必须有一套行之有效的科学管理方法，管理企业的版权贸易更是如此。因为版权贸易是一个有规可循的过程，只要出版企业有版权贸易的行为，就应该使之行之有章、处之有理。

签订版权输出合约只是实现图书走出去的第一步，后续工作其实十分繁杂。出版企业应该在加强版权输出力度的同时，加强对已签约项目的管理，尤其是获得国家资助的项目，确保版权输出既有量，更要有质。以北京大学出版社为例，其对版权输出项目的管理体现在明确责任、规范流程上。明确责任是将每个项目的执行责任具体落实到相关的版权经理、编辑，跟踪项目进展，定期向领导汇报，遇到问题及时沟通、处理。规范流程主要体现在每一个版权输出的项目都要进行流程管理，建立独立的档案，严格按照“立项、洽谈、签约、归档、出版追踪、样书收取、版税结算、期满处理”这一完整流程进行，确保每一个项目的进展都可查、可控。北京语言大学出版社自主研发了一套版权贸易信息管理系统，该系统可以科学统计版权输出国家、购买版权出版社及每年度的版权贸易情况；对输出版权的产品印数、版次、缴纳版税、样书提供等情况进行监督，这样便于出版社内部管理和作者查询，这样的科学管理方法既有利于出版企业更有针对性地输出和引进图书版权，也有利于企业长远发展。

（三）加强版权贸易人才培养

自原新闻出版总署颁布《2005 年～2010 年全国新闻出版（版权）人才工作纲要》以来，中国版权贸易人才队伍建设在数量、质量和结构等方面都取得了长足进步，但是随着国际文化交流的日益频繁，现有人才队伍和工作机制还远不能适应形势发展的需要。特别是既懂经营又懂出版，既了解国际惯例又善于掌握市场，能够独立运用版权知识进行版权贸易的复合型人才依然缺乏。

1. 版权代理人才

版权代理是指作者或其他著作权人，将自己享有财产权的作品委托给一个代理人或代理机构，由代理人或代理机构代替他行使权利。他既要熟悉自己所代理的作品，提出合理建议；又要熟悉出版流程，了解出版市场的变化，善于宣传作品，

制定策划方案;了解版权、合同和经济知识,具备一定的谈判能力。就版权贸易工作而言,有效地吸引与培养并留住懂外语与出版业务、通晓版权法和国际贸易规则的人才,是版权贸易成功的基础。版权代理人在英美较为普遍,但在国内出版界,专门从事版权贸易的人才极度匮乏。所以,要做一个优秀的欧美地区版权代理人员,首先应具备一定的思想素质,熟悉欧美各国的有关政策、法律及市场规则,有强烈的职业责任感,协调好精神文化产品的社会效益和经济效益的关系。版权代理人员从事的是具有创造性和未知性的精神产品生产活动,通过对个体文化创造性的选择、优化等交易活动,直接地向外输出中华民族的思想和文化。其次是具有良好的道德素质,诚信是关键。不论输出顺利与否,作为展示中国出版业的一个窗口,版权代理人员必须与著作权人和版权使用人真诚沟通,诚信为本。最后是精干的业务素质。业务素质包括知识体系和能力结构,知识体系主要是专业知识和社会知识,专业知识一方面是图书编辑、出版营销、知识产权等,社会知识是外语、法律、计算机、邻近学科(如经济学和国际贸易)等。能力结构则包括对图书市场的敏感反应能力,信息时代谁掌握了信息谁就拥有了成功先机。一个优秀的版权代理人员应该具备策划组织、调查分析、把握市场、业务精通、创新思维、社会交往等能力。

2.翻译人才

人才方面另一巨大缺口是优秀的翻译人才。目前中文图书不论是翻译成英文还是德文、法文等,翻译费用总体偏低,基本在每千字 150 元～300 元。水平较高的翻译人员完全可以承接时效性强、报酬更高的其他翻译工作,如口译、影视字幕翻译等。另外,由于母语的思维惯性,将中文翻译成其他语种枯燥且进度缓慢,比其他语种翻译成中文难度更大,这个报酬与翻译们几乎再创作的辛勤劳动不成正比。翻译人才的缺乏成为中国图书版权输出的瓶颈之一,已引起业内和政府有关部门的重视。中国目前由政府主导的有“中国图书对外推广计划”和“中国文化著作翻译工程”旨在资助图书翻译,两者互为配合、互为补充。2004 年推出的“中国图书对外推广计划”注重于资助国外出版机构翻译出版中国图书;“中国文化著作翻译出版工程”则以资助有较高学术价值的系列图书为主,涵盖文化、文学、科技、国情等内容的图书,不仅资助翻译,还资助出版及图书推广。政府对出版企业的翻译资助有利于增加翻译图书的品种,有利于培养翻译人才,使更多有志人才加入到图书的翻译工作中。

综上,从客观来看,在当前国际经济、政治、文化格局没有较大变动的情况下,中国对欧美地区的图书版权贸易很难实现常规性顺差。从每年的图书出版数量上讲，中国已经是个出版大国，但从出版产业在国民经济中所占比重以及在国际出版业中所占地位来讲，中国还不是出版强国。[①] 要想扭转图书版权贸易巨额逆差的格局，中国更为迫切的历史任务是发展更加强大的经济实力。中国图书在海外推销艰难，也说明了中国文化的海外扩张之路还任重道远。无可否认的是，硬实力决定软实力，西方经济强于东方经济，所以西方文化更容易向全球扩散。中国近年来在国际书展上取得图书版权贸易顺差固然值得肯定，但是不能因此立论中国已成为版权强国，还是应该从继续实行国家积极扶持，出版企业熟悉欧美市场化、专业化运作，提高自身企业管理水平，加强人才培养等方面改善目前中国出版企业对欧美地区版权贸易的不平衡，促进中国版权贸易高质量、高水平地发展。

四、对中国出版企业在欧美地区版权贸易的展望

（一）中国现当代文学作品的版权输出将成为亮点

2012年，中国作家莫言获得诺贝尔文学奖，这是当代中国文学界的一大盛事，也是中国出版界的一件喜事，吹响了中国文学走向世界文坛的号角。众所周知，诺贝尔文学奖是世界文学界最高和最权威的奖项，从1901年颁奖以来，罗曼·罗兰、叶芝、萧伯纳、海明威、加缪等都曾获得过该奖。诺贝尔文学奖也是出版界风向标，莫言折桂2012年诺贝尔文学奖，对中国现当代文学作品走向世界有巨大的促进作用。莫言获奖之时正值世界上最大的国际图书展览法兰克福书展举办之际，当莫言获奖的消息传来，其作品《檀香刑》的德语版译者、德国人白嘉琳立即在法兰克福书展上成为焦点人物，白嘉琳所属德国出版社的展台上，《檀香刑》德语版也成了抢手货。而其他出版莫言作品的德国出版社也很兴奋，不仅为商业利益，也为自家的“慧眼”而骄傲，这包括定于2013年春出版莫言长篇《蛙》的一家德国出版社，还有一家出版了《红高粱家族》等4部莫言作品的出版社。除了出版社之外，德国、法国、美国的媒体还对莫言获奖做了相关报道，从各个侧面介绍莫言的生平，探讨他的写作风格与成功奥秘，也连带介绍了一些中国作家以及中国文学发展现状。其实，即使只是入围诺奖，作品都会引起格外关注。早在2012年诺奖复评阶段，中国当代作家曹乃谦和张一一入围，随后，曹乃谦的《到黑夜想你没办法》《最后的村庄》以及张一一的《带三只眼看国人》《反红楼梦》《炒作学》等作品在实体书店和网上书城销售火爆。张一一表示，那段时间有不下20位海内外的知名出版商主动联系到他洽谈新书出版、旧书再版以及海外版权事宜。而曹乃谦原来乏人问津的一些散

---

① 张宏：《为中国图书版权贸易把脉》，《编辑学刊》2009年第3期。

文随笔集和中篇小说集，也得到不少海外出版社和图书公司的青睐。可见，诺贝尔文学奖所激发的文化影响以及对图书出版的影响都是可预期的，中国出版企业应该顺势而为，抓住近年海外对中国文学尤其是现当代作家的兴趣，开发新的题材和卖点，深入欧美主流市场。

（二）中国当代经济政治题材图书将引起关注

除了传统的中国饮食、医学、古典图书外，中国当代经济政治题材类图书将越来越受重视。随着中国经济持续快速发展，欧美国家也越来越迫切需要了解当代中国经济政治现状，寻找新的市场和机遇。越来越多的西方读者为更多了解当代中国社会、政治和经济状况而关注有关的图书资料，世界需要更多中国真实的声音。近年来，政治经济类图书如中国人民大学出版社《中国共产党历史》，人民出版社的《毛泽东的非常之路》《在毛泽东身边》《理论热点面对面》《大国复兴之路》《中国开放 30 年：增长、结构与体制变迁》《经济体制改革 30 年回顾与展望》《朱镕基答记者问》，北京出版集团的《中国共产党建设 90 年》，外文出版社的《中国道路——从科学发展观解读中国发展》《唐家璇回忆录》，华语教学出版社的《中国进行时》《认识中国人》等一大批反映中国现当代政治、经济、文化的优秀图书输出到海外，受到广大读者的广泛欢迎。国家外文局所属新世界出版社的党史出版物《历史的轨迹：中国共产党为什么能》自 2011 年 3 月出版以来已销售 37 万册，电子图书月点击 15 万次，英文版上市不到一个月即销售一空。高等教育出版社的《当代中国经济——第三种声音》，一经推荐即受到英国知名出版机构泰勒·弗朗西斯出版集团青睐，购买了英文版版权。可以说，时政经济类图书肩负着对外反映中国政治经济发展现状的特殊任务，吸引国外读者关注中国的目光，可以消解西方一些人对中国现当代政治发展状况的偏见和误解，增强中国软实力，因此也往往受到出版企业的格外重视，扶持力度也比较大。中国共产党的十八大召开给中国政治改革注入了新的活力，西方媒体对此的态度都比较积极，对中国新的政治形势和经济发展的动向，如《华尔街日报》、英国《金融时报》都有连篇累牍的报道。种种迹象表明，关于中国时政经济类图书的海外版权贸易应该会越来越多，而如何既贴近中国实际，又符合国外读者心理和阅读习惯，避免宣传式的叙述表达，是中国此类图书出版应该注意的问题。

（三）中国高端学术出版将在版权贸易中占有一席之地

在经济全球化的浪潮影响下，世界正在成为越来越紧密的整体，学术出版和学术界也不例外，图书内容的来源和市场营销变得无国界。一方面，从学术研究的质量和数量来看，过去5～10年，中国已成为世界主要的科研内容的提供者。另一方面，近年美国和欧洲经济危机重重，由此极大地影响了学术出版。因为，学术出版的资金有很大一部分来自政府资助，当政府陷入严重的财政压力时，就会缩减对学术出版和相关机构的拨款。反观中国，近年一些出版社利用自身优势，抓住机遇，出版高品质内容的学术著作，实现了社会效益和经济效益的双赢。以中国人民大学出版社为例，依托中国人民大学的学术资源优势，"十一五"期间，实现版权输出400余种，其中反映中国当代人文社会科学研究前沿成果的高端学术著作占80%以上，还形成了有专门特色的学术图书系列。比如《清代图录》丛刊英文版成为海外清史研究学者的必备参考书；中国人民大学出版社与麦格劳·希尔教育出版公司联合推出的《中国新视野》系列图书收入了成思危、戴逸等名家的重量级学术著作，欧美等地大学图书馆将之作为馆藏图书。北京大学出版社根据其学术和教育出版的品牌定位，将人文社科类高端学术著作作为版权输出重点。出版的《中国当代文学史》英文版，在售价高达130美金的情况下，半年实现重印，并随后推出了平装版；剑桥大学出版社也出版了林毅夫的《中国经济专题》和《中华文明史》英文版。国际学术界各个领域一流专家学者人数并不多，出版社应积极利用他们在专业领域的影响力和权威性。《中华文明史》只有中文版时，主编袁行霈就与远在美国的著名汉学家康达维商讨翻译成英文的可行性，康达维教授阅读后认为这部书非常值得翻译，并着手组织翻译团队。众所周知，跨越中西文化翻译一部人文学术著作的工程堪比一次重新创作，没有资金保障很难坚持下来。袁行霈教授颇费苦心，争取到某教育基金的支持，解决了翻译经费的问题。由于能够提供高质量的英文译稿，北大社在与剑桥大学出版社关于《中华文明史》英文版出版事宜时也掌握了主动权。后来，袁行霈又积极促成该书俄文版和日文版的翻译，为该书成功进行版权输出做了不少工作。

学术著作的原创性和质量代表了一个国家自然科学和社会科学的研究水平。学术出版关乎中国的教育事业、文化事业，是国家软实力的重要表现。虽然学术出版物不会像通常意义上的畅销书那样，能在很短时间内给出版社带来巨大经济效益，但是真正高质量的优秀学术著作仍然有其市场。中国的学术界需要在世界尤其是欧美主流学术圈获得话语权。此外，只要契合读者需求、摸准市场脉搏，学术出版物也会带来可观的经济回报。

(四)与欧美出版企业合作出版将推动版权贸易向更高层次发展

合作出版和版权贸易究竟是包含关系还是交叉关系或是没有关系，出版界至今尚无定论。出版学界倾向于将之与版权贸易划分开来，认为两者是性质和内涵截然不同的两种图书贸易形式。[①] 但是在版权贸易中，合作出版是非常常见的形式，在未来更有可能是主流形式。根据目前数据，合作出版的图书品种被归为版权贸易输出统计之中，因此本文将合作出版纳入讨论范围。

合作出版一词，广义地说，它可指由两家或多家出版社共同参与的任何形式的出版活动。它的外延包括出版社之间的版权贸易、代组稿、交换使用稿件或图片以及以共同策划为基础的出版活动。总之，只要涉及出版社之间的合作，都可泛称为合作出版。而狭义地说，合作出版仅指两家或多家出版社，通过签订合作出版协议，以共同策划、共同投资，在编辑、制作和发行上分工合作的形式出版某部或某系列作品，合作出版的作品可以只有一个版本，以合作一方或所有合作方的名义出版（后者也称联合出版）；也可以有多个版本，分别以各合作方的名义出版。各版本在内容、装帧形式和定价上也可有所不同，以适合不同的市场。不难看出，合作出版有如此多的形式和可操作性，使其在国际版权贸易中发挥着越来越重要的作用。中国出版企业要向欧美发达地区走出去，进行版权输出，一定要因地制宜，向欧美出版企业学习，取长补短，发挥其本土出版社资源优势，争取事半功倍。以外语教学与研究出版社为例，近年来先后与培生教育出版集团、圣智教育出版集团、麦克米伦公司、牛津大学出版社、剑桥大学出版社、莫斯科大学出版社等国际知名出版机构合作，陆续推出了《汉语 900 句》《我和中国》《走遍中国》《汉语入门》《突围》《天天中文》《麦克米伦—外研社汉语学习字典》等多个有国际影响力的品牌项目，通过实施“借船出海走出去”战略，开辟了通过中外合作出版进军国际主流市场的道路。其中的对外汉语图书产品已经在欧美主流市场推出，获得了很好的国际市场销售业绩。湖南文艺出版社与德国朔特出版集团共同开发世界经典音乐图书系列，首个合作项目为《奥伊伦堡世界 50 部经典管弦乐（总谱＋光盘）》，用英文、德文、中文三种文字同步向全球发行。朔特集团负责出版德文版本，在德国编辑，在中国印刷，成品出口到德国，湖南文艺出版社负责出版中文、英文版本。这种合作出版使中西文化碰撞出绚丽火花，该丛书在国际市场上取得了良好的社会效益和经济效益，双方也决定以每年 10～20 种的速度合作出版 200 种。

实际上，在经济发展和市场资源配置作用的影响下，合作出版除了在出版领域外，现在更延伸到资本领域，如合资经营。所谓合资经营，就是国内出版企业与目标国（地区）出版企业在目标国法律许可范围内共同投资。这种模式下，合资各方的出版企业共同投资、共同经营、共同管理、共担风险、共负盈亏。这种经营方式的好处主要表现在：从政治和法律上看，东道国出版界合作者的参与使东道国政府、

① 杨贵山等：《海外版权贸易指南》，中国水利水电出版社 2005 年版，第 115 页。

出版同行和读者把合资公司视为本地企业，在心理和情感上容易接受和认可。从市场进入上看，东道国（地区）出版界合作者熟悉当地政治、经济、文化环境及图书市场情况、图书销售渠道，能借助自己的销售渠道迅速打开局面，进入当地图书主渠道。从资金风险上看，合资公司由各投资方按股份比例共同投资、共负盈亏、共担风险，各投资方的资金和风险压力相对较小。从管理经验上看，通过合资经营，一方可以学习另一方独特的选题策划思路、先进的经营管理经验和图书营销策略等，提高自己的经营管理水平，有利于双方的优势互补和合作共赢。① 更深层次来说，中国出版界最终还要实行对国外的出版企业的兼并、参股、收购等。在欧美，出版企业的兼并、参股和收购是公司发展的重要途径，但目前来说，中国资本走出去还有相当大的风险，还处于探索阶段。因为强大的并购能力和渠道资源需要多年的积累，而建立深入的合作伙伴关系则是较为快捷地进入不熟悉市场的有效途径。总之，资本层面的合作出版在未来将是一大亮点，资本运营是企业的助推器，资本的利用效率将得到提高，优质资源将得到集中，为中国出版企业走出去开创新局面。

五、结　语

近代以来，中国向西方输出文化长期处于被动地位。在中国人还没有意识到自身的文化力量时，在华的西方传教士受中华文化的熏陶，开始研究中国典籍，将它们翻译出版，打开了近现代中西文化交流史。随着新时代的到来，中国作为东方大国，亟须让中国的出版物进入国际市场并产生积极影响。版权贸易的方式可以有效地促进对外传播中华优秀文化、提升文化的国际地位。鉴于欧美地区是中国出版走出去的重点地区，本文通过对近年来中国出版企业在欧美地区版权贸易数据的比较，分析一些具有代表性的个案，剖析了中国从欧美地区大量引进版权的原因，中国向欧美地区版权输出难的原因，提出中国出版社企业在欧美地区发展版权贸易的对策，展望中国出版企业在欧美地区版权贸易的前景。

（张　笛　撰写）

① 潘文年、寇泽梅：《中国出版业“走出去”新建式投资模式分析》，《科技与出版》2009 年第 10 期。

付费下载为英美音乐产业带来生机

从产业的角度看，音乐产业讲版权的实际意义，就在于收费，否则“发展音乐产业”无从谈起。2013 年 7 月 1 日，中国流行音乐即将进入收费下载的正版时代？著名音乐人高晓松的一席话，让习惯了免费大餐的中国音乐市场举座哗然。作为牵一发而动全身的庞大工程，短期内付费下载不可能实现，即便在英美等西方国家，网上付费模式也经历了近 10 年的阵痛。直到 2012 年，全球 66 个国家的音乐付费下载市场才刚刚开始实现年度总体增长。

“免费下载”弊端多

数字时代的到来，虽然让歌手通透的声线悉数展示，但同时也让乐迷养成“免费下载”的习惯，让唱片行业的利润越来越薄。中国音乐产业收费难，早在实体唱片时代就令人头疼。盗版音乐的低价位，让很多人完全忽视音乐创作背后的知识产权。当然，音乐产业的数字化营销并非中国一家的难题。早在 10 年前，作为全球流行音乐产业龙头的英美两国同样面临困境。至今，英美音乐产业依然没有完全实现从传统唱片到数字下载的过渡。

英国广播公司早前的报道称，从 1989 年到 2009 年，“免费下载”对于英国唱片业的打击令人惊讶。虽然英国人已经在尽力保护知识产权，但全国专辑唱片发行量截至 2009 年已经连续 5 年以 3%的幅度滑坡。英国广播公司在 2009 年曾经对全国 1995 人进行随机抽样调查，结果发现 95%的受访者承认“自己会从网上下载免费音乐”或者使用网络软件获得“免费交换”的音乐，很少有人愿意花钱在网上购买音乐产品。

“网络下载套餐”模式留住歌迷

为杜绝非法下载行为愈演愈烈，英国政府近些年不断重拳出击，和商界一起监管不法行为。英国政府早前起草了《数字经济法案》，要求议会允许政府有权关闭涉嫌违法文件交换的网站，其中主要针对音像资料交换网站。与此同时，英国商界也开展促销手段让消费者放弃非法下载。2007 年，美国知名歌手 Prince 在发行新唱片 *Planet Earth* 时，就与英国《星期日邮报》合作，只要购买当天价格为 2 英镑左右的报纸，就可免费获得一张正版音乐光盘，这让该报当天的销量飙升。

这些年来，英国人发现，“网络下载套餐”模式才是留住歌迷、保证盈利的两全方法。英国唱片业从百年老店 HMV（HMV Media Group plc）到外来的苹果网上音乐销售平台 iTunes，通过包月下载或廉价单曲下载模式留住了很多消费者。为避免非法下载，英美同样采取了果断和严厉的手段。2009 年，美国明尼苏达州的一个女歌迷因为非法下载 24 首歌曲，被判处 190 万美元的高额罚款。

根据英国音乐版税分发组织 PRS. for Music 对全英 6.5 万歌曲创作者和出版商的调查，尽管英国传统唱片销量在 2010 年下降至 870 万英镑，但网络版税收入已超过 3000 万英镑，较前一年涨幅超过 70%。近几年，在亚马逊和 iTunes 这两个数字平台的推动下，国际四大唱片公司在实体唱片不断下滑的现实中一步步走向合作。2010 年，甲壳虫乐队的所有歌曲出现在 iTunes 在线商店，标志着英美流行音乐度过数字付费模式的“阵痛期”。据尼尔森调查报告显示，2011 年，美国数字音乐销量已占到整个行业的 50.3%，首次超越实体唱片的市场份额。2012 年，在实体唱片销量下降 13%的同时，数字专辑呈现 14%的增长。

传统唱片与数字音乐可以双赢

根据国际唱片业协会的数据显示，2012 年，全球 66 个国家的唱片产业共实现 165 亿美元的收入，这也是自 1999 年以来首次实现年度增长。其中，数字音乐下载收入共计 56 亿美元，占到整个产业的三分之一。让唱片公司高兴的是，其中的一部分最终成为他们的版权收入。

英国广播公司早前引述英国唱片业资深从业者杰奥夫·泰勒的观点说，他对唱片业前景仍然感到乐观，“虽然音乐光盘的销量日趋减少，但是越来越多的歌迷被增长的网络音乐销售服务所吸引”，同时欧美的唱片行业也在积极同中国同行合作，鼓励人们合法地从网上下载音乐。而最近一次调查显示，三分之一的中国消费者表示愿意付费下载音乐，由此看来，中国复制西方的成功经验并不是没有可能。

相关链接

英国数字音乐合法下载突破10亿首

在英国唱片市场实行合法下载第10个年头，第10亿首下载单曲终于诞生。英国《独立报》报道说，据英国流行音乐排行榜的官方统计显示，第10亿首下载单曲是在2013年4月9日售出的。这标志着英国数字音乐时代迎来一个新的里程碑。

英国自2004年开始实施合法下载歌曲制度，最近几年，付费歌曲下载尤为火爆。除了圣诞节期间，实体唱片根本没有销路。如今，英国每周的网上单曲销售量超过300万首，2012年累计售出1.88亿首。

英国排行榜公司经理马丁·塔尔博特表示，在这10个年头里，英国流行女歌手阿黛尔的*Someone Like You*下载量位居榜首，达到146万次。这表明英国终于正式迈入数字音乐时代，而阿黛尔则当之无愧地成为这一时代的女王。位列下载量亚军和季军的分别是魔力红乐队与克里斯蒂娜·阿奎莱拉合作的*Moves Like Jagger*和"锅贴哥"Gotye的代表作*Somebody That I Used To Know*。

塔尔博特还透露说，超过16首单曲的销量达到百万。

付费下载成就日本音乐销售的新霸主地位

据日本雅虎网站报道，从国际唱片产业联盟(IFPI)公布的2013年世界唱片销售榜单来看，日本在唱片及付费下载方面的销售总额达到42.822亿美元，首次超过美国，成为世界音乐消费最大的市场。

日本唱片协会认为这首先应归功于AKB48、Mr. Children、松任谷由实、桑田佳佑等人气歌手的唱片销量大增，他们的专辑及合辑销售势头良好，拉动了日本音乐市场。

日本现在人气最高的音乐团体是AKB48，48个青春洋溢的美少女边歌边舞，冲淡了日本经济低迷带来的疲倦感，深受日本人的喜爱。摇滚乐队 Mr. Children 是日本家喻户晓的殿堂级乐队。成员有 4 个，主唱樱井和寿、吉他手田原健一、贝斯手中川敬辅、鼓手铃木英哉，他们已出道 20 多年，一直走在日本流行音乐的前沿，代表作品有《有你的夏天》等。Mr. Children 在 2012 年世界专辑销量排行榜中以近 130 万张的销售量位居日本首位、世界第 29 位。

此外，和其他国家相比，日本音乐收费下载收入也增长迅速。日本比较注重著作权，对于唱片、文学作品等下载收费并不抵触，因此网上音乐下载并没有走低价或免费的路线，这使得日本音乐下载市场盈利越来越多。

（龙舟路　编译）

著作权法无法解决数字资产问题

我们死后，谁有权阅读我们的电子邮件或更新我们的脸谱网页？在美国很多州，对这类问题没有明确答案。也就是说，现有的著作权法或遗产法无法解决数字资产问题。

业界对数字资产态度不一

辛西娅·克里姆以及众多决策者正努力解决这一问题。2012 年，马萨诸塞州州参议员克里姆提出一项议案：遗嘱执行人有权进入死者电子邮件账户。克里姆说："遗嘱执行人无疑有权处理死者的遗产。为什么在数字遗产方面要有所不同？"这项议案使马萨诸塞州成为第六个制定数字财产法的美国州。但高科技公司对与隐私有关的新立法心存疑虑，针对马萨诸塞州的这一议案，谷歌公司已通过院外活动人士提出异议。

对律师、学者和立法而言，日益重要的一个问题是，如何处理我们留下的越来越多的数字问题。随着婴儿潮一代进入网络，这一问题将变得更为普遍：有人估计，仅美国，2012 年就会有 58 万脸谱用户去世。2012 年 6 月，马萨诸塞州参议院一致通这项议案。与此同时，俄勒冈州和内布拉斯加州等州的律师协会也采取了相关行动。

什么可被称为数字资产？乔治·华盛顿大学法学教授娜奥米·卡恩说："我们存储在网上、计算机中或云存储中的任何可能有价值的东西。不仅是经济价值，也包括情感价值、个人价值。"这一定义覆盖了从域名到推特账号、从应用软件到飞行里程数的各种东西——也许还包括,卡恩最喜欢举的例子,在拍卖会上拍出 1.6 万美元高价的视频游戏《九阴真经》中的虚拟道具"屠龙刀鞘"。电子隐私信息中心执行主任马克·罗滕贝格说:"基本上,每个人都有在线生活。"2011 年,安全软件公司迈克菲公司对 10 个国家的 3000 人进行调查,询问他们的音乐文件和在线相册等资产的经济价值:美国的平均水平已接近 5.5 万美元。

现有法律不能解决

如果在我们死后,我们的财产和珍视的纪念物受到密码和用户名的保护,遗嘱执行人也许需要获得使用密码的合法权利。虚拟墙也许会保护相关信息。但对为这些资产提供平台的谷歌或雅虎等公司而言,它们的生意模式取决于用户的信任。用户希望它们保护隐私,因此,这些公司在用户去世后仍努力保护其隐私。

威斯康星州海伦·史塔生和杰伊·史塔生夫妇的儿子 2010 年自杀身亡。在谷歌公司和脸谱网拒绝他们进入儿子的账户后,史塔生夫妇将两家公司告上法庭。海伦说:"我们是他的父母,我们是他的唯一继承人。我们说:'这些是我们的。'这正是这场斗争的内容所在。"法庭谕令支持他们的观点,但即便如此,后来的过程也不简单。在法庭下达谕令后,谷歌公司迅速放弃了那些电子邮件,脸谱网又将这一过程拖延了数月。海伦和杰伊说,他们陷入漫长的谈判之中,最终同意签署一项协议,承诺绝不向近亲之外的任何人透露账户内容。海伦说:"法庭已向他们下达命令,他们却要与我们谈判。人们需要了解,这有多么困难。"

在用户死后,脸谱网的普遍做法是,限制人们看到该用户页面,但允许亲友进入页面留言和进行哀悼活动。该公司还会应要求关闭这个账号。雅虎公司的政策是,继承人可以提出要求关闭账户并永久删除内容,但仅此而已。

"联络"(LinkedIn)网站称,他们不会对继承人提供已故用户的账户准入,除非法律规定必须这么做。其他公司对于此类请求的态度比较灵活,但是新的网络和平台不断涌现,而十分陈旧的遗产法以及现行的著作权法、商标法和专利法,在提供互联网行业的总体准则方面未能与时俱进。

当事人生前自己管起来

遗产法也因所在州的不同而存在差异,迄今为止各州通过的遗产法在需要向遗产继承人提供什么的问题上没有达成一致。也许更为重要的是法律专家还不能肯定,如果法律与网站的免责条款协议相抵触,他们将在法庭上扮演何种角色。

马萨诸塞州的克里姆法案明确规定该法律将取代任何服务提供商的契约。而谷歌公司并没有展开反对这一规定以及法案任何特定条款的游说。该公司并不反对向继承人提供账户准入，但声称他们认为这个问题可以通过技术手段来解决，而不是通过 50 个州各不相同的法律。

卡恩和其他法律界有识之士曾建议采取另一个不涉及立法并且可能更加合乎业界心意的方案：服务提供商在用户账户注册过程中增加一个预防性步骤。例如，“在你丧失能力或死亡的情况下，你希望‘任何活着的人都不能查阅你账户内的信息’，还是‘向你的遗产执行人提供账户准入’？”这将有助于网络公司坚持公司内部的隐私保护政策，同时解决数字财产法经常受人诟病的一个问题：亲属有可能会看到和知道死者不希望他们知道的内容。

（李文清　编译）

脸谱商业模式引发用户隐私权争议

全球最大社交网站脸谱(Facebook)的商业模式建立在"人们希望与周围的人相互联系和共同分享"的基础之上。然而,西方社会近期连续爆发的隐私权纠纷,使脸谱的这种商业模式备受质疑。

脸谱因隐私权问题惹争议

美国对隐私权的保护有三个方面的法律依据:宪法性文件、判例法和成文法,这三个方面的内容共同构成了隐私权。虽然美国有强大的法律来保护个人财务数据和健康数据,但美国人却很少有权去查阅以及掌控自己在社交网站上分享的信息。2009年,美国隐私权保护集体组织——美国电子隐私信息中心(Electronic Privacy Information Center,EPIC)与美国一个消费者组织联盟对脸谱的隐私处理问题提出诉讼。2011年11月29日,美国联邦贸易委员会(Federal Trade Commission,FTC)对相关问题提出指责,脸谱同意达成和解。

在对外公布了脸谱的和解协议后,美国联邦贸易委员会声称,他们认为脸谱触犯了美国的公平交易法,由于脸谱无法信守其隐私权承诺从而对用户构成了欺骗,因而其商业行为涉嫌"不公平和欺骗性"。美国联邦贸易委员会的调查发现,脸谱曾经承诺,公司将对用户的个人信息保密,但同时却公开这些信息。在没有告知用户的情况下,2011年脸谱擅自更改了网站的"标签建议"功能,结果导致之前被定义为隐私的个人信息被公之于众。同时,美国联邦贸易委员会还发现,脸谱允许广告商在用户点击脸谱页面上的广告时收集个人的识别信息。此外,用户安装的第三方应用程序几乎可以得到用户所有的个人信息。美国联邦贸易委员会主席约翰·莱博维茨在总结这一案件时表示:“脸谱的创新不能以牺牲消费者的隐私权为代价,美国联邦贸易委员会将采取行动确保以后不会出现这一问题。”

在欧洲,脸谱同样面临着隐私权问题。爱尔兰数据保护委员会(Data Protection Commissioner,DPC)对脸谱的国际总部爱尔兰公司进行了审查,并在2011年12月22日发布了报告,报告指出未来6个月内脸谱必须采取改进措施。2012年初,欧盟司法委员维维安·雷丁也呼吁欧盟更新现有的信息保护法,并进行一次区域范围内的改革。他认为当前的信息保护法产生于社交媒体出现之前,因此无法解决像脸谱公司这样的问题。

欧美提出应急解决方案

美国联邦贸易委员会与脸谱达成的和解协议中,禁止脸谱今后“误传”消费者的隐私信息。协议同时要求脸谱必须首先获得用户的同意声明才能改变用户的隐私偏好,建立一个综合的隐私安全项目,从而可以使网站在以后的整体发展中妥善解决隐私风险问题。一旦今后出现有悖于这一协议的行为,脸谱将被处以每天1.6万美金的罚款。

而美国电子隐私信息中心则一方面呼吁美国消费者支持美国联邦贸易委员会的提议,另一方面要求脸谱提供完整接入用户所有数据的方式,停止未经用户同意就创建面部识别档案,停止秘密追踪用户网络踪迹等行为。同时,美国电子隐私信息中心也提出未来20年内,脸谱每两年必须公布一次美国联邦贸易委员会要求的隐私审查结果。美国电子隐私信息中心的执行理事马克·罗滕贝格认为和解协议可以更好地进行隐私保护。然而,他也指出,美国仍然缺乏一个综合的隐私权法律框架。尽管与脸谱的和解协议发出了一个强烈的信号——不严格保护消费者隐私的行为将会受到惩罚,但与诸如脸谱这样的单个公司达成的和解协议由于缺少可实施的综合法律框架,从而很难保护消费者的隐私权。网络媒体网站不断地进行更新与创新,像脸谱这样的公司常常会“越界”,所以建立一个框架非常必要。同时,美国消费者联盟也呼吁建立全国性的隐私权立法框架,让所有公司执行相同标准,并结合行业和隐私权组织要求,为如何收集和使用用户信息制定明确标准。

在欧洲,欧盟审查的一个主要理由是脸谱在没有告知或获得同意的情况下搜集非用户的电子邮件地址等大量信息。虽然此项审查并没有发现确凿证据,但爱尔兰数据保护委员会还是提出了一系列的改进建议。他们认为,建议实施后将推动脸谱依法经营,减少用户对脸谱的投诉,并对脸谱所提供的服务产生显著影响。

爱尔兰数据保护委员会在报告中对脸谱提出的建议有助于用户在知情的情况下选择如何使用、分享他们在网站上的信息，或迅速删除某些信息，简化并更有效地解释隐私政策。

解决方案将如何影响用户

脸谱承诺将采用完全透明的政策告知用户其个人信息如何被用于“精准广告”的投放，并有权通过隐私设置拦截这些广告。使用用户信息必须事先获得认可，脸谱将用户加入某一社群之前，也必须先征得用户同意。用户删除不必要的信息，脸谱网站必须在收到请求后 40 天内，对所有关联账户和信息进行无法再恢复的删除。爱尔兰数据保护委员会还提出：“无限期地保留广告点击数据的现行政策是不可取的。”脸谱应立即将保留期限改为两年。此外，如果搜集的目的终止，那么必须删除搜集到的所有个人信息。从社交插件中搜集到的信息应该在 10 天内去除所有可识别信息，90 天后删除。

脸谱设有脸部识别标记功能，即用脸部识别技术扫描用户的照片，并通过系统侦测照片中的人脸，基于眼睛形状、耳朵和鼻子之间的距离等特征，为每一张人脸添加特别的数字标记，试图将这张人脸与某个具体的用户联系起来，以便更好地添加标签进行分享。然而，爱尔兰数据保护委员会认为，脸谱应该以更恰当的方式管理这一功能，包括更加明确地提醒用户，并首先获得用户的同意，而不仅仅是设置自动的扫描与侦测功能。对于第三方应用程序获得的信息，脸谱应该为用户提供更加详细的条款。

欧美隐私权法律问题凸显

尽管脸谱 2012 年初树立明确目标并立刻采取了行动，但欧美仍对管理与保护社交媒体网站相关信息的法律问题感到担忧。目前立法尚不完善，美国仍然采用的是按不同行业实际情况制定隐私权保护措施的办法，还没有一个综合的隐私保护框架。而当前的欧盟法律尽管存在人权法的规定，但法官们仍然坚持认为隐私权应当受到普通法的保护。维维安·雷丁认为有必要对整个欧盟地区的信息进行更加有效、一致的保护，这样才能培养对新技术的信任，推动市场的发展和竞争力。他在强调修订欧盟的信息保护法的同时，也指出：“在欧洲拥有成千上万活跃用户的美国社交网络公司也需要遵守欧盟的法律。”由此可见，欧洲各国的隐私监管部门未来可能将被授权调查以欧盟消费者为服务目标的非欧盟信息控制公司。

维维安·雷丁还强调用户应该关注欧盟公民隐私权的四大支柱：被忘记的权利、透明的权利、默认保护、无地域限制的保护。“被忘记的权利”要求数据控制商在受理了个人取消许可请求后应删除信息；“透明的权利”要求数据控制商要完全告知用户什么样的数据会被搜集，搜集目的是什么；“默认保护”要求隐私保护无须经过用户同意，除非特别指出，否则任何目的的信息使用都必须得到用户的明确同意；“无地域限制保护”是希望在整个欧盟地区，为所有的以欧盟消费者为目标人群的产品提供一致的隐私标准。基于惩罚措施必须“有效、适当和有劝诫作用”，该立法草案依据欧盟竞争法中最高处以 10%全球营业额的罚款额度，提出了对泄露用户隐私的企业最多处以全球营业额 5%的罚款标准。

相关链接

2012 年脸谱网站用户突破 10 亿

2012 年 10 月初，脸谱网站宣布，其用户已经突破 10 亿。这堪称这个世界上最大的社交网站的一个新的里程碑。

该网站的创始人之一马克·扎克伯格发表声明说：“今天上午的数据显示，每月有超过 10 亿人使用脸谱网。”

他说：“谢谢你们给予我和我的团队以服务你们的机会。帮助 10 亿人联系彼此是令人惊奇的，令人诚惶诚恐。这是我一生中最感到自豪的事情。”

脸谱网站说，它是在 2012 年 9 月 14 日太平洋时间中午 12 点 45 分突破月活跃用户 10 亿人这一大关的，其中包括 6 亿手机用户。自脸谱网站启动以来，用户已经点击了 1.13 万亿次“喜欢”，与朋友建立联系达到了大约 1400 亿次，上传的照片超过了 2190 亿张。脸谱网站每月有超过 10 亿的用户与老朋友联络、上传新照片，或是发布有关政治、宗教、宠物或者孩子状况的帖子。

10 亿这个数字比 2010 年 7 月的 5 亿用户翻了一番。2008 年 8 月，脸谱的用户突破 1 亿人。

大多数（约占 81%）脸谱网用户在美国和加拿大之外。上脸谱网的大多是年轻人，中位数年龄为 22 岁。其中大多数是巴西人、印度人、印度尼西亚人、墨西哥人和美国人。

（香江波　编译）

印度凭借数字图书馆打专利官司

历史悠久的印度，有着丰富的自然和文化遗产，大力保护这些遗产，并让这些遗产为今天的印度服务，一直是印度官方与民间共同追求的目标。

根据联合国《生物多样性条约》，2012 年 10 月，缔约方大会在印度召开，印度是主办国。保护“基因遗产”是大会上的热门议题。印度政府在保护本土“基因遗产”方面一直做得不错，截至目前，印度已打赢 100 多项专利权纠纷的官司，另外还有 800 多项此类纠纷正在诉讼中。

在与国际巨头“雀巢公司”的一场知识产权战役中，印度在 2012 年获得最终胜利。雀巢公司几年前在欧洲申请一项专利，保护旗下的某款奶制品，称其可以治疗便秘。而在印度，牛奶可以帮助治疗便秘早已是流传千百年、家喻户晓的常识，属于印度传统医药知识。于是，这场官司打到了欧洲专利办公室（EPO），最终印度赢得了胜利，而这已不是印度第一次在国际上打赢知识产权保卫战。

一项技术或产品如果没能超越“现有行业知识”的范畴，一般不会被授予专利。可是包括印度在内的众多历史悠久的国家的相关领域知识常年存在古书中，无法被西方人检索和引用。于是，当西方称自己的发现超越了“该领域现在技术水平”时，这些国家经常感到有苦说不出。而印度之所以能够在对传统知识的保卫战中屡战屡胜，杀手锏就是传统知识数字图书馆（TKDL）。

据印度有关专家介绍，从 1988 年开始，印度传统知识特别是传统医药知识，被其他国家侵权的案例数不胜数。例如，用于治愈伤口的植物姜黄在美国被授予专利；源自楝树的杀菌剂被美国公司申报了欧洲专利等。印度有关方面向美国专利商标局和欧洲专利办公室提交了复审申请，指出上述两种方法属于现有技术，这两家机构在确认该申请内容是印度传统知识后，宣告其专利无效。

印度政府由此认识到保护传统知识免受侵害的重要性。印度传统知识大多是以口传心授方式代代相传，或用梵文记载于古文献中，外界难以知晓。印度政府认为，要想保护这些传统知识不被国外公司注册专利，对传统知识进行收集、整理、归档、注册是一项迫切工作，同时，这也有助于开发传统知识的潜在应用价值、服务于广大民众。

首先，印度在全国范围内开展以乡村为基础的生物多样性调查登记项目，将当地居民关于生物资源的现状、利用和管理的知识整理记录下来。该项目还建立了一个生物资源现状数据库，内容包括生物资源的特性和利用知识、保存食品的方法、利用某些植物为人类和家畜治病的方法等。

此外，对瑜伽姿势和技巧进行登记备案也是一项重要内容。瑜伽是印度的国粹，然而，随着全球瑜伽热的兴起，这一流传千年的印度国粹却被国外一些商人据为己有。据印度媒体报道，一大批瑜伽姿势和技巧在海外被申请专利，而这些其实都是出自印度古典瑜伽专著。

印度媒体称这是侵权行为，并认为瑜伽遭侵权现象在美国最严重。据悉，美国有关部门已经批准 150 项和瑜伽有关的专利以及 2315 种瑜伽商标。印度认为，英国、德国和日本也存在严重侵权行为。为保护瑜伽知识产权，印度政府专门成立了一个工作组。据称，该工作组目前正在抓紧时间对瑜伽姿势和技巧进行登记备案，然后申请专利。到现在为止，工作人员已经从印度古代瑜伽经典中记录了 1500 多种姿势。

21 世纪初，印度开始建立传统知识数字图书馆。印度科技部、卫生与家庭福利部、印度专利局等部门共 150 多人组成一个多学科工作组，投入大量时间进行该项工作。传统知识数字图书馆的建立可以为这些知识提供检索数据。印度律师普拉提克表示，西方社会已不得不接受传统知识丢失的现实，而印度不能犯那样的错误。

（岳　月　编译）

合著者与作者:日本的署名权问题

2012年,瑞典诺贝尔奖委员会宣布,日本京都大学山中伸弥教授荣获2012年度诺贝尔生理学或医学奖,日本全国为之振奋。这一奖项的获得证明日本科技水平的提升,极大地鼓舞了日本人的创新精神。

几乎是在同时,日本一些媒体报道几位日本研究者运用iPS细胞治疗心脏疾病获得成功。之后,由于这一事实没有得到确认,这些媒体又因为"误报"而公开赔礼道歉。在这起事件中,相关研究者的责任是重大的,且不可推卸。然而,让日本版权(著作权)界感兴趣的,却是在这起事件持续发酵后意外浮出的"冰山"——其中一位与那篇《运用iPS细胞治疗心脏疾病》研究论文没有任何关系的"研究者",作为"合著者"署名。真相披露以后,可能是迫于舆论压力,这位"研究者"向刊登论文的学术杂志提出申请,把自己的姓名从"合著者"中删除。

日本现行的著作权法存在漏洞,或者说是不全面的,因为上述事件出现的"合著者"概念与著作权法规定的"作者"概念是不尽一致的。

作者是谁

日本著作权法第十九条规定,作为作者人格权之一,作者拥有署名权。基于这种署名,在自己的著作上,作者可以用实名,也可以用其他名称(比如笔名等);或者可以从不表示作者姓名的角度出发,根据作者本人的意愿,采用其他表示作者姓名的方法。日本著作权法第十四条规定,由于作者是特定的,所以用实名或众所周知的其他名字表示,就可以推定这是著作权法层面上的作者,即"作者的推定"。

作者是谁，这与作者的人格权紧密相关。同时，作者人格权、著作权的归属主体出发，在适用著作权法方面，作者名称的表示也是非常重要的。

合著者状告合著者

例如，在裁决著作权被侵害的案件时，作者即使不能证明自己是真正的作者，也可以援引著作权法上的“作者”来证明。不但如此，而且对方当事人不能证明自己参与了作品的实际创作，法官就可以否定其作为“作者”的权利。这种“作者的推定”的实际意义在于，让对方（被告方）承担起不是作者的证明责任（举证责任的转换），以确保作者的权利。

例如，围绕《汉字检定对策用问题集》（以下简称《问题集》），曾经出现过编辑著作权的归属问题。《问题集》的主编和发行人为“财团法人日本汉字能力检定协会”（以下简称协会），编辑不是协会而是相关的公司。大阪地方法院认定《问题集》的作者还是协会。这就是以上所说的“作者的推定”产生的效力。按照日本著作权法第十五条第一款的规定，由于协会这样的法人要成为作者，就需要法人名义的作者名称的表示。法院在 2012 年 2 月 16 日判决时认定协会为作者，解释是“在创作过程中，协会曾预定以法人的名义出版、发行《问题集》”。

在某大学，一位从事计算机研究的研究者，作为合著者，要求删除另外一位合著者的署名。学术界的合著者与著作权法的作者有微妙的差别。站在著作权法的立场审理此案，有两个要点：第一，原告是否是著作权法上的作者？第二，原告是否有权要求删除其他合著者的署名？

大阪地方法院在 2012 年 12 月 6 日的判决中指出，根据著作权法第二条第一款，著作权法上的作者是“著作创作者”，应当从是否实际参与论文创作考虑。不能否认，原告对作为论文基础的研究成果的形成以及论文的形成起了主导作用，并且论文的创作是在原告的指导下进行。但是，关于研究成果本身，论文的引用在著作权法第三十二条允许的范围内，属于合理引用。况且在论文的创作过程中，不能证明原告具体是怎么参与的，所以，推翻署名合著者的原告的作者推定，不能认定原告是作者。从以上叙述可以看到，在围绕学术论文的著作权案件中，经常出现把相当于观点（观念、灵感、设想、构思等）的研究成果与论文混同。观点本身不是著作，不是著作权法的保护对象。

如果要点一的作者身份被否定，要点二的主张也就不能成立。判决指出，假定原告就是作者，如果不能举证其他合著者侵害原告权利的具体事实，也要否定权利侵害。

判决指出，其他合著者的行为构成对原告研究成果的盗用，合著者的署名是否属于不法行为（一般的人格权侵害），也要进行判断。关于这一点，合著者中的第一作者没有得到原告的同意就署名合著者尽管是不适当的，但原告提起诉讼的原因不是自己署名合著者，而是他人署名合著者，所以说没有得到原告同意就是侵害原告的人格权，必须向原告进行赔偿，做出这样的判断是十分困难的，因而予以否定。

“习惯法”大于著作权法

从以上有关学术论文的案例中，大致可以看到日本学术界对署名合著者的处理方式。按照学术界的惯例，学术论文署名合著者十分普遍。特别是理科的学术论文，署名除了论文的实际执笔者以外，还习惯于把所属研究室教授的名字作为合著者加上。另外，实际执笔者为了感谢对自己完成论文进行指导的其他人士，有时也以合著者表示。

以《汉字检定对策用问题集》为例，协会既是“主编”又是“发行人”，编辑身份和出版者身份兼而有之；相关公司虽然在图书编辑方面做了工作，但没有协会的许可，以“编辑”名义作为“合著者”似有侵权之嫌。如果得到协会许可，相关公司也可以署名“合著者”。以《运用 iPS 细胞治疗心脏疾病》研究论文为例，对于那位与研究无关的“研究者”来说，按照学术界的惯例他的做法也许没有问题。这位“研究者”主动申请把自己从“合著者”中删除，大约不是躲避“侵权责任”，而是要避免“学术造假”之嫌吧。而某大学的计算机研究论文案例，按照学术界的惯例，包括实际执笔者在内，大家都被定义为合著者。甲合著者这时援引著作权法告乙合著者侵权，就不合适了。

大阪地方法院在对某大学的计算机研究论文案例的判决中，特意援引了东京大学教师向学生普及著作权法知识时的讲解：“所谓合著者，就是与主要作者一起，共同对研究有贡献，能够说明论文的内容，能够应对围绕论文内容的提问与质疑的人。此外，作为合著者，针对论文内容也要承担责任。”“作者向学术杂志投稿的时候，可以适当地选择合著者。但必须在投稿之前，把论文原稿让所有的合著者阅读，让合著者对论文有充分的了解。而对于是否充当合著者，被邀者应当慎之又慎，做出自己的判断。由于合著者对论文内容也要承担责任，所以论文内容在没有得到合著者认可之前，就不应当投稿。”大阪地方法院在充分考虑著作权法的“合著者”与学术界惯例用的“合著者”之间的差异之后，在判决中也指出：“尽管没有实际参与该论文的执笔（创作行为）过程，但把指导老师或共同研究的研究者，署名该论文的合著者，有时也是可以的。”在这里，日本学术界惯用的“合著者”与日本著作权法意义上的“合著者”，其含义不完全相同。

不适当署名也是学术行为不端

当然，在日本学术界，关于“合著者”，也是有一定的规律可循的，也有官方的正式说法。在日本文部科学省，下设了一个名为“关于科学技术、学术审议会研究活动的不正当行为的特别委员会”，该委员会于 2007 年 8 月对外发布了《关于应对研究活动中不正当行为的指导方针》的报告书。这份报告书在日本相当于法规，因而也有一定程度的权威性和约束力。

这份报告书对研究活动中的不正当行为有明确规定：主要有篡改或捏造数据、盗用他人的研究成果等。而“在论文或著作上的不适当的署名”，也是不正当行为的表现之一。这份报告书指出，之所以在研究活动中出现不正当行为，是因为研究活动的竞争日趋激烈。为了应对学术上的不正当行为，这份报告书给出了四条建议：第一，建立并完善接受告发（举报）不正当行为的窗口；第二，围绕告发的案例，建立调查体制，明确调查程序；第三，确立认定有关不正当行为的标准；第四，对于被认定的不正当行为者，采取相应措施。作为对不正当行为者的处罚措施，除了不正当行为者所在研究机构的口头批评、书面警告、暂时停职等处分以外，如果不正当行为者的研究课题与公共资金有关的话，资金分配机构可以对不正当行为者采取截断资金流、要求其返还资金、在一定时间内限制其资金申请等措施。在这里，作为被采取措施的对象，这份报告书列举了诸多类型的“不正当行为者”，其中有“在被认定有不正当行为的研究论文中，参与了不正当行为的作者（包括合著者）”。这份报告书指出，即使是“合著者”，一旦发生不正当行为，也要严厉追究其责任。从这里不难看出，在学术研究中，在论文发表时，是否充当“合著者”？怎样充当“合著者”？实际执笔者要三思而行，其他合著者更要自重和自爱。

与日本文部科学省发布的这份报告书相类似，日本东京大学科学研究行动规范委员会在 2011 年 11 月制定并公布了《科学研究行动规范》。为了净化科学研究环境，提高研究者个人的道德伦理水平，《科学研究行动规范》强调指出：“不适当的著者选择（把没有参与论文创作的人加入作者行列，而参与论文创作的人却没有加入作者行列），就是不适当行为”。

（岳　月　李文清　编译）

阅　读

美国媒体曾经掀起“环保革命”

空气、土壤、水资源及环境污染，并非一国一地的独有现象。提到污染问题，很多人会想起著名的世界环境污染八大公害事件，除了1952年的伦敦烟雾事件，20世纪40年代发生在美国的两起事件也在其中。但20多年后，由于美国媒体的积极介入，美国掀起了一场全民性的环保运动，之后通过严格的环境立法，才进入了“绿色十年”。

报刊电台“鼓与呼”

19世纪70年代到20世纪40年代，是美国环境污染的发生和发展期。在这一时期，随着传统制造业的迅猛发展，自然资源和环境遭到严重破坏，美国人在享受工业发展带来的物质财富的同时，不得不面对伴随而来的环境污染。1948年发生在匹兹堡南部小镇多诺拉的污染事件，让人们意识到环境问题的紧迫性。

提到多诺拉，首先要说说离它不远的“烟雾之都”匹兹堡。匹兹堡也称“钢城”，因靠近软煤产区，工业生产和生活产生的烟雾长期笼罩该城。为减轻烟雾困扰，匹兹堡从19世纪后期就开始努力，但效果不佳。1941年，匹兹堡市议会通过一项强有力的“除烟法令”，要求消费者必须使用无烟煤或无烟设备，并成立“烟雾防管局”。尽管由于“二战”的影响，该法令直到1946年10月才开始生效，但它使匹兹堡很快就摆脱“黑云压城”的状况。就在匹兹堡大力革新之际，它的卫星城多诺拉出现了问题。

多诺拉位于一个马蹄形的河湾内侧。1948年10月26日，多诺拉镇上空弥漫着浓雾，连绵到 10 月 31 日才消散。但在 29 日晚上，很多当地居民已经拥进医院，他们的基本症状是流泪、喉痛、胸痛、呼吸困难，到 30 日中午，已有 11 人死亡。最终，共有 20 人死于这场烟雾，另有约 6000 人患病，患病者约占全镇居民的 43%。从 10 月 30 日开始，这一恐怖消息通过媒体传遍美国。

《寂静的春天》引起大辩论

多诺拉事件以及 1943 年的洛杉矶光化学烟雾事件，使很多美国人开始从更高的角度来看待空气污染问题。从 20 世纪 40 年代开始，一些学者从社会学、生态学、伦理学、经济学等不同角度展开对环境的研究，其中海洋生物学家蕾切尔·卡森 1962 年出版的《寂静的春天》，产生的反响最大。

卡森被认为通过这本书让全美国意识到残留性农药的危害，书中论述了有毒物质是如何沿着食物链向上累积的。她认为，人类应当“认真地对待生命这种力量”，克服“征服自然”这种妄自尊大的思想。该书引起很大反响，仅半年时间，其精装本就售出 50 万册，并引发美国社会掀起一场大辩论。

杀虫剂生产贸易组织、美国农业化学品联合会不惜巨资宣传卡森的错误，甚至借助权威力量阻止该书出版。卡森被批评为“杞人忧天者”、“自然平衡论者”。在社会的压力下，美国政府介入这场争论。1963 年，时任总统肯尼迪任命了一个特别委员会，该委员会的调查结果证实了卡森的警告的正确性。卡森也勇敢应对指责，她于 1963 年到国会做证。据说一名参议员欢迎她时说：“卡森小姐，您就是开启这一切的女士。”

与此同时，美国政府针对环境问题进行了一系列立法。1955 年，美国通过第一部联邦空气污染法，重申地方政府对空气污染控制负有主要责任；1960 年和 1962 年，推动了对机动车排放物的研究；1963 年，《清洁空气法》为启动空气污染治理拨款；1967 年通过的《空气质量法案》确立了明确目标——保护和提高全国空气资源质量，提高公共健康、福利和国民生产力。

学术著作评价“环保十年”

社会上的环保运动比立法的脚步走得要快。1970 年的 4 月 22 日，美国出现了一场 2000 多万人参加的全国范围的示威游行。这一规模浩大的运动，引发美国国会当天的休会，许多议员主动参与进来。这一天后来被定为“地球日”。

很多人认为，1970 年的“地球日”是一场环境革命的开始，对美国的方方面面产生影响。环境问题成为主流媒体比如《时代》周刊、《新闻周刊》、《纽约时报》等报刊的头版报道对象。"生态学"、"环境保护主义"等名词也随之流行。更重要的是，一系列有关环境保护的法规随之出炉，以致有学者在其学术专著中称20世纪70年代为"环保十年"或"绿色十年"。

首个"地球日"结束不久，美国成立了专门机构——环境保护署，主要任务是保护人类健康和自然环境。与此同时，国会通过了具有标志性意义的《清洁空气法》修正案。

在对这个修正案进行辩论期间，一个小城的市长说："如果你让这个城市发展，它就得发臭。"1970年，美国有许多人同意这种说法，但通过1970年的修正案，国会表达了一种坚定的信念——保护环境。这个修正案确立了一系列原则，如国家空气质量标准原则。依据该原则，法案对二氧化硫、颗粒物、一氧化碳、光化学氧化物、二氧化碳和碳氢化合物等6种物质限制排放，其中包括加油站在加油和卸油期间产生的排放。同时，法案将美国本土及海外地区按单位面积的污染物排放量分为达标区和非达标区，大部分城市被列为非达标区。《清洁空气法》还规定了公民诉讼条款，任何人均可对违反环保法律的行为提起诉讼。

除了《清洁空气法》，20世纪70年代，美国联邦政府制定了一系列环保法案，多达几十部，涉及空气和水的保护、噪音控制、固体废物处理等方方面面。而这个"环保十年"的成就也是很突出的。1970～1976年，美国大多数城市空气中光化学氧化剂和一氧化碳含量下降明显1964～1979年，空气中二氧化硫含量平均减少了67％。美国著名记者兼作家斯蒂芬·克莱德曼在1991年的一篇学术著作中称，"自1970年通过《清洁空气法》后，铅减少了95％，二氧化硫减少了约30％，悬浮颗粒减少了60％。"

（金点子　编译）

2012 年法国文学奖巡礼

经过一年辛勤耕耘的法国作家们，在秋风送爽的十月迎来了他们收获的时刻。2012 年 10 月 25 日法兰西学院小说大奖的颁布，拉开了法国 2012 年度文学奖评选的序幕，随后进行了美第西文学奖、费米娜文学奖、龚古尔文学奖和勒诺多文学奖的评选，11 月 14 日评出了 2012 年的最后一个主要文学奖——联盟文学奖，法国 2012 年度文学奖的评选落下帷幕。至此，法国 6 个主要文学奖尘埃落定。

法兰西学院小说大奖

10 月 25 日，法兰西学院率先进行 2012 年度小说大奖评选活动，年仅 27 岁的瑞士小伙子若埃尔·迪克(Joël Dichek)以他的新作《哈利·凯贝尔案件真相》(*La vérité sur l'affaire Harry Quebert*)在第一轮投票中以 13 票对 6 票折桂，此书同时还获得 2012 年度法国中学生龚古尔文学奖。法兰西学院小说大奖是法国六大主要文学奖中唯一的官方文学奖，而且是唯一设有 7500 欧元奖金的文学奖。该书由法国的法卢瓦出版社和瑞士年龄出版社联合出版。

若埃尔·迪克于 1985 年 6 月 16 日出生在瑞士日内瓦，2010 年毕业于瑞士日内瓦大学法律系。在校期间就已经开始创作，其处女作《父辈的最后日子》(*Les derniers jours de nos pères*)于 2012 年初出版。2012 年 9 月，迪克出版第二部小说《哈利·凯贝尔案件真相》。该书初版印刷 5 万册，不到一个月就售出 3.5 万册，在 2012 年 10 月德国法兰克福国际书展上成为最抢手的法语小说，30 多个国家的出版社竞相购买版权，版权费高达几十万欧元，美国的一家出版社没有买到英文的版权，只能买下西班牙文的版权，其国际影响可想而知。有评论说，"无名之辈若埃尔·迪克获得法兰西学院小说大奖，打乱了法国的文学界；小出版社出版的图书获得如此殊荣，同样也打乱了法国的出版界。"

若埃尔·迪克儿时几乎所有的暑期都在美国度过，骑着自行车到缅因州和加拿大魁北克旅游，甚至还去过阿拉斯加。迪克很熟悉美国，一直想写一部有关美国的小说。经过两年的辛勤耕耘，30 次易稿，最终于 2012 年夏天将书稿送交出版社。此时正在休假的出版商贝尔纳一口气看完书稿，决定改变日程返回巴黎，全力以赴准备出版此书。2012 年 9 月，《哈利·凯贝尔案件真相》最终问世。

《哈利·凯贝尔案件真相》是一部美国式的侦探小说，厚达 669 页。故事始于 2008 年初，即美国总统大选之年。小说主人公马库斯·戈德曼是一位梦想成功的纽约青年作家，但对其新作缺乏灵感，无从下笔。出版社越是催他，他越是写不出来。一天，一件突发事件让他顿时有了灵感：警方在他老朋友哈利·凯贝尔教授家的花园里发现一具尸体，这是 30 年前失踪的一个 15 岁少女的尸体，她名叫诺拉·凯勒甘。哈利便成为主要怀疑对象。哈利是马库斯的大学老师，是美国著名的作家。马库斯坚信哈利无罪，决定放弃一切工作对事件进行调查，还哈利清白。但是，一切相当复杂，随着调查的深入，疑点越来越多，哈利被发现与诺拉有恋情。为能证明朋友哈利无罪，马库斯想方设法要弄清楚诺拉 1975 年夏天死亡之谜。然而，马库斯慢慢地弄清了哈利案件的真相……于是，马库斯决定将此案件写成一本畅销书。由此可见，小说《哈利·凯贝尔案件真相》是对当今美国、文学、司法和媒体的反思，是美国现实生活的写照。

若埃尔·迪克获奖后说："真不敢相信自己获奖了，不过任何一位作家都想获奖。""今天，我有了一点作家的感觉，但是我还有许多事情要做。"

费米娜文学奖

费米娜文学奖创办于 1904 年，初衷是设立一个与龚古尔文学奖相对应的女性年度文学奖，以奖励女性的文学创作，12 位评委都是女性，一般与龚古尔文学奖同日揭晓。2012 年度费米娜文学奖提前到 11 月 5 日进行评选，把奖项颁给了龚古尔文学奖和勒诺多文学奖都看好的帕特里克·德维尔(Ptrick Deville)的新作《鼠疫与天花》(*Peste & Choléra*)。该书由法国塞伊出版社出版。

帕特里克·德维尔于 1957 年 12 月 14 日出生在法国。大学文学和哲学专业毕业后，于 20 世纪 80 年代在中东、尼日利亚和阿尔及利亚生活，90 年代到古巴、乌拉圭和中美洲旅居。21 世纪初，德维尔接手了一家在法国西部城市圣纳泽尔市的外国作家和翻译家之家，许多外国作家到那里写作。

在获得 2012 年度费米娜文学奖之前，帕特里克·德维尔已经发表 9 部小说，但销量一直不高，读者对他并不熟悉。2009 年发表的《厄瓜多尔》(*Equatoria*)和 2011 年出版的《柬埔寨》(*Kampuchéa*)获得了一定成功，受到了读者的好评。获得 2012 年度费米娜文学奖的《鼠疫与天花》获奖前已经相当畅销，初版印刷 7 万册，不到一个月又加印 8 万册，8 月份获得法国福纳克小说奖，同时还入围龚古尔文学奖、勒诺多文学奖和 12 月文学奖等。

《鼠疫与天花》是一部纪实性小说。小说写的是瑞士著名科学家亚历山大·耶尔森的传奇故事。耶尔森于 1863 年出生在瑞士，中学毕业后到巴黎医学院求学。一天，解剖尸体时不慎割伤自己。这一不幸让他结识了法国巴斯德研究所所长路易·巴斯德，之后还成了他的助手。当成功试验出狂犬病疫苗后，巴斯德想在生物和医学领域进行新尝试，于是派他的学生到世界各地进行研究，学生中包括年轻的亚历山大·耶尔森。学生们组成小组前往印度支那。远离巴黎的喧哗，耶尔森在印度支那度过了人生中最光鲜的时光。他们在那里潜心进行流行病学、地理学、天文学、气象学观察。这帮年轻人对什么都好奇，尤其是耶尔森。他通过关系潜入越南，然后在芽庄进行各种各样的研究，其中包括养牛，种植橡胶树、奎宁树和兰花。亚历山大·耶尔森是第一个在印度支那种植橡胶树、奎宁树的人。然而，他所做的一切都是为了科学研究。1894 年，他听说香港爆发黑死病，便迅速赶到香港。他从黑死病病人淋巴结的浓液中鉴别出鼠疫杆菌，证明了老鼠与这次瘟疫的关系，并成功研制出抗鼠疫的血清，为人类的健康带来了福音。

亚历山大·耶尔森的历险和发现深深吸引着帕特里克·德维尔。为了准确地再现这位科学家的经历，德维尔认真探寻主人公的生命足迹，并参阅了数千封当时巴斯德研究所工作人员之间的通信。这部作品充满异国情调，真实的故事与虚构的情节结合在一起，是一部难得的好小说。

美第西文学奖

2012 年 11 月 6 日，埃马纽埃尔·皮雷尔(Emmanuelle Pireyre)和她的新作《一般仙境》(*Féerie générale*)在评委会的第一轮投票中独得 8 票，获得 2012 年度美第西文学奖的桂冠。美第西文学奖是仅次于龚古尔文学奖的法国第二大文学奖，旨在奖励有天分的作家。该书由法国奥利维埃出版社出版。

埃马纽埃尔·皮雷尔于 1969 年出生在法国沙马利埃尔市，大学期间选学商业和哲学专业。目前，他生活在法国中部城市里昂。他爱好读书，将文学哲理化，喜欢文学评论和教学。现在法国里利安·帕普国立舞蹈中心和克莱蒙费朗出版管理中心讲授当代文学和写作技巧课程。他经常参加朗读表演，主张文学要与音乐、舞蹈等其他文学艺术有机地结合起来。

埃马纽埃尔·皮雷尔 2000 年发表处女作《冻结与解冻》(*Congélations et décongélations*)，2001 年出版《我的衣服不是床单》(*Mes vêtements ne sont pas des draps de lit*)，2006 年出版《怎样让地球消失》(*Comment faire disparaître la terre*)。2012 年，埃马纽埃尔先后发表了《国际博览会》(*Foire internationale*)、《一般仙境》。

《一般仙境》由 7 个互不相关的故事组成：一位小姑娘厌恶钱财，但要染头发；一位教员无法完成关于当代英雄的论文；一位年轻的穆斯林选择要外币；一处冰冻的瀑布无法建成一面不可逾越的墙……《一般仙境》通过从媒体上摘录的片段，分别展开讲述金钱的作用、生态问题、欧洲非军事化问题……从而创作了一部描绘 21 世纪初欧洲信仰问题的"广播剧"。

《一般仙境》有点像以前的"拼合小说"，作者从报刊、图书、电子邮件和博客中摘录片段，进行加工创作，甚至还将图片、音像和幻灯片等多媒体植入书中。所以，皮雷尔说："我是在用今天的语言、书面的语言、口头的语言，甚至用网络语言进行文学创作。"法国著名作家、美第西文学奖评委帕特里克·格兰维尔说："埃马纽埃尔·皮雷尔是一位聪慧、机灵的作家，写出了一部与众不同的小说。"

勒诺多文学奖

2012 年 11 月 7 日进行的勒诺多文学奖的评选异常激烈，前后举行了 10 轮投票，卢旺达女作家斯科拉丝蒂克·穆加松加(Scholastique Mukasonga)和她的新作《尼罗河圣母院》(*Notre-Dame du Nil*)最终以 6 票对 4 票获胜。然而，《尼罗河圣母院》是一部没有入围勒诺多文学奖最后名单的作品。该书由法国加利玛尔出版社出版。

斯科拉丝蒂克·穆加松加是一位用法文写作的黑人女作家，1956 年出生在东非国家卢旺达，1960 年全家迁居到卢旺达西部地区，1973 年移居邻国布隆迪，1992 年定居法国，目前居住在法国诺曼底地区卡尔瓦多省，是一名社会工作者。2006 年，斯科拉丝蒂克·穆加松加发表处女作——自传体小说《伊尼昂琪或伪君子》(*Inyenzi ou les Cafards*)，从此开始了文学创作之路。2008 年，出版第二部小说《赤脚女人》(*La Femme aux pieds nus*)，献给她的母亲以及所有勇敢的母亲，该书获得塞利格曼反种族歧视文学奖。2010 年，发表第三部作品《伊吉夫》

(*L'Iguifou*)，这是一部诗歌化的小说，获得短篇小说复兴文学奖和海外科学院文学奖。2012 年 3 月出版的《尼罗河圣母院》是穆加松加的第四部小说，不仅获得了 2012 年度勒诺多文学奖，还获得了艾哈迈杜·库鲁马文学奖。

1994 年卢旺达发生胡图族和图西族之间的种族大屠杀，100 万人死于非命，斯科拉丝蒂克·穆加松加的 27 名图西族家人被屠杀，其中包括她的母亲。小说写的是尼罗河畔一所名叫尼罗河圣母院女子寄宿制中学，该校专门培养卢旺达优秀的女孩。这所教会学校位于海拔 2500 米的高山上，与尼罗河相邻，与世隔绝，外人难以接近，学校纪律严明。家长们把这些女孩送到这所学校，为的是让她们远离城市的诱惑，以便日后能嫁个好人家。在同一座山上，住着一个画家"白人老汉"，他把这些女孩画成神的样子，挂在他修建的教堂里，结果学校被胡图族当局包围。政治斗争、阴谋迫害、种族仇恨越来越严重，胡图族与图西族的杀戮于是逼近这个寂静的山乡和整个卢旺达……小说《尼罗河圣母院》从一个侧面反映了种族大屠杀之前卢旺达的社会状态。

龚古尔文学奖

龚古尔文学奖的奖金虽然只有象征性的 10 欧元，却是法国最重要的文学奖，备受国内外关注。2012 年最有希望得此奖的《哈利·凯贝尔案件真相》和《鼠疫与天花》此前已经分别获得法兰西学院小说大奖和费米娜文学奖，看点好像已经不多，但结果还是有些意外，名不见经传的中学教师热罗姆·费拉里（Jérôme Ferrari）以他的新作《罗马衰落的教训》（*Le Sermon sur la chute de Rome*）最终于 11 月 7 日以 5 票对 4 票夺得 2012 年度龚古尔文学奖。该书由法国南方行动出版社出版。

热罗姆·费拉里于 1968 年出生在巴黎郊区，父母都是法国科西嘉岛人，假期经常回科西嘉岛外祖母家。1988 年哲学硕士毕业后，他回到科西嘉岛定居，与科西嘉分裂主义分子关系密切，不久与之脱离关系，随后到法国军队服兵役。服役期满后回科西嘉岛，在南科西嘉省省会阿雅克肖的一所学校里任哲学老师。2003 年赴阿尔及利亚，在阿尔及尔一所法语中学里教书。回科西嘉岛小住一段时间后，于 2012 年 9 月到阿拉伯联合酋长国，在阿布扎比市一所法语中学里任教导主任兼哲学教师。热罗姆·费拉里至今已经发表 7 部小说，其中 2010 年出版的《在那我留下灵魂的地方》（Où j'ai laissé âme）获得了法国电视小说奖和创意文学奖等 4 个法国文学小奖，这使热罗姆得到了广大读者的认可。2012 年出版的《罗马衰落的教训》一书在获得龚古尔文学奖前已经相当畅销，截至 2012 年 10 月已销售 8.5

万册。

《罗马衰落的教训》其实与罗马帝国毫无关系，讲述了一个发生在法国科西嘉岛上的故事。小说主人公马蒂厄和利伯罗离开巴黎，中断学业，只身来到科西嘉岛，在海边村庄买下了一家小酒吧，试图把这个大家赊账喝酒的地方建成“世界上最完美的地方”，成为友谊和平静生活的避风港。但是醉酒、偷盗和腐败等随之而来，他们不得不在柜台下放着手枪。乌托邦式的理想最终化为一场噩梦，亲手搭建的“完美世界”土崩瓦解。学哲学出身加上科西嘉岛背景，造就了热罗姆的独特视野，他试图通过奥古斯丁的古训告诫人们：“世界如人一样，出生，长大，死亡。”

《罗马衰落的教训》在法国有着相当的现实性，反映了有分离倾向的科西嘉岛的暴力和犯罪等严重的社会问题。小说字里行间闪烁着来自古代训导文的灵感，但笔触又极其现代。

联盟文学奖

联盟文学奖于2012年11月14日揭晓，菲利普·迪昂（Philippe Djian）和他的小说《哎呀……》（*Oh……*）折桂。该书由法国加利玛尔出版社出版。

菲利普·迪昂于1949年6月3日出生在巴黎，在一个温暖的小康家庭里度过了幸福的童年。大学就读于巴黎高等记者学院，毕业后赴南美洲旅居，编写了一篇关于南美洲的长篇报道，发表在法国《星期日人道报》上。迪昂喜欢美国文学，是一位拥有众多崇拜者的当代法国作家，被看作是反对世俗文学传统的作家之一。就像他笔下的人物一样，菲利普一直在奋斗、漂泊。他当过码头工人、仓库管理员、店员、高速公路收费员……1981年第一部短篇小说集《50比1》（50 *contre* 1）问世，这是迪昂在一条偏僻的高速公路收费亭里写完的。1983年发表小说《地狱般的蔚蓝色》（*Bleu comme l'enfer*），1985年出版小说《早晨37度2》，但是始终没有得到读者的青睐。然而，由法国导演让-雅克·贝纳克斯根据《早晨37度2》改编的同名电影（又译为《巴黎野玫瑰》）获得巨大成功，使迪昂和这部作品一夜之间享誉全球，该书累计销量超过100万册，先后被翻译成十几种文字，在世界20多个国家和地区出版发行。《早晨37度2》的成功同时也改变了迪昂的人生轨迹，1986年全家移居美国，一住就是10年，之后又在意大利小住，现在居住在法国比亚里茨市。

迪昂是位多产作家，至今已经出版发行20部长篇小说、7部短篇小说集、2部剧本和6部翻译小说，其中《地狱般的蔚蓝色》《早晨37度2》和《不可原谅》（*Impardonnables*）已经改编成电影。除了写小说外，迪昂还从事歌曲创作。

虽然创作了如此多的作品，但迪昂直到2012年才获得首个文学奖。所以，迪昂发表获奖感言时说:“我并不重视奖项,重要的是创作出好作品。”

《哎呀……》描写了一个人生命中连续不断的 30 天,回忆、性欲和死亡不断轮转。小说写道,主人公米歇尔在客厅里被一个蒙面人强奸,随后到自己的房间里更换衣服。她要等待她儿子万桑回来。米歇尔邀请儿子和儿子的新女朋友共进晚餐。儿子的女朋友已怀孕,但却是另外一个男人的孩子。两个年轻人没有工作,但想在巴黎租一套公寓,想让米歇尔替他们付房租。儿子万桑憎恨母亲两年前离开了他的父亲。母亲看不起儿子,认为儿子像他父亲一样软弱无能。米歇尔与前夫保持着亲密关系,但不能原谅他因小事争执而打她耳光。米歇尔更不能原谅在她 16 岁时,她的父亲在米凯俱乐部里杀害了 70 个孩子。这些系列谋杀案使她感到生活成了地狱。米歇尔也承受不了她那个有 30 个情人的老母亲……

作者企图通过小说《哎呀……》,“向人们讲述当今具有时代象征意义的故事,这些故事或许就是我们自己的故事。故事让人眼花缭乱”。这从一个侧面反映了法国当今社会的复杂情况。

（张林初　编译）

保加利亚文字节

和往年一样，2013年的5月，保加利亚人民又陶醉又骄傲——“前进，复兴的人民，向着光明的未来前进！靠文化这个新力量，去争取更多光荣！前进，复兴的人民，向着光明的未来前进！拥有了文字，这股新的力量，你的命运就不再是原来的模样！”每年的5月24日是“保加利亚教育、文化和斯拉夫文字节”（简称“斯拉夫文字节”），这一天，在保加利亚国家图书馆广场上的保加利亚人都会一起高歌这曲《基里尔和麦托迪之歌》。

斯拉夫文字节至今已有162年的历史。公元9世纪初，麦托迪和基里尔兄弟出生于拜占庭帝国的贵族家庭，拜占庭皇帝曾经委派麦托迪担任斯拉夫部落王国的行政长官。大约在9世纪中叶，麦托迪和基里尔兄弟在几种文字的基础上，创造了一套新的字母——基里尔字母，用来记录斯拉夫人的语言。他们将大量其他文字的作品翻译成斯拉夫文字，并培养了大批学生，创立了“奥赫里德”学派。保加利亚成了斯拉夫文字和斯拉夫文化的中心。目前，除保加利亚之外，俄罗斯、白俄罗斯、乌克兰、塞尔维亚、马其顿等国的语言也使用基里尔字母。

然而，在基里尔字母创立后不久，基里尔和麦托迪两兄弟被卷入了国家和宗教的斗争之中。当时，一些教会人士认为祈祷和翻译基督教经书只能用希腊语、拉丁语和希伯来语，斯拉夫民族无权使用自己的语言。而基里尔和麦托迪兄弟认为，每个民族都有使用本民族语言进行祈祷和阅读经书的权利，还留下了“太阳普照天下众人”的名言。

1851年保加利亚首次公开庆祝斯拉夫文字节，1990年保加利亚国民议会宣布把斯拉夫文字节定为国家法定假日。保加利亚人说基里尔和麦托迪兄弟是保加利亚的骄傲，希腊人说他们是希腊的骄傲，因为他们的出生地萨洛尼卡在希腊境内。保加利亚斯拉夫文字节上百年的传统，也表明了保加利亚人对文字与文学的坚守、对科学与知识的信念。

节日当天，保加利亚各大城市都会举办隆重的纪念活动，市民会带着自己的孩子走到市中心，观看节日游行、诗歌朗诵会、民族歌舞表演，等等。走到图书馆前为基里尔和麦托迪塑像献花的，有白发苍苍的耄耋老人，也有三四岁的孩子。

保加利亚作家格奥尔基·高斯波迪诺夫在 2013 年文字节的演讲中说，文字节无疑是保加利亚最美好的节日。字母将在这片土地上永恒流传。文字、文化以及文学就像是无形的黏合剂，将这个民族团结在一起。

在保加利亚的幼儿园，孩子们学会的第一首诗歌就是《我是保加利亚小孩》："我是保加利亚小孩。强大的母亲赋予了我生命，让我拥有美丽、富饶、亲切的家乡；我是保加利亚小孩。我热爱这里的青山，我是保加利亚人，拥有了最初的愉悦……"在背诵诗歌时，这些年幼的孩子可能还无法理解斯拉夫文字的重要意义，但是对于文字节他们会给出一个诠释：基里尔和麦托迪兄弟创立了斯拉夫字母，保加利亚人有了自己的语言。

相关链接

电影大片促进青少年阅读

《饥饿游戏》和《暮光之城》等系列电影大片点燃了青少年的阅读热情。

青少年小说市场正在蓬勃发展：2012 年的销售量同比上涨 11%，达到 3614 万英镑。相比之下，2012 年的成年人小说销售量下降 4%，销售额为 3.975 亿英镑。

自 1998 年以来的英国最畅销青年小说排行榜前 10 位，由三位作家（作品多次被改编为电影）垄断——《暮光之城》的作者斯蒂芬妮·梅尔、《黑质三部曲》的作者菲利普·普尔曼以及《饥饿游戏》系列的作者苏珊·柯林斯。

梅尔的 4 部《暮光之城》在英国大约卖出了 850 万册，销售收入超过 4800 万英镑。

唯一入榜的英国作家是菲利普·普尔曼，他的《黑质三部曲》在英国的销量超过 400 万册，销售收入超过 2500 万英镑。2007 年上映的电影《黄金罗盘》改编自

《黑质三部曲》的第一部，由著名影星妮可·基德曼主演。

苏珊·柯林斯的《饥饿游戏》三部曲(《饥饿游戏》、《饥饿游戏 2：燃烧的女孩》和《饥饿游戏 3：嘲笑鸟》)则占据了榜单其余的位置。三部曲在英国的销量超过 250 万册，销售收入约 1300 万英镑。

数据显示，青年小说市场的总销量从 2006 年的 1853 万英镑上升至 2012 年的 3614 万英镑，几乎翻了一番。

英国企鹅图书有限公司少儿小说出版负责人阿曼达·庞特说："有趣的是，美国作家继续垄断着我们的市场。很显然，年轻读者现在非常喜欢改编成电影的图书。"

阿曼达说："《暮光之城》系列和《饥饿游戏》系列的大获成功，引发了一种主导流行文化的趋势。这表明，不仅年轻人热爱阅读青少年小说，而且成年人也爱阅读青少年小说。"

(方象磐　编译)

在“小说之旅”中重温文学经典

沿着文学作品中主人公的足迹寻访一座城市，偶尔撷取字里行间的描述，任思绪片刻停留在千回百转的情节之中。那些伏案疾笔的作家，那些跃然纸上的文学人物，那些被承载着的厚实情感在眼前逐渐清晰，这样，一座城市愈发生动。

围绕“爱情悲剧”与莎翁对话

欧洲有太多的文学著作为人熟知，步行在每个城市的街头巷尾似乎都能找到字里行间的印记。

维罗纳是莎士比亚名著《罗密欧与朱丽叶》的诞生地，这个城市也因此闻名于世。16 世纪末，莎士比亚从英国来到意大利，在维罗纳的咖啡馆里听到了在当地广为流传的罗密欧与朱丽叶的故事。他深为感动，于是改变行程，留在维罗纳，边采访、边创作，用整整 1 个月的时间，写下不朽名剧《罗密欧与朱丽叶》。这座自古战乱纷争的城市，因莎翁虚构的一段千古绝恋而被视为爱情圣地，拨动着世界无数青年男女的心弦。每年有许多少恋人和文人墨客，到此寻访罗密欧与朱丽叶的踪迹，在他们约会的阳台下倾听那爱的誓言。“朱丽叶故居”位于香草广场西南角的卡佩罗洛街 27 号院里，半个世纪前拍摄的影片《罗密欧与朱丽叶》的第一个外景就在那里。朱丽叶的闺房在这栋三层楼建筑的二层。莎翁笔下那座有名的大理石阳台就在雕像左侧上方。据说当年罗密欧就是攀上这个阳台与朱丽叶相会的，游客到此都会争睹阳台下的一方白色大理石上刻着的剧中第二幕里罗密欧的那几句著名的台词。

黑塞的清晰与卡夫卡的神秘

一个多产的城市往往孕育着许多的作家与作品，以至于让人难以评述究竟是这个城市太多情，赋予了作家太多的灵感，还是文人墨客们太过浪漫，把城市写进了那么多的故事中。

德国南部黑森林里的卡尔夫是个只有两万人的小城。这里是德国著名作家赫尔曼·黑塞的家乡，黑塞故居位于市中心的集市广场6号。集市广场四周有一系列历史性建筑：市政厅始建于1454年，几经毁建。黑塞在《青春是美丽的》里提到过这个市政厅。城市教堂建于1262年，黑塞在一些小说中也提到过这个教堂，比如《回忆童年时代》等。附近还有许多建筑与黑塞小说有关：教堂广场原来是一所学校的校长楼，黑塞曾在此就读。他的长篇小说《德米安》《玻璃球游戏》和《轮下》里都提到这个学校；主教路70号的巴登院，是卡尔夫各种集会的去处，小说《秋季徒步游》《回家》里都提到过这个地方。而西部的小广场则在黑塞小说里被称为“小城里他最喜爱的广场”，“不亚于佛罗伦萨的大教堂广场”。

如果说用这样诸多作品串联起的城市太过具象，那么卡夫卡笔下的布拉格则是抽象而晦涩的，有人甚至认为，“追寻卡夫卡曾经的足迹和目光，可以发现另一个看不见的布拉格”。就像尼采所说：“当我想以另一个词汇来表达音乐时，我只找到了维也纳；而当我想以另一个词汇来表达神秘时，我只想到了布拉格。”

站在查理大桥上，目光所及都是中世纪风格的建筑；粉灰色的墙和橙色的屋顶沿着碎石小巷延伸下去，充满梦幻的感觉，就像卡夫卡笔下的世界。在《看不见的城堡：卡夫卡与布拉格》中，作者曾这样写道：“从卡夫卡描述的故事细节中可以清晰地听见布拉格跳动的脉搏。当我们追随着他的作品线索一路走去，便可以一点一点地发现，其实卡夫卡的灵魂符号、人生密码，全部都完好无缺地封存进了一个神秘的殿堂——另一个读者所看不见的布拉格。可以看见的也都是可以消失的，而那些似乎已经消失的却在沉淀中丰盈。一百多年转瞬即逝，当我们打开历史的尘封，那些人、那些事离我们并不遥远……”

“小说之旅”方兴未艾

对于如此丰厚的文字世界，许多旅游机构已经对之充分开发利用，呈现于游客面前。据了解，“小说之旅”作为一种颇具浪漫气息的学术式旅游方式，正在德国悄然兴起。文学爱好者组成旅行团，沿着小说主人公的足迹，游历书中描写的各个地方。这种颇具浪漫气息的旅游方式，深受旅游者的欢迎。德国旅游局媒体负责人郭鲲告诉采访者，虽然“小说之旅”在中国市场还未曾推广，但是，德国著名的“童话之路”很受中国游客的欢迎。在长度约 600 公里、从哈瑙到不来梅的 65 座以上的城市里，深深地刻着格林兄弟的人生轨迹。

除此之外，颇有名气的“爱丁堡文学酒吧游”项目吸引了越来越多的中国和其他国家的客人。旅行路线从香草市场上的蜂巢小客栈开始，穿过烈士小胡同，来到老绞刑架所在地，再穿过线圈街、窄巷和爱丁堡老城的庭院，翻越土墩，下到新城的玫瑰街。一路由专业演员导游，像一次诙谐有趣的娱乐游戏。苏格兰伟大诗人、小说家们的作品，在爱丁堡著名或不著名的客栈、住宅内外上演。此外，当地的旅游公司还开发出了新的旅游项目——“爱丁堡文学巴士游”，一小时的旅行妙趣横生，专业演员会现场表演苏格兰的文学经典以及现当代作家的新作。

采访者同样从法国旅游局了解到，在近年来的城市推介会上，法国各城市都会把文学名家作为城市宣传的一个重点。法国旅游局媒体负责人表示：“这应该是一个相对高端的旅游项目，希望未来我们在合适的时机推出合适的产品，满足更多游客的需要。”

（孟斯咏　编译）

如何防范中外少儿读物中的糟粕

少年儿童的世界应当是简单和纯洁的。但事实并非如此，即便是少儿读物，也让家长和教育者们无法放心。虽说格林童话伴随着一代又一代人的成长，故事又多以美好的大团圆为结局，但留意细节的人们还是从中挑出了“非阳光”的描写，比如那句“脑袋被挂在了99根柱子上”，再比如那句“哪个孩子落到了巫婆手里，她就杀死他，把他煮来吃”。孩子会不会对其中的内容进行模仿？儿童作品应该呈现一片阳光灿烂，还是在灿烂之余加点“残酷”？

不好的细节应当删除

加拿大独立出版商帕梅拉·麦科尔最终做出了决定，在她出版的儿童诗集里删掉了克莱门特·克拉克·穆尔在1823年创作的那首广为流传的《圣尼古拉来访》中那句“他的牙齿咬着一个烟斗，白烟就像花圈绕着他的头”。帕梅拉反对吸烟，她不希望孩子们从她的书中看到任何关于吸烟的描写。

一篇名为《消毒儿童文学》的文章中，作者安尼塔·沃尔克记下了帕梅拉的细心举动。这也让她想起自己上四年级那会儿，老师与班上同学分享故事《浪漫鼠德佩罗》时的情景。“女孩的爸爸叼着烟卷，试图卖掉他的女儿……”这位年轻的老师在台上讲得正出神，突然被台下的学生泼了冷水：“老师，你不该提‘烟卷’这个词！”从那以后，故事有了点小改动，成了“女孩的爸爸嘴里叼着块鸡肉，试图卖掉他的女儿……”虽然，这场景多少有点儿奇怪，可学生们却听得有滋有味，再没打断过老师讲故事。

创作童话与民间童话的区别

类似的争论也在别处上演。伴随一代又一代人成长的格林童话也在其2012年12月20日第一版出版200周年纪念日之后遭到了非议。严谨的德国人没有忘记自省，在随后的学术研讨会上给了格林童话赞扬，也给了批判。“脑袋被挂在了99根柱子上”，“许许多多的蜥蜴和蛇扑了过来，最后把这邪恶的孩子咬死了”，“哪个孩子落到了巫婆手里，她就杀死他，把他煮来吃”……熟悉了情节的人们，留意起了细节。这部当初由格林兄弟从民间搜集而来、整理成册的童话经典，开始被冠以暴力、残酷、邪恶等尖锐的字眼，这些讨论也让作为家长的周洲女士紧张了起来：“我原来还真没注意这些，后来从杂志上读了评论，就开始纠结要不要孩子看这些故事了。”

中国的儿童文学研究者、作家彭懿，从事格林童话研究多年。他曾写过《走进魔法森林：格林童话研究》与《格林童话是这样改写出来的》，为格林“平反”。“安徒生童话是创作童话，它可以一直美好下去。格林童话是民间童话，是人们口口相传，再被格林兄弟收集整理形成的。民间故事的特征是‘非好即坏、非黑即白’，如果把民间化的东西否定掉，变得像创作童话那样美好，就失去了本身的意义。”

对于这一看法，北京师范大学文学教授、中国作家协会儿童文学委员会副主任王泉根表示认同，在他看来，格林童话有着大量的正面故事，表达着除恶扬善、善恶分明的中心思想。“格林童话是一部经典之作，来自民间，这也就意味着它的原生态化是其魅力所在。”不过，他也表示了个人的担心：部分残忍的情节描写究竟适不适合低龄儿童阅读？王泉根指出，无论是格林童话还是其他文学作品，都应当符合中国的文化背景。这就需要我们的少儿文学出版社在儿童读物引进时擦亮眼睛、发挥作用，不要原封不动地照搬过来，要对故事内容、细节进行分析、判断与删减，这一过程中要体现出出版社的社会责任心、价值观、道德观和是非观。

“理解一个故事需要经验。大人想到的不一定是孩子思考到的。”彭懿认为，可以提供给孩子一场阅读大餐，描写美好事物的同时，加入现实与客观的情节，让孩子在阅读中思考如何战胜恐惧，而不是一味地躲避恐惧。

要“好老师”，不要“坏引子”

“我总想为女儿挑选一些人物传记、游记、动物故事等反映真、善、美的文学作品，也希望她能读些中国历史书籍。”小学老师孙慧涛是一名12岁女孩的母亲。在她看来，中国市场上存在的部分儿童读物与动画产品含有暴力、血腥、种族歧视等负面信息。“儿童对社会认知能力弱，尚未形成初步的价值观，也无法正确辨别作品中的负面信息，‘灰太狼烤羊’这样的案例所造成的后果就很值得引发我们的重视。”

2013 年 6 月，中国江苏连云港一个 9 岁男童模仿动画片《喜羊羊与灰太狼》中“狼烤羊”的情节，将同村 4 岁与 8 岁的两个小伙伴绑在树上，烧成重伤。无独有偶，中国深圳 4 岁女孩因模仿某动画片情节，撑伞从 6 楼跳下。

“儿童模仿能力强，在现实的游戏生活中容易与同伴模仿或再现文学、影视作品中的相关场景，很容易出现无法预计的危险与危害。只有了解儿童才能写出贴近儿童的好作品。”孙慧涛希望，创作者能够真正体验儿童的现实生活，同时具备良好的儿童心理学知识，在作品中努力表达积极向上的引领作用，引导儿童学会生活、感恩、负责与沟通。

另一家长于女士对此倒不是很介意：“现实生活并不是一片阳光灿烂，其中也存在着不美好。过分地限制阅读内容，一味地呈现美好，也许会让孩子在放下儿童读物、关上动画片，走向大环境时出现思想脱节。”在于女士看来，家庭环境与家庭教育的影响不可小觑。“父母双方经常出现争吵、暴力行为，就容易让孩子的心理产生阴影，从而做出异常举动。作为家长，应该时时处处细心地观察孩子的日常举动，一旦发现语言或行为上的异常，就要进行沟通，及时了解情况。”

“不一定每篇童话都要给孩子读，作为家长，我首先会把内容过滤一遍，选择那些有意义的。”中国的北京阳光儿童早期教育实验中心院长万选蓉把责任与主动权看得特别重要，“在什么阶段将什么样的故事讲给孩子听，老师备课时需要注意些什么，都是可以控制的。”

曾在日本留学的彭懿告诉采访者，日本有小学图书馆协会这样的组织，会将很多的好书排成系列推荐给孩子。这些书不是由出版社评选的，而是由小学图书馆管理员等专门研究儿童读物的人员组成的协会挑选出来的。

“我认为一些国家在文学与影视作品监管上的做法值得借鉴。比如，设立影片的级数。美国电影协会制定的影视作品分级中，G 级为大众级，是所有年龄段的人群都可以看的；PG 级为普通级，建议儿童在父母的陪伴下观看……”北京国奥心理医院资深心理咨询师瞿洋在青少年心理问题、焦虑与压力心理干预等方面有着多年研究。在他看来，在儿童作品创作过程中，一些成年人习惯用自己的世界观解读事物，较少从孩子的角度去感知世界。“那些惩恶扬善的描写，也许更能表达作者内心对于故事人物的愤怒，但我们也要思考，这样的描写方式会不会对孩子产生负面影响。”瞿洋从心理学角度指出，相对于成年人来说，处于儿童期的孩子，对外界的危险因素和潜在威胁的反应更加敏感、强烈。儿童作品中的暴力描写会增加孩子对外部世界危险性的感知，强化他们的不安全感、恐惧感，甚至对自身所处环境的安全性产生认知上的扭曲。“模仿是儿童期孩子的行为特征之一，他们尚不具备辨析能力，儿童作品中出现的例子，很可能会引起他们的模仿，此时，这些作品所起到的就不再是‘老师’的作用了，而是儿童发生危险行为前的‘引子’。”

排除那些粗制滥造的作品，许多“黑暗童话”本身是优秀的文学作品，不少甚至还出自名家。但在欧美地区，此类作品已经被重新归入青少年和成人作品的范畴。事实上，在分辨“童话”与“童话体成人故事”、“儿童动漫”与“以儿童为主角的成人动漫”等方面，国内存在不少误区，如把日本小学馆推荐的儿童动漫《名侦探柯南》停播，却将成人动漫《蜡笔小新》放到少儿节目里播出，着实不妥。

（何大壮　编译）

2012年日本农村与阅读调查

2013年第一季度，日本家之光协会推出了《2012农村与阅读》，该书是“关于日本第67次全国农村阅读调查”的结果。

据《2012农村与阅读》统计数据显示，在阅读率方面，包括月刊杂志、周刊杂志、图书在内的综合阅读率为58%，同比下降5%。其中，杂志阅读率为50%，同比下降5%；图书阅读率为32%，同比增加1%。其中，综合阅读率和杂志阅读率再创新低。在本次调查中，把“互联网的阅读状况”与“使用电子书终端的电子书阅读状况”合并在一起。从调查结果看，电子书和电子杂志的阅读人数有所增加。

本次调查以日本全国16～79岁的读者为调查对象，调查时间从2012年7月12日至29日，收回的有效问卷为882份，占全部问卷的73.5%。考虑到2011年“3·11”大地震的持续影响，与2011年一样，本次调查把岩手县、宫城县、福岛县等3个重灾县排除在外（日本共有36个县。按照日本的行政区划，“都”相当于“中央”，“道”和“府”相当于“直辖地区”和“直辖市”，而“县”则相当于“省”）。

（一）综合阅读率

所谓综合阅读率，就是阅读月刊杂志、周刊杂志和图书的比率。2012年的综合阅读率为58%，同比减少5%。日本农村阅读调查始于1946年，当年的综合阅读率为60%，2012年比1946年低2%。按性别划分，男性为55%，同比下降1%；女性为60%，同比下降10%。尽管女性综合阅读率的减少显著，但与男性相比，还是高出5%。也就是说，女性的综合阅读率连续25年高于男性。按年龄划分，综合阅读率最高的是10～20岁的读者，为83%；20～30岁的读者为66%；30～40岁的读者为 64%；40～50 岁的读者为 61%；50～60 岁的读者为 59%；60～70 岁的读者为 59%；70～80 岁的读者为 39%。与 2011 年相比，除了 10～20 岁的读者增加 21%以外，其他年龄段的读者都减少了，其中 50～60 岁的读者减少最为明显，同比减少 10%。

（二）杂志阅读率

2012 年包括月刊杂志和周刊杂志在内的杂志阅读率为 50%，同比减少 5%。按性别划分，男性为 46%，同比减少 3%；女性为 53%，同比减少 8%。女性的杂志阅读率下降显著，但与男性相比，仍然高出 7%。与综合阅读率一样，也是连续 25 年超过男性。按年龄划分，杂志阅读率最高的还是 10～20 岁的读者，为 65%；20～30岁的读者为 55%；30～40 岁的读者为 57%；40～50 岁的读者为 51%；50～60岁的读者为 49%；60～70 岁的读者为 51%；70～80 岁的读者为 35%。10～20岁的读者同比增加 18%，20～30 岁的读者同比减少 12%，50～60 岁的读者同比减少 10%。

（三）月刊杂志的阅读状况

月刊杂志的阅读率为 35%，同比减少 5%。按性别划分，男性为 29%，同比减少 2%；女性为 41%，同比减少 8%。女性月刊杂志的阅读率下降显著，但与男性相比，还是高出 12%。按年龄划分，月刊杂志阅读率最高的还是 10～20 岁的读者为 45%；20～30 岁的读者为 38%；30～40 岁的读者为 40%；40～50 岁的读者为 38%；50～60 岁的读者为 37%；60～70 岁的读者为 38%；70～80 岁的读者为 22%。自从杂志分类变更以来，本次月刊杂志阅读率 35%创下历史最低。本次月刊杂志阅读率下滑，与杂志阅读率和综合阅读率的下滑有关。一种杂志每期必读的定期阅读率为 15%，同比减少 3%。

（四）周刊杂志的阅读状况

周刊杂志的阅读率为 32%，同比减少 2%。按性别划分，男性为 36%，同比减少 2%；女性为 29%，同比减少 5%。按年龄划分，30～40 岁的读者和 60～70 岁的读者的阅读率最高，均为 38%；最低的是 70～80 岁的读者，为 27%。一种杂志每期必读的定期阅读率为 5%，同比减少 2%。

（五）图书的阅读状况

图书阅读率（2012 年 1 月 1 日至 6 月 30 日）为 32%，同比增加 1%。按性别划分，男性为29%，同比增加3%；女性为34%，同比减少2%。女性与男性相比，仍然高出5%。按年龄划分，年龄越大，图书的阅读率就越低。10～20岁的读者为68%，70～80岁的读者下降至12%。在2012年上半年，包括不读书者在内的全体调查对象，月平均读书册数为1.2册（男性为0.9册，女性为1.5册），同比增加0.2册。按年龄划分，月平均读书册数10～20岁的读者最多，为4.7册；其次是20～30岁的读者，为2.7册。从数据分析，年纪越小，读书册数越多；年纪越大，读书册数则越少，甚至为零。

（六）正在阅读的月刊杂志

正在阅读的月刊杂志（每期必读的及有时阅读的），排第1位的是《家之光》，排第2位的是《橙色书页》，排第3位的是《现代农业》，排第4位的是*ESSE*。以上杂志都是畅销杂志。月刊连环漫画杂志已连续4年没有一种进入排名。每期必读的月刊杂志，排第1位的是《家之光》，排第2位的是《现代农业》，排第3位的是《文艺春秋》。有时阅读的月刊杂志，排第1位的是《家之光》，排第2位的是《橙色书页》，排第3位的是《现代农业》，排第4位的是*ESSE*，并列排第5位的是《NHK趣味园艺》和《文艺春秋》，排第7位的是レタスクラブ，排第8位的是*PRESIDENT*，并列排第9位的是《NHK今天的料理》和《妇女公论》。

（七）正在阅读的周刊杂志

正在阅读的周刊杂志（每期必读的及有时阅读的），排第1位的是《现代周刊》，排第2位的是《文春周刊》，并列排第3位的是《体育周刊》和《少年跳跃周刊》。截至2011年连续31年排1位的《女性自身》，在2012年下降至第5位。每期必读的周刊杂志，排第1位的是《少年跳跃周刊》，这个位置一直以来没有其他周刊杂志可以撼动。排第2位的是《少年杂志周刊》，排第3位的是《少年冠军周刊》。从第1位到第3位的周刊杂志，都是连环漫画杂志。有时阅读的周刊杂志，排第1位的是《现代周刊》，排第2位的是《文春周刊》，并列排第3位的是《体育周刊》和《少年跳跃周刊》，排第5位的是《女性自身》，排第6位的是《女性七日》，排第7位的是《女性周刊》，排第8位的是《新潮周刊》，排第9位的是《朝日周刊》，排第10位的是《少年杂志周刊》。

（八）2012年1～6月半年里阅读的图书

排第1位的是*ONE PIECE*，这本书已是连续4年排名首位。因为它曾荣获日本漫画家协会奖大奖，举办过专门展。排名第2位的是2011年进入第6位的

《推理要在晚餐后》。半年里阅读的图书，排第 1 位的是 *ONE PIECE*，排第 2 位的是《推理要在晚餐后》，排第 3 位的是《平清盛》，并列排第 5 位的是《三毛猫霍姆斯》系列、《1Q84》《神的明信片》和《图书馆战争》。

(九)阅读月刊杂志、周刊杂志和图书的理由、目的

阅读月刊杂志的第一大理由是“因为有趣味”，占 48%；之后依次是“为了娱乐”，占 46%；“对生活有益处”，占 34%；“对工作有用处”，占 21%。阅读周刊杂志的第一大理由是“为了娱乐”，占 58%；之后依次是“为了了解世间的动态”，占 39%；“因为有趣味”，占 24%；“对生活有益处”，占 14%。阅读图书的第一大理由是“为了娱乐”，占 59%；之后依次是“因为有趣味”，占 33%；“为了增加修养”，占 32%；“对生活有益处”，占 23%。

(十)2011 年 1～6 月半年里不读书的理由

第一大理由是“因为工作忙、家务事多、学业繁重等，没有时间”，占 49%；之后依次是“因为看电视或看报纸”，占 45%；“尽管不读书，也不觉得缺少什么”，占 29%；“原来没有养成读书的习惯”，占 26%；“因为使用电脑，玩智能手机，打游戏”，占 9%；“图书的价格太贵”，占 4%。

(十一)购买或借阅杂志、图书的途径

月刊杂志排第 1 位的是“书店”，占 60%；排第 2 位的是“超级市场”，占 35%；排第 3 位的是“预约购读”，占 16%。周刊杂志排第 1 位的是“超级市场”，占 55%；排第 2 位的是“书店”，占 41%；排第 3 位的是“美容院、食堂、医院”，占 31%。图书排第 1 位的是“书店”，占 78%，排第 2 位的是“图书馆、公民馆”，占 24%，同比增加 4%；排第 3 位的是“超级市场”，占 19%。

(十二)每月平均购买书刊的支出

包括不读书刊(月刊杂志、周刊杂志、图书)者在内的全体被调查对象，从其每月支出的费用来看，比率最高的是“不买”，占 53%，同比增加 5%。按年龄划分，女性为 55%，同比增加 12%；男性为 52%，同比减少 2%。按年龄划分，年纪越大“不买”的比率就越高。包括不买书刊者在内的全体被调查者的平均支出金额为 864 日元，同比增加 44 日元。按性别划分，男性为 895 日元，同比增加 139 日元；女性为 836 日元，同比减少 40 日元。购买书刊者的平均支出金额为 352 日元，同比增加 211 日元。按性别划分，男性为 2090 日元，同比增加 199 日元；女性为 2131 日

元，同比增加 462 日元。男性与女性之间仅仅相差 41 日元。在过去 5 年里，女性首次超过男性。

（十三）喜爱的作家

排第 1 位的是东野圭吾，这位作家已是连续 4 年排名第一。排第 2 位的是赤川次郎，这位作家连续 3 年排名第二。排 3 位的是宫部美雪，这位作家连续两年排名第三。从过去 10 年的调查不难看出，日本农民特别喜爱推理小说作家，所以这类作家总是位列首席。2012 年喜爱的作家，排第 1 位的是东野圭吾，排第 2 位的是赤川次郎，排 3 位的是宫部美雪，排第 4 位的是司马辽太郎，排第 5 位的是西村京太郎，排第 6 位的是五木宽之，并列排第 7 位的是松本清张、濑户内寂听、曾野绫子、池波正太郎和渡边淳一。

（十四）接触媒体的时间

每天平均阅读书刊（月刊杂志、周刊杂志、图书）的时间，包括 57% 不读书刊者在内的全体被调查者，为 16 分钟，与 2011 年相比减少 1 分钟。读书者为 41 分钟，同比增加 2 分钟。报纸的阅览时间，包括 21% 不看报纸者在内的全体被调查者，为 23 分钟，同比增加 2 分钟。电视的收看时间，包括不收看电视者在内的全体被调查者，为 151 分钟，同比减少 6 分钟。

（十五）互联网设备使用和电子书、电子杂志的阅读状况

对于使用的人，问他（她）们是否使用电脑、手机、电子阅读器阅读电子书或电子杂志，有的回答“经常阅读”，有的回答“有时阅读”，占全体被调查者的 16%。对于没有使用过的人，问他（她）们今后的阅读倾向，给出的答案是“希望阅读”电子书或电子杂志，占全体被调查者的 11%。

（岳　月　编译）

阅读韩国《思刊会三十年史》

在韩国出版界，也有“敬老爱老”的传统，“思刊会”就是这方面的典型。

按照思刊会的规章，“具有 20 年以上从事出版业的经历，年龄在 65 岁以上，通过思刊会运营委员会审查者”，才可成为思刊会的正式会员。成立思刊会，旨在“加强会员之间的和睦关系和长久友谊，协助韩国出版文化协会的日常工作，促进出版行业的良性发展”。作为思刊会会员的“出版人”，几乎都是“二战”以后或自己创办出版社，或担任某出版社负责人。思刊会从成立以来，会员人数时有变化，目前超过 70 人。

1945 年以后的韩国出版界，已有 60 多年的历史。作为出版行业的领军人物，思刊会的诸位会员经历了各个时代出版业的潮起潮落，是当代韩国出版业的见证人。1982 年，思刊会成立。尽管当时出版业仍然受到管制，但出版流通（包括发行和销售）领域已经出现了现代化、国际化的迹象。1982 年汉城国际图书博览会的举办，就是最明显的例证。

最近，思刊会出版发行了大型纪念性杂志《思刊会三十年史》，这在韩国出版界引起很大反响。

当代韩国出版的见证

大开本的《思刊会三十年史》，总页码达到 460 页。全书由三部分构成：第一部分是“创造现代出版历史的人们”，详细叙述了 1945～2010 年韩国出版的历史，其中大量地穿插了思刊会会员的奋斗经历和逸闻趣事。第二部分是“思刊会成长史”，主要介绍了思刊会从诞生到现在的活动内容。第三部分是“热爱书本的人们的故事”，收录了已故会员的14篇文章和健在会员的13篇文章。在《思刊会三十年史》的卷末，有作为“附录”的“韩国出版年表”等。

《思刊会三十年史》一书的第一部分是“创造现代出版历史的人们”。这一部分篇幅很大，长达220页，相当于一册单行本图书。要了解1945年以后韩国出版的历史变迁与活动概况，除了玄岩社已经出版的《韩国出版100年》以外，《思刊会三十年史》应当是不可多得的珍贵史料。

在《思刊会三十年史》第一部分第1章“构筑现代出版基石的出版人”，列举了一大批有代表性的韩国出版人。他们分别是韩国现当代出版草创时期——正音社的崔玄培、三中堂的徐戴寿；重新奋起时期——同志社的李大仪、乙酉文化社的郑镇肃、高丽文化社的金昌集和李康廉、研学社的黄宗珠、探求堂的洪锡禹、民众书馆的李抦俊、科学图书出版社的金时必和朴林练、民教社的闵壮植；属于学者和文化人的出版人——学园社的金益达、启蒙社的金源大、玄岩社的赵相元、东亚出版社的金相文等。这些出版人的故事，从不同侧面展示了出版社创业阶段的艰辛与快乐。

1945年以来，韩国出版经历了“混乱时期”，用于印刷的纸张极度缺乏，出版物的流通渠道还没有建立起来。为了使出版文化之火代代相传，老一辈韩国出版人开拓进取、百折不挠。比如在一般图书出版领域，除了在本国不断扩大选题范围，从1945年开始每年从日本及欧美国家购买版权，让版权贸易拉动国内出版。又比如在教科书出版领域，与教育部门、各级学校达成共识，先翻译出版国外成熟的教科书，再出版国内编写、审定的教科书，两翼齐飞，教育与出版共赢。“二战”以前，杂志出版在韩国可以说几乎是空白。因此，1945年至1955年的10年里，杂志出版在韩国属于“草创阶段”。韩国出版人照搬日本杂志出版模式，借鉴欧美的成功经验，在较短时间内就使韩国杂志业有了较大的发展。思刊会一些老资格的会员指出，甚至当今韩国的游戏产业、美容产业等，都受益于韩国杂志产业。

如果说《思刊会三十年史》第一部分是“通史”的话，那么与之相对，第三部分就是“断代史”。在“通史”中只能一笔带过或不得不省略的内容，在“断代史”中就可以详细书写。27篇文章是27位老资格的出版人，为一个时代的韩国出版业提供了的最客观、最真实的见证。

为了走向未来

思刊会现任会长是卢琅焕。他原是专门从事图书出版的三中堂韩国图书中心的副社长。1974 年，他到了日本，在东京的京桥地区开办书店，专门销售韩国图书。之后，他的韩国图书专卖店搬到东京的神田神保町地区，效益一直不错。卢琅焕往来于韩日两国，既出书又卖书，既对内又对外。他认为："在国外建立图书出口据点，是把国内资本引向国外的最佳方式之一。"《思刊会三十年史》的最初创意，就是来自卢琅焕。他说，回顾思刊会 30 多年历史与韩国出版 60 多年历史，是为了走向更加美好的未来。

《思刊会三十年史》的总编辑、总执笔人是元图书出版社的负责人李斗暎。

（古隆中　李文清　编译）

哈萨克斯坦的“孔夫子”

哈萨克的现代文学是什么？是阿拜。换言之，阿拜就是哈萨克的现代文学。“人的成就不在于他是否达到了自己的目标，而在于他如何向目标迈进。”在哈萨克斯坦，这句话人们耳熟能详，这是哈萨克斯坦民族精神偶像阿拜·库南巴耶夫（1845～1904 年）饱含智慧的至理名言，类似的箴言还有很多。阿拜是 19 世纪哈萨克最伟大的诗人、作曲家和思想家，是哈萨克现代文学的奠基人。他的思想哺育了几代哈萨克人，毫不夸张地说，几乎每个哈萨克人都有深深的“阿拜情结”。在今天的哈萨克斯坦，“阿拜”无处不在，以阿拜命名的街道、剧院、学校和文化设施以及城市、村庄随处可见。

民族之魂

哈萨克斯坦最大的城市阿拉木图有一条阿拜大街，它横贯阿拉木图东西，阿拜广场是街道的起点，这里矗立着一座用青铜浇铸的阿拜全身像。塑像高 13 米，在红色花岗岩基座之上，这位伟大的诗人身披具有浓郁哈萨克民族风格的传统大氅，右手揽着衣角，左手臂弯处夹一本书，他目视前方，表情庄重，似乎正在酝酿着新的诗作，也像在思索着哈萨克民族的未来。

阿拜地铁站是阿拜大街上最新的一处“阿拜印记”。阿拉木图的地铁是 2011 年 12 月投入运行的，总长 8.2 公里。阿拜站是这条地铁的 7 个车站之一。为体现出这个地铁站的建筑特色，设计者专门采用了现代装饰风格，地面用灰褐色花岗岩铺就，墙壁使用了驼色和褐色大理石。在站台尽头，有一幅阿拜的青铜浮雕像，旁边刻有他创作的诗歌和箴言警句，体现出哈萨克人对阿拜及其诗作的热爱。哈萨克斯坦首任总统基金会世界政治与经济研究所副所长图列绍夫曾对采访者表示，阿拜在哈萨克斯坦就像孔夫子在中国一样，是哈萨克的民族之魂。

“致姑娘”至今传唱

阿拜故居博物馆创建于 1945 年，坐落在谢梅伊（原塞米巴拉金斯克）。说它是阿拜故居，实际上并不准确。阿拜 1845 年出生在塞米巴拉金斯克附近的青格斯山中的夏牧场里，他的家庭是当地的名门望族。阿拜希望所有的孩子都能接受教育，为此，他资助亲人朋友的孩子到城里上学。一个他曾资助过的孩子从俄罗斯学成回到家乡，建起了一座有两层楼房的院落，阿拜经常在此落脚，于是阿拜博物馆就被建在这里。1995 年，阿拜诞辰 150 周年前夕，哈政府对阿拜故居博物馆进行了改造，如今这里是一个完整的建筑群落。

在博物馆入口处，也有一座阿拜雕像。在博物馆展厅内，陈列着反映 19 世纪后半期和 20 世纪初阿拜家乡社会状况的展品和阿拜及其亲朋好友的资料。一把阿拜曾经使用过的冬不拉挂在墙上，似乎还可以看到琴的主人坐在绿草如茵的草地上高歌吟唱的样子。

在这里还可以看到不少用阿拉伯语、察合台语、土耳其语等文字写成的古书和手稿。阿拜的作品自然是最主要的展品。阿拜一生创作了近 200 首诗，另外还翻译和改写了普希金、莱蒙托夫等人的 50 多首诗。这些诗，从数量上看并不算多，但其中有不少诗是具有审美价值的珍品。阿拜各种题材的诗歌被收入中小学教科书的估计不少于 50 首。阿拜的“八行诗”“致姑娘”已被配上曲调，至今仍被人们传唱。《阿拜箴言录》更是哈萨克人耳熟能详的思想巨著。阿拜的名言，“人的成就不在于他是否达到了自己的目标，而在于他如何向目标迈进”，至今仍然是追求成功的不变法则。

引领哈萨克斯坦文学“走出去”

自 1909 年以来，哈萨克斯坦国内及其他国家的作家和文学研究者先后出版了很多有关阿拜研究的学术著作，阿拜研究逐渐被学术界认可，有人由此提出了“阿拜学”的概念。穆赫塔尔·阿乌埃佐夫创作的、被誉为“哈萨克的《红楼梦》”的著作《阿拜之路》，是一部史诗巨著，生动再现了阿拜所处时代的社会全貌。

1995 年，阿拜诞辰 150 周年，联合国教科文组织将这一年命名为“阿拜年”，包括中国在内的许多国家都组织了专题学术研讨会，阿拜的著作也在各国掀起翻译出版的高潮。近年来，阿拜走出哈萨克斯坦，成为哈萨克斯坦“民间外交的使者”。2003年，哈俄两国互办“阿拜年”和“普希金年”。阿拜雕像已在莫斯科、比什凯克、伊斯坦布尔和新德里等城市安家落户。

（金点子　编译）

互联网时代图书馆与时俱进

在欧洲的荷兰，图书馆业十分发达，图书馆遍布全国各地。荷兰图书馆学家舒茨认为，图书馆的任务是毫无保留地向全体荷兰人提供已出版的各类图书、图像以及音频信息，为他们创造娱乐性阅读、自学进修以及学术研究的良好环境。社会越向前发展，图书馆在人们心中的地位就越重要。

在互联网、数字化时代，图书馆该如何占有自己的一席之地？除了藏书这一基本功能，它有什么变化，与互联网构建了怎样的联系？解读西方发达国家的图书馆，我们也许会从中获得些许灵感。

“纽带中英文图书馆”

吉姆是个美国人，他致力于在中国建立美国式的社区图书馆，而“纽带中英文图书馆”就是实际操作的“样本”。

多年前，方升华就认识吉姆。曾因工作关系多次往返于美国与中国的吉姆，后来在中国定居。如今，吉姆已经 78 岁，除非有什么特殊活动，他平时只是偶尔到图书馆。由于身体缘故，全职员工方升华代替吉姆接受了采访。在图书馆，孩子们称他为方老师。

吉姆的女儿、外孙女、图书馆的其他几位老师，常为孩子提供英语阅读指导与服务。另外，还有一些收费的英语辅导课程。这笔费用能够保障图书馆的正常运营。除此之外，几乎没有其他经济来源。“以前我们还有点担心，但如今不了。不能总指望着别人的捐款来维持运营，我们得有自我造血功能，这样才能持续发展。”

多年前，吉姆告诉方升华，他想在中国建一个社区图书馆。美国社区图书馆十分普遍，主要提供信息服务。社区图书馆承担着教育孩子的重任，每个周末都会发起活动，以从小培养孩子的阅读习惯。而在中国，社区图书馆似乎没那么普遍。就是这个原因，让吉姆有了在中国成立社区图书馆的想法。

从2009年到现在，图书馆成立四年了，中途遇到过几次困难，搬了几次家。最终，图书馆在现在的地址落了户。

“吉姆告诉我，自己的年龄已经很大了，有了想法就得去做，不然，就来不及了。”方升华说。

在图书馆里，儿童读物占据着书架几乎90%的位置。花50块钱办张借书卡，可以借一年的书。方升华说：“周末的时候，带孩子来看书的家长最多，还会参与我们举办的活动。有些是通过我们的博客了解到图书馆的，有些是通过家长间建立的育儿QQ群，还有些是通过媒体介绍慕名而来。不过，还是附近的居民借书最多。”

“天下图书馆是一家”

一木不成林。其实，吉姆的梦想是要建立多家社区图书馆。他认为，图书给孩子带来的价值难以估量。有人说，看一个国家的文明程度，首先要看国民的教育状况，再者就是这个国家图书馆系统的发达程度。在美国，分布于社区、城市、各州的图书馆十分普遍，而它们的功能已不仅仅局限于单纯的图书收藏与阅览。电子信息的引入拓展了读者获取资料的途径，对于专业类图书的检索与定位，也可以通过图书馆资源数据库即时完成。这些特点在大学的图书馆系统中体现得尤为突出。

韩樾夏的父亲是一位语言学家，也有着阅读图书的习惯与爱好。所以，从小就被上万册图书围绕的韩樾夏，把那个家称作小型图书馆。在那里，他享受到了惬意与快乐。

韩樾夏对纸质书有一份特殊情怀，认为那是阅读的标杆，它的厚重感与可收藏性是电子阅读无法替代的。他去过几所知名院校的图书馆参观，在这一过程中，更是对那句话深信不疑——“图书馆是一个大学的灵魂”。

在美国特拉华大学攻读博士期间，韩樾夏的业余时间几乎都是在图书馆度过的。特拉华大学藏书百万册，虽比不上常青藤院校的藏书量，但回忆起其强大的馆际借阅功能，韩樾夏依旧很感动。“在国内读书那会儿，学校图书馆规定，学生可借书10本，老师可借书30本。而在特拉华读博的日子里，对于学生的借阅数量，没有特别的限制与规定。”他记得，期末还书的时候，自己经常是几百本地还，“你尽管借，只要别忘了租辆卡车来装书就行。”

写毕业论文的时候，韩樾夏需要大量的图书作为参考。“当时论文内容涉及的参考书，有些是加拿大、澳大利亚等国家和地区出版的，图书馆馆藏中没有这些图书。”他找到图书馆管理员，向他表明了自己的需求。不久之后，那些书便插着翅膀，“飞”到了韩樾夏的手中。原来，是特拉华大学图书馆的馆际借阅功能发挥了作用。“他们第一时间向其他国家的图书馆下了订单，并通过快递的形式，将那些书借了过来。”这让当时的韩樾夏非常吃惊，因为一本书的快递费，高达几十美元。“我心怀忐忑地问管理员，自己究竟需要付多少钱，他笑着回答我，是免费的。我觉得那是大学精神的体现，为了让学生做研究，不惜一切代价。”

足不出户可借书

英国的纽卡斯尔，在这个面积不到 120 平方公里的城市中，坐落着十几家图书馆。在进入诺森比亚大学并成为中国区首席代表之前，高方军在纽卡斯尔市图书馆工作了整整 10 年。“任何一个在此居住的人，不管多大年纪、来自哪里，只要拿着一张证明自己住址的信，就能办一张借书卡。”这对 26 年前初到英国主修教育学、对读书钟爱有加的高方军来说，着实是一件兴奋的事情。

每周有两天时间，图书馆还会派司机驾驶着装满图书的车，开到城市大大小小的街道中去。人们给它起了一个形象的名字——移动图书馆。移动图书馆的主要任务，就是为那些不便于行走的老人带去方便，把图书馆开到家门口。“车内部的四壁钉着书架，上面放满了图书。车里有一个司机，再就是两个图书馆员工。他们可以帮助那些有借书需求的人找到适合的图书，如果车上没有，就用本子记录下来，回图书馆去找，下周再带过来。”

离开纽卡斯尔图书馆，去到诺森比亚大学工作的日子，高方军也会在忙碌之余到图书馆坐坐。她做过一次统计，诺森比亚大学图书馆有着 50 万册图书、5 万册杂志和 16 万册电子书。“在图书馆搜索引擎上键入关键词，就可以在网上阅读你在图书馆找不到的图书。它弥补了实体藏书的不足，使老师或学生无论身处世界的哪个角落，都可以即时获取图书资源。”高方军介绍，每个人在办理图书借阅证时都会留下邮箱地址作为个人信息。当借阅的图书距离归还日期还有 5 天的时候，系统便会发邮件提醒大家。逾期罚款与续借也可以通过这一系统完成。

在采访中，高方军总是强调着一句话："从字面上看，藏书是图书馆的初衷，而今天，它的职能已远远超过这些。"的确，数字化时代，西方发达国家的图书馆正在经历"变形"——涵盖了社区服务、馆际借阅、搜索引擎的新时代图书馆由内至外，无不体现着当代图书馆健全与立体的服务模式与服务理念。

（周官妹　编译）

管　理

谷歌版搜索引擎向欧盟示和

在欧洲监管机构对谷歌公司开展反垄断调查，以确定其是否滥用在互联网搜索领域的优势地位之后，谷歌公司首次同意做出具有法律约束力的承诺，对其搜索结果进行调整。

据两名不愿透露姓名的知情人介绍，经历两年的调查后，欧盟委员会接受了谷歌公司提出的和解协议。

知情人说，谷歌公司可以不用改变产生搜索结果的算法。根据提议，谷歌公司同意明确标出搜索结果，并在一些情况下显示来自竞争对手搜索引擎的链接。

谷歌公司将对这些调整进行至少一个月的测试。竞争对手和行业中的其他人可以对该计划提出意见。

最大的调整与购物、航班等话题的搜索结果有关，该领域被称为垂直搜索。谷歌公司一直在向这些领域进军，导致 Yelp 和旅游咨询公司等竞争对手的不满，它们担心谷歌公司会把自己的搜索结果置于它们之上。

如果谷歌公司的提议在市场测试后得到通过，欧盟委员会就将成功地要求谷歌公司作出比美国监督机构提出的严格得多的让步。2013 年 1 月，美国监管机构结束了对谷歌公司为期两年的反垄断调查，认定谷歌公司没有违反反垄断法令。谷歌公司同意对搜索广告做一些小幅调整，避免了遭到起诉。

欧洲于 2010 年开始对谷歌公司进行反垄断调查。欧盟委员会的调查重点是，谷歌公司是否偏向自己的服务而不公平地利用了其市场优势地位，是否在搜索结果中提供其他网站的内容而使竞争对手处于不利的地位，以及其广告业务是否符合欧洲的反垄断法律。

相关链接

网络广告大有超越纸媒广告的趋势

实力传播集团的最新预测报告显示，未来 3 年全球广告支出将持续增长，在 2012 年增长 3.5%的基础上，2013 年的增幅将达到 3.9%，2015 年将达到 5.6%。这一乐观预测主要基于互联网媒体和新兴市场的良好表现。

报告指出："在能够更好测算广告受众、地址定位以及与移动设备结合等技术创新的支持下，互联网广告贡献了大部分媒体广告支出增长。预计 2013 年互联网广告将增长 14.4%，传统媒体将仅增长 1.6%。"

展示类广告将是数字广告中增长最快的门类，增幅将达 20%。主要得益于在线视频和社交媒体广告的快速发展，这两项的年均增幅将达 30%。

预计到 2015 年，互联网广告占广告市场的份额将从 2012 年的 18%增长到 23.4%。而报纸和杂志广告的份额平均每年将减少 1%～2%，照此发展，到 2015 年互联网广告支出将超过纸质媒体。

2012 年至 2015 年，新兴市场对全球广告支出增长的贡献率将达到 63%，占全球广告支出的比例从 34%增加到 38%。预计东欧、亚洲和拉美将继续强劲增长，年均增幅达 10%左右。北美的年均增幅将保持在 4%至 5%之间。

其间，欧元区边缘国家的广告支出 2013 年将下跌 7%，2014 年保持不变，2015 年增长 3%。中欧和北欧 2013 年将与上年持平，2014 年和 2015 年增长率为 2%左右。中东和北非将出现复苏迹象，预计到 2015 年，平均每年将增长 7%。

实力传播集团认为，从 2012 年至 2015 年，全球 10 大广告市场将发生变化。美国、日本、中国和德国将继续占据前 4 位，澳大利亚和韩国将继续占据第 8 和第 10。英国将从第 5 下滑到第 6，法国将从第 7 下滑到第 9，加拿大将跌出前 10。巴西将跃升至第 5，俄罗斯将从第 11 升到第 7 位。

（雪　莲　编译）

从经济角度看英国创意产业

1994年，正当英国政府面临产业政策未能刺激经济发展，一些产业濒临危机的困境时，澳大利亚公布了一份国内文化政策报告，于是，英国政府派团赴澳大利亚考察。1997年，布莱尔当选英国首相后，成立了“创意产业特别工作组”，并担任主席。他提出：要发展创意文化产业，通过英国引以为豪的高度革命性、创造性和创意性来证明英国的实力；把创意产业作为英国振兴经济的聚焦点，把推广创意产业作为解决英国经济困境的有效方法。1998年，英国政府出台《英国创意产业路径文件》，其中更为明确地提出了“创意产业”的概念——包括广告、建筑、艺术品和古董交易市场、手工艺品、设计、时装设计、电影和录像、互动性娱乐软件、音乐、表演艺术、出版、软件及计算机服务、广播电视，共13类 。目前，这一概念被广泛接受。因此可以说，英国是世界上最早提出“创意产业”定义的国家。

1998年之后，英国政府积极采取措施推动创意产业的发展，这些措施主要包括：在组织管理、人才培养、资金支持等方面逐步加强机制建设；对文化产品的研发、制作、经销、出口等实施系统性扶持；逐步建立完整的创意产业财务支持系统，包括以奖励投资、成立风险基金、提供贷款及区域财务论坛等作为对创意产业的财务支持。

英国创意产业对经济的贡献

英国1997年开始力推创意产业之初，英国的创意产业已经获得了一定的发展。1998年，创意产业产出同比增长16%。2001年，英国文化、媒体与体育部发布的

《2001年英国创意产业路径文件》显示：2001年英国创意产业产值约为1125亿英镑，占英国当年GDP的5%，已经超过制造业对GDP的贡献。2002年，创意产业成为英国第二大产业（仅次于金融服务业），创意产业注册企业数近12.2万家，雇佣总人数达190万，成为英国雇佣就业人口的第一大产业。此外，英国创意产业实现出口115亿英镑，约占英国外贸出口总额的4.2%。2003年英国政府对创意产业采取了税收优惠等政策性扶持，创意产业进一步成功推动了英国的出口，有效抵补了货物贸易逆差。2011年12月，英国政府发布了最新的创意产业数据报告，该报告显示：2009年，英国创意产业占英国经济增加值总额（Gross Value Added，GVA）的2.89%，创意产业的增加值同比增长0.07%（2008年为2.82%），但绝对价值同比减少1%，为363亿英镑。其中，出版业是2009年对英国经济增加值总额贡献最大的产业类别，占到了0.92%。整个创意产业的出口额占英国出口总额的10.6%。其中，出版和电视、广播行业的出口额最大。从事创意产业的人数达150万，占全英就业人数的5.14%。2011年，创意产业企业达到10.67万家，占全英公司总数的5.13%。在经济不景气的情况下，发展创意产业已成为英国推动经济增长与降低失业率的有效策略。

英国创意产业研究情况

从1997年开始提出把创意产业作为振兴英国经济的重要手段之后，英国各界就对英国创意产业进行了大量的研究。从研究主体来看，大致可以分为四类：

政府部门：主要指的是负责推动英国创意产业发展的政府部门，最典型的是英国文化、媒体和体育部。其发布的《创意产业经济评估》报告以国家统计数据为基础，对吸引海外人士投资英国创意产业意义重大。同时，报告还可以衡量创意产业政策的效果。这一报告的优点是数据权威、涉及面广，但缺点是数据更新慢，提供的数据不足，无法满足金融投资者的数据需求。

贸易机构与推广机构：主要指的是一些推动、吸引海内外投资者投资英国创意产业或进行海外投资的贸易机构，如英国贸易投资总署（UKTI）。其研究报告解决了英国政府部门研究数据滞后、产业细分类别数据不详尽等问题。研究报告的数据大多来自于机构会员的报告，如《印度市场的创意产业报告》。

国际机构：这类机构主要是指联合国贸易和发展会议（UNCTAD）以及类似的机构发布的创意产业出口研究报告。其报告针对各个国家的创意产业出口情况进行了研究，据此可以进行国际对比。但存在的问题是数据多为创意产品的数据，且“创意产业”的概念比较宽泛。

区域政策制定者与创意产业发展机构：这类机构通常是与创意产业公司合作

进行研究，其研究报告提供了丰富的区域数据，详细介绍了区域创意产业发展的战略重点，并对创意产业活动进行了评估。

《创意产业经济评估》的研究方法

由于使用了国民账户（National Account，国民收入和生产账户，简称国民账户，是测量 GDP 的基本方法和框架），因此，在众多研究报告中，《创意产业经济评估》（*Creative Industries Economic Estimates*，*CIEE*）年度报告是在 2001 年《英国创意产业路径文件》之后，最为重要的一份报告。这一研究报告使用了《英国创意产业路径文件》中提出的"创意产业"的概念，测算每年创意产业对经济的贡献情况。报告为创意产业的政策制定者、倡导者和从业者都提供了重要的信息。

2011 年 12 月，英国文化、媒体和体育部发布了最新的《创意产业经济评估》报告，报告通过 4 个方面衡量了创意产业的经济贡献——创意产业所占的经济增加值总额、创意产业出口服务、创意产业就业人数、创意企业数量。报告采用了标准行业代码（SIC07）与标准职业分类代码（SOC）进行测算，所有数据都来自于英国国家统计局（Office of National Statistics，ONS）进行的 4 项调查报告——《商业年度统计报告》（*Annual Business Survey*）、《国际服务贸易》（*International Trade in Services*，*ITIS*）、《全国人口调查》（*Annual Population Survey*，*APS*）、《跨部门商业调查》（*Inter—Departmental Business Survey*，*IDBR*）。

经济增加值总额的测算：测算创意产业经济增加值总额的数据都源于《商业年度统计报告》。由于一些数据信息不能公布无法获得，报告就通过不同年份的数据或者四位标准行业代码来测算经济增加值总额。整个创意产业和创意产业每一行业类别的经济增加值总额在经济增加值总额所占的比例，都是通过英国国家统计局的《蓝皮书》（*ONS Blue Book*）获得的。

创意产业出口服务的测算：《国际服务贸易》报告中的数据主要用于测算创意产业出口的情况。整个创意产业和创意产业每一行业类别的出口额在总出口额中所占的比例，也都是通过报告提供的数据进行测算的。

就业人数的测算：就业人数的数据主要来源于《全国人口调查》报告。报告采用了标准行业代码与标准职业分类代码，因此可以测算出在创意产业工作，并从事创意工作的劳动者的情况；在创意产业工作，但从事的是非创意工作的劳动者的情况，以及在非创意产业工作，但从事创意工作的劳动者的情况。报告在界定受访者是否从事创意工作和是否在创意产业工作的时候使用了虚拟变量。通过交差排列这些虚拟变量，对上述三种情况中每种劳动者的情况进行测算，然后再进一步分成被雇佣或自主经营两种情况。整个创意产业就业人数在英国总就业人数中所占的比例，也是通过报告的数据测算的。

创意企业数量的测算：企业或企业的工厂、商店等小单元（local unit）的数量都是通过《跨部门商业调查》报告来测算的。创意产业和创意产业每一行业类别的企业数量在英国总企业数中所占的比例，也是通过报告提供的数据进行测算的。

对我国的启示

近十多来年，创意产业的发展让英国从曾经的“世界工厂”转变为如今的全球创意中心，美国、日本、韩国等国也都相继开始大力发展创意产业，并成为创意产业发展的典范国家。这些国家的创意产品、营销和服务，已经吸引了全世界的眼球，形成了一股巨大的创意经济浪潮。

（一）重视创意产业的经济价值

创意产业是集艺术、娱乐和休闲为一体的新兴产业。创意产业可以提升民族自信心和凝聚力，激发民族的创新能力。事实上，那些重视发展创意产业的国家在经济增长的同时，国家的软实力也得到了增强。“创意产业”概念在英国被正式提出后，短短几年内迅速地被新加坡、新西兰、中国香港、中国台湾等国家和地区加以调整后采用，在全球范围内产生了广泛影响。以伦敦为代表的几大城市逐渐发展成为全球“创意城市”的典型。事实证明，创意产业有力地推动了城市和周边地区经济的发展。

（二）加强基础研究

除了《英国创意产业路径文件》之外，英国对创意产业进行了大量的基础科研工作：1998 年出版的《出口：我们隐藏的潜力》（*Exports: Our Hidden Potential*）研究了创意产业的出口政策；1999 年发布的《地区的规模》（*The Regional Dimension*）研究了创意产业的地区发展；2000 年的《下一个十年》（*The Next 10 Years*）从教育培训、扶持个人创意及提倡创意生活三方面，研究了如何帮助公民发展及享受创意；2002 年，英国文化、媒体和体育部开始发布年度报告《创意产业经济评估》，公布创意产业产出、出口、就业等统计数据，介绍创意产业的发展现状。这些研究为英国政府制定创意产业政策提供了完整的信息支持，从而保证了政府产业政策的有效性、连贯性、一致性。

(三)制定配套政策,健全法规

英国政府的创意产业政策,是目前国际上产业架构最完整的文化产业政策。英国的创意企业不希望政府干预太多,希望政府提供良好的环境,帮助产业实现未来发展。所以,英国政府的推进举措主要集中在三个方面:首先,政府就组织管理、人才培养、资金支持、生产经营等方面加强机制建设,对创意文化产品,从研发、制作、销售到出口,实施全方位的系统性扶持。1998 年,英国政府出台文件,通过出口推广、教育及技能培训、协助融资、税收减免及开放规则、保护知识产权和允许每个地区保留本地文化发展的自主权等政策,大力推动创意产业。其次,规划创意产业蓝图,倡导创意产业的概念,培养公民创意生活与创意环境,发掘大众文化对经济层面的影响力。再次,各地政府与民间广泛合作,以伙伴关系解决创意产业面临的问题,对创意产业提供补救对策,如保护知识产权、促进文化产品输出、提供从业者教育和训练等。

(四)关注新媒体时代的挑战

数字化技术的快速发展对创意产业产生了深远的影响。为此,英国政府进行了多项研究,采取了一系列的措施,积极推动创意产业数字化发展:1998 年对下议院特别委员会提出的"多媒体革命"做出响应,开始积极计划应对数字化潮流;2000 年,研究数字化对音乐消费的影响及知识产权保护的重要性;2002 年,研究数字科技对电影生产及销售的影响,并提出应对数字化发展趋势的电影产业政策。这些研究发现,数字化技术不但大大缩短了创意产业的创作过程,降低了创作成本,提高了创意产品的创作质量,而且也促成了创意产品销售渠道和消费者消费习惯的深刻变化。此外,政府利用数字化技术丰富民众生活,开发多家博物馆并将所有数据档案数字化,并通过教育培训等方式,支持民众的创意发展,提供公民与创意接触的机会,使人们享受创意生活。

(香江波　撰写)

英国质疑谷歌、亚马逊等公司避税

我们"不是指责你们违法,而是指责你们不道德",英国议会公共账目委员会主席玛格丽特·霍奇在质询三家美国企业巨头时十分愤怒。2012 年晚些时候,谷歌、亚马逊以及星巴克的高管出席了英国议会的一次听证会,就自己在英国是否有严重避税行为进行说明。英国《每日电讯报》称,质询现场双方交锋十分激烈。三大巨头被指责通过一张复杂的会计策略网络,将它们在英国的利润转移出去。之后,英国媒体频频爆料一些跨国巨头钻法律的空子以逃避英国税收。

纳税极少

面对三大公司的负责人,英国议员奥斯汀·米切尔毫不客气地说道:"要么你们干得一塌糊涂,要么你们在搞财务欺诈。"

谷歌英国公司的首席执行官马特·布里丁认为谷歌并没有什么违法行为。他表示,谷歌选择爱尔兰和百慕大群岛国家作为欧洲总部所在地,是因为当地优惠的税率。但他认为,这"完全合法"。路透社称,谷歌英国 2011 年实现 40 亿美元的销售额,但仅支付了 340 万英镑的税款。英国广播公司则称,谷歌面向英国客户的广告销售也由其在爱尔兰的 3000 人团队实现,因为爱尔兰的税率更低。

亚马逊公司的公共政策主管安德鲁·塞西尔则被反复批评逃避质询,他多次拒绝透露亚马逊英国公司的销售情况和公司结构。不过,英国媒体称,亚马逊公司在英国设有仓库,并雇佣了 1.5 万名员工,但销售却通过卢森堡的公司进行。玛格丽特·霍奇质疑说:"你们所有的业务都在这里,但却不交税。"她表示,将传唤该公司更高级别的主管，以弥补安德鲁·塞西尔"让人无法接受的"无意义回答。

议员们质疑星巴克过去有13年在英国一直亏损，自1998年以来累计缴纳税款仅860万英镑，但却销售了价值31亿英镑的咖啡，而近3年甚至没有上缴任何税款。星巴克首席财务官特洛伊·阿尔斯泰德对此辩解称，星巴克在英国并没有逃税，星巴克在英国的商业策略过于激进，导致大量门店业绩不佳。一旦盈利增加，就会多纳税。不过，据英国《每日电讯报》报道，星巴克和其欧洲总部所在地的荷兰政府签有秘密合同，可以享受更优惠的税收。尽管在英国被批评不纳税，但由于使用星巴克品牌，星巴克英国公司需要向荷兰、瑞士的分支以及美国的总部缴纳知识产权使用费等。星巴克在瑞士的分支只有40名员工，但通过向英国分支出售咖啡而收取高达20%的加价。另据税务官员透露，瑞士对咖啡交易仅仅征收5%的税。

避税"不道德"

英国天空电视台评论称，这些美国公司利用欧盟漏洞进行避税。欧盟规则允许在另一个欧盟国家的分公司跨国取得其他分公司利润，而各国税率大相径庭，如英国标准税率为24%，而爱尔兰只有12.5%，卢森堡是15%(最低档次税率甚至仅3%)。这样一来，只要把欧洲区利润都记在爱尔兰或卢森堡的分公司名下，就可以规避重税，英国对此已怨声载道。《金融时报》称，事实上英国人十分无奈，因为按照欧盟法律，星巴克、谷歌和亚马逊的做法都是合法的，以至于霍奇只能无奈地称我们"不是指责你们违法，而是指责你们不道德"。美国《华尔街日报》评论称，英国和德国是跨国公司在欧洲规模最大、盈利最多的市场，却也是获得跨国公司税款较少的国家。社会上要求打击跨国避税行为的呼声高涨，但若果真如此，这些公司也许会加速业务外移，届时会对所在国的经济和就业造成打击。

相关链接

法国欲向谷歌强制征税

2012年晚些时候，法国总统奥朗德警告称，将对互联网公司谷歌强制征税。

为此，法国税务部门已经为谷歌开出了10亿欧元的税单。但谷歌法国公司表示，目前并没有收到来自法国税务部门的税务罚款单。

全球最大的搜索引擎谷歌与法国税务部门矛盾不断。法国《观点》周刊的消息指出，事实上几年前法国税务部门就开始对谷歌进行税务调查。谷歌声称在法国没有商务运作，因此它在法国缴税很少。但法国税务部门发现，事实上谷歌将其收入都放到了爱尔兰，因为该国对大公司网开一面。正因为如此，法国税务部门才决定进行干预。

法兰西24小时连续新闻电视台指出，事实上除了税务问题外，谷歌还以其垄断地位对法国媒体尤其是平面媒体（报纸和杂志）的网上新闻报道造成了损害，法国媒体一致要求政府出面压制谷歌，打破目前的不平等局面。法国媒体公布的数字称，法国网络广告市场每年的营业额约为25亿欧元，谷歌占了其中的11亿，而且还在高速增长；但法国媒体的网络广告营业额仅为1.5亿欧元，并且还在以每年6%的速度锐减。

为此，谷歌总裁施密特在2012年10月下旬曾赴法国专门与奥朗德总统会晤。当时，奥朗德向施密特提出，谷歌和媒体应在年底前找出解决方案，如有必要，法国将出台法律来解决这一纷争。

法新社此前报道称，法国、德国、意大利等国媒体已经联手，要求对谷歌征收一种特别分摊金，理由是媒体的内容使谷歌点击率大大上升从而让谷歌赚进大笔广告费用。但谷歌反驳说，其搜索引擎给各媒体也带来大量点击率。欧洲媒体的诉求，显然得到法德等国当局的支持，谷歌面临沉重的政治压力。对此，谷歌曾发出威胁，要中断法国搜索链接。

（岳　月　编译）

法国保护音乐和电影产业有底线

法国政府表示，若不按其要求将音乐和电影等文化产业排除在外，就将阻挠欧美贸易谈判——即便是在2013年召开的八国集团北爱尔兰峰会上。

华盛顿、伦敦和布鲁塞尔正在大力推动一项新的跨大西洋贸易协定，以提振美国和欧洲经济。美国总统奥巴马正利用其影响力来推动协定谈判。

但法国发起了一场猛烈的运动来捍卫“文化例外”原则，这是一种国际认可的体系，允许各国通过补贴、税收优惠和配额来保护本国电影、电视和音乐产业，确保这些产业不会因主要来自美国的英语产品的冲击而陷入困境。法国总统奥朗德坚持要求将保留“文化例外”体系作为同意谈判的底线。

在欧美贸易谈判方面，英国首相戴维·卡梅伦和欧盟委员会希望欧洲在谈判一开始将尽可能多的产业（包括视听产品行业）摆在谈判桌上，同时将讨论保护关键产业的可能性留在谈判末期。

法国外贸部长妮科尔·布里克致信欧盟委员会以及欧盟各国贸易部长，她在信中警告说：“拒绝把视听服务业明确排除在谈判范围之外，将对谈判的启动构成威胁。”

卡梅伦在唐宁街与欧盟委员会主席若泽·曼努埃尔·巴罗佐讨论欧美贸易谈判问题，其中法国的反对是主要议题。卡梅伦把正式启动贸易谈判作为他担任八国集团轮值主席期间的重要议题。

这个问题使许多欧盟贸易官员担心，如果欧洲开始保护自己的产业，美国会还击。巴罗佐说：“我们不应将视听产业排除在与美国的谈判之外。与此同时，我们必须明确表示，文化例外原则是不可谈判的。”

此外，美国坚持，把所有问题都摆在谈判桌上是开展谈判的前提条件。一名参与谈判的美国高层官员说："要达成雄心勃勃的全面协定，我们就不应在谈判还没开始前制造问题。"

（商若男　编译）

日本使用国际标准书号 30 年掠影

为了实现图书流通的信息化，促进图书流通更加方便、快捷，国际社会创立了国际标准书号(International Standard Book Number，ISBN)。以此为契机，日本成立了日本图书书号管理中心，其职责是促进图书书号的普及以及管理图书书号的运用；2002 年 4 月 1 日，与日本出版基础设施中心合并为法人组织；2011 年，又进一步注册为“一般社团法人”组织，使之运作更加规范化、法制化。从 20 世纪 80 年代初至今，国际标准书号进入日本已有 30 年历史。

1980 年，围绕着把国际标准书号引进日本出版行业，日本书籍出版协会、日本杂志协会、日本出版交易协会、日本书店商业组合联合会、日本国立国会图书馆、日本图书馆协会等 6 大团体的代表以及出版界的专家学者，发起成立了“日本图书书号管理委员会”，决定采用国际标准书号。1981 年 1 月，日本图书书号管理委员会正式开始运作。1991 年，日本图书书号管理委员会更名为“日本图书书号管理中心”，注册为“任意团体”。在把国际标准书号引进日本 30 年的时间里，日本图书书号管理中心的人员一直是上述 6 大团体以及出版界的专家学者。依靠这个中心，国际标准书号的发放与使用基本正常有序。

2004 年，国际标准书号国际年会做出“变更国际标准书号国际规格”的决定，“国际标准书号从 10 位数上升为 13 位数”。为此，日本图书书号管理中心决定从 2005 年 5 月启动变更国际标准书号相关的事宜。在经过与出版行业及相关者的深入洽谈、全面协调之后，大家达成共识：从 2007 年起正式使用新的国际标准书号。在此之前，日本图书书号管理中心在 2005 年下半年公布了以国际标准书号国际规定为基准的《关于应对 Web 数字内容的 ISBN 授予的标准》。2006 年，日本图书书号管理中心先后召开了关于实施 13 位数国际标准书号的宣传说明会，编制了对应 13 位数的国际标准书号一览表，建立了 13 位数国际标准书号一览表的发行系统，为国际标准书号在日本的升级换代打下了良好基础。

2008 年 5 月，据国际国际标准书号机构向 ISO 国际规格组织提交的报告书显示，国际标准书号从 10 位数上升为 13 位数的更新已经完成，在更新过程中对使用者没有产生什么负面影响。

国际标准书号在日本国内实施了 30 年。近年来，随着图书出版策划和图书出版流通渠道的多样化，要求制定国际标准书号使用方针的呼声很高。比如，可以使用国际标准书号的出版物和不可以使用国际标准书号的其他出版物的区别，电子书使用国际标准书号的标准等。

为此，2009 年 9 月，日本图书书号管理中心成立了相关的工作团体，开始了基于国际标准书号使用方针的研究。2010 年 4 月，这个工作团体向日本图书书号管理中心提交了最终方案。在得到日本图书书号管理中心的首肯之后，当年 7 月发行了《国际标准书号/日本图书书号/书籍 JAN 书号使用手册(2010 年版)》。

2010 年 2 月，日本图书书号管理中心收到了国际机构发布的《关于电子图书使用国际标准书号的背景、建议、今后行动的概要》。7 月，这个工作团体以“电子书的国际标准书号的使用”为主题，启动了新的研究课题。12 月，国际标准书号机构发表了《关于电子书使用国际标准书号的运作方针》，日本图书书号管理中心责成相关工作团体以这个方针为指导，结合日本国情，于 2011 年底公布了运作方针。

2010 年 3 月至 2011 年 3 月，日本出版者符号新规登录者为 886 个(人)；2011 年 3 月至 2012 年 3 月，日本出版者符号新规登录者上升至 922 个(人)。截至 2012 年 2 月，国际标准书号国际机构(总部)运营资金的各国分担者，累计达到 13102 个(人)。

(尹天笑　李文清　编译)

图书在版编目(CIP)数据

海外新闻出版实录2013/国家新闻出版广电总局进口管理司编.
—北京:中国传媒大学出版社,2014.1
ISBN 978-7-5657-0891-6

Ⅰ.①海… Ⅱ.①国… Ⅲ.①新闻工作—概况—世界—2013
②出版工作—概况—世界—2013
Ⅳ.①G219.1 ②G239.1

中国版本图书馆CIP数据核字(2013)第315382号

海外新闻出版实录2013

编 者	国家新闻出版广电总局进口管理司
责任编辑	李艳华
责任印制	阳金洲
封扉设计	阿 东
出 版 人	蔡 翔
出版发行	中国传媒大学出版社
社 址	北京市朝阳区定福庄东街1号 邮编:100024
电 话	86—10—65450528 65450532 传真:65779405
网 址	http://www.cucp.com.cn
经 销	新华书店
印 刷	北京利丰雅高长城印刷有限公司
开 本	720×1020mm 1/16
印 张	29
版 次	2014年5月第1版 2014年5月第1次印刷
书 号	978-7-5657-0891-6/G·0891 定 价 88.00元